Ulrike Brämer

Karin Blesius

Fit fürs Büro

Arbeitsbuch mit Lernarrangements für professionelle Textverarbeitungskompetenz

1. Auflage

by SOL-Verlag GmbH, Düsseldorf
info@sol-verlag.de
www.sol-verlag.de

Text: Ulrike Brämer und Karin Blesius
ISBN 978-3-942264-16-7
Bestellnummer 167

Vorwort

Liebe Lernende, liebe Leser,

welche Kompetenzen müssen Sie für Ihren jetzigen oder zukünftigen Beruf mitbringen? Neben den Fachkompetenzen erwartet Ihr Arbeitgeber von Ihnen, dass Sie Methodenkompetenz besitzen. Die Halbwertszeit von fachlichen Qualifikationen ist in der heutigen Zeit kurz; Sie müssen also in der Lage sein, sich Fachwissen oder z. B. neue Programmversionen selbstständig anzueignen, und das ein Leben lang. Darüber hinaus ist es gerade im Beruf wichtig, dass Sie eine gewisse Kommunikationskompetenz mitbringen, da Sie mit Kunden oder anderen Geschäftspartnern kommunizieren. Mit diesem Buch wird Ihre Kommunikationskompetenz durch Partner- und Gruppenarbeit geschult, innerhalb derer Sie diskutieren und argumentieren, um Ihre Vorstellungen einzubringen. Sie präsentieren Ihr Ergebnis vor einem Publikum. Letztendlich ist bei der Einstellung eines Bewerbers aber nicht ausschließlich das Zeugnis relevant, sondern natürlich die Person. Ihre Personalkompetenz wird gefördert, indem Sie in diesem Buch zum selbstständigen und eigenverantwortlichen Arbeiten hingeführt werden. In den Lernarrangements müssen Sie Ihre eigenen Produkte (Leistungen) und die der anderen kritisch kommentieren, sodass Ihre Urteilsfähigkeit verfeinert wird. Die Personalkompetenz beinhaltet auch Ihre Denkfähigkeit. Die Arbeitsaufträge sind so aufgebaut, dass Sie analytisch arbeiten (Informationen einem Text entnehmen), die Informationen dann strukturieren und vernetzen. Ebenso wird Ihre Kreativität bei der Produkterstellung geweckt.

Aufbau des Buches: In diesem Buch sind neben den Inhalten der Lehrpläne zusätzlich prüfungsrelevante Befehle der Aufgabenstelle für kaufmännische Abschluss- und Zwischenprüfungen (AKA) und wichtige, im täglichen Büroalltag geforderte Textverarbeitungs-Funktionen (Index, Serien-E-Mail, Makro, Dokumentenvorlagen etc.) integriert.

Jede Lernsituation ist nach dem gleichen Schema aufgebaut. Zu Beginn finden Sie einen Überblick über die zu erreichenden Kompetenzen, die Inhalte, die Lern- und Arbeitstechniken bzw. Methoden und die benötigten Ressourcen. Die in dem Raster abgebildeten Wörter, Grafiken oder Zeichen dienen zur **Lernanbahnung**. Sie eignen sich besonders für Brainstorming-Übungen oder Klassengespräche, damit Sie u. a. Ihr Vorwissen und Ihre Erwartungen äußern können. Anschließend bearbeiten Sie die Lernaufgaben. Zunächst beschäftigen Sie sich mit der **problemorientierten Situation**, machen sich die Leitfrage klar und lösen anschließend den Arbeitsauftrag, der sich in der Regel an dem Modell der **vollständigen Handlung** (informieren – planen – entscheiden – ausführen – kontrollieren – auswerten) orientiert.

Hier erhalten Sie nun eine systematische Anleitung zur Informationsbeschaffung und -verarbeitung. Für neue Software-Funktionen oder neue Methoden können Sie im Funktionsteil bzw. Methodenpool nachschlagen. Es werden nicht alle Arbeitsschritte erläutert sein, diese müssen Sie sich dann über das Hilfemenü oder das Internet ergänzen. Bearbeiten Sie die Lernaufgabe immer so, dass Sie später in Ihrer Präsentation die **Leitfrage** umfangreich beantworten können. Zum Schluss steht im Plenumsgespräch die Reflexion/ Besprechung des Ergebnisses an. Hier soll nun konstruktiv das erarbeitete Produkt mit dem verbundenen Vortrag beurteilt werden. Ihr korrigiertes Ergebnis heften Sie anschließend in einem Schnellhefter oder Ordner unter „Produkte" ab.

Zur schnelleren Übersicht steht ein Funktionsjournal zur Verfügung, in das Sie Ihre Vorgehensweise beim Arbeiten mit der Textverarbeitungssoftware dokumentieren. Am Ende der Lernsituation sollen Sie zur Selbstreflexion angeregt werden. In einem Lernjournal reflektieren Sie Ihren Kompetenzzuwachs (Fach-, Methoden-, Personal- und Sozialkompetenzen) sowie persönliche Entwicklungen und Vorsätze. Sie suchen sich für Ihr Portfolio ein gut gelungenes bzw. aussagekräftiges Handlungsprodukt heraus und belegen an diesem Ihre erworbenen Fähigkeiten. Hierdurch wird die Selbststeuerung und Eigenverantwortung im Lernen gefördert.

Neue Lern- und Lehrkultur

Bei den Lernarrangements zur Erlangung der Textverarbeitunskompetenz sollen Sie keine fertigen Vorlagen übernehmen, sondern Sie sollen Fragen stellen, Probleme sehen, Sachverhalte erforschen und selbst kreativ sein. Die Lehrkraft gibt Ihnen die Möglichkeit, sich aktiv am Lernprozess zu beteiligen und agiert selbst als Planer, der Lernaufgaben mit Ihnen bespricht, Informationen und Medien bereitstellt und beratend zur Seite steht. Die neue Lern- und Lehrkultur setzt voraus, dass Sie zur Bearbeitung einer komplexen Lernaufgabe eigenständig Informationen erfassen, den Lösungsweg planen, Entscheidungen treffen, Ihre Ideen ausführen und sich gegenseitig kontrollieren.

In der **Präsentations- bzw. Bewertungsphase** der Handlungsprodukte lenkt Ihre Lehrkraft die Plenumsdiskussion durch Impulse, falls Fehler, Lücken oder Unstimmigkeiten auftreten. Nur wenn Ihnen ein Handlungsspielraum gewährt wird, können Sie kreativ agieren, eigene innovative Lösungswege finden und sich selbst organisieren. Die Lehrkraft wie auch Sie müssen offen und tolerant bei der Bewertung der Handlungsprodukte sein. Sie sollen keine rezeptive (Empfänger-) Rolle übernehmen, denn dadurch wird keine Motivation zum eigenständigen Lernen entwickelt. Doch gerade die Motivation ist die wertvollste Ressource für Sie. Die Motivation zum Lernen zu entwickeln und aufrechtzuerhalten, ist entscheidend für Ihr erfolgreiches Leben und Arbeiten.

In jeder Lernsituation werden neue **Arbeits- und Lerntechniken** eingeübt und vertieft. Um Sie im Hinblick auf die Dynamik im IT-Sektor vor veraltetem Wissen zu bewahren, müssen Sie stimuliert werden, sich Wissen selbst zu erschließen und weiterzulernen. Der Erwerb und der Umgang mit Wissen werden in Zukunft immer wichtiger.

Die Lernaufgaben sind so konstruiert, dass Sie zum ökonomischen Handeln sensibilisiert werden und lernen, die vorgegebene Zeit optimal zu nutzen. Ehrgeiz, Eigeninitiative und Selbstvertrauen können nur gefördert werden, wenn Ihnen schwierige Lernaufgaben zugetraut werden. Wenn dies in Tandem- oder Gruppenarbeit umgesetzt wird, werden parallel Personalkompetenzen (Eigenverantwortung, aber auch Verantwortung für die Mitlernenden, Engagement etc.) und Sozialkompetenzen (zuhören, jemanden aussprechen lassen, argumentieren etc.) gefördert.

Trotz starrer Tischanordnung in EDV-Räumen können Sozialformen wie Partner- und Gruppenarbeit und Methoden wie z. B. Kugellager, Stuhlkreis etc. praktiziert werden. Dazu werden die Stühle etwas versetzt gegenübergestellt, damit Sie sich gegenseitig anschauen können.

Leistungsnachweise

Die Bewertung kann in traditioneller Form durchgeführt werden; die Leistungen werden in Form von klassischen 10-Minuten-Abschriften, DIN-5008-Arbeiten oder **schriftlichen Überprüfungen** (Situationsaufgaben mit vorgegebenem Brieftext, Textformatierung nach Vorgabe) festgestellt.

Daneben sollte der Lernerfolg prozessorientiert überprüft werden, d. h., dass Ihre Arbeitshaltung während der Erarbeitungsphase bewertet wird. Das Bemühen, die Arbeit zu kontrollieren, zu planen, mit dem Partner sich abzustimmen, den Zeitrahmen einzuhalten etc. wird gleichbedeutend für den Lernerfolg angesehen wie das dadurch erlangte Resultat bzw. Fachwissen. Die Arbeits- und Lernprozesse selbst und die dabei gebildeten Kompetenzen werden ebenso benotet wie das erworbene Fachwissen. Die Lehrkraft sollte darauf achten, dass für die Reflexionsanteile eine angemessene Zeit aufgewendet wird. Sie sollten sorgfältig angeleitet werden, um Ihren Kompetenzzuwachs gebührend auszuwerten. Grundsätzlich sollten Sie ab und zu ein Gespräch mit Ihrer Lehrkraft führen, ob Ihre Selbsteinschätzung mit der Fremdeinschätzung übereinstimmt. Halten Sie dabei die Tipps der Lehrkraft schriftlich fest. Am Schluss der Beratung sollten Sie Vorsätze fassen, um Ihre Kompetenzen weiterzuentwickeln und diese ebenfalls schriftlich fixieren.

Einige **Handlungsprodukte** werden benotet. Anhand von vorgegebenen Beurteilungskriterien, die Ihnen beim Erledigen Ihres Arbeitsauftrages vorliegen, kann das Produkt objektiv bewertet werden.

In diesem Buch werden Sie in den Arbeitsaufträgen aufgefordert, Ihre Produkte abzuheften. Im Lernjournal – Reflexion wählen Sie besonders gelungene Produkte aus, die Ihre Leistungsentwicklung widerspiegeln; heften Sie diese in einem Portfolio ab. Das **Portfolio** stellt somit eine Ergänzung der Leistungsbewertung dar. Um Ihre Leistungsentwicklung bewusster wahrzunehmen, sollten Sie ein oder zwei Anfangsprodukte (erste Ergebnisse mit einem Softwareprogramm) ins Portfolio aufnehmen. Nach jeder Lernsituation heften Sie sich also ein Handlungsprodukt ab und reflektieren an diesem Ihren Kompetenzzuwachs. Leistungsdokumente, die Sie im Portfolio festhalten, können neben den Handlungsprodukten auch freiwillig in Ihrer Freizeit erstellte Dokumentationen, Stundenprotokolle, Referate, Klassenarbeiten, Lernjournale etc. sein. Das Portfolio erhält so eine wichtige Steuerungsfunktion. Sie haben die Möglichkeit, Ihre Handlungsprodukte zu revidieren, auszutauschen, herauszunehmen und zu ergänzen. Ein gut geführtes und gestaltetes Portfolio eignet sich im besonderen Maße als Grundlage für ein Bewerbungsgespräch.

Wir hoffen, dass Sie mit diesem Arbeitsbuch zu fruchtbaren Arbeitsergebnissen gelangen, viel Spaß haben und dass durch die regelmäßigen Partner- und Gruppenarbeiten die Klassengemeinschaft gestärkt wird.

Den Lehrenden wünschen wir Kraft und Zuversicht bei der Einführen dieser Lernarrangements. Ihr Durchhaltevermögen wird belohnt, wenn die Lernenden erkannt haben, wie abwechslungsreich und herausfordernd innerhalb Lernarrangements gearbeitet werden kann.

Trier, im November 2012

Ulrike Brämer und Karin Blesius

Erläuterungen der Lernarrangements

Kompetenzen

Zu Beginn einer jeden Lernsituation werden die zu vermittelnden **Fachkompetenzen** aufgeführt.

Inhalte

Die **Inhalte** entsprechen den Lehrplänen für die Höhere Berufsfachschule, Kaufmann/-frau für Bürokommunikation und Bürokaufmann/-frau.

Methoden

Die Lernenden werden systematisch mit den **Methoden** (Arbeits- und Lerntechniken) vertraut gemacht, sodass sie sich mit der Zeit Lerninhalte selbstgesteuert aneignen können.

Ressourcen

Die **Ressourcen**, wie z. B. Internet, Prospekte, Lernprogramme etc., dienen den Lernenden als Arbeitsmittel. Sie informieren neben den Informationsblättern und dem Funktionsteil.

E?

Einstieg: Die Einstimmung auf eine Lernsituation erfolgt durch Brainstorming, Brainwriting oder Kartenabfrage. Anhand von Begriffen, Zeichen oder Grafiken können sich die Lernenden frei zu den Inhalten der Lernsituation äußern und ihr Vorwissen artikulieren.

L?

Lernaufgabe: Zu Beginn steht eine authentische **Situation**, die die persönliche Lebens- und Erfahrungswelt der Lernenden berücksichtigt. Die Lernenden lesen die Situation, konkretisieren mit eigenen Worten das Problem. Beim Erledigen des Arbeitsauftrages orientieren sie sich immer an der Leitfrage und beantworten diese bei der abschließenden Präsentation.

A!

Arbeitsauftrag: Er wird schrittweise in unterschiedlichen Sozialformen (Einzel-, Partner-, Gruppenarbeit) innerhalb eines festgelegten Zeitrahmens erledigt. Die Lernenden lesen die Arbeitsschritte, wiederholen sie – zumindest bei den ersten Arbeitsaufträgen – mit eigenen Worten und bearbeiten sie selbstständig.

Ü!

Übung: Manche Inhalte müssen durch Zuordnungs- oder Anwendungsaufgaben vertieft werden.

H!

Hausaufgabe!

Erläuterungen der Lernarrangements

I!

Die Lernenden erschließen die jeweiligen **Informationen** selbstständig. Schlüsselwörter aus einem Text werden herausgefiltert und einprägsam mit Textmarker markiert. Die Lernenden erfassen durch Zusammenfassen, Strukturieren, gegenseitiges Befragen etc. die Inhalte. Durch das ständige Üben der Arbeitstechniken erlangen die Lernenden stufenweise die Kompetenz, Sachtexte zu entschlüsseln. Notizen zum Arbeitsauftrag (Spickzettel, Fragen etc.) sollten die Lernenden hinter den entsprechenden Informationsteil des Arbeitsauftrages heften.

F?

Im **Funktionsjournal** wird die Arbeitsweise in Word fixiert. Die eigene optimale Vorgehensweise wird angekreuzt und als Text, Zeichnung oder Tastenangabe dokumentiert.

M!

Im **Methodenpool** werden die für die Umsetzung des Arbeitsauftrages erforderlichen Methoden erläutert. Auch hier sollten die Informationen mittels elementarer Arbeitstechniken erfasst werden.

F!

Bei der Erledigung der Arbeitsaufträge werden neue Funktionen in Word erarbeitet. Die Menüschritte, Symbole und Shortcuts dazu entnehmen die Lernenden dem **Funktionsteil**.

R!

Das Lernjournal–Reflexion begleitet die Lernenden wie ein roter Faden durchs ganze Schuljahr. Am Ende einer Lernsituation reflektieren sie die erworbenen Fach-, Sozial-, Methoden- und Personalkompetenzen. Durch die **Reflexion** erkennen die Lernenden ihre Stärken/Schwächen, Lernfortschritte/Lernstagnation und Gefühlsschwankungen. Hier ist nach jeder Lernsituation ein Schüler-Lehrer-Gespräch fördernd.

P?

Im **Portfolio** sammeln die Lernenden ihre Handlungsprodukte. Daraus wird der eigene Entwicklungsprozess sichtbar. Die Lehrkraft kann das Führen eines Portfolios ebenso wie die Heftführung benoten. Die Lernenden haben so den Anreiz, ihre nicht gelungenen Handlungsprodukte zu überarbeiten. Auf jeden Fall sollte nach jeder kompletten Lernsituation eine Rückmeldung durch die Lehrkraft erfolgen.

Inhaltsverzeichnis

1. Lernsituation: Texte professionell erfassen

Phasen

Inhaltsverzeichnis

2. Lernsituation: Texte normgerecht erfassen

E?

A?

Inhaltsverzeichnis

3. Lernsituation: Betriebliche Informationen praxisbezogen gestalten

Inhaltsverzeichnis

4. Lernsituation: Eigene Bewerbung verfassen

E?

A?

R?

5. Lernsituation: Betriebsinterne Schriftstücke rationell erstellen

E?

A?

Inhaltsverzeichnis

5. Lernsituation: Betriebsinterne Schriftstücke rationell erstellen

6. Lernsituation: Geschäftsprozesse bearbeiten

Inhaltsverzeichnis

6. Lernsituation: Geschäftsprozesse bearbeiten

Inhaltsverzeichnis

7. Lernsituation: Kundenorientiert formulieren

E?

Inhaltsverzeichnis

8. Word-Funktionen

F!

Inhaltsverzeichnis

8. Word-Funktionen

F!

9. Methodenpool

M

Texte professionell erfassen

Kompetenzen

- Aufbau eines Textverarbeitungsprogramms erschließen und dessen Funktionen handhaben
- Tastschreiben anwenden

Inhalte

- Benutzeroberfläche
- Dateneingabe
- Dateibearbeitung
- Tastaturschulung
- Geläufigkeitsübungen
- Schreibtraining

Methoden

- Rasch und gezielt lesen
- Gehirngerecht markieren
- Exzerpieren
- Verantwortung übernehmen
- Fachwörterbuch anlegen

Ressourcen

- Tastatur-Lernprogramm fiellascript
- Textverarbeitungsprogramm
- Funktionsjournal
- Lernjournal – Reflexion
- Duden

E? Brainstorming

Was verbinden Sie gedanklich mit folgenden Begriffen?

Tastatur		Laptop		Finger	
					Beruf
	Büro		Zeit		
		ABC			Brief
Blind				Computer	

L? 1.1 Lernaufgabe

In meiner früheren Schule bzw. in einem Fortbildungskurs habe ich das Tastschreiben bereits gelernt. Ich frage mich allerdings, ob ich Texte professionell eingebe.

Außerdem stelle ich immer wieder fest, dass zu den gleichen Tätigkeiten unterschiedliche Begriffe genannt werden.

Welche Fachwörter begegnen mir bei der Texteingabe?

A! Arbeitsauftrag

Einzelarbeit

1. **Erfassen** Sie den Infotext „Rund um die Texteingabe" als Fließtext.
2. **Wählen** Sie die Schriftart Courier New und den Schriftgrad 12 (siehe Funktionsteil).
3. **Schalten** Sie sinnvolle Absätze.
4. **Geben** Sie jedem Absatz eine Überschrift.
5. **Heben** Sie die Fachbegriffe mit dem Schriftschnitt „Fett" hervor.
6. **Legen** Sie auf Ihrem Speichermedium einen Ordner „Texte professionell erfassen" an (siehe Funktionsteil).
7. **Speichern** Sie Ihren Text unter dem Dateinamen „Umgang mit Texten" ab (siehe Funktionsteil).

Schriftschnitt	Hervorhebung z. B. fett
Schriftart	
Fließtext	

Tandem

8. **Erstellen** Sie ein Fachwörterbuch, in dem Sie alle Fachbegriffe einschließlich der im Arbeitsauftrag genannten erläutern.
9. **Benutzen** Sie dazu die Tabellenfunktion (siehe Funktionsteil).
10. **Fügen** Sie eine Kopfzeile mit Links: Name – Mitte: Lernelement – Rechts: Datum und eine Fußzeile mit dem Dateinamen und Pfad ein (siehe TV-Funktionsteil).
11. **Speichern** Sie (beide Tandempartner) Ihr Ergebnis in Ihrem Ordner „Texte professionell erfassen" unter dem Dateinamen „Fachwörterbuch" ab.
12. **Vergleichen** Sie mit Ihrem Tischnachbar-Tandem Ihr Fachwörterbuch und ergänzen bzw. korrigieren Sie es.

Texte professionell erfassen

!! Rund um die Texteingabe

Die Texteingabe in einem Textverarbeitungsprogramm kann sofort beginnen: Das Programm öffnet bei jedem Start eine neue leere Datei, die Buchstaben-Tasten erzeugen Schrift am Bildschirm. Der senkrechte blinkende Strich im Textbereich des Bildschirms zeigt an, wo die Eingabe erfolgt. Diese Einfügemarke (englisch „Cursor") wandert vor dem eingegebenen Text her und zeigt immer die aktuelle Position im Text an.

Ein Mausklick an eine andere Stelle im Text oder das Drücken der Pfeiltasten verschiebt die Einfügemarke an eine andere Position. Nun kann hier geschrieben werden. Das Schreiben von Text mit einem Textverarbeitungsprogramm funktioniert wie auf einer Schreibmaschine. Der Hauptunterschied besteht darin, dass man nicht die ENTER-Taste drücken muss, wenn man eine Zeile beendet hat. Drücken Sie zweimal ENTER, um eine Leerzeile zwischen zwei Absätzen zu erzeugen.

Ansonsten schreiben Sie einfach den Text durch. Erreicht der eingegebene Text den rechten Seitenrand und passt kein ganzes Wort mehr in die Zeile, so rückt das TV-Programm das gesamte letzte Wort automatisch in die nächste Zeile. Dies nennt man den automatischen Zeilenumbruch oder Fließtext. Dadurch entsteht rechts ein unschöner Flatterrand. Wollen Sie einmal ganz bewusst eine neue Zeile beginnen, aber ohne einen neuen Absatz zu bilden, so drücken Sie SHIFT + ENTER.

Es gibt zwei Eingabemodi: Einfügemodus (Voreinstellung): Bewirkt, dass nachträglich erstellter Text eingefügt und bereits bestehender Text „weitergeschoben" wird. Überschreibmodus: Nachträglich erstellter Text überschreibt (löscht) bestehenden Text. Das Umschalten zwischen den beiden Modi erfolgt durch Doppelklick auf das ÜB-Feld in der Statuszeile.

Wenn der Überschreibmodus aktiviert ist, wird dies in der Statuszeile durch ein gut lesbares ÜB angezeigt, im Einfügemodus sind die Buchstaben ÜB hellgrau. Es ist auch möglich, an eine beliebige Stelle des Blattes doppelt zu klicken und dort mit der Texteingabe zu beginnen. Dies wird Click-n-type genannt.

L?

1.2 Lernaufgabe

In der vorherigen Lernaufgabe habe ich mich intensiv mit der Texteingabe beschäftigt und mit einem Fachwörterbuch begonnen. Die Datei habe ich nach Anweisung abgespeichert.

Aber kenne ich wirklich die genauen Zusammenhänge, die ich zum Speichern benötige, oder gibt es Besonderheiten zu beachten?

Welche Besonderheiten sind beim Speichern zu beachten?

A!

Arbeitsauftrag

Einzelarbeit

1. **Erfassen** Sie den Infotext „Dateien speichern" als Fließtext.
2. **Wählen** Sie die Schriftart Courier New und den Schriftgrad 12 (siehe Funktionsteil).
3. **Schalten** Sie sinnvolle Absätze.
4. **Geben** Sie jedem Absatz eine Überschrift.
5. **Heben** Sie die Fachbegriffe mit dem Schriftschnitt „Fett" hervor.
6. **Speichern** Sie Ihren Text unter dem Dateinamen „Dateien speichern" ab (siehe Funktionsteil).

Tandem

7. **Erweitern** Sie Ihr Fachwörterbuch, indem Sie wiederum die Fachbegriffe erläutern, schlagen Sie ggf. im Funktionsteil nach.
8. **Speichern** Sie Ihr Ergebnis ab.
9. **Vergleichen** Sie mit Ihrem Tischnachbar-Tandem Ihr Fachwörterbuch und ergänzen bzw. korrigieren Sie es.

!! Dateien speichern

Dateien werden in einem TV-Programm Dokumente genannt. Starten Sie das TV-Programm, so erscheint in der Titelleiste Dokument1 bzw. Unbenannt1. Jede Art von Datei, die Sie auf Ihrem Computer erstellen, befindet sich im Arbeitsspeicher des Rechners. Der Arbeitsspeicher behält aber seine Informationen nur so lange, wie er mit Strom versorgt wird. Wenn Sie den Text zu einem späteren Zeitpunkt wieder verwenden möchten, müssen Sie den Text auf einem Festspeicher, in der Regel der Festplatte, sichern.

Alle Festspeicher sind zur besseren Übersicht hierarchisch in Ordner und Unterordner gegliedert. Auf Ihrer Festplatte wird bei der Installation von Windows automatisch der Ordner Eigene Dateien angelegt, der Ihnen beim Speichern von Dokumenten, die Sie mit den Office-Programmen erstellen, standardmäßig als Ablageordner angeboten wird. Wenn Sie ein Dokument zum ersten Mal sichern, erhält es einen Namen. Sie bestimmen auch den Speicherort. Mit diesem Namen können Sie es später wieder zur Bearbeitung aufrufen.

Bei jedem weiteren Speichern schlägt z. B. Word den vergebenen Namen und den angegebenen Speicherort selbstständig vor. Für das Benennen von Dateien gibt es bestimmte Regeln. Nur wenn der vergebene Dateiname diesen Regeln entspricht, wird das TV-Programm diesen akzeptieren. Falls der Dateiname nicht den Regeln entspricht, erhalten Sie eine Fehlermeldung und werden zur Neuangabe aufgefordert. Dateinamen dürfen die Zeichen / \ < > * ? „ | : nicht enthalten. Damit Sie Dokumente leichter auffinden, können Sie lange, beschreibende Dateinamen verwenden.

Der vollständige Pfad zu der Datei, einschließlich der Laufwerksbezeichnung, des Servernamens, des Ordnerpfades und des Dateinamens, kann bis zu 255 Zeichen umfassen. Falls Sie keinen Dateinamen eintragen, schlägt z. B. Word den Textanfang als Dateinamen vor. Falls das Dokument leer ist und Sie keinen Dateinamen vergeben haben, schlägt Word als Dateinamen Dok1 vor. Wenn Sie ein Dokument unter einem anderen Namen speichern wollen, müssen Sie nicht den umständlichen Weg über Menüs gehen. Sie können einfach die entsprechende Funktionstaste drücken. Sofort erscheint der Dialog zum Speichern einer Datei unter anderem Namen.

Wenn Sie mit unterschiedlichen Programmen arbeiten, z. B. Word und OpenOffice, achten Sie darauf, dass Sie unter dem richtigen Dateityp abspeichern, um Ihre Datei zu öffnen.

L? 1.3 Lernaufgabe

Beim Erstellen von Texten ist es für mich wichtig, dass ich ohne Tipp- aber auch ohne Rechtschreibfehler schreibe. Deshalb frische ich meine Regelkenntnisse zu ss/ß und das/dass auf.

Welche Richtlinien gibt der Duden zur Schreibweise von ß/ss bzw. das/dass?

A! Arbeitsauftrag

Einzelarbeit

1. **Informieren** Sie sich zur Schreibweise von ss/ß.
2. **Füllen** Sie die Lücken mithilfe der Silben aus.
3. **Notieren** Sie auf einem Blatt zu jeder Regel drei Beispiele.

Partnerarbeit

4. **Kontrollieren** Sie Ihre/n Mitschüler/-in. **Diktieren** Sie ihr/ihm die Beispiele – sie/er schreibt sie am PC ab. **Wechseln** Sie sich ab.

Einzelarbeit

5. **Füllen** Sie zum Thema „das oder dass?" die Lücken aus.
6. **Schreiben** Sie die Beispielsätze regelkonform ab.

Partnerarbeit

7. **Vergleichen** Sie gegenseitig Ihre Schreibweisen in den Beispielsätzen.

Einzelarbeit

8. **Führen** Sie die Übung zu „ss/ß" und „dass/das" aus.

I! ss oder ß?

1. **Füllen** Sie die Lücken mit den folgenden Silben aus:

FREMD – STA – LAN – DOPPEL – GROSS – ZEM – GEM – KUR – BUCH – WÖRTER – LAUT – BEN

Man schreibt **ß** für den stimmlosen s-Laut, nach ______________ Vokal oder nach ______________________, wenn im Wortstamm kein weiterer Konsonant folgt.

Man schreibt **ss** für den stimmlosen s-Laut nach ________________ Vokal.

Nur mit **s** werden die Bildungen auf „-nis" und bestimmte ____________________geschrieben, obwohl der Plural mit Doppel-s gebildet wird.

Bei Verwendung von ______________________________ steht SS für ß.

I! das oder dass?

2. **Füllen** Sie die Lücken mit den Wörtern auf:

Ersatzwörter, Artikel, Komma, „dies/dieses"

Wenn „**das**" ein ___________ vor einem Nomen ist, dann wird es mit **s** geschrieben.

Wenn für „**das**" das Wort _____________________________ eingesetzt werden kann, dann wird es mit **s** geschrieben. Denn dann ist das „das" ein Begleiter.

Wenn für „**das**" das Wort „welches" eingesetzt werden kann – was meistens hinter dem __________________________ der Fall ist – wird es mit **s** geschrieben.

Wenn die _____________________ nicht eingesetzt werden können, muss „**dass**" mit **ss** geschrieben werden.

3. **Schreiben** Sie die Beispielsätze:

Das(ss) ist der zweite Bus, den ich verpasse.
Das(ss) Ziel aller teilnehmenden Clubs war, das(ss) Finale zu erreichen.
Das(ss) der Gegner den Zweikampf gewann, das(ss) gefiel dem Trainer nicht.
Mein Deutschheft, das(ss) da liegt, ist voll.

Ü! ss/ß und dass/das?

4. **Schreiben** Sie jede Zeile 3-mal ab.

saß, süß, außen, heißt, fließt, abreißen, mäßig, beißt, genießen, fließt, außen,
Fuß, Klöße, Fleiß, Geißel, Grieß, Straße, Maße, Gefäße, Grieß, Grüße, Blöße,

5. **Schreiben** Sie die Beispielsätze ab.

6. **Formatieren** Sie die korrigierten Wörter in Fettdruck.

Viele Zuschauer besuchten gestern das Fu?ballspiel der Bundesliga. Da? sei so nicht richtig, betonte der Mitarbeiter der Müller GmbH. Da? Angebot, da? uns zugesandt wurde, gilt nur bis zum Monatsende. Der Wissenschaftler verdeutlicht, da? da? nicht nachzuweisen ist. Es ist für uns unmöglich, da? Handballspiel noch ansehen zu können. Helmut wei? genau, wie er im Atlas große Städte nachschlagen mu?. Wu?ten Sie, da? der Omnibus längere Zeit am Neckar entlang fährt? Die mi?trauische Stewarde? lä?t sich auf keinen Kompromi? ein. Trotz gro?en Flei?es hatte Andreas nur mä?ige Zeugni?noten bekommen. Es fehlt dem Bauherrn an Eigenkapital, da? Haus umbauen zu la?en. Da? Buch, da? ich gestern bestellt habe, ist bereits eingetroffen.

7. **Vergleichen** Sie die korrigierten Beispiele.

Viele Zuschauer besuchten gestern das Fußballspiel der Bundesliga. Das sei so nicht richtig, betonte der Mitarbeiter der Müller GmbH. Das Angebot, das uns zugesandt wurde, gilt nur bis zum Monatsende. Der Wissenschaftler verdeutlicht, dass das nicht nachzuweisen ist. Es ist für uns unmöglich, das Handballspiel noch ansehen zu können. Helmut weiß genau, wie er im Atlas große Städte nachschlagen muss. Wussten Sie, dass der Omnibus längere Zeit am Neckar entlang fährt? Die misstrauische Stewardess lässt sich auf keinen Kompromiss ein. Trotz großen Fleißes hatte Andreas nur mäßige Zeugnisnoten bekommen. Es fehlt dem Bauherrn an Eigenkapital, das Haus umbauen zu lassen. Das Buch, das ich gestern bestellt habe, ist bereits eingetroffen.

L? 1.4 Lernaufgabe

Meine Texte sollen ästhetisch aussehen. Dokumente wirken unruhig, wenn die Breite des rechten Randes (Abstand zwischen Zeilenende und Blattkante) zu sehr variiert. Um einen gleichmäßigen Abstand des Textes zum rechten Rand zu erhalten, trenne ich die Wörter am Zeilenende. In der deutschen Sprache werden die Wörter nach Sprechsilben getrennt.

Wie trenne ich Wörter orthografisch korrekt?

A! Arbeitsauftrag

Einzelarbeit

1. **Schreiben** Sie die Regeln zur Worttrennung am Zeilenende (Silbentrennung) ab.
2. **Ordnen** Sie die Beispiele den Regeln zu und schreiben Sie diese unter die passende Regel.
3. **Testen** Sie Ihr Wissen, indem Sie die Unwörter bzw. Wörter des Jahres so oft wie möglich trennen.
4. **Lesen** Sie noch einmal die Regeln durch, um sie anschließend Ihrer Mitschülerin bzw. Ihrem Mitschüler wiedergeben zu können.

Partnerarbeit

5. **Tragen** Sie (der/die Ältere von beiden) die Worttrennungsregeln Ihrer Mitschülerin bzw. Ihrem Mitschüler vor. **Hören** Sie (der/die Jüngere) Ihrer Mitschülerin bzw. Ihrem Mitschüler zu und **ergänzen** Sie ggf. die Regeln.
6. **Kontrollieren** Sie gegenseitig Ihren Worttrennungs-Test.
7. **Suchen** Sie zu jeder Regel zwei Beispiele. **Notieren** Sie auf einem Blatt, an welchen Stellen die Wörter zu trennen sind.

Blitzlicht im Plenum

8. **Diktieren** Sie Ihren Mitschülern zwei Beispiele. Ihre Mitschüler **schreiben** die genannten Beispiele am PC und trennen sie so oft wie möglich. Der vom Diktanten rechts sitzende Mitschüler **nennt** die Trennungsmöglichkeiten und **diktiert** anschließend zwei weitere Beispiele.

Einzelarbeit

9. **Drucken** Sie Ihre Regeln mit Worttrennungs-Test und -Übungen aus.

Worttrennung am Zeilenende (Silbentrennung)

Regeln:

- Steht an der Trennstelle ein einzelner Konsonant, so kommt dieser auf die nächste Zeile. Bei mehreren Konsonanten kommt in der Regel nur der letzte auf die nächste Zeile.
- Nachsilben, die mit einem Vokal beginnen, nehmen bei der Trennung den vorangegangenen Konsonanten zu sich.
- Die Buchstabenfolge ck wird wie ch, sch etc. auf die nächste Zeile gesetzt. Bei der Worttrennung wird das ck nicht mehr in k-k aufgelöst, sondern in die nächste Zeile übernommen.
- Die Buchstabenfolge st wird wie sp, pf etc. getrennt. Das Trennungsverbot von st wurde aufgehoben.
- Nicht getrennt werden einzelne Vokale am Wortanfang oder -ende.
- Wörter, die nicht mehr als Zusammensetzung erkannt werden, kann man nach Sprechsilben trennen. Bislang musste man bei einheimischen Wörtern – bei denen es sich um Zusammensetzungen handelte – zwischen den einzelnen Bestandteilen trennen.

Beispiele:

- Kos- ten, ges- tern, flüs- tern, meis- tens, bes- te, Fens- ter, Knos- pe
- Wör- ter, Emp- fang, Spit- ze, Stem- pel, Stu- be, Na- del
- Ufer, Abend, Ofen, Boa, Dia
- ba – cken, we- cken, De- cke, Be- cher, Fla- schen
- Rech- nung, Schu- lung, Stö- rung
- west- lich, Diens- tag, hin- auf/hi- nauf, dar- um/da- rum

Worttrennungs-Test: Wörter bzw. Unwörter der vergangenen Jahre

Bundeskanzlerin, Teuro, der elfte September, Schwarzgeldaffäre, Millennium, Reformstau, Sparpaket, Politikverdrossenheit, Überfremdung, ethnische Säuberung, national befreite Zone, Rentnerschwemme, Diätenanpassung, Aids

L? 1.5 Lernaufgabe

Beim Einfügen von Textteilen in bestehende Texte ist es mir schon manchmal passiert, dass Textteile, die zusammen gehören, mit einem Zeilenumbruch getrennt werden, Absätze entstanden sind, die nicht beabsichtigt waren oder Zeilenumbrüche bei Aneinanderreihungen (z. B. CD-ROM) ausgelöst wurden. Dann musste ich den kompletten Text noch einmal durchlesen, um eventuelle Verschiebungen zu berichtigen. Dies möchte ich in Zukunft verhindern. Aber wie?

Welche Möglichkeiten bietet ein Textverarbeitungsprogramm, um Textteile ohne Folgekorrekturen einzufügen?

A! Arbeitsauftrag

Einzelarbeit

1. **Informieren** Sie sich mithilfe des Textes „Spezielle Tastatureingaben".
2. **Erweitern** Sie Ihr Fachwörterbuch mit den neuen Begriffen.
3. **Speichern** Sie Ihr Ergebnis ab.
4. **Schreiben** Sie nachfolgenden Text ab.
5. **Setzen** Sie an den entsprechenden Textstellen einen manuellen Zeilenumbruch, ein geschütztes Leerzeichen oder einen geschützten Trennungsstrich und kennzeichnen Sie diese Stellen durch Fettdruck.

Bildauflösung für Druck oder Belichtung ermitteln

Digitalkameras speichern Bilder meist mit 72 oder 96 dpi. Ausbelichtungen auf Fotopapier erfolgen meist mit 300 dpi und Fotodrucker arbeiten je nach Druck-verfahren mit 300 bis fast 3 000 dpi.

Würde man ein 3,3-Megapixel-Foto mit 96 dpi ausdrucken, wäre das gedruckte Bild 54 mal 36 Zentimeter groß und aus der Nähe betrachtet von bescheidener Qualität. Man sieht entweder „Pixel" (z. B. in Form von „Treppenstufen" an schrä-gen Linien) oder das Bild erscheint unscharf. Das liegt daran, dass die Bilddaten-menge für einen Ausdruck in dieser Größe nicht ausreicht.

6. **Speichern** Sie Ihren Text unter „Spezielle Tastatureingaben" ab.

Spezielle Tastatureingaben

Durch die vielfältigen Gestaltungsmöglichkeiten eines Textverarbeitungsprogramms müssen Sie schon bei der Texteingabe Besonderheiten, wie z. B. Zeilen- oder Absatzschaltungen sowie Wörter und Begriffe, die nicht getrennt werden sollen, berücksichtigen.

Mit den folgenden Tastenkombinationen können Sie bei der Texteingabe auf die Steuerung des Zeilenumbruches Einfluss nehmen:

Manueller Zeilenumbruch

Mit dem Drücken der Eingabetaste beenden Sie in Ihrem Textverarbeitungsprogramm einen Absatz. Wenn Sie bei der Texteingabe eine neue Zeile beginnen, ohne dass Sie mit einem neuen Absatz beginnen wollen, setzen Sie einen manuellen Zeilenumbruch. Durch die Tastenkombination SHIFT und ENTER beginnen Sie eine neue Zeile. Diese weicht vom automatischen Zeilenumbruch ab, ohne dass ein neuer Absatz entsteht.

Währungsbezeichnung

- Euro ↵

¶

- Dollar

Geschütztes Leerzeichen

Soll ein Leerzeichen auf keinen Fall einen Zeilenumbruch auslösen, so müssen Sie ein geschütztes Leerzeichen mit der Tastenkombination STRG + SHIFT + Leertaste eingeben. Wörter bzw. Textteile, die auf keinen Fall auseinandergerissen werden sollen, z. B. Währungsbeträge, Abkürzungen, geben Sie auf diese Weise ein.

Die Reisekosten wurden auf **345°€** beziffert.

Geschützter Trennstrich

Soll ein mit Bindestrichen verbundenes Wort am Ende einer Zeile nicht getrennt werden, verwenden Sie einen geschützten Trennstrich anstatt eines normalen Mittestriches. Wörter bzw. Textteile, die mit einem geschützten Trennstrich verbunden sind, stehen immer in einer Zeile: Tastenkombination STRG + SHIFT + Mittestrich.

Anne-Kathrin trinkt einen Latte macchiato.

L? 1.6 Lernaufgabe

Abkürzungen sparen dem Schreiber in der Regel Zeit, hemmen aber auch den Lesefluss. Damit andere meine Texte gut lesen können, verwende ich ausschließlich sinnvolle Abkürzungen, die allgemein üblich sind.

Wie werden Wörter korrekt und normgerecht abgekürzt?

A! Arbeitsauftrag

Einzelarbeit

1. **Wählen** Sie die Schriftart Garamond, Schriftgrad 11.
2. **Richten** Sie die Seitenränder ein:
   oben: 1 cm, unten: 1 cm, links: 2,5 cm, rechts: 2 cm.
3. **Setzen** Sie einen linksbündigen Tabulator bei 8 cm, und zwar mit Füllzeichen (...).
4. **Schreiben** Sie nun die Regeln zu den Abkürzungen ab.
5. **Formatieren** Sie die Überschrift „Richtlinien zur Schreibung von Abkürzungen" in Schriftgrad 16, Fettschrift und dem Schrifteffekt Kapitälchen.
6. **Heben** Sie die Regeln durch Fettschrift hervor.
7. **Testen** Sie Ihre Regelkenntnis – Abkürzungstest. Halten Sie den Test unter Ihren Regeln fest, sodass alle Informationen auf einer Seite enthalten sind. Denken Sie an die geschützten Leerzeichen.

Partnerarbeit

8. **Kontrollieren** Sie das Informationsblatt zur Schreibung von Abkürzungen Ihres Partners bzw. Ihrer Partnerin hinsichtlich
   a) der vorgenommenen Formatierungen und
   b) des Abkürzungstests.
9. **Finden** Sie gemeinsam acht weitere Beispiele. Schlagen Sie ggf. im Duden nach, wenn Sie sich nicht sicher sind, wie die Wörter korrekt abgekürzt werden. **Notieren** Sie die Beispiele am PC.

Plenum

10. **Setzen** Sie sich an einen anderen PC-Arbeitsplatz.
11. **Kürzen** Sie die von Ihren Mitschülern genannten Beispiele ab und **notieren** Sie darunter Ihren Namen.
12. **Setzen** Sie sich an Ihren Stamm-PC und kontrollieren Sie die Abkürzungen, die Ihr Mitschüler bzw. Ihre Mitschülerin vorgenommen hat. Geben Sie ihm/ihr dazu eine Rückmeldung.

Richtlinien zur Schreibung von Abkürzungen

Hinter Abkürzungen, die im vollen Wortlaut gesprochen werden, steht ein Punkt.

Abteilung.......................................Abt.
eventuell.......................................evtl.
Dezember.......................................Dez.

Folgen zwei oder mehr Abkürzungen aufeinander, so werden sie mit Leerzeichen geschrieben. Es muss ein geschütztes Leerzeichen (Strg + ⇧ + Leerzeichen) geschrieben werden, um die Abkürzung gegen einen unbeabsichtigten Zeilenumbruch zu sichern.

zum Beispiel.......................................z.°B.
das heißt.......................................d.°h.

Ausnahmen:

und so weiter.......................................usw.
und so fort.......................................usf.
et cetera.......................................etc.

Steht eine Abkürzung mit Punkt am Satzende, dann ist der Abkürzungspunkt zugleich Schlusspunkt des Satzes.

Er verwendet gerne Zitate von Goethe, Schiller u. a.
Ihr Vater ist Regierungsrat a. D.

Keinen Punkt setzt man dagegen bei sogenannten Initialwörtern und Kürzeln, d. h. Abkürzungen, die man buchstäblich oder wie selbstständige Wörter spricht.

Bürgerliches Gesetzbuch.......................................BGB
Frankfurter Allgemeine Zeitung.......................................FAZ
Berufsinformationszentrum.......................................BIZ
Technischer Überwachungsverein.......................................TÜV

Ebenfalls ohne Punkt schreibt man national oder international festgelegte Abkürzungen der metrischen Maße und Gewichte, der Himmelsrichtungen und der meisten Währungseinheiten.

Zentimeter.......................................cm
Kilogramm.......................................kg
Nordost.......................................NO
Norwegische Kronen.......................................nkr

Abkürzungstest:
Kürzen Sie die Wörter ab. Schreiben Sie die Wörter und positionieren Sie die Abkürzungen dazu mithilfe des Tabulators bei 8 cm.

September, Europäische Gemeinschaft, unter anderem, beziehungsweise, Personenkraftwagen, North Atlantic Treaty Organization, Dänische Krone, Südwest, Februar, dieses Jahres, Gesellschaft mit beschränkter Haftung, Aktiengesellschaft, im Auftrag

L?

1.7 Lernaufgabe

Meine schreibtechnischen Fähigkeiten sind zwar schon recht gut, aber noch steigerungsfähig. Bestimmt gibt es abwechslungsreiche Möglichkeiten, um meinen Zielen näher zu kommen.

Wie kann ich meine Schreibgeschwindigkeit steigern?

A!

Arbeitsauftrag

Einzelarbeit

1. **Schreiben** Sie aus Ihrem Text für die 10-Minuten-Abschrift die häufig vorkommenden Wörter mit drei bzw. vier Buchstaben.
2. **Markieren** Sie schwierige Wörter und **schreiben** Sie diese mehrmals.
3. **Schreiben** Sie Wörter mit dem gleichen großen Anfangsbuchstaben, um eine Sicherheit in die Umschaltung zu bekommen.
4. **Erfassen** Sie einige Sätze jeweils 3- bis 5-mal.
5. **Schreiben** Sie mehrere Sätze als Pyramide. Beginnen Sie mit einem Wort und nehmen Sie pro Zeile eins hinzu – am Ende des Satzes geht es wieder rückwärts.
6. **Schreiben** Sie einen Satz rückwärts (.sträwkcür ztaS ned ieS nebierhcS).
7. **Schreiben** Sie einen Absatz – fangen Sie von vorne an und schreiben Sie zwei Absätze – fangen Sie von vorne an und schreiben Sie drei Absätze – ...
8. **Schreiben** Sie einen Satz ab. Sobald Sie einen Fehler geschrieben haben, benutzen Sie nicht die Korrekturtaste, sondern fangen Sie den Satz von vorne an.
9. **Schreiben** Sie einen Absatz oder einen Satz drei Minuten. Machen Sie eine kleine Pause und das Gleiche dann wieder drei Minuten. Dies ist eine gute Übung, um die Geschwindigkeit zu steigern.
10. **Schreiben** Sie einen Text 10 Minuten. Nehmen Sie keine Zeilenschaltung vor – erfassen Sie den Text fließend. Zur besseren Übersicht schalten Sie die Absätze wie in der Vorlage. Überprüfen Sie Ihre Anschlagszahl (rechte Seite). Jede angefangene Zeile muss buchstabenweise gezählt werden. Zeichen, die mit Umschalttaste bedient werden, zählen als zwei Anschläge. Leerzeichen werden als ein Anschlag gezählt.

10-Minuten-Abschriften	Fehler x 100 : Gesamtanschlagszahl = Fehlerprozente					
	bis 0,080 %	0,081 – 0,190 %	0,191 – 0,330 %	0,331 – 0,500 %	0,501 – 0,700 %	> 0,700 %
	sehr gut	gut	befriedigend	ausreichend	mangelhaft	ungenügend

(Schriftart: Courier New, 12; Rand links 2,41 cm, Rand rechts 1,82 cm)

Welche Erwartungen werden an Auszubildende gestellt?

Solides Grundwissen in den wichtigsten Lern- und Lebensbereichen 69
ist eine wichtige Voraussetzung für jeden, der eine berufliche 133
Ausbildung beginnt. Als Mindeststandard setzen die Betriebe die 201
Fähigkeit voraus, dass die Schulabgänger einfache Sachverhalte 267
mündlich und schriftlich klar formulieren und aufnehmen können. 331

Die Jugendlichen sollen einfache Texte in Rechtschreibung und 397
Grammatik fehlerfrei schreiben und verschiedene Sprachebenen wie 465
Szenenjargon, Umgangssprache, Fachsprache und gehobene Sprache 532
unterscheiden können. Neben den sprachlichen Voraussetzungen sind 600
einfache Rechentechniken gefragt. Was ist darunter zu verstehen? 668

Hierzu gehören die vier Grundrechenarten, das Rechnen mit Brüchen 733
und Dezimalen, der Umgang mit Maßeinheiten, aber auch Dreisatz und 809
Prozentrechnen, Flächen-, Volumen- und Masseberechnungen sowie 877
die fundamentalen Grundlagen der Geometrie. Erwartet wird ferner 945
die Fähigkeit, Textaufgaben zu verstehen und Formeln anzuwenden. 1013

Schließlich soll der Bewerber um einen Ausbildungsplatz mit den 1080
Taschenrechner mathematisch überlegt umgehen können. Verfügbar 1145
sein müssen Grundkenntnisse in Physik, Chemie, Informatik und 1211
Biologie, aus denen Verständnis für die moderne Technik und eine 1279
positive Grundeinstellung im Berufsleben entwickelt werden können. 1348

Die Schule muss grundlegende Informationen über das Funktionieren 1413
des marktwirtschaftlichen Systems und die Rolle der wichtigsten 1489
Akteure der deutschen Gesellschaftsordnung vermitteln. Dazu zählen 1554
Parteien, Parlament, Verwaltung, Unternehmen und die Tarifpartner. 1626
Erwünscht sind Betriebspraktika, die einen Einblick vermitteln. 1693

Heute benötigen die Auszubildenden Grundkenntnisse in Englisch, 1761
die dazu befähigen, sich über einfache Gegebenheiten - auch im 1825
Beruf - zu verständigen. Kenntnisse in einer anderen Fremdsprache 1894
sind erwünscht. Die modernen Lebens- und Arbeitswelten sind ohne 1962
Informations- und Kommunikationstechnik längst nicht mehr denkbar. 2031

Junge Menschen müssen früh ein Verständnis für neue Technologien 2109
und deren Beherrschung entwickeln. In der Schule müssen bereits 2167
die Grundlagen für die Anwendung und den Einsatz von Informations- 2238
und Kommunikationstechnologien gelegt werden. Die Lehrer müssen 2305
die Schüler zum rationalen Umgang mit den neuen Medien anleiten. 2374

Die Liste der fachlichen Kompetenzen und des elementaren Wissens 2443
ist damit noch nicht vollständig. Die jugendlichen Berufsanfänger 2511
brauchen außerdem Grundkenntnisse über deutsche und europäische 2576
Geschichte, über gesellschaftliche und politische Bedingungen 2640
sowie Kenntnisse und Akzeptanz unserer kulturellen Grundlagen. 2706

(Schriftart: Courier New, 12; Rand links 2,41 cm, Rand rechts 1,82 cm)

Aller Anfang ist schwer

Wer neu ist in einer Gemeinschaft, der steht im Mittelpunkt. Dies 70
gilt ganz besonders für den Neuling in einem Unternehmen. Da kann 139
der erste Eindruck sehr weitreichende Folgen haben - positive und 207
negative. Stellenwechsel sind heute häufiger als früher. Auch Sie 276
können also in die Lage kommen, in einem Unternehmen neu zu sein. 344

Achten Sie gerade in den ersten Tagen im neuen Job ganz besonders 413
auf Ihr Auftreten. Gemeint ist das äußere Erscheinungsbild ebenso 483
wie Ihr Verhalten im Kollegenkreis. Erkundigen Sie sich, welche 552
Kleidung in Ihrer Branche üblicherweise getragen wird. Denn das 620
ist sehr verschieden. Nehmen wir als Beispiel eine Werbeagentur: 688

Dort gibt man sich auch in der Kleidung viel lockerer als etwa in 757
einer Bank oder Versicherung, wo Anzug für Männer und Kostüm 826
für Frauen nach wie vor üblich sind. Auch wenn Sie sich anfangs 896
im Anzug oder Kostüm nicht wohl fühlen, betrachten Sie diese als 962
eine Art Dienstkleidung, die Sie nach Feierabend ablegen können. 1031

Fachleute raten dazu, diese Kleidung im Zweifelsfall schon einige 1100
Tage vor dem Start in den neuen Job zu tragen, damit man Ihnen in 1170
der ersten Zeit nicht gleich den ungewohnten Aufzug anmerkt oder 1237
Sie als linkisch oder steif einstuft. Zum Thema Äußeres geben 1303
Ihnen erfahrene Personalleiter noch mehr beachtenswerte Tipps. 1369

Achten Sie auf angemessene, gepflegte und gut sitzende Kleidung. 1437
Tragen Sie geputzte Schuhe ohne schiefe Absätze. Ihre Frisur muss 1509
stimmen. Gehen Sie im Zweifel noch einmal zum Friseur. Prüfen Sie 1577
auch Ihre Fingernägel. Für Frauen ist ein dezentes Make-up zu 1644
empfehlen. Ihr Schmuck sollte nicht auffallen: Weniger ist mehr. 1712

Dies gilt auch für den Geruch: Zu viel Parfüm oder Rasierwasser 1782
schadet mehr als es nutzt. Achten Sie darauf, dass Sie nicht 1851
nach Schweiß, Knoblauch, Alkohol oder kaltem Rauch riechen. Ihre 1921
Kollegen werden es Ihnen danken. Mindestens genauso wichtig wie 1989
das Outfit sind aber die kleinen Signale durch Gestik und Mimik. 2058

Damit verraten Sie oft mehr, als Ihnen lieb ist. Wer etwa die 2124
ganze Zeit mit verschränkten Armen dasitzt, signalisiert damit 2193
eine innere Abwehrhaltung. Einen hohen Grad an Nervosität zeigen 2262
Sie, wenn Sie ständig an Kragen oder Frisur zupfen oder mit den 2330
Beinen wippen. Es geht jetzt darum, positive Signale zu setzen. 2397

Achten Sie auf einen festen, entschlossenen Händedruck. Suchen Sie 2469
immer wieder den Blickkontakt mit Ihrem Gesprächspartner. Lächeln 2539
Sie Ihr Gegenüber an. Damit geben Sie ihm zu erkennen, dass Sie 2609
sich über den Kontakt freuen und erhöhen so Ihre Chancen, eine 2675
positive Rückmeldung zu bekommen. Dies ist ein wichtiger Schritt. 2744

L? Lernaufgabe

Zwischendurch kann ich mir einmal weitere nützliche Funktionen in meinem TV-Programm anschauen. Beim Schreiben habe ich gemerkt, dass manchmal die Wörter mit einer roten Wellenlinie versehen sind, auch entstehen oft große Lücken am rechten Rand, oder ich schreibe Wörter ab, die ich gar nicht verstehe. Zum Schreibtraining sehe ich ja ein, dass ich die Dinge doppelt oder sogar dreifach schreiben muss, aber es gibt auch Situationen, da muss es etwas rationeller gehen.

Welche Hilfeprogramme kann ich in meinem TV-Programm nutzen?

A! 8. Arbeitsauftrag

Einzelarbeit

1. **Erfassen** Sie den nachfolgenden Text „Hilfeprogramme" als Fließtext (ohne Zeilenschaltung).
2. **Schalten** Sie vier sinnvolle Absätze.
3. **Fügen** Sie jeweils eine Überschrift über die Absätze ein.
4. **Formatieren** Sie in jedem Absatz drei Schlüsselwörter (bedeutungsvolle Wörter) in Fettdruck (siehe TV-Funktionsteil – Zeichenformatierung).
5. **Speichern** Sie Ihren Text unter einem sinnvollen Dateinamen ab.
6. **Informieren** Sie sich in der „Hilfe" zum Thema **„Silbentrennung"**. Geben Sie das Schlagwort „Trennung" ein.
7. **Aktivieren** Sie das Silbentrennungsprogramm.
8. **Notieren** Sie die Vorgehensweise für das Hilfeprogramm in Ihrem Funktionsjournal.
9. **Informieren** Sie sich in der „Hilfe" zum Thema **„Rechtschreibung"**.
10. **Lassen** Sie das Rechtschreibprogramm über den Text laufen.
11. **Speichern** Sie Ihren Text ab.
12. **Notieren** Sie die Vorgehensweise für das Hilfeprogramm in Ihrem Funktionsjournal.
13. **Kopieren** Sie den Text in ein anderes Dokument.
14. **Informieren** Sie sich in der „Hilfe" zum Thema **„Thesaurus"**.
15. **Suchen** Sie über den Thesaurus für 10 Begriffe andere Wörter mit gleicher Bedeutung.
16. **Speichern** Sie Ihre Datei unter einem neuen Dateinamen ab.
17. **Notieren** Sie die Vorgehensweise für das Hilfeprogramm in Ihrem Funktionsjournal.
18. **Drucken** Sie Ihren Text aus.
19. **Heften** Sie Ihr Ergebnis ab.

Hilfeprogramme

Textverarbeitungsprogramme wie Microsoft Word stellen kleine elektronische Lexika, z. B. Rechtschreibprüfung, Silbentrennungsprogramm, Thesaurus zur Verfügung. Textverarbeitungsprogramme bieten die Möglichkeit der automatischen und manuellen Silbentrennung. Während beim automatischen Umbruch die Trennungen ohne Rückfragen durchgeführt werden, macht das Programm bei der manuellen Trennung Vorschläge, die akzeptiert, verworfen oder korrigiert werden können.

Zu den gängigen Rechtschreibfehlern treten im Zug der Verbreitung von Textverarbeitungssystemen zusätzliche Flüchtigkeits- oder Tippfehler auf. Alle gängigen Textverarbeitungsprogramme enthalten eine Rechtschreibprüfung. Sie funktioniert in der Regel folgendermaßen: Der zu überprüfende Text wird Wort für Wort mit dem Inhalt eines elektronischen Lexikons verglichen. Wird das Wort nicht gefunden, so wird eine Fehlermeldung durch eine rote Schlangenlinie markiert. Werden ähnliche Wörter gefunden, dann werden Verbesserungsvorschläge gemacht, die mit der rechten Maustaste angenommen oder verworfen werden können. Eigene Verbesserungen sind auch möglich. Es findet zudem eine grammatikalische Analyse und eine Prüfung des Sinnzusammenhanges statt. Diese Fehler werden mit einer grünen Schlangenlinie markiert. Voraussetzung dafür ist, dass die Grammatikprüfung aktiviert ist.

Allerdings werden nicht alle Fehler angezeigt. Der Thesaurus bietet Synonyme – bedeutungsgleiche oder ähnliche Wörter – für gängige Begriffe und zahlreiche Fremdwörter an. Den Thesaurus finden Sie im Kontextmenü unter Synonyme. Es werden Ihnen ggf. direkt Vorschläge unterbreitet. Suchen Sie sich ein geeignetes Wort aus und klicken Sie es an. Automatisch wird der Alternativbegriff eingefügt.

F? Funktionsjournal

In der ersten Lernsituation habe ich folgende Funktionen angewendet. Zur Festigung notiere ich die Funktionen. Dazu kreuze ich, je nachdem was ich benutze, das Menü, das Kontextmenü, die Symbolleiste oder den Shortcut (Tastenkombination) an. In der Spalte „Ausführung" halte ich die Arbeitsschritte in Kurzform fest, male das Symbol oder trage die Tastenabbildung ein.

TV-Programm

	Menü	Kontext-menü	Symbol-leiste	Short-cut	Ausführung
Datei schließen	☒	☐	☐	☐	Datei – Schließen
Datei speichern	☐	☐	☐	☐	
	☐	☐	☐	☐	
	☐	☐	☐	☐	
	☐	☐	☐	☐	
	☐	☐	☐	☐	
	☐	☐	☐	☐	
	☐	☐	☐	☐	
	☐	☐	☐	☐	
	☐	☐	☐	☐	
	☐	☐	☐	☐	

R? Lernjournal – Reflexion

Nachdem ich die erste Lernsituation beendet habe, möchte ich gerne ein Feedback über meine neu erworbenen Kompetenzen geben.

Ein besonders gelungenes Produkt hefte ich in meinem Ordner unter der Rubrik Portfolio bzw. in einem gesonderten Schnellhefter ab. Anhand dieses Produktes beurteile ich meinen Kompetenzzuwachs.

Tastschreiben

Fertigkeiten:	Beherrsche ich alle Tastwege? Bereitet es mir Schwierigkeiten, beim Abschreiben eines Textes den Blick nur auf die Vorlage zu halten? Führe ich eine übersichtliche Dateiverwaltung?
Zeit:	Habe ich den Zeitrahmen eingehalten? Habe ich mir die Arbeit richtig eingeteilt?
Arbeitsvorgehen:	Was war schwierig, was war leicht?
Stärken:	Was ist mir gut gelungen? Worauf bin ich ein bisschen stolz?
Schwächen:	Wo waren Schwierigkeiten, die ich noch nicht bewältigen konnte?
Gefühle:	Zum Beispiel: Ich fühle mich überfordert. Ich fühle, dass ich meinen inneren Schweinehund noch nicht im Griff habe.
Weiteres Vorgehen:	Wie gehe ich zukünftig vor, um meine Schreibsicherheit und -schnelligkeit zu verbessern.

Reflexion: (Platzmangel? – Zusatzblatt erforderlich und beiheften)

Texte normgerecht erfassen

Kompetenzen

Unter Beachtung der Schreib- und Gestaltungsregeln Texte normgerecht erfassen

Inhalte

- DIN 5008
- Normung im Büro

Methoden

- Zuordnen von Regeln
- Regeln anwenden
- Regelheft gestalten
- Nachschlagen

Ressourcen

- Duden
- Tastatur-Lernprogramm fiellascript
- Textverarbeitungsprogramm
- Funktionsjournal
- Reflexion – Selbsteinschätzung

E? Brainstorming

Was verbinden Sie gedanklich mit folgenden Zeichen?

§§		123		#	
			!		Plus
	%				
		?			@
5.442,25 €				Klammer	

N! **Eigene Notizen**

Texte normgerecht erfassen

L? 2.1 Lernaufgabe

Das Tastschreiben beherrsche ich zwar recht gut, aber mit den Ziffern und Sonderzeichen muss ich mich noch intensiver auseinandersetzen. In fast allen Briefen und Dokumenten sind diese enthalten. Für mich ist es daher wichtig, dass ich Zahlen und Sonderzeichen normgerecht schreibe. Bei Briefen und Dokumenten muss ich auf eine gewisse Form (Normung) achten. Für die Textverarbeitung sind die Schreib- und Gestaltungsregeln der DIN 5008 maßgebend. Diese Norm legt fest, „wie“ ein vorgegebener Inhalt dargestellt werden soll. Diese Regeln sind aus bewährten Erfahrungen der Praxis und Erkenntnissen der Rationalisierung entstanden.

Daher werde ich mir zur besseren Übersicht ein eigenes **DIN-Regel-Heft** erstellen.

Rund um Satzzeichen und Klammern

A! Arbeitsauftrag

1. **Fügen** Sie eine Kopfzeile ein: Links: Name – Mitte: Lernelement – Rechts: Datum und eine Fußzeile mit dem Dateinamen und Pfad (siehe Word-Funktionen).
2. **Erfassen** Sie die DIN-Regeln und die dazugehörenden Beispiele zu den Satzzeichen und den verschiedenen Anwendungsmöglichkeiten des Mittestrichs.
3. **Gestalten** Sie Ihr Regelheft übersichtlich; Sie können z. B. die Regeln durch Schattierung oder Auswahl einer anderen Schriftart gegenüber den Beispielen hervorheben.
4. **Verwenden** Sie für die Beispiele die Schriftart Courier New, Schriftgrad 12.
5. **Schreiben** Sie die Übung zu den „Satzzeichen und Klammern" sowie „Anwendung des Mittestrichs" ab. Ersetzen Sie an den erforderlichen Stellen ◆ normgerecht die fehlenden Zeichen.
6. **Ordnen** Sie die Anwendungsbeispiele den entsprechenden DIN-Regeln zu (siehe Word-Funktionen: Ausschneiden und Einfügen).
7. **Erstellen** Sie auf Ihrem Speichermedium einen Ordner „Texte normgerecht erfassen“.
8. **Speichern** Sie den ersten Teil Ihres Regelwerkes unter dem Dateinamen „Regelheft“ im Ordner „Texte normgerecht erfassen“ ab.

H! Hausaufgaben

- **Schreiben** Sie den Text „Normung“ (Seite 41) ab.
- **Heben** Sie die fünf genannten Gründe für die Normung durch Fettschrift und die Begriffe *standardisieren, rationalisieren, Norm* mit einer Graustufe von 15 % durch Schattieren hervor. (Achtung: Die Satzzeichen werden auch schattiert!)
- **Notieren** Sie unter dem Text DIN = Deutsches Institut für Normung.
- **Schreiben** Sie darunter die schattierten Begriffe und mit einem Gleichheitszeichen deren Bedeutung (siehe Duden bzw. Thesaurus).

Texte normgerecht erfassen

I! Satzzeichen und Klammern

Die Satzzeichen, z. B. Punkt, Komma, Doppelpunkt, werden direkt hinter das Wort geschrieben. Anschließend folgt ein Leerzeichen. Ausrufezeichen und Fragezeichen folgen dem Wort ebenfalls ohne Leerzeichen.

```
Bleiben Sie gesund! Ruhe bitte! Ist der Bericht auch richtig?
```

Anführungszeichen werden ohne Leerzeichen vor und nach den Textteilen, die von ihnen eingeschlossen sind, geschrieben.

```
„Wir können heute länger arbeiten“, sagte die Büroleiterin.
Die Partei, die Beschwerde einlegt, ist „Beschwerdeführer“!
```

Der Apostroph (das Auslassungszeichen) ersetzt ausgelassene Buchstaben oder Wortteile. Er wird auch als halbes Anführungszeichen verwendet.

```
Wie geht’s? Wie steht’s? Hätten Sie’s gewusst? Ku’damm.
Er schreibt: „Ich kann euch empfehlen, den ‚Fänger im Roggen‘ einmal
zu lesen.“
```

Die Nachklammer wird in Verbindung mit Kleinbuchstaben in Aufzählungen verwendet.

```
a) Spanisch, b) Portugiesisch, c) Französisch, d) Italienisch
```

Die Klammern werden ohne Leerzeichen vor und nach den von Ihnen eingeschlossenen Textteilen geschrieben.

```
Sie erhalten das Dokument (5-fach) mit allen Anlagen.
```

Ü! Satzzeichen und Klammern

1. Der Verkaufsbezirk Bremen ◆Herr Wagner◆ hat große Erfolge erzielt.
2. Ein neuer Prospekt ◆Sauber kopieren◆ erscheint Anfang Januar d. J◆
3. Lagerist◆in◆ für die Bereiche Warenein- und -ausgang gesucht.
4. Der Kunde fragte mich◆ „Ist diese Modelleisenbahn noch lieferbar◆“
5. Wenn◆s weiter nichts ist. Hab ich◆s◆ nicht gesagt?
6. Viel Glück◆ Ruhe bitte◆
7. Bitte ergänzen Sie in den Vordrucken die Punkte a◆, b◆ und c◆.
8. „Es ist unbegreiflich◆ wie ich das hatte vergessen können“, sagte Katrin.

I! Anwendung des Mittestrichs

Schreiben Sie den Bindestrich ohne Leerzeichen (Hans-Georg). Die mit Bindestrich verbundenen Teile dürfen am Bindestrich nicht getrennt werden. Sie sind durch einen geschützten Bindestrich (Strg + ⇧ + Mittestrich) gegen einen unbeabsichtigten Zeilenumbruch zu sichern.

`Friedrich-Schiller-Allee, Berlin-Tegel, Anna-Kathrin, Kfz-Papiere`

Beim Ergänzungsstrich steht das Leerzeichen vor oder hinter dem Mittestrich.

`ein- und aussteigen, auf- und abgehen, Postein- und -ausgangsfach`

Beim Gedankenstrich, Streckenstrich und Zeichen für „gegen" steht davor und danach das Leerzeichen.

```
Dieses Bild°– es ist das älteste des Malers Dürer°– wird verkauft.
München°– Hamburg, Frankfurt°– Hannover°– Berlin, Köln°– Hannover,
Das Spiel Schulze°– Müller wurde auf den kommenden Montag verlegt.
```

Vor und nach dem „bis"-Zeichen steht ein geschütztes Leerzeichen. Das Zeichen darf aber nur in Kurzangaben (ohne Satzcharakter) geschrieben werden.

```
Preisvorstellung:     25°–°30°EUR,
Öffnungszeiten: 08:00°–°18:00°Uhr,
```

Ü! Anwendung des Mittestrichs

1. Fahren Sie die Strecke Hamburg◆Bremen◆Köln◆Koblenz◆Mainz?
2. Sie sagen◆auch das wissen wir◆, dass dies stimmt.
3. Für unser Jugendheim suchen wir Balkon◆, Garten◆und Küchenmöbel.
4. Das Max◆Planck◆Institut hat seinen Sitz in der Paul◆Klee◆Allee.
5. Besucht den Rhein◆Main◆Flughafen◆dies lohnt sich auch für euch.
6. Unser neues Verzeichnis enthält die Vor◆und Zunamen der Schüler.
7. Preisidee: 800◆900 EUR.
8. Für diese Stühle muss man mit Preisen von 200◆250 EUR rechnen.
9. Der Laden Ecke Gertrud◆und Maximilianstraße hat viele Stammgäste.
10. Dieser Artikel◆er ist erst seit 3 Monaten auf dem Markt◆wird gelobt.
11. Reiseplanung und◆betreuung des Reisebüros May waren vorbildlich.
12. Lieferfrist: April◆Anfang Mai.
13. Karl◆Heinz will nun das Friedrich◆Ebert◆Gymnasium besuchen.
14. Der Flug Frankfurt◆New York◆Los Angeles ist ausgebucht.

Texte normgerecht erfassen

L?

2.2 Lernaufgabe

In einem Betrieb stoße ich ständig auf Zahlen, z. B. für eine Kalkulation, betriebswirtschaftliche Auswertungen, Finanzbuchhaltung, den Jahresabschluss (Bilanz), Planungsrechnungen. Außenstehende Personen müssen meine Aufstellung schnell interpretieren können. Daher gibt es auch hier genormte Schreibweisen.

Zahlen im Betrieb

A!

Arbeitsauftrag

1. **Öffnen** Sie Ihr Regelheft und positionieren Sie den Cursor ans Dateiende (Strg + Ende).
2. **Schreiben** Sie die Regeln (schattierter Text) und die dazugehörigen Beispiele ab. Setzen Sie ein geschütztes Leerzeichen an die Stellen, die zusammengehören (4°Daten).
3. **Korrigieren** Sie die Fehlersätze und ordnen Sie diese wieder unter die entsprechenden Regeln.
4. **Vergleichen** Sie mit dem Tischnachbarn die Korrektur und Regelzuordnung.
5. **Speichern** Sie Ihre Daten ab.

H!

Hausaufgaben

- **Schreiben** Sie den Text „Warum Gestalten wichtig ist?“ (Seite 42).
- **Schattieren** Sie im Text Schlüsselwörter und nutzen Sie dabei die Funktion *„Format übertragen"*.

!! Zahlen und Währungen

Einfache **Zahlen** mit mehr als drei Stellen dürfen durch je ein Leerzeichen in dreistellige Gruppen gegliedert werden. Geldbeträge sollten aus Sicherheitsgründen mit Punkt gegliedert werden.

4°Daten, 99°Kegel, 449°Kisten, 949°499°Einwohner, 4.999°EUR

Ordnungszahlen werden mit einem Punkt direkt hinter der Ziffer geschrieben.

6.°Frage, der 60.°Fahrschüler, 7.°Jahr, 77.°Klasse, 67.°Tag

Zusammensetzungen mit Zahlen werden mit Bindestrich geschrieben.
Ausnahmen: Nachsilben werden ohne Bindestrich an die Zahl angefügt.

Wir erwarten in diesem Monat eine 5-prozentige Preiserhöhung.
Der 68er-Schuljahrgang trifft sich am Wochenende in Wittlich.

Aneinanderreihungen mit Ziffern werden mit Mittestrich geschrieben.

Wir werden in den Wintermonaten die 5-Tage-Woche einführen.

Währungsbezeichnungen stehen vor oder hinter dem Betrag. Im Fließtext sollten sie hinter dem Betrag stehen, weil man sie so spricht.

Die Rechnung über 49,44°US-$ war am 15.°April fällig.

Bei runden **Zahlen oder ungefähren Werten** können Sie auf die Dezimalstellen verzichten.

Wir haben den Rechnungsbetrag über 449.890°Euro überwiesen.

Die Bankleitzahl wird von links nach rechts beginnend in zwei 3er-Gruppen und eine 2er-Gruppe geschrieben. Die **Kontonummer** wird nicht gegliedert.

Schreiben Sie den Betrag dem Konto°112567 BLZ°530°500°12 gut.

Postleitzahlen schreiben Sie fünfstellig ohne Leerzeichen.

Die Postleitzahl von Heringen ist 99765, die von Weg 84405.

Postfachnummern werden zweistellig von rechts gegliedert.

Senden Sie uns bitte Ihr Angebot an unser Postfach°1°30°45.

Ü! Telefon und Telefax

Telefonnummer (Tel.). Die einzelnen Funktionen (Landesvorwahl, Ortsnetzkennzahl, zentrale Durchwahl) werden durch je ein geschütztes Leerzeichen gegliedert. Vor der Durchwahlnummer steht ein Mittestrich.

Um die Lesbarkeit zu erhöhen, können Sie funktionsbezogene Teile von Telefonnummern durch Fettschrift oder Farbe hervorheben.

```
Einzelanschluss:            Tel.°02151°43321
Durchwahlanschluss:         Tel.°04013°786-407
Zentrale Abfragestelle:     Tel.°04013°786-0
International:              Tel.°+41°31°77346635

Rufen Sie bitte Dr. H. Klug in Kaiserslautern an 0631°2324.
Dr. Paul Sellbei erreichen Sie direkt unter 06331°123-3456.
```

Telefaxnummer (Telefax, Fax oder Tfx). Die einzelnen Funktionen (Landesvorwahl, Ortsnetzkennzahl, zentrale Durchwahl) werden durch je ein Leerzeichen gegliedert. Um die Lesbarkeit zu erhöhen, können Sie funktionsbezogene Teile von Telefonnummern durch Fettschrift oder Farbe hervorheben.

```
Einzelanschluss:            Fax°02351°48321
Durchwahlanschluss:         Fax°04013°886-407
International:              Fax°+41°61°77346635

Bitte übermitteln Sie uns Ihre Antwort an Fax°06230°965433.
```

Ü! Zahlen im Betrieb – Fehlertext

Herrn Fritzen können Sie direkt unter 06824 96541(Durchwahl 543) erreichen. Der zentrale Telefax-Empfang hat die Nummer 958017 (Zentrale). Das Haus wird vom Makler mit €435000 angeboten. Beim Unfall rannen aus dem Tankwagen 3000l Öl aus. 30000ha Wald wurde niedergebrannt. Der Preis wird am 15.d.M. auf €6890,00 erhöht. Gleichzeitig senden wir Ihnen die Rechnung über 6480€. Er wechselte 3000 Euro in Japanische Yen um. Die Autobusse der Bundesbahn beförderten im vergangenen Jahr 13388189 Personen. Meine Adresse lautet: 54470 Bernkastel-Kues, Postfach 12567. Wer das 7, aber noch nicht das 18 Lebensjahr vollendet hat, ist beschränkt geschäftsfähig. Wir können mit einem 12prozentigen Reingewinn rechnen. Der 98er Jahrgang der Verwaltungsvorschriften fehlt noch in der Sammlung.

L? 2.3 Lernaufgabe

Das Textverarbeitungsprogramm bietet über das Menü „Einfügen – (Feldbefehl) – Datum und Uhrzeit" die Möglichkeit an, dass ich die aktuelle Uhrzeit und das aktuelle Datum einfügen kann. Dieses Programm bietet mehrere Schreibweisen an. Welche entsprechen aber der DIN 5008?

Rund um die Zeit

A! Arbeitsauftrag

1. **Ergänzen** Sie Ihr Regelheft mit den neuen Regeln und Beispielen.
2. **Formatieren** Sie diese wie in den anderen Arbeitsaufträgen. Erleichtern Sie sich die Arbeit durch die Funktion **„Format übertragen"**.
3. **Schreiben** Sie die Übungen ab und **ergänzen** Sie bei der Übung „Uhrzeit" die in der Klammer stehende alphabetische Schreibweise durch die numerische.
4. **Schreiben** Sie die Kalenderdaten zuerst numerisch und anschließend alphanumerisch.
5. **Gestalten** Sie ein Deckblatt für Ihr Regelheft. Führen Sie dazu den Cursor zum Dateianfang (Strg + Pos1).
6. **Beachten** Sie, dass das Deckblatt Folgendes beinhalten sollte:

   a) Eigener Name
   b) Anschrift
   c) Klasse und Datum
   d) Titel des Heftes

7. **Fügen** Sie zur Veranschaulichung eine zum Inhalt passende Grafik ein.
8. **Speichern** Sie Ihre Daten ab.

H! Hausaufgaben

- **Schreiben** Sie den Text „Das Stundenprotokoll" (Seite 43).
- **Formulieren** Sie zu den Absätzen 2, 3 + 4, 5 + 6 drei Teilüberschriften.
- **Formatieren** Sie den Text unter Beachtung der Gestaltungsregeln.

I! Rund um die Uhrzeiten

Uhrzeiten

Regel 1: Stunden, Minuten und evtl. Sekunden werden nur mit dem Doppelpunkt (ohne Leerzeichen) gegliedert.

Regel 2: Das Wort „Uhr“ wird nach einem geschützten Leerzeichen angefügt.

Regel 3: Wenn Stunden und Minuten (oder Stunden, Minuten und Sekunden) angegeben sind, muss jede Einheit durch Ausnullen mit zwei Ziffern aufgefüllt werden.

Regel 4: Bei ungefähren Zeitangaben schreibt man nur die Stunden.

Anmerkung: Bei Zeitangaben kann der Mittestrich verwendet werden (Sprechstunde: 08:00 – 12:00 Uhr). Im laufenden Text wird das Wort „bis“ nicht durch den Mittestrich ersetzt (Sie können mir Ihr Anliegen in meiner Sprechstunde von 08:00 bis 12:00 Uhr gerne mitteilen).

```
03:30°Uhr, 00:30°Uhr, 03:30:49°Uhr, von 03:00°bis 04:00°Uhr
```

Ü! Uhrzeiten

1. Der IC nach München sollte um (zehn Uhr und zwei Minuten) in Braunschweig abfahren.
2. Unser Lkw-Fahrer ist schon um (vier Uhr und dreißig Minuten) nach Düsseldorf gestartet.
3. Dr. Müller wird am Freitag (von vierzehn Uhr dreißig bis siebzehn Uhr) einen Vortrag halten.
4. Auf der neuen Atomuhr in Stuttgart wird gerade (null Uhr, fünf Minuten und fünfundvierzig Sekunden) angezeigt.
5. Wir treffen uns am nächsten Samstag gegen (vierzehn Uhr) im Hotel „Sonnenschein“.
6. In der Villa Kunterbunt wurde zwischen (drei und vier Uhr) eingebrochen.

I! Kalenderdaten

Regel 1: Man unterscheidet grundsätzlich numerische und alphanumerische Schreibungen.

Regel 2: Das numerische Datum wird in der Reihenfolge Tag, Monat, Jahr – gegliedert mit dem Punkt – geschrieben. Es darf auch in der Reihenfolge Jahr, Monat, Tag – gegliedert mit Mittestrich – angegeben werden. Tag und Monat werden zweistellig und die Jahreszahl vierstellig wiedergegeben.

Regel 3: Bei der alphanumerischen Schreibung wird der Monatsname in Buchstaben wiedergegeben; er darf abgekürzt werden. Dabei wird die Tagangabe nicht „ausgenullt".

Regel 4: Steht bei einer Datumsangabe der Wochentag im Dativ (Wemfall) mit „am", wird der nachfolgende Wochentag gewöhnlich als nachgestellter Beisatz aufgefasst. Er steht dann ebenfalls im Dativ mit Komma hinter dem Tagesnamen (am Montag, dem 13. April, ...). Wenn der Wochentag im Dativ steht, dürfen Tag und Monat im Akkusativ (Wenfall) angegeben werden (am Montag, den 13. April ...), aber ohne Komma hinter der Datumsangabe. Stilistisch schöner wird aber die Monatsangabe im Dativ empfunden.

Steht bei einer Datumsangabe der Wochentag ohne „am" oder „vom", dann steht der Monatstag im Akkusativ.

```
2011-11-11, 2011-07-06, 11.11.2011, 06.07.2011,
11.°Mai°2011,
Er wird am Donnerstag, dem 1.°April°2011, hier eintreffen.
Die Spiele beginnen nächsten Samstag, den 17.°Juli.
```

Ü! Kalenderdatum

1. Haben Sie die Dokumente vom (fünften August 20..) für Herrn Schäfers kopiert?
2. Unsere Bestellung vom (fünften Juli 20..) wollten Sie bis (dritten August 20..) ausführen.
3. Die Dokumente vom (zehnten Juli 20..) haben wir für Herrn Schäfers kopiert.
4. Den Auftrag vom (zwanzigsten Mai 20..) haben Sie am (siebzehnten Juli) ausgeführt.
5. Hatten Sie die Unterlagen vom (dreizehnten August) für uns schon kopiert?
6. Ich bitte Sie, mein Fehlen am Mittwoch, (den oder dem) 10.11.20.., zu entschuldigen.
7. Dienstag, (den oder dem) 31. März 20.. reisen wir ab.

L? 2.4 Lernaufgabe

Nun kenne ich schon einige Regeln zu den Satzzeichen, Klammern, Zeitangaben und Zahlen. Heute möchte ich mich mit den Zeichen beschäftigen, die ein Wort ersetzen. Die Dokumente werden durch die Anwendung dieser Zeichen übersichtlicher und die Texte sind schneller zu erfassen.

Wort-Ersatzteil-Lager

A! Arbeitsauftrag

1. **Leiten** Sie mithilfe der Beispielsätze die Regeln ab für das Zeichen:
   - Prozent und Promille
   - geboren und gestorben
   - gegen
   - „und (et)" in Firmenbezeichnungen
   - Nummer
   - Paragraf
   - Schrägstrich

   Füllen Sie die Lücken aus.
2. **Schreiben** Sie die Regeln mit den entsprechenden Beispielen in Ihr Regelheft.
3. **Vergleichen** Sie ggf. mit Ihrem Tischnachbarn.
4. **Verdeutlichen** Sie einige Regeln Ihres Regelheftes mit einer zusätzlichen Grafik. Dies ist hilfreich, um später rasch die entsprechende DIN-Regel zu finden.
5. **Speichern** Sie Ihre Daten ab.

H! Hausaufgaben

- **Gestalten** Sie Ihr Regelheft fertig und achten Sie auf eine gleichmäßige Formatierung.
- **Schreiben** und **gestalten** Sie den Text „Wie schreibe ich ein Referat?" (Seite 44).

!! Zeichen für „Prozent“ und „Promille“ % und o/oo

Beispielsätze:

1. Beim Verkauf des Artikels erhalten Sie 25°% Wiederverkäuferrabatt.
2. Dr. Steiner hat nach dem Unfall 0,8°c/oo Blutalkohol festgestellt.
3. Die versprochenen Prozente hat uns die Firma leider nicht gewährt.
4. Das Maklerbüro Feiniger°&°Söhne wird 3°o/oo Courtage berechnen.
5. Für Sonderanfertigungen erheben w r einen 8-prozentigen Aufschlag.
6. Auf diese Artikel gewähren wir einen 5%igen Rabatt.

Regel:

- Die Zeichen für Prozent und Promille sind Wortvertreter.
- Vor und nach Wortvertretern ist ein Leer zeichen zu setzen (Zeilen 1, 2 und 4).
- Das Prozent oder Promille zeichen darf nur in Verbindung mit Ziffern verwendet werden (Zeile 3).
- In Zusammensetzungen mit einer Ziffer steht ein Bindestrich (Zeile 5).
- Wird das Prozent oder Promille zeichen als Wortteil in Zusammen setzungen verwendet, entfällt das Leerzeichen (Zeilen 6).

Zeichen für „geboren“ * und „gestorben“ +

Hans Wolf, *°1928-04-20, +°2004-12-05

Konrad Zuse, *°22.06.1910, +°18.12.1995

Regel:

Für „geboren“ wird der Stern, für „gestorben“ das Pluszeichen verwendet, jeweils mit einem Leerzeichen davor und dahinter.

!! Zeichen für "gegen" ./.

1. Das Spiel Dortmund°– Bayern München endete 3°:°2.
2. Die Klage Schmidt°./. Müller wurde abgewiesen.
3. Im Rechtsstreit der Firmen Meyer°./. Altmann gab es noch kein Urteil.
4. Der Boxkampf Peter Frey°– Jan Nagel wird in Magdeburg stattfinden.

Regel:

- In Rechtsstreitigkeiten wird „gegen" durch __________ bezeichnet.
- In Sportpaarungen verwendet man für „gegen" den __________ mit einem __________ davor und danach.

Zeichen für "und" &

1. Die Firma Strauching°&°Söhne hat in diesem Jahr expandiert.
2. Die Eheleute Schneider und Baldau haben ihren Streit geschlichtet.
3. Haus- und Küchengeräte liefern Ihnen Zimmer°&°Söhne KG, Pirmasens.

Regel:

- Das Zeichen für „und" (lateinisch „et") darf nur im Zusammenhang mit einer __________bezeichnung verwendet werden.
- __________ und __________ diesem Zeichen ist je ein geschütztes Leerzeichen zu setzen.

Zeichen für "Nummer"

1. Der Artikel #°222 ist in diesem Sommer nicht mehr lieferbar.
2. Die Artikel #°700 und 701 haben den Kunden besonders zugesagt.

Regel:

- Das Zeichen für „Nummer" wird nur in Verbindung mit darauffolgenden __________ verwendet.
- Wenn mehrere Artikelnummern aufgeführt sind, wird das Nummernzeichen nur ______________ geschrieben.

Paragrafenzeichen

1. Der §°10 der Vereinssatzung ist längst überholt.
2. Die §§°20, 25 und 29 müssten unbedingt neu gefasst werden.
3. Unsere Vereinssatzung umfasst insgesamt 45 Paragrafen.
4. Nach §°606 Abs.°1 Satz°1 ist das Familiengericht zuständig.
5. Auch der vorletzte Paragraf müsste stark überarbeitet werden.

Regel:

- Nach dem Zeichen für „Paragraf" ist ein geschütztes Leerzeichen zu setzen.
- Sind mehrere Paragrafen aufgeführt, setzt man zwei Paragrafenzeichen.
- Werden Absatz (Abs.), Satz oder Nummer eines Paragrafen genannt, so stehen diese Angaben ohne Komma.
- Das Zeichen für Paragraf darf nur im Zusammenhang mit darauffolgenden Zahlen verwendet werden.

Schrägstrich

1. 3/4, 50 km/h, 100 Einwohner/km²
2. Jahrgang 2008/2009
3. in der Ausgabe Juli/August d.°J.
4. Das Buch von Schneider/Zindel/Salenbach wurde eingeführt.
5. alle Mitarbeiterinnen/Mitarbeiter werden gebeten, ...
6. Bahnhofstraße 34 // W 4

Regel:

- Der Schrägstrich wird verwendet als Bruchstrich und als Ersatz für wort pro
- Ferner kennzeichnet er die Zusammenfassung zweier aufeinander folgender Jahreszahlen oder Monate und er verbindet die Namen verschiedener Personen.
- Der Schrägstrich wird auch bei geschlechtsneutraler Anrede verwendet.
- Bei Straßenbezeichnungen wird die Wohnungsangabe durch einen doppelten Schrägstrich abgetrennt.

L?

2.5 Lernaufgabe

Zum Schluss schaue ich mir noch die Sonderzeichen an. Das sind im Prinzip Exoten, die man nur selten verwendet. Einige weichen von den Standardregeln ab.

Sonderzeichen korrekt einsetzen

A!

Arbeitsauftrag

1. **Lesen** Sie die Informationen zu den folgenden Exotenzeichen genau durch.
2. **Beachten** Sie die Schreibweise bezüglich der Leerzeichen.
3. **Erfassen** Sie dann den Text „Sonderzeichen" in Ihr Regelheft.
4. **Tauschen** Sie die bei der 1. Übung fett gedruckten ausgeschriebenen Wörter gegen die passenden Exoten bzw. Sonderzeichen aus.
5. **Schreiben** Sie den 2. Übungstext „Akzente" ab – achten Sie dabei auf die Richtung des Akzent-Zeichens.

< >	Eckige Klammer ohne Leerzeichen
=	Gleichheitszeichen mit Leerzeichen
°	Grad ohne Leerzeichen
°	Grad mit Celsiusangabe (Beispiel: 28 °C) nach der Zahl ein geschütztes Leerzeichen
+	Plus mit Leerzeichen
"	Zoll ohne Leerzeichen
é	Accent aigu,
è	Accent grave,
ô	Accent circonflexe

H!

Hausaufgaben

1. **Lösen** Sie die Übungsaufgabe auf S. 40 und schreiben Sie die Beispiele unter die entsprechende Regel.
2. **Gestalten** Sie Ihr Regelheft fertig; achten Sie auf eine gleichmäßige Formatierung.
3. **Fügen** Sie Seitennummern unten zentriert oder rechtsbündig (z. B. Seite 1 von 2) ein.

Texte normgerecht erfassen

Ü! Sonderzeichen

1. Das Auto von Paula Tau drehte sich um 90 **Grad**.
2. Die Preise für die Artikel **Nummer** 323 und 434 werden erhöht.
3. Friedrich von Schiller, **geboren** 1759, **gestorben** 1805.
4. Der Artikel **Nummer** 700 hat uns gut gefallen.
5. Franz X. Wagner, **geboren** 20. Mai 1837, **gestorben** 8. März 1907 in New York (USA).
6. Die Rohre der Firma Maurermann haben einen Durchmesser von 2 **Zoll**.
7. Die Temperaturen in der Wüste Sahara erreichen sehr oft 45 **Grad C**.
8. Hat dieser Personenkraftwagen das Kennzeichen S **gleich** Schweden?
9. Die Taste **eckige Vorklammer** Entfernen **eckige Nachklammer** ist eine Funktionstaste.
10. Wir üben uns im Kopfrechnen: 9 **plus** 63 **plus** 5 **plus** 34 **gleich** 111.

Akzente

1. Im Zeltlager waren wir mit Franzosen zusammen.
2. Schnell hatten wir uns mit den Jugendlichen aus Frankreich angefreundet.
3. Béatrice sprach ein wenig Deutsch und spielte für uns die Dolmetscherin.
4. Nach ein paar Tagen klappte die Verständigung mit Eugènie, Valérie, Milène und Thérèse schon sehr gut.
5. Benoîte bleibt länger in Deutschland.
6. Die Crêpe schmeckt im Café Madlène besonders gut.
7. Der Fluss Rhône entspringt dem Rhônegletscher im Nordosten des Kantons Wallis in der Schweiz.
8. Der Gâteau à la broche, übersetzt ins Deutsche etwa **Kuchen am Spieß**, ist eine französische Spezialität aus den Bergen des Aveyron, die zur Region der Midi-Pyrénées gehören.

Ü! **Übungstext**

Sind die folgenden Sätze richtig oder falsch geschrieben?	**richtig**	**falsch**
Am 02. Oktober 2002 unterschrieb der Sänger einen neuen Plattenvertrag.	☐	☐
Im Jahr 2004 wurde er mit dem deutschen Musikpreis „Echo" ausgezeichnet.	☐	☐
Im Berliner Velodrom präsentierte er vor 8000 Fans Titel aus seinem Album.	☐	☐
Das günstigste Ticket kostete 84,50 €, das teuerste 188 € (plus Vorverkaufsgebühr).	☐	☐
Jugendlichen ab 16 Jahren ist laut den § 4 und 5 des Jugendschutzgesetzes	☐	☐
der Besuch von Gaststätten oder Tanzveranstaltungen bis 24:00 Uhr gestattet.	☐	☐
Jugendliche=Personen, die 14 aber noch nicht 18 Jahre alt sind (JuSchG).	☐	☐
Sie ehrten Michael Schumacher als 5fachen Formel-1-Weltmeister.	☐	☐
Franziska van Almsick gewann in Barcelona die 4 x 100 m Freistilstaffel.	☐	☐
Ein Blutalkoholwert von 1,1 %0 gilt generell als Straftat. Außerhalb	☐	☐
geschlossener Ortschaften gilt eine Höchstgeschwindigkeit von 100 km/h.	☐	☐
Am 01.12.06, 02:30 Uhr, wurde ein 25-jähriger Fahrer von der Polizei angehalten.	☐	☐
In dem Rechtsstreit Müller & Co. KG . / . Peters wird das Urteil morgen verkündet.	☐	☐
Bereits 3-mal haben wir an die Zusendung der Ausgabe März/April erinnert.	☐	☐
Du kannst gehen, sagte die Mutter zu Ihrer Tochter Cathérine.	☐	☐
Andreas fragte mich: „Hast du den Artikel 'EU-Erweiterung' gelesen."	☐	☐
Achtung! Auf die Artikel # 100 bis 120 gewähren wir einen 20 %igen Rabatt.	☐	☐
Johannes Rau, ehemaliger Bundespräsident, *1931 in Wuppertal, +2006.	☐	☐
Jean-Pierre fragte: „Wie geht's? Lass uns zusammen ein Crêpe essen gehen!"	☐	☐

Normung

Über manche Dinge macht man sich im normalen Leben einfach keine Gedanken: Warum passt der Stecker in die Steckdose? Dass das reibungslos klappt, ob zu Hause, im Hotelzimmer oder im Büro, liegt an DIN-Normen – es gibt eine für den Stecker und eine für die Steckdose. Die Normen sind untereinander abgestimmt und dann passt es. Die Abkürzung DIN steht dabei für Deutsches Institut für Normung e. V., Berlin – die Institution, die dafür sorgt, dass Normen festgelegt und veröffentlicht werden. Hier arbeiten Hersteller, Handel, Verbraucher, Handwerk, Dienstleister, Wissenschaft, technische Überwachung und Staat zusammen. DIN-Normen dienen der Rationalisierung, der Qualitätssicherung, der Sicherheit, dem Umweltschutz und der Verständigung in Wirtschaft, Technik, Wissenschaft, Verwaltung und Öffentlichkeit. Normung wird definiert als planmäßige, durch die interessierten Kreise gemeinschaftlich durchgeführte Vereinheitlichung von materiellen und inmateriellen Gegenständen zum Nutzen der Allgemeinheit.

Die DIN legt Normen auf nationaler Ebene fest, die ISO – International Organization for Standardization – auf internationaler. Den meisten Menschen bekannt ist das Wort DIN durch die Normung der Papiermaße. Das Papierformat A4 gibt es in der ganzen Welt, nur in Nordamerika und China existieren daneben noch weitere Papierformate. Von großer internationaler Bedeutung sind beispielsweise auch Normen über die Größe von Bank- und Kreditkarten. Normen regeln, standardisieren, rationalisieren und helfen, etwas zu vereinfachen. Allerdings sind Normen keine Gesetze. Jedes Unternehmen kann frei entscheiden, ob es eine Norm umsetzt oder nicht. So gibt es eine Schuhgrößen-Norm, die auch die Fußbreite berücksichtigt. Doch kaum ein Schuhhersteller setzt die Norm um. Die Folge: Jeder Schuh fällt anders aus, man muss immer wieder neu probieren. Auch wenn man im Ausland ist, kennt man diese Probleme: Das mit dem Stecker und der Steckdose geht dann nicht mehr so einfach. Denn es ist nicht gelungen, eine international gültige Steckernorm zu beschließen.

Es wäre nämlich teuer gewesen, alle europäischen Stecker und Steckdosen umzurüsten. Deshalb braucht man in Ländern wie Großbritannien, Australien oder den USA dafür einen Adapter. Normen sind fast so alt wie die menschliche Gesellschaft. Technische Normen legen z. B. Abmessungen und Gewichte sowie Messverfahren für Produkte fest. Bereits im alten Ägypten gab es Schablonen für die Herstellung gleichförmiger Ziegelsteine. Normen werden regelmäßig überprüft, und zwar alle fünf Jahre. Sind sie nicht mehr aktuell, werden sie angepasst. Bei der letzten Überprüfung der Körpermaßnorm wurde festgestellt, dass die Bevölkerung so stark gewachsen ist, dass die Norm komplett überarbeitet werden musste. Außerdem waren in der alten Norm keine Zuwanderer erfasst, die zum Teil etwas abweichende Körpermaße haben. Das wurde geändert. Für die überwiegende Mehrheit der Deutschen funktionieren die genormten Dinge des Alltags – Türhöhen, Schreibtische oder Fahrradhelme – gut. Wer nicht dazu gehört, also wer über oder unter den DIN-Maßen liegt, hat es nicht mehr ganz so einfach. Aber dafür ist man dann auch nicht wie alle anderen.

Texte normgerecht erfassen

!!

Warum Gestalten wichtig ist!

Die Sehgewohnheiten haben sich in den letzten Jahrzehnten geändert: Wir nehmen heute viel mehr als früher über die Augen wahr. Inhalte, die sich als fortlaufender Fließtext ergießen, erreichen nicht alle Leser. Informationen prägen sich leichter ein, wenn sie übersichtlich gegliedert und grafisch gestaltet sind.

Beim Erstellen eines Regelwerkes ist es daher wichtig, dass alle Regeln einheitlich formatiert werden. So erkennt der Leser auf einen Blick, wo sich die Regeln befinden bzw. was er sich merken sollte. Die dazugehörigen Beispiele sollten weniger deutlich hervortreten. Der Seitenaufbau wirkt ruhiger, wenn der Abstand zwischen den Regeln einschließlich Beispielen immer der gleiche ist. Außerdem sieht es ansprechender aus, wenn die Informationen über das ganze A4-Blatt verteilt sind, d. h. am unteren Rand kein großer Freiraum ohne Text verbleibt.

Um Informationen aus einem Text rasch wieder zu finden, sind Überschriften hilfreich. Die Überschrift wird immer ein Drittel größer geschrieben als der Text. Sinnvoll ist es zudem, wichtige Inhalte (Schlüsselwörter) hervorzuheben.

Bei mehrseitigen Dokumenten werden alle Blätter nummeriert. Nach der DIN 5008 ist die Seitennummerierung in der Fußzeile mit dem Text Seite … von … zulässig. Bei mehrseitigen Schriftstücken wie z. B. Berichten, Referaten, Stundenprotokollen etc. bietet es sich an, die Kopfzeile mit dem Namen, der Klassenbezeichnung, dem Datum und dem Thema zu beschriften. Hier aber auch darauf achten geben, dass das gesamte Dokument (einschließlich der Kopf- und Fußzeile) in einer Schriftart (z. B. Times New Roman) geschrieben ist.

Da wir mittlerweile eher Bilder als Text aufnehmen, ist es sinnvoll, Texte mit Schaubildern zu verdeutlichen. Wichtige Aussagen können auch durch Merksymbole betont werden. Hierbei ist darauf zu achten, dass die Bilder bzw. Grafiken nicht ablenken, sondern helfen, die Informationen besser aufzunehmen.

Das Textverarbeitungsprogramm bietet viele Möglichkeiten an, Texte zu gestalten. Es gilt aber der Grundsatz: Weniger ist oft mehr. Bei zu vielen Formatierungen erkennt man das Wichtige nicht mehr. Deshalb sollten nicht mehr als drei Schriftarten (Arial, Courier etc.), Schriftfarben, Schriftgrößen und Schriftschnitte (fett, kursiv) gewählt werden.

Das Stundenprotokoll

Das Stundenprotokoll sollte so verfasst sein, dass sich ein Mitschüler, der am Unterricht nicht teilgenommen hat, auf seiner Grundlage eine möglichst informative Orientierung über den Unterrichtsgegenstand verschaffen kann. Dazu bedarf es sachgerechter Informationen, klarer Formulierungen und einer guten Strukturierung.

Der Mitschüler muss sich auf die Richtigkeit eines Stundenprotokolls verlassen können. Das Protokoll muss vollständig sein, d. h. alle zum Thema enthaltenen Informationen beinhalten und neue Begriffe erläutern. Falls dem Protokollanten einzelne Zusammenhänge in der Stunde nicht klar geworden sind, sollte er beim Fachlehrer noch einmal nachfragen oder aber im Lehrbuch oder Lexikon nachschlagen und diese Informationen gegebenenfalls in kurzer Form zusätzlich in das Protokoll mit einfließen lassen.

Nutzen Sie den Anlass der Anfertigung eines Protokolls, um zu überprüfen, wie gut Sie den Gegenstand im Griff haben. Drücken Sie sich möglichst klar und präzise aus. Zur Vorbereitung des Protokolls sollten Sie sich in der Stunde genügend Stichworte notieren und diese später (möglichst bald nach der Stunde) ergänzen, ausarbeiten und ausformulieren.

Ein Stundenprotokoll umfasst ein bis zwei Seiten. Der Lernwert bei der Abfassung von Stundenprotokollen beruht (bezogen auf die Verfasserin bzw. den Verfasser) auf der Aufarbeitung des Unterrichtsgegenstandes. Ein Protokoll dient der schnellen Übersicht. Halten Sie sich dies immer vor Augen: Sie schreiben, um Ihre Mitschüler möglichst gut und gehaltvoll über den Gegenstand einer Stunde zu informieren. Stundenprotokolle sind stets Ergebnisprotokolle, keine Verlaufsprotokolle. Das heißt: der Protokolltext muss in seiner Anordnung nicht dem zeitlichen Verlauf der Stunde entsprechen. Er soll Ergebnisse fixieren und diese in eine Ordnung bringen.

Das Protokoll sollte klar strukturiert sein. Überschriften und andere Gliederungshilfen sind in jedem Fall sinnvoll. Je klarer ein Text strukturiert ist, desto verständlicher ist er und desto besser erfüllt er seine Funktion. Die einzelnen Abschnitte des Protokolls sollten in der Regel aus ganzen Sätzen bestehen. Bloße Stichworte sind leicht missverständlich und meist schwerer lesbar. Eine Ausnahme bilden Aufzählungen von Beispielen. Solche Aufzählungen sollten aber ihrerseits durch erläuternde Sätze eingeleitet sein. Dennoch soll das Protokoll kein Aufsatz sein. Es geht um eine stichpunktartige Wiedergabe des Stundeninhalts in ausformulierten Sätzen!

Die Abschnitte sollten nicht zu lang sein, um übersichtlich zu bleiben, aber auch nicht zu kurz, um informativ statt nur aufzählend zu wirken.

Wie schreibe ich ein Referat?

Ein Referat ist eine Show, eine Inszenierung und ein Ritual. Gerade deshalb sollten einige wenige, aber dafür umso wichtigere Formalitäten stets beachtet werden. Das Referat stellt zweierlei vor: das Thema und den Referenten/die Referentin. Die Vorbereitung sollte Folgendes beachten: Genaue Themenanalyse, -abgrenzung und Zielsetzung: Worüber soll mit welchem Ziel und in welchem Zeitrahmen referiert werden?

Die Materialsammlung kann als Literaturrecherche und als Internetrecherche erfolgen. Wichtig sind in jedem Fall exakte Quellenangaben. Kleiner Tipp: Auf einem Extrablatt eine Übersicht über die benutzten Quellen (Bücher, Homepages, Zeitschriften) anlegen und jeweils eine knappe Quellenbeschreibung geben, in der Inhalt, Tendenz und die Stelle vermerkt sind, die man benutzt hat. Auch die Bereitstellung von Medien (Tafel, Flipchart, Karten, Kassettenrekorder, Video oder Film) muss sorgfältig geplant sein. Beschränken Sie Ihre Auswahl lieber gewissenhaft, als ein Übermaß an Medien zu benutzen (Tipp: Der Zuhörer nimmt viel mehr über die Augen auf als über die Ohren).

Die Verarbeitung der Informationen verlangt eine sachgerechte Auswahl und wirkungsvolle Gliederung, z. B. mit einem motivierenden Einstieg, der Neugier weckt und Orientierung gibt. Das könnte ein Einstieg über ein Zitat, eine These oder die eigene Meinung sein. Der Hauptteil, der chronologisch (aber nicht zu eintönig und ermüdend) oder problembezogen steigernd strukturiert sein kann, sollte aber einen deutlichen Schwerpunkt haben. Nach dem Grundsatz, dass der Referent sehr viel mehr wissen muss als seine Zuhörer, ist für die Informationsauswahl ein strenger Maßstab anzulegen: Welche Informationen sind wichtig? Auf welche Einzelheiten sollte verzichtet werden, weil sie die Aufnahmefähigkeit der Zuhörer überfordern? Mit abrundendem Schluss durch eine Zusammenfassung oder einen Ausblick.

Die Präsentation gelingt am besten, wenn die Kommunikationssituation beachtet wird. Die Zuhörer sind in der Regel über das spezielle Thema unkundig – der Referent dagegen ist der Experte, der „ankommen" muss. Ein Interesse weckender Einstieg (z. B. eine überraschende Frage, ein Bildimpuls, ein originelles Zitat, eine provozierende These) und eine Information über Ziele und Hauptpunkte des Aufbaus können sich anschließen.

Das halbfreie Sprechen, gestützt auf einen Stichwortzettel oder Karteikarteneinträge, ermöglicht eine lebendige Mimik und Gestik mit Blickkontakt zu den Zuhörern; so fällt auch der richtige Medieneinsatz leichter. Verstehenshilfen wie Zwischengliederungen, Veranschaulichungen, die Erklärung von Fachbegriffen an der Tafel, ein Grundgerüst von Daten oder ein Arbeitsblatt mit „Lückentext" erleichtern das aktive Zuhören und vor allem das Mitschreiben.

F? Funktionsjournal

In der zweiten Lernsituation habe ich folgende Funktionen angewendet. Zur Festigung notiere ich die Funktionen (Arbeitsschritte in Kurzform). Dazu kreuze ich, je nachdem was ich benutze, das Menü, das Kontextmenü, die Symbolleiste oder die Tastenkombination (Shortcut) an.

TV-Programm

	Menü/-band	Kontext-menü	Symbol-leiste	Short-cut	Ausführung
Fettdruck	☐	☐	☐	☐	
Schriftart	☐	☐	☐	☐	
Schattieren	☐	☐	☐	☐	
Rahmen	☐	☐	☐	☐	
Textteile kopieren	☐	☐	☐	☐	
Textteile einfügen	☐	☐	☐	☐	
Textteile ausschneiden	☐	☐	☐	☐	
Format übertragen	☐	☐	☐	☐	
Textteile sortieren	☐	☐	☐	☐	
manueller Seitenumbruch	☐	☐	☐	☐	
Grafik einfügen	☐	☐	☐	☐	
Grafik positionieren	☐	☐	☐	☐	

R? Lernjournal-Reflexion

Nachdem ich die zweite Lernsituation beendet habe, möchte ich wieder ein Feedback über meine neu erworbenen Kompetenzen geben.

Das DIN-Regel-Heft hefte ich in meinem Ordner unter der Rubrik „Portfolio" bzw. in einem gesonderten Schnellhefter ab.

DIN 5008

Fertigkeiten:	Beherrsche ich alle Tastwege der Zifferntastenreihe? Wende ich die DIN-Regeln sicher an?
Zeit:	Habe ich den Zeitrahmen eingehalten? Habe ich mir die Arbeit richtig eingeteilt?
Arbeitsvorgehen:	Was war schwierig, was war leicht?
Stärken:	Was ist mir gut gelungen? Worauf bin ich ein bisschen stolz?
Schwächen:	Wo waren Schwierigkeiten, die ich noch nicht bewältigen konnte?
Gefühle:	Zum Beispiel: Es macht mir Spaß. Ich hatte Null-Bock.

Reflexion: (Platzmangel? – Zusatzblatt erforderlich und beiheften)

Betriebliche Informationen praxisbezogen gestalten

Kompetenzen

- Anhand von praxisbezogenen Situationen Schriftstücke erstellen
- Anhand von praxisbezogenen Situationen Schriftstücke adressatengerecht gestalten

Inhalte

- Textgestaltung
- Autorenkorrektur DIN 16511
- Textbearbeitung und Texteffekte
- Grafiken und Clips bearbeiten
- Spaltenausrichtung
- Tabelle
- Formatvorlage

Methoden

- Zeit einteilen
- Spickzettel schreiben
- Feedback geben, Kreisbrief
- Informationen auswerten, beurteilen und zusammenfassen
- Handlungsprodukte präsentieren
- Regelwerk berücksichtigen
- Datenmaterial tabellarisch darstellen

Ressourcen

- Regelmerkblatt Typografie
- Internet
- Funktionsjournal
- Lernjournal – Reflexion

E? Brainstorming

Was verbinden Sie gedanklich mit folgenden Begriffen?

Bilder				**Zeitung**	
		Farben			
Effekte					**Größe**
	Zeichen		**Formen**		
		Informa-tionen			**Schriften**

3. Lernsituation

Betriebliche Informationen praxisbezogen gestalten

L? 3.1 Lernaufgabe

In dieser Lernsituation beschäftige ich mich mit der Formatierung, also mit dem Layout von repräsentativen betrieblichen Schriftstücken. Heute wird es immer wichtiger, dass Dokumente ansprechend gestaltet sind. Um diesen Anforderungen gerecht zu werden, informiere ich mich zunächst über typografische Regeln.

Welche typografischen Regeln müssen bei repräsentativen betrieblichen Schriftstücken beachtet werden?

A! Arbeitsauftrag

Einzelarbeit (___ Minuten)

1. **Lesen** Sie das Informationsblatt „Typografie".
2. **Markieren** Sie ein oder zwei Schlüsselwörter in jedem Absatz.
3. **Schreiben** Sie die passende Überschrift über jeden Absatz.
4. **Formulieren** Sie fünf Merksätze auf einem Spickzettel, die Ihnen wichtig erscheinen.

Partnerarbeit (___ Minuten)

5. **Erzählen** Sie sich mithilfe Ihres Spickzettels gegenseitig den Inhalt des Infotextes und ergänzen Sie drei weitere Merksätze.

Gruppenarbeit (___ Minuten)

6. **Erstellen** Sie gemeinsam ein Regelmerkblatt zur Typografie. Wenden Sie dabei die typografischen Regeln an.
7. **Fügen** Sie hinter dem Fachbegriff Typografie eine Fußnote [Strg] + [Alt] + [F] ein, um den Begriff zu definieren.
8. **Bereiten** Sie sich auf die Präsentation vor. Erläutern Sie mithilfe der Regeln die Leitfrage.
9. **Wählen** Sie aus Ihrer Gruppe ein Tandem zum Präsentieren.

Plenum (Stuhlkreis)

10. **Präsentieren** Sie Ihr Regelmerkblatt (erläutern Sie jeweils die Regel).
11. **Binden** Sie nach der Präsentation das Plenum in ein/e Gespräch/Diskussion ein. Lassen Sie Fragen stellen, Kritik äußern, Verbesserungsvorschläge machen oder überprüfen Sie, ob das Vorgetragene verstanden ist.
12. **Ergänzen** Sie ggf. Ihre Regeln.

Typografie

Die Typografie bezeichnet die Schriftart und -form, die Sie für Ihre Schreiben verwenden. Auf Ihrem Computer im Betrieb finden Sie sicher auch eine Vielzahl von Schriftarten, die Ihnen einen breiten Gestaltungsspielraum für das Layout bieten. Die Grundregel für den Gebrauch mehrerer und ausgefallener Schrifttypen ist sehr einfach. Verwenden Sie niemals mehr als drei verschiedene Schriftarten, Schriftfarben, Schriftgrößen oder Schriftschnitte (fett, kursiv usw.). Also auf gar keinen Fall das Ganze auch noch mischen!

Wir unterscheiden zwischen schwachen, mittleren und starken Hervorhebungen. Zu den schwachen Hervorhebungen, die erst während des Lesens auffallen, zählen Anführungszeichen und Kursivschrift. Fettdruck und Farbe gehören zu den mittleren Hervorhebungen. Bei allen Hervorhebungen ist darauf zu achten, dass die Satzzeichen mit formatiert werden. Allerdings werden Satzzeichen am Ende einer Hervorhebung nur dann formatiert, wenn sie inhaltlich zum hervorzuhebenden Teil gehören. Zu den starken Hervorhebungen gehören die Einrückung und das Zentrieren, die innerhalb einer Textseite nur einmal verwendet werden sollten.

Verwenden Sie niemals in einem Text ähnliche Schriften (Arial und Helvetica oder Garamond und Times), sondern gestalten Sie ihn mit klar unterscheidbaren Schriften (Arial mit Times). Bei größeren Textmengen (die auch gelesen werden sollen, also ab einer Seite) sollten Sie Serifenschriften verwenden (Garamond, Times), bei geringeren Textmengen (Visitenkarten, Zeitungsanzeigen, Plakaten) sind serifenlose (Arial, Helvetica) oft sinnvoll, die aber im Grundsatz schlechter lesbar sind.

Nutzen Sie Ihren Platz nicht bis zum Letzten! Lassen Sie Raum! Oft wird ein Text mit kleinerer Schrift aber größerem Zeilenabstand besser lesbar. Oft unterstreicht eine freie, unbedruckte Fläche Ihre Botschaft besser als marktschreierischer Fett- und Riesendruck. Das Layout (Text und Grafiken) sollte über das ganze Blatt reichen – auf keinen Fall das untere Drittel oder sogar die Hälfte des Blattes frei lassen.

Der Text wird immer ein Drittel kleiner geschrieben als die Überschrift (also Schriftgrad 12/18 oder 16/24). Bilder und Grafiken müssen zu den Inhalten passen.

Weniger ist mehr!

Betriebliche Informationen praxisbezogen gestalten

L? 3.2 Lernaufgabe

Im EDV-Raum möchte ich einen sauberen und funktionierenden PC-Arbeitsplatz vorfinden. An einem Schul-PC arbeiten im Laufe der Woche teilweise 30 verschiedene Lernende. Da ist es wichtig, dass jeder Lernende gewisse Regeln einhält. Dies gilt auch für das spätere Berufsleben. Teilweise arbeiten verschiedene Mitarbeiter(innen) an einem PC.

Die bestehende Ordnung zur Nutzung der EDV-Räume muss überarbeitet werden.

Wie weise ich die EDV-Raum-Nutzer auf Regeln zur Raumnutzung hin?

A! Arbeitsauftrag

Zeit: ___________

Einzelarbeit

1. **Schreiben** Sie den Informationstext unkorrigiert ab.
2. **Informieren** Sie sich über die Korrekturvorschriften nach DIN 16511.
3. **Korrigieren** Sie Ihren Text entsprechend den Korrekturzeichen.
4. **Strukturieren** und **illustrieren** Sie den Text – kürzen Sie ihn ggf.

Partnerarbeit

5. **Vergleichen** Sie Ihre Ergebnisse.
6. **Entscheiden** Sie, wie Sie alle EDV-Raum-Nutzer über diese Regeln informieren können (z. B. Infoblatt an der Tür, Bildschirmschoner mit einer Regelübersicht, …)
7. **Setzen** Sie Ihre Idee um und bereiten Sie sich auf die Präsentation Ihres Werkes vor.

Plenum (Messestand)

8. **Stellen** Sie Ihre Ergebnisse im EDV-Raum aus. Gehen Sie dabei von einem Exponat zum anderen. Jedes Team soll sein Werk vorstellen.
9. **Ermitteln** Sie durch Punktabfrage, welches Werk in Ihrem EDV-Raum als Hinweis für alle Nutzer eingesetzt werden soll.
10. **Kleben** Sie einen Punkt auf das Handlungsprodukt, das Ihrer Meinung nach von den EDV-Raum-Nutzern beachtet und gelesen wird.

Betriebliche Informationen praxisbezogen gestalten

!! Regeln zur Nutzung der EDV-Räume

Überall da, wo Menschen gemeinsam leben und etwas gemeinsam nutzen, gibt es Regeln: in der Familie, in jedem Haus, beim Sport, im Straßenverkehr. Viele sind so selbstverständlich, dass sie nicht einmal aufgeschrieben werden müssen, weil sie jeder kennt
und sich entsprechend verhält. Trotzdem sind hier auch manche Regeln aufgeführt, solcher
damit sie noch einmal ins Gedächtnis gerufen werden.

Diese EDV-Raum-Ordnung muss von allen akzeptiert und eingehalten werden, damit
unnötiger Streit vermieden werden und alle Schulangehörigen gut miteinander auskommen. Konflikte

Unsere EDV-Arbeitsplätze sollen gepflegt sein und funktionieren. Drum sollten sollten sich alle bemühen, Zerstörungen, Beschädigungen und Verschmuzungen zu vermeiden. Da

Natürlich nutzt sich manches durch Benutzung und Gebrauch ab – aber sorgfältiger Umgang mit dem Schuleigentum hilft jedem und damit allen.

Vor dem Verlassen des EDV-Raumes kümmern sich die Schüler mit Unterstützung durch r(innen)
die Lehrkräfte darum, dass die Tafel gereinigt wird. Jeder kontrolliert am PC-Arbeitsplatz, dass kein Müll zurück bleibt; Müll wird in die vorhandenen Abfalleimer entsorgt. an seinem P
Im EDV-Raum werden keine Speisen und Getränke verzehrt. Die Jacken werden an der Garderobe aufgehängt.

Elektronische Geräte (z. B. Mobiltelefon), die den reibungslosen Unterricht beeinträchtigen, werden ausgeschaltet und in den Schultaschen aufbewahrt. n, MP3-Player r

Die Installation und/oder Konfiguration von Hard- und Software obliegt ausnahmslos dem Systembetreuer. Insbesondere dürfen Schüler(innen) keine mitgebrachte oder aus dem Internet heruntergeladene Software speichern. installieren.

Von den Schüler(innen) mitgebrachte Datenträger dürfen nur nach Rücksprache mit der Lehrkraft und sorgfältiger Virenprüfung eingesetzt werden.

4 2 3 1
Sicherheitslücken, Softwarefehler und Hardwaredefekte müssen zur schnellstmöglichen Beseitigung umgehend der jeweiligen Lehrkraft gemeldet werden. 1 - 4

Seiten mit pornographischen, gewaltverherrlichenden Inhalten oder rassistischem Gedankengut dürfen von den Schüler(innen) im Internet weder aufgesucht, abgerufen noch verbreitet werden. f

Es werden nur die Seiten ausgedruckt, die im Arbeitsauftrag vorgesehen sind.

Am Stundenende kontrolliert jeweils ein(e) Schüler(in), ob sich alle Arbeitsplätze in einem ordnungsgemäßen Zustand befinden, d. h. kein Müll herumliegt, keine Arbeitsmaterialien liegen gelassen, die Dateien geschlossen bzw. am Unterrichtsende die PC's heruntergefahren wurden, die Tafel sauber ist etc. abwechselnd kein Stick im USB-Anschluss steckt.

Betriebliche Informationen praxisbezogen gestalten

!! Korrekturvorschriften nach DIN 16511

Jedes im Text eingezeichnete Korrekturzeichen ist am rechten Rand zu wiederholen. Die erforderliche Änderung ist rechts neben das wiederholte Korrekturzeichen zu schreiben, sofern dieses nicht für sich selbst spricht.

Fehler	eingezeichnete Korrektur	Korrekturzeichen am rechten Rand
überflüssiges Zeichen	sorgfälltiger Umgang	
überflüssiges Wort	die geltenden Regeln einhalten	
falsches Zeichen	die Seide überarbeiten	t
falsches Wort	PC-Räume	EDV
fehlendes Zeichen	Papplakate an der Wand	pp
mehrere falsche Zeichen	Ordnung and Sauberheit	n u k
fehlendes Wort	… obliegt dem Systembetreuer.	grundsätzlich
verdrehte Zeichen	gut mitienander auskommen	
verdrehte Wörter	miteinander gut auskommen	
überflüssiges Leerzeichen	EDV - Arbeitsplätze	
fehlendes Leerzeichen	Hard-und Software	
fehlender Absatz	… Virenprüfung eingesetzt werden. Hardwaredefekte, …	
überflüssiger Absatz	… zu vermeiden Natürlich nutzt sich manches …	
fehlende Formatierung	ein Schüler kontrolliert immer …	fett
überflüssige Formatierung	mitgebrachte ***Datenträger***	nicht kursiv

L? 3.3 Lernaufgabe

Bei meinem Ausbildungsbetrieb Hauser & Schulte handelt es sich um einen Großhandel, der Bürobedarf an den Einzelhandel vertreibt. Herr Schulte, einer der beiden Geschäftsführer, beauftragt mich, ein ansprechendes, kundenorientiertes Deckblatt für die neuen Angebotsmappen zu entwerfen.

Wie erstelle ich ein kundenorientiertes Deckblatt für die Angebotsmappen?

A! Arbeitsauftrag

Zeit: ___________

Einzelarbeit

1. **Informieren** Sie sich auf der nachfolgenden Seite über das Firmenporträt des Bürobedarfs Hauser & Schulte.
2. **Erstellen** Sie mit den wichtigsten Daten ein kundenorientiertes Deckblatt.
3. **Beachten** Sie die typografischen Regeln.
4. **Informieren** Sie sich im TV-Funktionsteil über die Zeichen- und Absatzformatierung.

Partnerarbeit

5. **Vergleichen** Sie Ihre Ergebnisse – **üben** Sie konstruktive Kritik, d. h., machen Sie Ihrem Partner Vorschläge, was er besser machen kann bzw. sagen Sie ihm, was ihm gut gelungen ist.
6. **Verbessern** Sie ggf. Ihr Deckblatt und drucken Sie es aus.
7. **Wählen** Sie eins von beiden aus.
8. **Bereiten** Sie sich gemeinsam auf die Präsentation vor. Erläutern Sie mithilfe der typografischen Regeln die Gestaltung Ihres Deckblattes.

Plenum

9. **Präsentieren** Sie Ihr Deckblatt (erläutern Sie jeweils die Regel).
10. **Binden** Sie nach der Präsentation das Plenum in ein/e Gespräch/Diskussion ein. (Lassen Sie Fragen stellen, Kritik äußern, Verbesserungsvorschläge machen oder überprüfen Sie, ob das Vorgetragene verstanden wurde.)
11. **Überarbeiten** Sie ggf. Ihr Deckblatt und **heften** Sie es ab.

Betriebliche Informationen praxisbezogen gestalten

!! Firmenporträt

Anschrift	**Bürobedarf** **Hauser & Schulte** Hausanschrift Balduinstraße 15 54296 Trier	 Postanschrift Postfach 1 23 54207 Trier
Kommunikation	Telefon: 0651 487-0 (Zentrale) Freecall: 0800 428737 Telefax: 0651 487-1345 E-Mail: info@hauser-schulte.de Internet: www.hauser-schulte.de	
Gesellschafter	Sabrina Hauser Thomas Schulte	
Rechtsform	Gesellschaft bürgerlichen Rechts (GbR)	
Gründungsjahr	1997	
Handelsregister	Amtsgericht Trier, HR B 40392	
Steuer-Nr.	10/201/0204/5 USt-ID DE 190453342	
Mitarbeiter(innen)	55 Mitarbeiter(innen)	
Jahresumsatz	32 Mio. €	
Bankverbindung	Sparkasse Trier Kto. Nr. 339922 BLZ 644 900 20 IBAN DE67 2630 0000 0923 00 BIC: RLade21NOH	
Abteilungen	• Poststelle • Sekretariat • Einkauf • Verkauf • Buchhaltung • Lager	
Bürotechnikgeräte	• Aktenvernichter • Diktiergeräte und Zubehör • Kopiergeräte und Zubehör • PC und Notebooks • Poststraße	
Bürobedarf	• Etiketten • Formulare, Blöcke und Geschäftsbücher • Hängeregistratur • Karteikästen und Zubehör • Ordner und Zubehör • Papier	

L?

3.4 Lernaufgabe

In meinem Ausbildungsbetrieb Bürobedarf Hauser & Schulte sollen die Auswirkungen der Umweltfaktoren und die Gestaltung am Arbeitsplatz durch einen Aushang am Schwarzen Brett stärker bewusst gemacht werden. Frau Hauser beauftragt mich, einen übersichtlichen und aussagekräftigen Aushang zu gestalten.

Wie gestalte ich einen Aushang für das Schwarze Brett zum Thema „Umweltfaktoren und Gestaltung des Arbeitsplatzes“ übersichtlich und aussagekräftig?

A!

Arbeitsauftrag

Zeit: ____________

Einzelarbeit

1. **Lesen** Sie den Text „Umweltfaktoren und Gestaltung am Arbeitsplatz“.
2. **Markieren** Sie die Schlüsselwörter.
3. **Richten** Sie Ihre Kopf- bzw. Fußzeile ein (Name, Thema, Datum).
4. **Erstellen** Sie ein Informationsblatt für das Schwarze Brett über die Umweltfaktoren und die Gestaltung.
5. **Benutzen** Sie für die Gestaltung neben der Zeichen- und Absatzformatierung die Möglichkeit der automatischen Nummerierung und Aufzählung.
6. **Beachten** Sie die DIN-Regeln – Gliederung von Texten.
7. **Gestalten** Sie Ihren Aushang fürs Schwarze Brett entsprechend den typografischen Regeln.
8. **Kontrollieren** Sie Ihr Ergebnis immer in der Seitenansicht und drucken Sie es aus.
9. **Notieren** Sie Ihre angewendeten TV-Funktionen in Ihr TV-Funktionsteil.

Partnerarbeit

10. **Vergleichen** Sie Ihre Ergebnisse – üben Sie konstruktive Kritik, d. h., machen Sie Ihrem Partner Vorschläge, was er besser machen kann bzw. sagen Sie ihm, was ihm gut gelungen ist.
11. **Verbessern** Sie ggf. Ihr Infoblatt und drucken Sie es aus.
12. **Wählen** Sie eins von beiden aus.
13. **Bereiten** Sie sich auf die Präsentation vor – erläutern Sie zunächst die durchgeführten TV-Funktionen und anschließend begründen Sie Ihre ausgesuchten Inhalte.

Plenum

14. **Präsentieren** Sie Ihr Ergebnis.
15. **Beurteilen** Sie die Ergebnisse auf Inhalt und Beachtung der DIN- und typografischen Regeln.

DIN-Regeln – Gliederung von Texten

Allgemeines

Texte werden, wenn es nach ihrem Umfang und Inhalt zweckmäßig ist, in Absätze, Aufzählungen und Abschnitte gegliedert. Bei Bedarf werden diese durch Ziffern, Buchstaben, Mittestriche, Punkte oder Ähnliches gekennzeichnet. Nach den Gliederungszeichen folgt ein Abstand von mindestens einem Leerzeichen, nach Abschnittsnummern von mindestens zwei Leerzeichen.

Absätze

Absätze sind vom folgenden Text jeweils durch eine Leerzeile zu trennen.

Einrücken und Zentrieren

Wenn Texte eingerückt oder zentriert werden, müssen sie vom vorausgehenden und dem folgenden Text durch eine Leerzeile abgesetzt werden. Die Einrückung beginnt vom linken Rand bei 2,5 cm.

Aufzählung

Beginn und Ende der Aufzählungen sind vom übrigen Text durch eine Leerzeile zu trennen. Aufzählungen, welche lediglich typografisch hervorgehoben werden sollen, dürfen mit Bindestrich, Sternen, kleinen gefüllten Quadraten, Kreisen oder kleinen passenden Grafiken gekennzeichnet werden. Die einzelnen Aufzählungsglieder dürfen auch durch Leerzeilen getrennt werden, insbesondere wenn sie mehrzeilig sind. Aufzählungen stehen an der Fluchtlinie wie der übrige Text.

Nummerierung

Arabische Ordnungszahlen schließen mit Punkt ab, Kleinbuchstaben mit einer Nachklammer. Dekadische Gliederungspunkte enden ohne Punkt. Die einzelnen Aufzählungsglieder können auch durch Leerzeilen getrennt werden, insbesondere wenn sie mehrzeilig sind. Nummerierungen stehen an der Fluchtlinie wie der übrige Text.

Text Text Text Text Text …

1. Text Text Text
2. Text Text Text

Text Text Text Text Text …

Text Text Text Text Text …

a) Text Text Text
b) Text Text Text

Text Text Text Text Text …

Text Text Text Text Text …

- Text Text Text
  Text Text Text

- Text Text Text
  Text Text Text

Text Text Text Text Text …

Umweltfaktoren

Zu viel Lärm ist eine große Belastung für die Gesundheit des Menschen, denn Lärm kann zu Hörschäden führen. Der Schalldruckpegel gibt an, wie laut ein Geräusch ist bzw. wie das Geräusch vom menschlichen Ohr empfunden wird. Er wird gemessen in Dezibel (dB)A – benannt nach Graham Bell, dem Erfinder des Telefons. Lärm entsteht durch EDV-Geräte (Computer, Drucker etc.) oder durch das Schreiben auf der Tastatur. Auch laute Musik oder Gespräche können Lärm verursachen. Um Gesundheitsschäden zu vermeiden, kann Lärm z. B. durch Teppichböden, schallschluckende Decken, Doppelverglasung bzw. Pflanzen reduziert werden. Beim Lärm müssen Höchstgrenzen eingehalten werden: Da im Büro überwiegend geistig gearbeitet wird, sollte der Geräuschpegel nicht höher als 55 dB sein. Ein Laserdrucker oder ein Gespräch in normaler Lautstärke verursachen z. B. Lärm von ca. 55 dB. Bei einfachen Tätigkeiten kann der Lärmpegel bis zu 70 dB hoch sein. Sonstige Tätigkeiten sollten 85 dB nicht überschreiten. Beispiel: Ein vorbeifahrender LKW verursacht eine Lautstärke von ca. 90 dB.

Lärm kann sehr belastend sein; Aufmerksamkeit und Reaktionszeit sinken, der Mensch kann sich nicht mehr gut konzentrieren. Ferner laufen Denkvorgänge langsamer ab. Lärm kann nervös machen. Bei sehr großer Lautstärke kann das Gehör geschädigt werden. Lärm beeinflusst das vegetative Nervensystem, erhöht den Blutdruck und kann das Herz-Kreislauf-System schädigen. In extremen Fällen kann Lärm Depressionen verursachen.

Das natürliche Sonnenlicht ist für die Gesundheit und das Wohlbefinden des Menschen am besten. Ein strahlender Frühlingstag macht uns aktiver, wir sind besser gelaunt. Ein grauer Herbsttag dagegen legt sich schwer auf das Gemüt. Wir werden müde und die Arbeit will nicht gelingen. Deshalb muss das künstliche Licht dem Tageslicht möglichst ähnlich und der Arbeitsplatz optimal ausgeleuchtet sein. Der Arbeitsplatz sollte so gestaltet sein, dass möglichst viel Tageslicht einfallen kann, z. B. Schreibtisch am Fenster. Die Beleuchtungsstärke sollte mindestens 500 Lux (Maßeinheit zur Messung der Beleuchtungsstärke) betragen.

Der Raum und die Arbeitsfläche eines Schreibtisches müssen gleichmäßig und hell ausgeleuchtet sein, damit beim Lesen keine Schatten entstehen. Spiegelungen auf dem Bildschirm müssen vermieden werden. Die Glühbirnen oder andere Leuchtmittel dürfen nicht blenden oder flimmern. Darüber hinaus sollte das Licht aus der „richtigen Richtung" kommen: bei Rechtshändern in der Regel von links, bei Linkshändern von rechts, damit beim Schreiben kein störender Schattenwurf entsteht. Nur ein kleiner Teil des natürlichen Lichts dient zum Sehen. Der größere Teil gelangt in unseren Organismus und kurbelt den Stoffwechsel an, regelt den Hormonhaushalt, das Immunsystem, den Zellstoffwechsel usw. Schlechte Lichtverhältnisse am Arbeitsplatz verursachen Kopfschmerzen und Augenprobleme, schwächen die Immunabwehr, beeinflussen die Konzentrationsfähigkeit und führen zu rascher Ermüdung. Ein optimal ausgeleuchteter Arbeitsplatz fördert Konzentration, Kreativität und Leistungsfähigkeit.

!! Umweltfaktoren – Fortsetzung

Ein angenehmes Raumklima ist vor allem von Raumtemperatur, Luftbewegung und Luftfeuchtigkeit abhängig. Die Temperatur, bei der sich der Mensch bei der Büroarbeit wohl fühlt, liegt in der Regel bei ca. 21 °C. An heißen Sommertagen kann sie höher liegen, sollte aber 26 °C nicht überschreiten.

Neben der Temperatur sollte auch die Luftfeuchtigkeit im Büro gemessen werden. Diese darf 40 % nicht unter- und 65 % nicht überschreiten. Ein einfaches Mittel, um eine angenehme Luftfeuchtigkeit und gesunde Luftbewegung zu erzielen, ist die Lüftung durch weit geöffnete Fenster (Stoßlüftung). Danach sollten die Fenster wieder geschlossen werden. Eine dauerhafte Kippstellung verbraucht unnötig Energie und verursacht Zugluft. Diese ist unbedingt zu vermeiden. Sie kann Erkältungen oder Rückenschmerzen verursachen. Manche Unternehmen haben Belüftungssysteme, die verbrauchte Luft absaugen und frische Luft in den Raum zurückgeben. Grünpflanzen sorgen ebenfalls für ein gutes Raumklima, da sie Sauerstoff und Feuchtigkeit spenden. Einige binden sogar Schadstoffe.

Ein schlechtes Raumklima kann die Gesundheit beeinträchtigen: Ein überheiztes Büro macht müde. Außerdem wird mehr Staub durch die Luft gewirbelt, was Allergikern Probleme bereiten kann. Zu feuchte oder zu trockene Luft kann Allergien verursachen. Bei zu trockener Luft können die Schleimhäute der Augen und Atemwege austrocknen, was die Widerstandsfähigkeit gegen Infektionen herabsetzt. Schleimhautentzündungen sind die Folgen. Außerdem kann es bei zu trockener Luft zu unangenehmen elektrostatischen Aufladungen kommen (Die Haare „fliegen" oder „kleben" am Gesicht).

Die farbliche Gestaltung von Wänden und Mobiliar beeinflusst das Wohlbefinden am Arbeitsplatz. Viele Unternehmen beauftragen bei der Gestaltung der Arbeitsplätze oft speziell ausgebildete Farbdesigner, damit sich die Mitarbeiter wohl fühlen. Allerdings sollten Farben generell sparsam verwendet werden, denn zu viele Farben erschweren die Informationsaufnahme. Grüne Farben wirken beruhigend, fördern Aufgeschlossenheit und Kontaktfreudigkeit. Gelbe Farbtöne regen zu geistiger Tätigkeit und Aktivität an. Rote Farben erregen Aufmerksamkeit, wirken alarmierend. Sie werden häufig im Straßenverkehr verwendet (z. B. Stoppschilder oder Begrenzungsbänder bei Baustellen).

Für Räume mit wenig Sonnenlicht bieten sich warme Farbtöne an, wie z. B. gelb oder orange. In Arbeitsräumen, in denen monotone Tätigkeiten ausgeführt werden, bringen größere Farbkontraste (z. B. weiß und blau) eine belebende Wirkung. Eine richtige Farbwahl für Möbel oder Wände führt zu besserer Wahrnehmung, höherer Leistungsfähigkeit, guter Stimmung, mehr Sicherheit und Ordnung, besserer Orientierung. Darüber hinaus kann sich der Mensch schneller erholen.

Eine ungünstige Farbwahl hat Auswirkungen auf die Gesundheit: Eine kontrastarme Farbwahl bei der Bildschirmarbeit führt zur Ermüdung der Augen. Beispiel: Gelbe Schrift auf weißem Grund ist sehr anstrengend zu lesen. Es kann zu Brennen oder verstärktem Tränenfluss kommen. Um dies zu verhindern, wählt man besser eine dunkle Schrift (z. B. schwarz) auf hellem Grund (z. B. weiß).

L?

3.5 Lernaufgabe

Ein Kunde des Bürobedarfs Hauser & Schulte möchte neue Bildschirmarbeitsplätze einrichten. Frau Hauser beauftragt mich, für den Kunden ein kurzes strukturiertes Merkblatt zu erstellen, auf dem die ergonomischen Anforderungen erläutert werden.

Wie erstelle ich ein kundenorientiertes Merkblatt zu den ergonomischen Anforderungen an einen Bildschirmarbeitsplatz?

A!

Arbeitsauftrag

Einzelarbeit

Zeit: ___________

1. **Lesen** Sie den Text „Bildschirmarbeitsplatz".
2. **Markieren** Sie die Schlüsselwörter.
3. **Richten** Sie Ihre Kopf- bzw. Fußzeile ein.
4. **Erstellen** Sie ein strukturiertes, kundenorientiertes Merkblatt zu den ergonomischen Anforderungen an einen Bildschirmarbeitsplatz.
5. **Benutzen** Sie für die Gestaltungen neben der Zeichen- und Absatzformatierung die Möglichkeit, mit Spalten (siehe TV-Funktionsteil) zu arbeiten.
6. **Beachten** Sie die DIN-Regeln – Gliederung von Texten und die typografischen Regeln.
7. **Aktivieren** Sie die automatische Silbentrennung und **kontrollieren** Sie Ihr Ergebnis in der Seitenansicht.
8. **Drucken** Sie Ihr Merkblatt aus.
9. **Notieren** Sie Ihre angewendeten TV-Funktionen in Ihr TV-Funktionsjournal.

Gruppenarbeit – Kreisbrief

10. **Lassen** Sie sich ein Feedback von Ihren Mitschülern geben, indem Sie Ihr Merkblatt und ein unbeschriebenes Blatt Ihrem rechten Mitschüler vorlegen.
11. **Schreiben** Sie einen Kommentar zu dem Produkt Ihres Mitschülers auf die untere Blatthälfte. **Falten** Sie das Blatt so, dass Ihr Kommentar verdeckt ist und reichen Sie es mit dem Merkblatt an das nächste Gruppenmitglied weiter. Jedes Gruppenmitglied sollte das Produkt des Mitschülers kommentieren.
12. **Verbessern** Sie ggf. Ihr Merkblatt und drucken Sie es aus.
13. **Entscheiden** Sie sich für ein Produkt und **bereiten** Sie sich auf die Präsentation vor – erläutern Sie zunächst die durchgeführten TV-Funktionen, anschließend begründen Sie Ihre ausgesuchten Inhalte.

Plenum

14. **Präsentieren** Sie Ihr Ergebnis.
15. **Beurteilen** Sie die Ergebnisse auf Inhalt und Beachtung der DIN- und typografischen Regeln.

Bildschirmarbeitsplatz

Bei der Gestaltung von Bildschirmarbeitsplätzen konzentriert sich die eher „klassisch“ ausgerichtete Ergonomie hauptsächlich auf die Arbeitsmittel, die Arbeitsumgebung und die korrekte Anordnung der Arbeitsmittel. Immer stärker setzt sich jedoch ein Ansatz durch, wonach Bildschirmarbeit nicht nur belastend ist, wenn man schlecht sitzt und der Monitor flimmert, sondern auch dann, wenn die Organisation der Arbeit zu wünschen übrig lässt. Damit kommt die menschengerechte Arbeitsgestaltung ebenfalls ins Blickfeld. Heute sind die Bildschirmgeräte, die Tische, Bürodrehstühle und das übrige Zubehör wie Tastatur, Beleghalter und Fußstütze technisch hoch entwickelt. Dennoch wird auch bei Einsatz dieser hochwertigen Technik der Arbeitsplatz stets nur so gut sein, wie der einzelne Beschäftigte diese, in Kenntnis der Bedienungsmöglichkeit, nutzt. Deshalb ist eine umfassende Information und Unterweisung notwendig. Folgende Forderungen sind für Bildschirme geregelt: Der Monitor muss auf einem flexiblen Sockel stehen, der ein Anpassen an Größe und Sitzpositionen des Benutzers ermöglicht. Der Bildschirm sollte so geneigt sein, dass man mindestens zwischen 45 und 65 cm (altersabhängig) entfernt auf die Monitorfläche schaut. Arbeitsmittel, wie Monitor, Tastatur und Konzept sollten im gleichen Abstand zum Benutzerauge angebracht sein, um einer vorzeitigen Ermüdung der Augen durch ständige Nah-/Fernanpassung vorzubeugen.

Die Aufstellung sollte so erfolgen, dass die Blickrichtung parallel zum Fenster verläuft, um Blendungen und Spiegelungen zu vermeiden. Ein eventuelles Flimmern tritt um so eher auf, je heller das Bildschirmgerät eingestellt wird. Beschwerden resultieren häufig aus einer falschen Aufstellung. Zum Beispiel können sich Fenster, Beleuchtungskörper oder auch Einrichtungsgegenstände im Bildschirm spiegeln. Diese Spiegelungen führen zu Belastungen der Augen. Um den Spiegelungen auszuweichen, werden bewusst oder unbewusst belastende Körperhaltungen (Körperzwangshaltungen) eingenommen. Ungünstig ist die Aufstellung mit vom Fenster abgewandter Blickrichtung, da dann Spiegelungen der hellen Fenster im Bildschirm unvermeidbar sind. Ebenso ungünstig ist eine Aufstellung mit Blickrichtung zum Fenster, da der Kontrast zwischen dunklem Bildschirm und hellem Tageslicht zu Anpassungsschwierigkeiten der Augen und dadurch zu Beschwerden führen kann. Folgende Forderungen sind an Tastaturen zu stellen: Sie sollten unabhängig vom Bildschirm aufstellbar sein, einen Neigungswinkel haben und mit einer rutschhemmenden Unterseite versehen sein. Handballenauflagen schonen die Gelenke. Dafür sollte ein Platz von zirka 10 cm zwischen Tastatur und Tischkante für die Handballen verbleiben. Ergonomische Tastaturen sorgen für eine bessere Körperhaltung. Die Tastatur können Sie entsprechend Ihrer Arbeitsaufgabe aufstellen.

Auch der Beleghalter hilft, eine Körperzwangshaltung zu vermeiden. Sie sollten ihn jedenfalls dann benutzen, wenn Sie ohne Beleghalter eine ermüdende oder eine gesundheitsschädliche Haltung einnehmen müssten. Denken Sie auch hier an verkrampfte Arm- oder Handhaltungen, an überflüssige Kopfdrehungen und Augenbeschwerden. Berücksichtigen Sie auch beim Beleghalter den Augenabstand, der gleich groß zu den sonstigen Arbeitsmitteln sein soll. Besonders bei kleinen Personen können Fußstützen zu einer ergonomischeren Sitzposition an nicht höhenverstellbaren Tischen beitragen. Allerdings müssen sie bestimmte Anforderungen, wie zum Beispiel die Größe der Stellfläche, erfüllen.

L? 3.6 Lernaufgabe

Herr Schulte beauftragt mich, für den Ausstellungsraum des Bürobedarfs Hauser & Schulte ein informatives Werbeschild für Bürodrehstühle zu erstellen. Das Schild soll eine entsprechende Abbildung und die wichtigsten ergonomischen Anforderungen an einen Bürodrehstuhl enthalten.

Wie illustriere ich Werbeschilder für Bürodrehstühle?

A! Arbeitsauftrag

Zeit: ___________

Einzelarbeit

1. **Informieren** Sie sich im anschließenden Informationsteil über den Bürodrehstuhl.
2. **Markieren** Sie die Kernaussagen des Textes.
3. **Erstellen** Sie ein Werbeschild mit den wichtigsten ergonomischen Anforderungen des Bürodrehstuhls.
4. **Suchen** Sie dazu im Internet Fotos, Bilder, Grafiken oder Symbole, die die Textaussagen unterstützen oder verstärken (Infos finden Sie im TV-Funktionsteil).

⇨ **Überprüfen** Sie, ob die ausgewählten Bilder und Fotos den Leser nicht unangemessen beeinflussen.

⇨ **Fügen** Sie die grafischen Elemente in den Text ein, sodass ein enger Bezug von Text und Bild entsteht und **beschriften** Sie die Abbildungen (siehe TV-Funktionsteil Bildunterschrift).

⇨ **Vermeiden** Sie eine Bilderflut.

Gruppenarbeit

5. **Vergleichen** Sie Ihre illustrierten Werbeschilder.
6. **Entscheiden** Sie sich für ein gut gelungenes Produkt.
7. **Bereiten** Sie sich auf die Präsentation vor, suchen Sie Begründungen für Ihre Gestaltung.

Plenum – Museumsgang

8. **Hängen** Sie Ihre Produkte an eine Stellwand/Tafel auf.
9. **Schauen** Sie sich die Werbeschilder intensiv an und verteilen Sie drei Klebepunkte. Ihr eigenes Ergebnis lassen Sie unberücksichtigt.
10. **Sprechen** Sie im Plenum über die Vorzüge der zwei besten Produkte.

Einzelarbeit

11. **Korrigieren** Sie ggf. aufgrund der genannten Kriterien Ihr eigenes Werbeschild.
12. **Heften** Sie Ihr eigenes Ergebnis ab.

I! Bürodrehstuhl

Nichts ist für den Büromenschen so wichtig wie der Stuhl, auf dem er sitzt. Viele Menschen sitzen sich krank, obwohl sie einen guten Stuhl haben. Gesundes Sitzen ist demnach auch Einstellungssache! Auch ein guter Bürodrehstuhl erfüllt nur seinen Zweck, wenn sein Benutzer ihn auf seine Bedürfnisse einstellt. In Lehrbuchhaltung sitzt man, wenn Oberschenkel und Unterschenkel, Oberarm und Unterarm etwa einen rechten Winkel bilden. Die Füße sollen mit der ganzen Sohle entspannt auf dem Boden stehen und die Unterarme bequem auf dem Tisch liegen, ohne dass man dafür die Schultern heben muss. Zum Ausgleich kann man zusätzlich eine in der Höhe und Neigung verstellbare Fußstütze verwenden. Der Kopf sollte während der Arbeit leicht nach vorn geneigt sein. Beim Schreiben nach Vorlagen sollte daher ein verstellbarer Vorlagenhalter benutzt werden.

Dynamisches Sitzen bedeutet, dass man seine Sitzhaltung häufig verändert. Zwischen der vorgeneigten, aufrechten und zurückgelehnten Sitzhaltung sollte so oft wie möglich gewechselt werden. Wichtig ist auch das Aufstehen zwischendurch, Herumgehen oder das Arbeiten an einem Stehpult (z. B. telefonieren). Die Sitzfläche muss vollständig ausgenutzt werden. Die Rückenlehne ist so einzustellen, dass die Lendenwirbelsäule abgestützt wird. Das richtige Sitzen am Büroarbeitsplatz – und natürlich Bewegung in der Freizeit – vermindert die Gefahr von Bandscheibenschäden und schmerzhaften Muskelverspannungen im Schulter- und Nackenbereich. Es können Durchblutungs- und Verdauungsstörungen verhindert werden. Wer richtig sitzt, leidet nicht so schnell unter Ermüdung, die Konzentration ist höher und damit auch die Leistungsfähigkeit.

Kein Wunder also, dass die Forderungen, die an den Stuhl gestellt werden, recht umfangreich sind. Einschlägige Festlegungen sind u. a. enthalten in DIN 4551 und DIN 4552. Sitzen erfordert aktive Muskelkraft. Kontinuierlich angespannte Muskeln ermüden schnell. Beim Kauf sollte man darauf achten, dass der Stuhl eine in der Höhe und Neigung verstellbare Rückenlehne mit integrierten Stützen für den Lendenwirbelbereich hat. Die Rückenlehne reicht mindestens bis zur Mitte der Schulterblätter. Ein unbeabsichtigtes Lösen der Rückenlehne vom Stuhloberteil darf nicht möglich sein. Die Sitzfläche sollte breit geformt sein (40 bis 48 cm) und eine Tiefe von 38 bis 44 cm erreichen. Zur Anpassung an die verschiedenen Körpergrößen ist es erforderlich, dass die Sitzhöhe zwischen 40 und 51 cm verstellbar ist.

Bei Bedarf sollte eine Fußstütze (insbesondere für kleinere Menschen) vorhanden sein, die ebenfalls in der Höhe und Neigung verstellbar ist. Die Sitzhöhe muss sicher und im Sitzen verstellt werden können. Hierzu gehört auch, dass der Sitz bei und nach der Höhenverstellung nicht unbeabsichtigt durchsacken kann. Der vordere Teil der Sitzfläche muss gerundet oder gut abgepolstert sein. Die Polsterung soll nicht zu dick, insbesondere aber dampf- und wasserdurchlässig sein. Der Bürodrehstuhl muss standsicher sein. Dies ermöglichen fünf gebremste Rollen. Sie sind so konstruiert, dass der Stuhl beim Aufstehen abbremst und nicht wegrollt. Das Untergestell darf sich vom Stuhl-oberteil auch bei Betätigung der Höhenverstellung nicht unbeabsichtigt lösen. Sofern Armlehnen vorhanden sind, müssen diese auch höhenverstellbar sein.

Betriebliche Informationen praxisbezogen gestalten

L?

3.7 Lernaufgabe

In letzter Zeit sind in meinem Ausbildungsbetrieb mehrere Unfälle passiert. Daraufhin beauftragt mich Herr Schulte, ein Informationsblatt über die Zuständigkeiten bei Betriebsunfällen zu erstellen. Dazu gibt er mir einen Zeitschriftenausschnitt, den ich professionell aufbereiten soll.

Wie erstelle ich professionell das Infoblatt zur Sicherheit im Büro?

A!

Arbeitsauftrag

Einzelarbeit

Zeit: ___________

1. **Erfassen** Sie den Informationstext „Sicherheit im Büro" als Fließtext.
2. **Definieren** Sie nachfolgende Formatvorlagen:
   - „Überschrift 1"
(Schriftart Arial, Schriftgrad 20, Fettdruck, Abstand vor 6 pt und nach 6 pt)
   - „Überschrift 2"
(Schriftart Arial, Schriftgrad 14, Fettdruck, Abstand vor 6 pt und nach 6 pt)
   - „Text"
(Schriftart Times New Roman, Schriftgrad 12, Abstand nach 12 pt, Blocksatz)
3. **Weisen** Sie dem Fließtext die Formatvorlage „Text" zu.
4. **Schalten** Sie sinnvolle Absätze – eine Schaltung genügt, da der Absatzabstand eingerichtet wurde.
5. **Formulieren** Sie für jeden Absatz eine Überschrift und weisen Sie ihnen die Formatvorlage „Überschrift 2" zu.
6. **Weisen** Sie der Hauptüberschrift die Formatvorlage „Überschrift 1" zu.
7. **Fügen** Sie zwei bis drei entsprechende Grafiken ein und **beschriften** diese.
8. **Gestalten** Sie den Text über zwei Seiten, heben Sie einige wichtige Textstellen hervor.
9. **Fügen** Sie unten rechts Seitenzahlen ein und **aktivieren** Sie die automatische Silbentrennung.
10. **Verändern** Sie evtl. den Schriftgrad und den Absatzabstand in den einzelnen Formatvorlagen, um beide Seiten entsprechend den typografischen Regeln komplett auszufüllen.
11. **Notieren** Sie die neuen TV-Funktionen im Funktionsjournal.
12. **Bereiten** Sie sich auf die Präsentation vor, erläutern Sie Ihren Mitschülern die Vorgehensweise für Formatvorlagen und informieren Sie sie über die Aufgaben der Berufsgenossenschaft.

Plenum

13. **Präsentieren** Sie entsprechend Ihrer Vorbereitung Ihr Ergebnis.
14. **Sprechen** Sie im Plenum über die Vorteile von Formatvorlagen.

Betriebliche Informationen praxisbezogen gestalten

Sicherheit im Büro

Der Arbeitsschutz ist in Deutschland über einhundert Jahre alt. Schon auf der Grundlage der Gewerbeordnung von 1872 und der Reichsversicherungsordnung von 1911 wird die Verhütung von Arbeitsunfällen und Berufskrankheiten durchgeführt. Diese Aufgabe wird von den staatlichen Gewerbeaufsichtsbehörden und den Berufsgenossenschaften wahrgenommen. Die Berufsgenossenschaften, als Träger der gesetzlichen Unfallversicherung, sind Zwangsvereinigungen von Unternehmern (Berufsgenossen) gleicher oder verwandter Gewerbezweige. Im Grundgesetz (Artikel 74) ist der Arbeitsschutz verankert.

Als Träger der gesetzlichen Unfallversicherung haben die Berufsgenossenschaften nicht nur für die Verhütung von Arbeitsunfällen zu sorgen. Sie müssen nach Eintritt eines Arbeitsunfalles den Verletzten sowie die Angehörigen und Hinterbliebenen entschädigen. Diese Entschädigung erfolgt durch Heilbehandlung des Verletzten, durch Berufshilfe (z. B. Umschulung) und/oder Geldleistungen (z. B. Unfallrenten). Geldleistungen helfen, wirtschaftliche Einbußen zu vermeiden.

Als Arbeitsunfälle gelten alle Unfälle im Betrieb. Auch Unfälle auf dem Weg nach und vom Arbeitsort gelten als Arbeitsunfälle. Wenn Alkohol die allein wesentliche Ursache für den Unfall ist, geht der gesetzliche Versicherungsschutz verloren. Im Bürobereich ist die Verwaltungs-Berufsgenossenschaft – Körperschaft des öffentlichen Rechts, Hamburg – zuständig. Sie ist die Berufsgenossenschaft für Banken, Versicherungen, Verwaltung, freie Berufe und besondere Unternehmen.

Technische Aufsichtsbeamte der Berufsgenossenschaft überwachen und beraten ihre Mitglieder. Die Unternehmer haben diesen Beamten die Besichtigung ihrer Betriebe zu ermöglichen. Wird festgestellt, dass Unternehmer oder Versicherte grob fahrlässig oder vorsätzlich gegen Unfallverhütungsvorschriften verstoßen, so können sie mit einem Bußgeld belegt werden. In allen Betrieben mit mehr als 20 Beschäftigten hat der Unternehmer unter Mitwirkung des Betriebsrates (Personalrates) Sicherheitsbeauftragte zu bestellen. Die Sicherheitsbeauftragten unterstützen den Unternehmer bei der Durchführung der Unfallverhütung.

Rechtliche Grundlagen der Arbeitssicherung sind Gesetze, Verordnungen und sonstige Regelungen. Der Bundesminister für Arbeit und Sozialordnung bereitet Gesetze, Verordnungen und sonstige Vorschriften vor. Dabei wird er von der Bundesanstalt für Arbeitsschutz und Unfallforschung beraten und unterstützt. So beschließt z. B. die Vertreterversammlung der Berufsgenossenschaft Unfallverhütungsvorschriften, die zuvor in Fachausschüssen erarbeitet worden sind. Diese Bestimmungen erhalten nach der ministeriellen Genehmigung Gesetzeskraft.

Wie im privaten Bereich, so gelten auch im Betrieb einige grundsätzliche Verhaltensregeln zur Vermeidung von Arbeitsunfällen wie: Treppen sind keine Abstellflächen; lose verlegte Telefonkabel oder Verlängerungsschnüre sind Stolperstellen; Leitern sind gemäß Nutzungsvorschrift zu verwenden; im Umgang mit Elektrizität ist grundsätzlich Vorsicht geboten; Fluchtwege und Notausgänge sind grundsätzlich frei zu halten; jeder Mitarbeiter im Büro sollte den Umgang mit einem Feuerlöscher beherrschen; Reinigungsmaterialien dürfen nur in Originalflaschen aufbewahrt werden, um Verwechslungen zu vermeiden; die Leistung der Ersten Hilfe im Unglücksfalle kann lebensrettend sein – jeder Mitarbeiter sollte dazu in der Lage sein.

L? 3.8 Lernaufgabe

In der Poststelle meines Ausbildungsbetriebes kommt es immer wieder zu Ablaufstörungen. Frau Hauser beauftragt mich daher, den Mitarbeitern eine klare Arbeitsanweisung vorzulegen, um häufige Fehlerquellen auszuschließen.

Wie erstelle ich übersichtliche Arbeitsanweisungen, um Abläufe der Poststelle darzustellen?

A! Arbeitsauftrag

Zeit: ____________

Tandem

1. **Suchen** Sie sich einen Partner, der sich mit Ihnen die Informationstexte des Postein- und Postausgangs teilt.

Einzelarbeit

2. **Informieren** Sie sich über Ihr Thema.
3. **Notieren** Sie Stichworte zu den Abläufen des Postein- bzw. -ausgangs.
4. **Vermerken** Sie an den entsprechenden Stellen des Ablaufes mögliche Fehlerquellen.

Tandem

5. **Informieren** Sie mithilfe des Spickzettels Ihren Partner über Ihr Thema.
6. **Erstellen** Sie mithilfe der Zeichnen-Leiste (Schematische Darstellung – Organigramm einfügen oder beschriftete AutoFormen und Pfeile) ein Ablaufschema für den Postein- und -ausgang.
7. **Teilen** Sie sich die Arbeit auf.
8. **Weisen** Sie in Ihrer Arbeitsanweisung auf mindestens zwei Fehlerquellen beim Postein- und -ausgang hin.

Gruppenarbeit (3 Tandems)

9. **Betrachten** Sie Ihre Ergebnisse unter den Aspekten Vollständigkeit, Übersichtlichkeit, Fehlerquellen, Gestaltung.
10. **Entscheiden** Sie sich für eine Arbeitsanweisung zum Postein- und -ausgang. **Korrigieren** Sie ggf. die ausgesuchten Produkte.

Plenum

11. **Präsentieren** Sie Ihre beiden Arbeitsanweisungen zum Postein- und -ausgang.

Tandem

12. **Verbessern** Sie **ggf.** Ihre Ergebnisse, **drucken** Sie sie aus und **heften** Sie sie ab.

Betriebliche Informationen praxisbezogen gestalten

I! Posteingang

Zunächst muss der Empfänger die eingehende Post übernehmen. Die Schriftstücke werden entweder durch den Postboten zugestellt oder aus einem Postfach abgeholt. Mithilfe der Postvollmacht kann der Empfänger allerdings jemanden beauftragen, der für ihn die Post übernehmen darf. Bei der Bearbeitung der eingehenden Post sind folgende Arbeiten durchzuführen:

Sortieren der Schriftstücke: Nach Eingang der Post werden die Sendungen sortiert und zwar nach: Geschäftspost, Privatpost, Irrläufer. Lediglich die Geschäftspost darf geöffnet werden. Alle anderen Sendungen sind dem Empfänger ungeöffnet zuzuleiten bzw. die Irrläufer kommen direkt wieder in die Ausgangspost.

Privatpost	Geschäftspost
Frau Maria Westermann Maschinenbaufabrik Otto Steinhauer Postfach 23 56 54470 Bernkastel-Kues	Maschinenbaufabrik Otto Steinhauer Postfach 23 56 54470 Bernkastel-Kues
Dieser Brief wird in der Poststelle nicht geöffnet, da der Name des Empfängers an erster Stelle genannt wird.	Dieser Brief wird in der Poststelle geöffnet, da das Unternehmen an erster Stelle genannt wird.

Öffnen der Geschäftspost: Die als persönlich oder vertraulich gekennzeichnete Post wird nicht geöffnet. Firmenpost ist vorsichtig zu öffnen (kein Zerschneiden von Unterlagen). Mithilfe eines Brieföffners können Briefe von Hand geöffnet werden. Größere Betriebe mit hohem Postaufkommen verfügen über eine Brieföffnermaschine. Diese Maschine schneidet einen schmalen Streifen vom oberen Rand der Briefhülle ab, ohne dass der Inhalt beschädigt wird. Alle nicht mehr benötigten Umschläge kommen zum Altpapier; Folien, gepolsterte Umschläge in die dafür vorgesehenen Sondermüllbehälter oder sie werden nochmals verwendet (Büroökologie).

Kontrollieren: Nach dem Öffnen wird das Schriftgut dem Umschlag entnommen. Dabei ist darauf zu achten, dass der Briefumschlag vollständig entleert wird (Leerkontrolle) und alle im Brief erwähnten Anlagen vorhanden sind. Fehlt eine Anlage, so wird dies handschriftlich auf dem Brief bei den Anlagen vermerkt. Wenn Brief- und Empfangsdatum mehrere Tage voneinander abweichen, wird der Briefumschlag als Nachweis für die verspätete Absendung an den Brief geheftet und durch einen Vermerk auf die Abweichung hingewiesen. Diese Kontrolle ist vor allem bei Terminsachen wichtig. Durch Zusammenheften wird garantiert, dass Brief und Anlagen zusammenbleiben. Bei umfangreichem Schriftgut verwendet man für die Leerkontrolle eine Leerkontrollanlage.

Anbringen des Eingangsstempels: Der Eingangsstempel wird üblicherweise rechts neben der Empfängeradresse auf dem Schriftstück angebracht. Bei Briefen, die nicht geöffnet werden dürfen, bringt man den Stempel auf das Kuvert links unten neben der Adresse des Empfängers an. Mit dem Eingangsstempel und dem Einsetzen des Eingangsdatums wird der tatsächliche Eingang des Briefes dokumentiert, was z. B. bei der Nutzung des Skontos wichtig ist. Urkunden, z. B. Zeugnisse oder Verträge, dürfen mit keinem Eingangsstempel versehen werden.

Sortieren. Die Sendungen müssen nun an die verschiedenen Abteilungen im Betrieb verteilt werden. Bei diesem Arbeitsgang werden die Postsendungen mittels verschiedener Hilfsmittel (z. B. Verteilmappen, Postkörbe, Sortierregale) eingeordnet.

Verteilen. Die in der Posteingangstelle vorbereitete Post muss an die verschiedenen Abteilungen verteilt werden. Die Mitarbeiter der einzelnen Abteilungen holen die Post selbst ab oder es gibt einen Botendienst. In größeren Betrieben wird die Eingangspost mit Förderanlagen in die Abteilungen transportiert.

I! Postausgang

Ebenso wie im Posteingang können die Arbeiten im Postausgang je nach Betriebsgröße zentral oder dezentral durchgeführt werden. Man unterscheidet zwischen Tages- und Massenpost. Bei der Tagespost werden die fertig gestellten und auf Form, Inhalt und Tippfehler geprüften Schriftstücke zunächst in die Unterschriftsmappe gelegt und vom Zeichnungsberechtigten unterschrieben. Anschließend werden die Schriftstücke postfertig gemacht. Zur Massenpost gehören Sendungen mit gleichem Inhalt.

Folgende Arbeiten sind durchzuführen:

Adressieren: In der Regel ist beim Schreiben eines Briefes das Adressieren erforderlich. Das Verwenden von Fensterbriefhüllen spart das zweimalige Schreiben der Anschrift. Beim PC ist es einfach möglich, auf Datenträger gespeicherte Anschriften in ein Schriftstück zu übernehmen bzw. einen Serienbrief zu erstellen.

Zusammentragen: Bei der Tagespost werden die verschiedenen Anlagen den Schreiben beigefügt. Das Zusammentragen der Massenpostsendungen kann sehr zeitaufwendig sein. Zusammentragmaschinen tragen die einzelnen Anlagen in der richtigen Reihenfolge zusammen. Dadurch wird die Arbeitszeit erheblich verkürzt.

Kontrolle auf Vollständigkeit: Beim Postausgang der Tagespost ist zu prüfen, ob die richtigen bzw. die angeführten Anlagen beigefügt sind und der Brief mit einer Unterschrift versehen ist.

Falzen: Je nach Größe der Schriftstücke und der unterschiedlichen Umhüllung gibt es verschiedene Falzarten. Brieffalzmaschinen falzen in einer hohen Geschwindigkeit.

Kuvertieren: Das Einlegen der Schriftstücke in die Umhüllung heißt Kuvertieren. Bei Fensterbriefhüllen ist darauf zu achten, dass die Anschrift auch tatsächlich im Fenster zu lesen ist. Kuvertiermaschinen führen diese Arbeit automatisch aus.

Sortieren und Wiegen: Die Tagespost wird nach Sendungsart und den Zusatzleistungen sortiert. Es folgt das Wiegen mit der Briefwaage. Diese Tätigkeiten entfallen bei der Massenpost, weil alle Sendungen den gleichen Inhalt haben. Es muss lediglich eine Sendung gewogen werden.

Schließen. Selbstklebende Briefhüllen beschleunigen diesen Arbeitsvorgang. Briefschließmaschinen schließen automatisch die Briefhüllen mit hoher Arbeitsgeschwindigkeit.

Frankieren: Die Versendungsart, die Zusatzleistungen und das Gewicht bestimmen die Postgebühr einer Sendung. Das Freimachen kann durch die Post oder durch den Absender mittels Briefmarken, Freistempelungsmaschinen oder mit elektronisch erfolgen.

L? 3.9 Lernaufgabe

Für die nächste Hausmesse möchte der Bürobedarf Hauser & Schulte seinen Kunden informative Schriftstücke zur Verfügung stellen. Frau Schulte beauftragt mich, eine illustrierte Informationsbroschüre über Schriftgutbehälter und Ablagetechniken zu erstellen.

Wie erstelle ich eine kundenorientierte und werbewirksame Informationsbroschüre für Schriftgutbehälter und Ablagetechniken?

A! Arbeitsauftrag

Zeit: ___________

Einzelarbeit

1. **Informieren** Sie sich über Schriftgutbehälter und Ablagetechniken.

Partnerarbeit

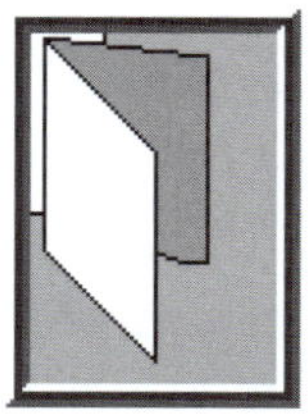

2. **Gestalten** Sie im Querformat mit der Spaltenfunktion ein vierseitiges Faltblatt (A5-Größe) entsprechend den typografischen Regeln und den DIN-Regeln für die Gliederung von Texten.
3. **Fügen** Sie passende Grafiken mit Bildunterschrift aus dem Internet ein.
4. **Kontrollieren** Sie Ihr Ergebnis immer in der Seitenansicht. Achten Sie darauf, dass Ihr Blatt gleichmäßig ausgefüllt ist.
5. **Drucken** Sie Ihr Arbeitsergebnis ohne Angabe Ihres Namens aus.
6. **Notieren** Sie Ihre angewendeten TV-Funktionen in Ihrem Funktionsjournal.

Plenum – Stuhlkreis

7. **Legen** Sie Ihr Ergebnis in die Mitte und nehmen Sie sich eine andere Broschüre, die Sie anspricht.
8. **Geben** Sie ein Feedback zu dem ausgewählten Produkt (kundenorientiert, werbewirksam, übersichtlich, gut illustriert …).

Einzelarbeit

9. **Verbessern** Sie ggf. Ihre Broschüre und **heften** Sie sie ab.

I! **Schriftgutbehälter für die gelochte/ungelochte Schriftgutablage**

Gelochte bzw. geheftete Ablage

Bei der gehefteten Ablage werden die Schriftstücke zuerst gelocht und in die Schriftgutbehälter einsortiert. Fürs Abheften braucht man wesentlich mehr Zeit als beim Loseblatt-Verfahren. Vorteilhaft ist jedoch

- die sichere Aufbewahrung,
- das schnelle Wiederfinden durch chronologisch richtige Reihenfolge,
- der sichere Aktentransport.

Wenn keiner der genannten Gründe für die geheftete Ablage spricht, sollten Sie wegen der Zeitersparnis die Loseblatt-Ablage vorziehen.

Schriftgutbehälter für die gelochte Ablage: Ordner, Schnellhefter, Hängehefter, Pendelhefter.

Ungelochte Ablage bzw. Loseblatt

Bei der ungehefteten Ablage werden die Schriftstücke nicht gelocht und lose in den Schriftgutbehälter gelegt. Hauptvorteil der Loseblatt-Ablage ist der Zeitgewinn beim Ablegen; dadurch entstehen weniger Personalkosten. Besonders geeignet ist dieses Verfahren, wenn

- der Zugriff auf die Akten nicht zu häufig ist,
- die Akten nicht zu umfangreich (max. 100 Blatt je Behälter) werden,
- ganze Akten nur selten transportiert werden.

Normalerweise werden nur 2 bis 5 % der Schriftstücke wieder benötigt. Den zeitlichen Mehraufwand fürs Suchen bei nicht chronologischer Reihenfolge kann man also oft vernachlässigen.

Schriftgutbehälter für die ungelochte Ablage: Prospekt-/Sichthülle, Klemmmappe, Aktendeckel, Juris-Sammelmappe, Pultmappe, Hängemappe bzw. -tasche, Pendelmappe bzw. -tasche.

L? 3.10 Lernaufgabe

Im Ausstellungsraum des Bürobedarfs finden die Kunden bei den Bürogeräten Produktbeschreibungen. Für ein neues Kopiergerät soll ich eine informative Produktbeschreibung gestalten. Ein überarbeiteter Entwurf liegt bereits vor.

Was beinhaltet eine informative, anschauliche Produktbeschreibung?

A! Arbeitsauftrag

Zeit: ___________

Einzelarbeit

1. **Schreiben** Sie den überarbeiteten Entwurf der Produktbeschreibung ab. Beachten Sie dabei die Zeichen der Autorenkorrektur. (Download des Textes unter: www.unterricht-leicht-gemacht.de)
2. **Formulieren** Sie Teilüberschriften, damit der Kunde die Informationen rasch erfasst und **formatieren** Sie sie mit einem „Absatz-Abstand nach" von 4 pt.
3. **Erläutern** Sie die im Text genannten Abkürzungen in einer Fußnote (siehe Hilfemenü).
4. **Formatieren** Sie die Absätze, in denen die Funktionen des Kopiergerätes erläutert sind, jeweils mit einem hängenden Einzug von 1 cm.
5. **Rahmen** Sie den gesamten Text (Seitenrand) mit einer Linienbreite von 1 1/2 pt ein.
6. **Veranschaulichen** Sie die Informationen durch Grafiken.
7. **Gestalten** Sie die Produktbeschreibung anschaulich und informativ.
8. **Kontrollieren** Sie Ihr Ergebnis immer in der Seitenansicht. Achten Sie darauf, dass Ihr Blatt gleichmäßig ausgefüllt ist, die Grafiken richtig positioniert wurden und der rechte Rand nicht zu unruhig wirkt.
9. **Drucken** Sie Ihr Arbeitsergebnis aus.
10. **Notieren** Sie Ihre angewendeten TV-Funktionen in Ihrem Funktionsjournal.

Gruppenarbeit – Kreisbrief

11. **Lassen** Sie sich ein Feedback von Ihren Mitschülern(innen) geben. Reichen Sie Ihre Produktbeschreibung mit einem unbeschriebenen Blatt an Ihre(n) rechten Mitschüler(in) weiter.
12. **Geben** Sie Ihren Mitschülern(innen) eine Rückmeldung zu der Produktbeschreibung und **kontrollieren** Sie dabei auch, ob gekennzeichnete Fehler behoben wurden. **Schreiben** Sie einen Kommentar zu dem Produkt Ihres Mitschülers/Ihrer Mitschülerin in auf die untere Blatthälfte. Falten Sie das Blatt so, dass Ihr Kommentar verdeckt ist, und reichen Sie es mit der Produktbeschreibung an das nächste Gruppenmitglied weiter. Jedes Gruppenmitglied sollte das Produkt des(r) Mitschülers(in) kommentieren.
13. **Verbessern** Sie (jedes Gruppenmitglied) ggf. Ihre Produktbeschreibung und drucken Sie sie aus.
14. **Entscheiden** Sie sich für ein Produkt und **bereiten** Sie sich auf die Präsentation vor – erläutern Sie zunächst die durchgeführten TV-Funktionen und beantworten Sie anschließend die Leitfrage.

Plenum

15. **Präsentieren** Sie Ihr Ergebnis.
16. **Beurteilen** Sie die Ergebnisse nach Anschaulichkeit und rasch erkennbare Informationen.

Digitaler Farbkopierer

Der Copy LCL 700 wurde für Umgebungen entwickelt, die auf eine digitale Farbdruckerzeugung angewiesen sind und dabei den stets wachsenden Anforderungen an hochwertige und bedarfsorientierte Farbdrucke gerecht werden müssen. Selbstverständlich bieten wir Ihnen immer das neueste Equipment. Bei einem digitalen Kopierer wird die Vorlage mit dem Scanner digitalisiert und in einem Speicher (RAM oder auch Festplatte) zwischengespeichert. Das hier gespeicherte Bild der Vorlage wird anschließend elektrisch an das Druckwerk übertragen und dort in der Regel von einem Laserdruckwerk ausgedruckt. Dieses Verfahren garantiert höchste Wiedergabequalität, die Farbverbindlichkeit ist verblüffend. Die Vorteile der Digitaltechnik im Vergleich zur Analogtechnik sind: Aus dem Zwischenspeicher können Seiten mehrfach kopiert werden, ohne dass die Vorlage erneut belichtet werden muss; Kopien können im Gerät bearbeitet werden, z. B. werden Randunschärfen durch die Funktion Kantenschärfung eliminiert; das Drucken, Faxen, Scannen und elektronische Versenden der Vorlagen per E-Mail ist neben dem reinen Kopieren möglich.

Der Copy LCL 700 zeichnet sich durch seine außergewöhnliche Zuverlässigkeit in puncto Farbe sowie durch seine beeindruckende Ausgabegeschwindigkeit von 40 Seiten/Min. aus.

Originaleinzug. Der Originaleinzug ermöglicht das automatische Kopieren von Vorlagen mit mehreren Seiten.
Duplexeinheit. Sie ermöglicht das automatische Bedrucken der Rückseite der Kopien. Mit Nutzung dieser Funktion kann der Papierverbrauch gegenüber dem einseitigen Kopieren halbiert werden.
Papiervorrat. Der Papiervorrat eines Kopierers wird in Kassetten und Magazinen vorgehalten. In den Kassetten des Copy LCL 700 können Papiergrößen von DIN A5 bis DIN A4 vorgehalten werden. Diese Kassetten sind Universalkassetten, da sie sich auf die verschiedenen Papierformate einstellen lassen. Die Kapazität einer Kassette liegt bei ca. 500 bis 550 Blatt Papier. Papiermagazine sind für das Format DIN A4 vorgesehen. Die Kapazität eines Magazins liegt bei ca. 2 500 bis zu 4 000 Seiten.
Finisher. Finisher dienen zur Aufnahme der fertigen Kopien oder Drucke. Bei digitalen Kopierern wird die Ausgabeeinheit als Finisher bezeichnet. In Finishern können die Kopien exemplarweise abgelegt werden und auf Wunsch des Bedieners geheftet werden, die Kopiensätze dürfen hierbei bis zu 50 oder gar 100 Seiten umfassen.
Lochereinheit. Die Lochereinheit ermöglicht das Lochen der Kopien. Die Kopien werden einzeln gelocht, sodass es keine Beschränkung bei der Seitenzahl eines Kopiensatzes gibt.

Faxfunktion. Die Faxfunktion arbeitet wie ein herkömmliches Fax. Dokumente können über das Vorlagenglas eingelesen und an ein Fax als Gegenstelle übertragen werden. Ebenso kann ~~die Faxfunktion eines Kopierers~~ ein Fax von einem anderen Fax empfangen und ausgedruckt werden.
Sendefunktion. Die Sendefunktion ermöglicht das elektronische Versenden von Dokumenten ähnlich wie ein Fax, jedoch wird das Dokument als E-Mail übertragen oder kann in Netzwerkverzeichnissen abgelegt werden. Beim Versand als E-Mail wird das Dokument als Anhang übertragen.

L? 3.11 Lernaufgabe

Der Bürobedarf Hauser & Schulte möchte seine Mitarbeiter(innen) auf Fortbildung schicken. Von dem Fortbildungsinstitut gibt es das nachfolgende Informationsblatt:

Haben Sie es satt, sich im „Zwei-Finger-Suchsystem" abzumühen? Dann besuchen Sie unser Seminar „Tastschreiben am Computer" unter Leitung von Frau Marion Maximini. Sie erarbeiten sich das komplette Tastenfeld und lernen, dieses blind zu beherrschen. Das Seminar findet ab 25.01.20.. statt. Es wird mittwochs von 18:00 bis 21:00 Uhr angeboten, dauert 18 Stunden und kostet 400,00 Euro. Im Bereich EDV/Textverarbeitung bieten wir ab Montag, 30.01.20.., 19:00 bis 21:00 Uhr, den Kurs „Word für Anfänger" an. Dieser Kurs umfasst 24 Stunden. Ziel dieser Veranstaltung ist die Einführung in die Grundlagen der Textverarbeitung ohne Tastaturschulung. Das Seminar kostet 360,00 Euro und wird geleitet von Herrn Walter Lehnen.

Möchten Sie Ihre Word-Kenntnisse auffrischen? Dann besuchen Sie unseren Word-Aufbaukurs. Dieser hat das Ziel, die Grundkenntnisse zu vertiefen bzw. zu erweitern. Zielgruppe sind Absolventen des Anfängerkurses oder Teilnehmer mit guten Grundkenntnissen. Dieses Seminar beginnt am Mittwoch, 11.01.20... Es umfasst 12 Stunden und findet jeweils von 19:30 bis 21:30 Uhr statt. Es kostet 180,00 Euro. Leiterin der Veranstaltung ist ebenfalls Frau Maximini. Darüber hinaus bieten wir am Montag, 13. Februar 20.., ein Word-Intensivseminar für Anfänger ohne Vorkenntnisse an, die schnell zum Ziel kommen wollen. Auch dieses Seminar wird von Herrn Lehnen geleitet. Er vermittelt Word-Grundkenntnisse bis zur Tabellenerstellung. Es beginnt um 08:00 und endet um 17:00 Uhr. Dieses Seminar kostet 120,00 Euro.

Für alle, die weniger an Textverarbeitung und mehr an der Tabellenkalkulation interessiert sind, bieten wir das Seminar „Excel für Anfänger" an. Ziel dieses Seminars ist die Einführung in die Grundlagen der Tabellenkalkulation. Diese Reihe umfasst 30 Stunden (jeweils 2 Stunden pro Termin). Sie findet statt ab Dienstag, 10.01.20.., in der Zeit von 20:00 bis 22:00 Uhr. Die Kosten betragen 450,00 Euro. Derzeit ist die Leitung des Seminars noch nicht bekannt.

Selbstverständlich steht jedem Teilnehmer ein PC zur Verfügung. Auf Wunsch bestätigen wir Ihnen die Teilnahme gerne mit einem Zertifikat. Alle Seminare werden im Schulungszentrum unseres Hauses durchgeführt.

Frau Hauser möchte, dass möglichst viele Mitarbeiter sich fortbilden. Deshalb beauftragt sie mich, einen übersichtlichen Aushang fürs Schwarze Brett zu gestalten.

Wie gestalte ich einen übersichtlichen Aushang fürs Schwarze Brett?

A! Arbeitsauftrag

Zeit: ___________

Einzelarbeit

1. **Informieren** Sie sich über die DIN-Regeln zur Tabellenerstellung.
2. **Erstellen** Sie ein Merkblatt über diese DIN-Regeln.

Plenum

3. **Präsentieren** Sie Ihr Merkblatt vor der Klasse und **erläutern** Sie die DIN-Regeln.
4. **Vergleichen** Sie mit Ihrem Entwurf, nehmen Sie ggf. Ergänzungen vor.

Einzelarbeit

5. **Lesen** Sie die Fortbildungsinformationen.
6. **Markieren** Sie die wichtigen Aussagen.
7. **Planen** Sie den Aufbau für eine aussagekräftige Tabelle.
8. **Erstellen** Sie die Tabelle normgerecht und übersichtlich am PC.
9. **Überprüfen** Sie mithilfe des Merkblattes, ob die Tabelle normgerecht ist.
10. **Bereiten** Sie sich auf die Präsentation vor.

Plenum

11. **Präsentieren** Sie überzeugend in einem szenischen Spiel (Frau Hauser, Mitarbeiter/Azubi) Ihren Verbesserungsvorschlag.
12. **Zeigen** Sie außerdem die angewandten DIN-Regeln.

Einzelarbeit

13. **Heften** Sie das Merkblatt und die Tabelle zu Ihrer Produktsammlung.

DIN-Regeln–Tabelle

Eine Tabelle dient der übersichtlichen Darstellung von Informationen in mehreren Spalten und Zeilen. Die Zeilen und Spalten sind aus den Zellen aufgebaut. In den Zellen befindet sich der Tabelleninhalt wie Text, Berechnungen usw. Die Regeln zu Tabellen stehen in der DIN 5008. Hierbei geht es um deren grundlegende Gestaltung.

Tabellen sollten zentriert ausgerichtet werden und vom vorangehenden und zum folgenden Text durch mindestens eine Leerzeile abgetrennt sein.

Jede Tabelle beginnt mit einem Tabellenkopf. Dabei handelt es sich um die erste Zeile der Tabelle. Wenn erforderlich, kann der Tabellenkopf auch auf zwei oder mehr Zeilen ausgedehnt werden. Tabellenköpfe sind durch waagerechte und senkrechte Trennungslinien übersichtlich zu gliedern. Wenn eine Tabelle nicht auf eine Seite passt, so muss der Tabellenkopf auf der Folgeseite wiederholt werden. Darüber hinaus muss jede Tabelle eine Überschrift haben, die eine kurze Information über den Inhalt gibt. Diese Überschrift darf im Tabellenkopf integriert sein.

Serifenschriften, z. B. Times New Roman, sollten in statistischen Tabellen vermieden werden, weil sie hier nicht so gut lesbar sind. Die erste Spalte der Tabelle nennt man Vorspalte. Die Vorspalte einer Tabelle enthält die Vorspaltenbezeichnung (Überschrift) und alle Zeilenbezeichnungen. Sowohl Vorspalten- als auch Zeilenbezeichnung werden linksbündig ausgerichtet.

Jede Spalte hat eine Überschrift (Spaltenbezeichnung). Diese befindet sich im Tabellenkopf. Die Spaltenbezeichnungen sollten zentriert werden. Bei statistischen Tabellen sollten die Einheiten Teil der Spaltenbezeichnung sein. Zwischen Text und Zellenbegrenzung sollte oben und unten ein gleichmäßiger Zeilenabstand sein. Texte sind in Tabellen linksbündig anzuordnen, während Zahlen rechtsbündig ausgerichtet werden.

Durch senkrechte Linien lassen sich Tabellen übersichtlich gliedern. Anstelle waagerechter Linien sollten Hintergrundschattierungen eingesetzt werden. Sie erhöhen die Lesbarkeit einer Tabelle. Waagerechte Linien sollten nur zur Gruppierung und über den Summenzeilen verwendet werden. Tabellen sollten einschließlich ihres Rahmens innerhalb der Seitenränder stehen (→ evtl. Querformat wählen).

F? Funktionsjournal

In der dritten Lernsituation habe ich folgende Funktionen angewendet. Zur Festigung notiere ich die angewendeten Funktionen (Arbeitsschritte in Kurzform).

Dazu kreuze ich, je nachdem, was ich benutze, das Menü, das Kontextmenü, die Symbolleiste oder den Shortcut an.

TV-Programm

	Menü	Kontext-Menü	Symbol-leiste	Short-cut	Ausführung
Zeichenformatierung Schriftart	☐	☐	☐	☐	
Schriftgröße	☐	☐	☐	☐	
Schriftfarbe	☐	☐	☐	☐	
Absatzformatierung Ausrichtung	☐	☐	☐	☐	
Einzug	☐	☐	☐	☐	
Absatzabstand	☐	☐	☐	☐	
Zeilenabstand	☐	☐	☐	☐	
Spalten	☐	☐	☐	☐	
Nummerierung	☐	☐	☐	☐	
Tabelle	☐	☐	☐	☐	
Aufzählung	☐	☐	☐	☐	

TV-Programm

	Menü/-band	Kontext-menü	Symbol-leiste	Short-cut	Ausführung
Seite einrichten	☐	☐	☐	☐	
Querformat	☐	☐	☐	☐	
	☐	☐	☐	☐	
Formatvorlage	☐	☐	☐	☐	
	☐	☐	☐	☐	
Zeichnenleiste/Illustrationen	☐	☐	☐	☐	
Autoformat beschriften	☐	☐	☐	☐	
Schematische Darstellung	☐	☐	☐	☐	
	☐	☐	☐	☐	
	☐	☐	☐	☐	
	☐	☐	☐	☐	
	☐	☐	☐	☐	
	☐	☐	☐	☐	

R? Lernjournal – Reflexion

Nachdem ich die dritte Lernsituation beendet habe, möchte ich wieder ein Feedback über meine neu erworbenen Kompetenzen geben.

Aus meinen Produkten wähle ich ein besonders gelungenes aus und hefte es in meinem Ordner unter der Rubrik Portfolio bzw. in einem gesonderten Schnellhefter ab.

Texte gestalten

Kompetenzen:	Bin ich in der Lage, betriebliche Informationen praxisbezogen zu gestalten? Achte ich auf kundenorientierte und werbewirksame Formulierung und Gestaltung? Bin ich in der Lage, konstruktiv die Ergebnisse meiner Mitschüler zu kritisieren? Wie nehme ich das Feedback meiner Mitschüler an?
Zeit:	Habe ich mir die Arbeit richtig eingeteilt?
Arbeitsvorgehen:	Fällt es mir leicht, die Informationstexte zu markieren, zu strukturieren, auszuwerten und zu beurteilen?
Produkt für das Portfolio:	Wie hat sich meine Gestaltungskompetenz im Vergleich zu dem ersten Gestaltungsprodukt aus der 2. Lernsituation entwickelt?
Stärken:	Was ist mir gut gelungen? Worauf bin ich ein bisschen stolz?
Schwächen:	Wo waren Schwierigkeiten, die ich noch nicht bewältigen konnte?
Gefühle:	Zum Beispiel: Es hat mir Freude gemacht, ...

Reflexion: (Platzmangel? – Zusatzblatt erforderlich und beiheften)

N! Eigene Notizen

4. Lernsituation

Eigene Bewerbung verfassen

Kompetenzen

Anhand von praxisbezogenen Situationen Bewerbungsschriftstücke erstellen und adressatengerecht gestalten

Inhalte

- Normgerechte Korrespondenz
- Bewerbungsunterlagen
- Soft Skills
- Äußeres Erscheinungsbild

Methoden

- Selbst- und Fremdbeurteilung
- Bewerbungsmappe gestalten
- Situationsorientiertes Formulieren
- Suchstrategien entwickeln

Ressourcen

- Internet
- Tageszeitung
- Bewerbungsmappe
- Lernjournal – Reflexion

E? Brainstorming

Was verbinden Sie gedanklich mit dem Begriff „Ausbildungsplatz“?

Schreiben Sie 6 bis 10 Begriffe in die blauen Zellen.

4. Lernsituation

Eigene Bewerbung verfassen

L?

4.1 Lernaufgabe

In meinem weiteren Berufsleben werde ich mich immer wieder einmal bewerben müssen. In den Medien wird darüber viel gesprochen und geschrieben: „Bewerber scheitern mangels Persönlichkeit – wer beim Vorstellungsgespräch nicht in der Lage ist, neben seinen fachlichen Vorzügen auch Soft Skills und soziale Kompetenz zu demonstrieren, geht häufig leer aus. Für Bewerber wird es zur zwingenden Notwendigkeit, die persönlichen und sozialen Kompetenzen im Vorstellungsgespräch besser als bisher zur Geltung zu bringen. Wer Erfolg haben will, muss genau an dieser Stelle den Hebel ansetzen. Was bedeutet diese Aussage für mich?

Was verstehe ich unter Soft Skills?

A!

Arbeitsauftrag

Zeit: ___________

Einzelarbeit

1. **Lesen** Sie den Informationstext „Soft Skills – ohne geht es nicht mehr".
2. **Markieren** Sie die Schlüsselwörter.
3. **Informieren** Sie sich ggf. im Internet über die Bedeutung der Fremdwörter.
4. **Erläutern** Sie die Bedeutung der Fremdwörter immer in der Fußnote.
5. **Gestalten** Sie ein klar strukturiertes Merkblatt zu den Soft Skills.
6. **Arbeiten** Sie u. a. mit der Tabellenfunktion – deaktivierter Rahmen.

Partnerarbeit

7. **Vergleichen** Sie Ihre Ergebnisse – üben Sie konstruktive Kritik, d. h., machen Sie Ihrem Partner Vorschläge, was er besser machen kann bzw. sagen Sie ihm, was ihm gut gelungen ist.
8. **Verbessern** Sie ggf. Ihr Merkblatt über Soft Skills.

Gruppenarbeit (4er bis 6er-Gruppen)

9. **Wählen** Sie das gelungenste Ergebnis aus.
10. **Bereiten** Sie sich auf eine lebendige Präsentation über Soft Skills vor – jedes Gruppenmitglied erläutert diese an zwei Beispielen aus dem eigenen Umfeld bzw. aus der Berufspraxis.

Plenum

11. **Präsentieren** Sie Ihr Ergebnis.
12. **Beurteilen** Sie die Ergebnisse:
    - Merkblatt: Inhalt, Layout
    - Beispiele: anschaulich, realitätsnah
13. **Drucken** Sie Ihr Ergebnis aus und heften Sie es ab.

Eigene Bewerbung verfassen

Soft Skills – ohne geht es nicht mehr

Die wirtschaftlichen Veränderungen führen in der Arbeitswelt zu verstärktem Bedarf an berufsübergreifenden, nicht fachlichen Kompetenzen und Fähigkeiten. Diese Fähigkeiten werden als Schlüsselqualifikationen bezeichnet. Inzwischen gibt es eine lange Liste von Kompetenz-, Verhaltens- und Wissensmerkmalen, die zusammengefasst als Schlüsselqualifikationen bezeichnet werden. Schlüsselqualifikationen – auch Soft Skills genannt – sind Kompetenzen (Fähigkeit, Fertigkeit, Denkmethode und Wissensbestand), die über die fachliche Kompetenz hinausgehen. Sie helfen bei der Lösung von Problemen und beim Erwerb von Kompetenzen in möglichst vielen Inhaltsbereichen und haben berufs- und lebensbereichsübergreifende Bedeutung, da sie Aspekte der Persönlichkeitsbildung beinhalten. Sie dienen als Schlüssel zu weiteren Qualifikationen.

Diese Qualifikationen spielen bei Bewerbung und beruflichem Erfolg eine immer größere Rolle. Im Einzelnen sind dies: Kognitive Kompetenzen, die das Denken in Zusammenhängen umfassen, die Fähigkeit zu logischem und abstraktem Denken, Transferfähigkeit und Problemlösungsfähigkeit. Kommunikative Kompetenzen sind die schriftliche und mündliche Ausdrucksfähigkeit, Beherrschung von Präsentationstechniken, Diskussionsfähigkeit, partnerorientierte Kommunikation, Konsensfähigkeit. Soziale Kompetenzen beinhalten Konflikt- und Kritikfähigkeit, Teamfähigkeit, Fähigkeit und Bereitschaft zu Kooperation, Einfühlungsvermögen, Durchsetzungsvermögen, Führungsqualitäten oder Kundenorientierung. Personalkompetenz umfasst die Bereitschaft und Fähigkeit zu Selbstständigkeit, Flexibilität, Kreativität, Initiative, geistiger Offenheit, Verantwortungsbereitschaft, Leistungsbereitschaft, Zuverlässigkeit, Umgang mit Unwägbarkeiten, demokratischer Grundhaltung, Zivilcourage und ethischem Urteilsvermögen, Kompetenz für das selbst gesteuerte Lernen.

Ein Grund für berufliche Stagnation liegt häufig darin, dass es vielen Bewerbern und Mitarbeitern an Schlüsselqualifikationen im kommunikativen und sozial-emotionalen Bereich fehlt. Sie spielten bei der Ausbildung über viele Jahrzehnte kaum eine Rolle. Aber mit der Einführung von Teamarbeit, Kundenorientierung und immer neuen Arbeitsmitteln sowie zunehmender Internationalisierung haben die Unternehmen erkannt, dass Fachwissen allein nicht weiterhilft.

Die Bundesvereinigung der Deutschen Arbeitgeberverbände wünscht sich, dass Berufsanfänger zu gleichen Teilen Schlüsselqualifikationen und fachliche Qualifikationen mitbringen sollten. Die Wirklichkeit sieht anders aus: „Insgesamt beklagen 48 Prozent der Betriebe und Verbände Defizite in der Allgemeinbildung, mit knapp 40 Prozent an zweiter Stelle der Kritik stehen die für die Berufspraxis wichtigen Schlüsselqualifikationen. Mehr als ein Drittel (37,2 Prozent) kritisieren die mangelnden kognitiven und methodischen Fähigkeiten.

www.fachwissenkatalog.de

L? 4.2 Lernaufgabe

Mittlerweile habe ich mich für mehrere Ausbildungsunternehmen entschieden, die ich durch Anzeigen aus unseren regionalen Zeitungen bzw. durch die Bundesagentur für Arbeit (Berufsberatung oder Internet) herausgefunden habe. Ich muss einen guten Eindruck machen, das ist klar. Aber wie?

Wie sehen gute Bewerbungsunterlagen aus, damit ich auf das Unternehmen Eindruck mache?

A! Arbeitsauftrag

Zeit: ___________

Einzelarbeit

1. **Lesen** Sie den Infotext „Jobsuche".
2. **Recherchieren** Sie im Internet über den Werbeauftritt Ihres ausgesuchten Unternehmens bzw. erkundigen Sie sich bei denjenigen, die etwas über dieses Unternehmen wissen und **notieren** Sie sich wichtige Informationen.

Anschreiben

3. **Erstellen** Sie ein Anschreiben für die Firma, indem Sie die Informationen Ihres ausgesuchten Unternehmens mit einbeziehen und vor allem Ihre herausgefundenen Stärken belegen, sodass Sie zum Ausdruck bringen, dass Sie für den Ausbildungsplatz geeignet sind (siehe Beispiele auf den nachfolgenden Seiten).

Lebenslauf

4. **Sammeln** Sie alle notwendigen Daten für Ihren aktuellen Lebenslauf.
5. **Schreiben** Sie einen tabellarischen Lebenslauf nach dem vorgegebenen Muster bzw. passen Sie Ihr Layout allen Bewerbungsunterlagen an.

Deckblatt

6. **Entwerfen** Sie ein ansprechendes Deckblatt für Ihre Bewerbungsmappe.

Zeugnisse

7. **Kopieren** Sie die infrage kommenden Zeugnisse.
8. **Fügen** Sie die Zeugnisse Ihrer Bewerbungsmappe bei.

Kontrolle

9. **Geben** Sie Ihre Bewerbungsmappe Ihrer Lehrkraft zur Kontrolle ab oder mailen Sie ihr die entsprechenden Dateien als Onlinebewerbung.

Zuhause

10. **Stecken** Sie Ihre Bewerbung in einen Umschlag und notieren Sie an der richtigen Stelle auf dem Umschlag die Anschrift; vergessen Sie nicht das Porto.

!! Jobsuche

Arbeitsmarkt-News

Bereits eine hohe Prozentzahl der Jobsuchenden informiert sich bei den Online-Stellenbörsen oder direkt über die Unternehmenshomepage über neue Stellenangebote. Bei der Frage dagegen, wie die Bewerbung das Unternehmen erreichen soll, bevorzugen immer noch viele Bewerber die klassische Bewerbungsmappe per Post gegenüber der Bewerbung über die verschiedenen elektronischen Wege.

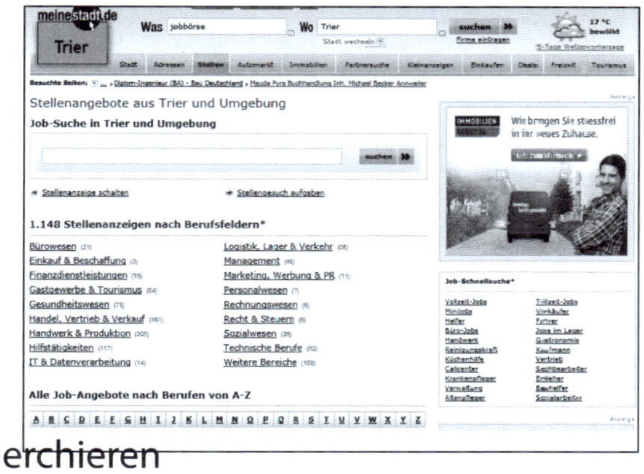

Informationen über die Unternehmen recherchieren

Nachdem Sie sich für eine Reihe von Unternehmen entschieden haben, bei denen Sie sich bewerben wollen, geht es zunächst darum, möglichst viel über diese Unternehmen in Erfahrung zu bringen. Je mehr Sie wissen, desto wirkungsvoller können Sie Ihre Bewerbung auf deren spezielle Anforderungen und Bedürfnisse zuschneiden. Im Marketing spricht man hier von „Zielgruppenorientierung".

Sehen Sie die Unternehmen, bei denen Sie sich bewerben werden, ruhig tatsächlich als Ihre persönliche Zielgruppe. Sie wollen Ihre Leistungen, Ihre Arbeitskraft an diese Zielgruppe verkaufen. Damit Sie Ihre Chancen erhöhen müssen Sie z. B. herausfinden:

- welche Produkte und/oder Dienstleistungen das Unternehmen anbietet
- für wen es diese Leistungen anbietet
- welche zukünftigen Aktivitäten geplant sind
- welche Probleme das Unternehmen eventuell in den letzten Jahren hatte
- worauf in diesem Unternehmen bei seinen Mitarbeitern und Mitarbeiterinnen geachtet wird
- usw.

Gehen Sie ins Internet und schauen Sie sich den Werbeauftritt des Unternehmens an.

Hören Sie sich um, wer das Unternehmen kennt, und lassen Sie sich etwas über das Unternehmen erzählen. Je mehr Informationen Sie haben, desto vielschichtiger wird Ihr Bild von diese Firma.

Eigene Bewerbung verfassen

I! Erstellen der Bewerbungsunterlagen

Grundsätzliches – Unterschätzen Sie nie die Bedeutung Ihrer Bewerbungsunterlagen. Sie sollten wirklich sehr viel Sorgfalt für deren Erstellung verwenden. Oft verspielen Bewerber bereits im Vorfeld ihre Chancen, weil die Bewerbungsunterlagen schlampig wirken oder unvollständig sind. Folgende Tipps sollten Sie immer beachten:

- Wählen Sie für Ihre Unterlagen eine hochwertige, optisch ansprechende, dezent und seriös wirkende Mappe.
- Wählen Sie hochwertiges Papier, auch wenn das ein bisschen teurer ist. Dabei sollten alle Seiten nur einseitig bedruckt werden.
- Für alle Dokumente, die Sie selbst erstellen (z. B. Anschreiben und Lebenslauf), sollten Sie auf ein klares und einheitliches Schriftbild achten. Das Schriftbild muss gut zu lesen sein, schlicht und seriös wirken. Verzichten Sie auf grafische Spielereien.
- Achten Sie unbedingt darauf, dass keine Rechtschreib-, Grammatik- oder Kommafehler in Ihren Bewerbungsunterlagen vorkommen. Geben Sie die Texte vorsichtshalber jemandem zur Korrektur.
- Unterschreiben Sie immer eigenhändig mit einem Füller.
- Verzichten Sie darauf, bereits benutzte Unterlagen nochmals zu verschicken – meist sieht man es ihnen an.

Die Reihenfolge – Bewerbungsunterlagen bestehen aus einem Anschreiben, einem Deckblatt, Ihren Zeugnissen und weiteren Unterlagen. Ordnen Sie die Unterlagen in der folgenden Reihenfolge (von oben nach unten) in die Bewerbungsmappe:

- das Deckblatt
- der Lebenslauf
- alle Zeugnisse, das aktuelle nach zuoberst
- alle Teilnahmebescheinigungen von absolvierten Kursen, Praktika und Referenzen (z. B. Leitung einer Jugendgruppe, SV-Mitglied, Trainer einer Sportmannschaft, …)

Das Anschreiben legen Sie lose auf die Bewerbungsmappe.

Eigene Bewerbung verfassen

!! Das Anschreiben

Das Anschreiben ist das wichtigste Element Ihrer Bewerbung. Sehen Sie Ihr Anschreiben als die Möglichkeit, einen guten ersten Eindruck zu hinterlassen. Ihr Anschreiben sollte bei den Unternehmen bereits so viel Interesse wecken, dass man Sie kennenlernen möchte. Möglicherweise bekommen Sie keine zweite Chance. Hier einige Tipps:

- Anschreiben müssen immer individuell formuliert sein. Benutzen Sie keine kopierten Massenschreiben, bei denen Sie nur den Adresskopf und Empfängernamen ändern. Es muss deutlich werden, dass Sie dieses Anschreiben tatsächlich für dieses spezielle Unternehmen verfasst haben.
- Wenn es irgendwie geht, sollten Sie nicht an „Sehr geehrte Damen und Herren," schreiben, sondern einen konkreten Ansprechpartner haben. Meist steht ein Name in den Stellenangeboten dabei. Wenn nicht, können Sie auch einfach in dem Unternehmen anrufen und nach der zuständigen Person fragen. Lassen Sie sich den Namen auf jeden Fall buchstabieren, damit Sie ihn richtig schreiben. Auch beim Abschreiben eines Namens aus einer Anzeige sollten Sie sehr sorgfältig auf die korrekte Schreibweise achten.
- Wählen Sie eine förmliche und sachliche, dabei aber freundliche Sprache. Sie sollten keinesfalls „gestelztes Beamtendeutsch" schreiben, aber natürlich auch nicht in die Umgangssprache verfallen. Halten Sie sich an klare, kurze Sätze und überzeugen Sie in Ihrem Anschreiben fachlich und menschlich.
- Ihr Anschreiben sollte nicht länger als eine Seite sein. Deshalb müssen Sie sich kurz fassen. Verzichten Sie auf Floskeln, die nichts aussagen.
- Wiederholen Sie nicht, was in der Stellenanzeige stand – die Personalverantwortlichen wollen etwas von Ihnen lesen und nicht das, was sie selbst geschrieben haben.
- In dem Anschreiben sollten Sie zum Ausdruck bringen, warum Sie sich gerade bei diesem Unternehmen bewerben und was Sie an dieser Stelle interessiert. Verzichten Sie dabei auf das Nennen von privaten Gründen, wie „Das Unternehmen ist so schön nah an meiner Wohnung" oder Ähnliches. Nennen Sie fachliche Gründe, die zeigen, dass Sie etwas über das Unternehmen und die von Ihnen angestrebte Position wissen.
- Fassen Sie kurz Ihre eigenen Fähigkeiten zusammen – aber bitte nicht übertreiben. Weisen Sie Ihren Ansprechpartner nur kurz und selbstbewusst auf einige Ihrer Stärken hin – mehr nicht. Machen Sie sich klar, dass Sie kein Bittsteller sind, sondern dass Sie Fähigkeiten und Qualitäten zu bieten haben. Seien Sie selbstbewusst, aber nicht arrogant.
- Zeigen Sie in Ihrem Anschreiben auf, wie und warum Sie mit Ihren Kenntnissen und Qualitäten gut in das Unternehmen passen würden (evtl. kurzer Abriss Ihrer vorherigen Tätigkeit).

Bewerbungsschreiben Privatbrief

Inhalte des Bewerbungsschreibens

- Absenderangabe/Kommunikationsdaten
- Empfängerangaben
- Datum
- Betreffzeile (Kurzbeschreibung, um was es geht)
- Anrede des Empfängers
- Text
- Grußformel
- Hinweis auf Anlagen

Absenderangaben/Kontaktdaten – Für die Absenderangaben wird der Rand oben auf 5,08 cm eingerichtet. Die Abmessung für den linken Rand beträgt 2,5 cm und für den rechten Rand 2 cm.

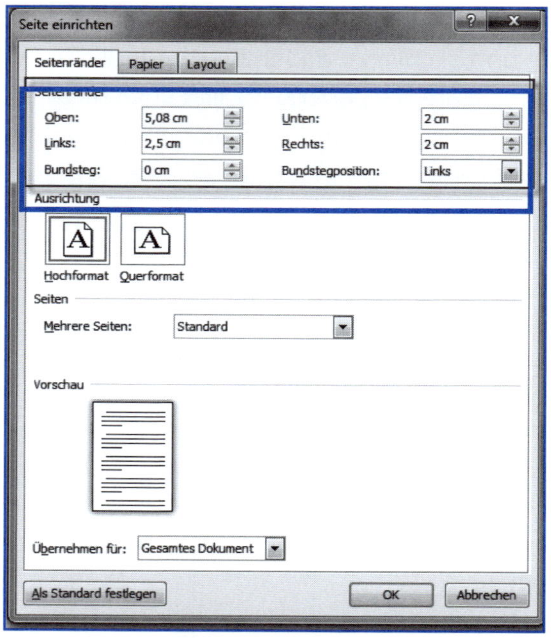

In die Kopfzeile werden die Absenderangaben wie Name, Straße, Ort sowie die Kontaktdaten (Telefon, Mobil, Telefax, E-Mail) geschrieben. Die Kontaktdaten stehen entweder in der Kopfzeile oder im Informationsblock. Die Absenderangaben können individuell gestaltet werden. Schriftart und -farbe sollten dann aber zum Deckblatt und zum Lebenslauf passen.

Anschrift – Die Empfängeranschrift beginnt in der Regel in der 4. Textzeile. Das Datum ist in der 12. Zeile rechtsbündig zu schreiben.

Bewerbungsschreiben ohne Informationsblock

Martin Schneider

Hauptstr. 12 a
54296 Trier
Telefon: 0651 193028
Mobil: 0151 92309244
E-Mail: m.schneider@t-online.de

¶
¶
¶
4. Zeile Klinikum
Mutterhaus der Borromäerinnen gGmbH
Herrn Helmut Kegel
Feldstr. 16
54290 Trier
¶
¶
¶
12. Zeile 9. März 20..
¶
¶
Bewerbung um eine Ausbildungsstelle zum Bürokaufmann
¶
¶
Sehr geehrter Herr Kegel,
¶
da Sie kontinuierlich Bürokaufleute ausbilden und Ihr Krankenhaus für die qualitativ hervorragende Ausbildung bekannt ist, bewerbe ich mich bei Ihnen. Im Internet konnte ich mir einen guten Einblick über Ihr Klinikum verschaffen. Mich beeindruckt Ihre Vielfalt von Abteilungen und ich bin sehr daran interessiert, im Büro einen abwechslungsreichen Alltag zu erleben.
¶
Zurzeit besuche ich die Höhere Berufsfachschule Wirtschaft in Trier - Fachrichtung Organisation und Officemanagement. Der Unterricht ist sehr auf die unterschiedlichen Computerprogramme und Planung von Projekten bezogen, was mir, wie ich weiß, in Ihrem Betrieb hilfreich sein wird. Im Sommer 20.. werde ich die Schule voraussichtlich mit dem Abschluss als „Staatlich geprüfter Assistent für Organisation und Officemanagement“ und mit der Fachhochschulreife verlassen.
¶
Während meines vierwöchigen Praktikums, das ich bei der Müller & Flach GmbH absolviert habe, konnte ich mir einen guten Einblick in das Berufsleben als Bürokaufmann verschaffen. Meine Zuverlässigkeit und Teamfähigkeit wurde dort sehr geschätzt.
¶
Gerne möchte ich mich bei Ihnen vorstellen und Ihre Verwaltung näher kennenlernen.
¶
Mit freundlichen Grüßen

handschriftliche Unterschrift

Anlagen
1 Foto
1 Lebenslauf
2 Zeugnisse

Linksbündiger Tabstopp bei 10 cm

Der Anlagenvermerk steht mit einem Abstand von drei Leerzeilen unter dem Gruß - nur bei Platzmangel, wie hier im Beispiel - neben der Grußformel bei 10 cm.

Privater Brief in Anlehnung an den Geschäftsbrief B-A4

Martin Schneider
Hauptstr. 12 a
54296 Trier

¶ ¶ ¶ Klinikum Mutterhaus der Borromäerinnen gGmbH Herrn Helmut Kegel Feldstr. 16 54290 Trier	Ihre Anzeige: 07.03.20.. Telefon: 0651 193028 Telefax: 0651 9380930 Mobil: 0151 92309244 E-Mail: m.schneider@t-online.de Datum: 09.03.20..

¶
¶
¶
Bewerbung um eine Ausbildungsstelle zum Bürokaufmann
¶
¶
Sehr geehrter Herr Kegel,
¶
Ihre Anzeige im Trierischen Volksfreund habe ich mit großem Interesse gelesen und bewerbe mich um die Stelle als Bürokaufmann. Im Internet konnte ich mir einen guten Einblick über Ihr Klinikum verschaffen. Mich beeindruckt ...

Für den Privatbrief gibt es in Anlehnung an den Geschäftsbrief die Möglichkeit, in einem Informationsblock Bezug auf die Stellenanzeige zunehmen und die Kontaktdaten nochmals aufzuführen. Die Leitwörter richten sich nach dem Bedarf der Korrespondenz.

Wenn die Kontaktdaten nicht im Briefkopf aufgeführt werden, sondern in einem Informationsblock, so bietet es sich der Einfachheit halber an, für das Anschriftfeld und den Informationsblock eine Tabelle mit drei Spalten (1. Spalte: 8 cm, 2. Spalte: 2 cm, 3. Spalte: 7,5 cm) und einer Zeile einzufügen. Die Tabelle wird ohne Rahmenlinie formatiert.

¶ ¶ ¶ Bürobedarf Hauser & Schulte Balduinstr. 15 54296 Trier ¶ ¶		Ihr Zeichen: ha-kl Ihre Nachricht: 20..-10-03 Telefon: 0651 9380928 Mobil: 0151 9839092 E-Mail: evamueller@t-online.de Datum: 20..-10-09

Eigene Bewerbung verfassen

Der Lebenslauf

Ein Lebenslauf gehört in jede Bewerbung. In der Regel ist ein tabellarischer Lebenslauf üblich. Selten wird ein handschriftlicher verlangt – dann sollten Sie sich aber daran halten. Ein Lebenslauf wird chronologisch geschrieben – vom Aktuellen rückwärts

- Idealerweise ist ein Lebenslauf vollständig. Versuchen Sie, größere Tätigkeitslücken zu vermeiden. Es ist gut, wenn eine klare Linie zu erkennen ist.
- Vermerken Sie bei Ihren Angaben zu Ihrer Schul- und Ausbildung ruhig Themen- und Lernschwerpunkte, wenn es passt.
- Machen Sie keine Angaben über Ihre Religion, Gesundheit – es seit denn, es wird ausdrücklich verlangt.
- Versehen Sie den Lebenslauf mit dem aktuellen Datum und unterschreiben Sie ihn.

Sonstiges – An das Ende Ihrer Bewerbungsunterlagen kommen noch alle Teilnahmebescheinigungen von Weiterbildungsveranstaltungen, an denen Sie teilgenommen haben, sofern sie mit dem angestrebten Arbeitsplatz in Beziehung stehen. Sie können auch Empfehlungsschreiben oder Referenzen anfügen. Auch hier sollten Sie natürlich auf eine gute Kopierqualität achten.

Das Deckblatt

Zu jeder Bewerbung gehört ein Deckblatt. Das Deckblatt ist die erste Seite Ihrer Bewerbungsmappe (das Anschreiben wird auf die Mappe gelegt und nicht eingeheftet).

Bewerbung

von
Martin Schneider

Hauptstraße 12 a
54296 Trier
Telefon: 0651 193028
Mobil: 0151-92309244
E-Mail: m.schneider@t-online.de

Inhalt:
Lebenslauf
Foto
2 Zeugnisse

Auf das Deckblatt gehören:

- Ihr Foto – achten Sie auf ein positiv-freundlich wirkendes Bild von sich. Gehen Sie unbedingt zu einem guten Fotografen. Bilder aus dem Automaten sind für eine Bewerbung tabu. Wählen Sie einen Fotografen, der sein Handwerk versteht und der vor allem auch weiß, worauf es bei einem Bewerbungsfoto ankommt. Das Bild kann auch auf das Deckblatt gescannt werden.
- Ihr Vorname und Nachname
- Ihre Anschrift
- Ihre Telefonnummer
- Ihre E-Mail-Adresse

Wenn Sie möchten, können Sie auf dem Deckblatt auch eine kurze Inhaltsübersicht der folgenden Dokumente aufführen. Das erleichtert Ihrem Ansprechpartner die Übersicht. Zwingend ist das aber nicht.

Das Verschicken Ihrer Bewerbung

Auch beim Verschicken Ihrer Bewerbung gibt es noch einiges zu beachten:

- Wie schon weiter oben gesagt, sollten Sie möglichst den Namen eines Ansprechpartners haben, an den Sie Ihren Brief schicken können. Achten Sie auf eine korrekte Schreibweise sowohl des Namens des Ansprechpartners als auch dem des Unternehmens und dessen Anschrift.
- Sie sollten Ihre Bewerbungsunterlagen gut verpackt verschicken. Am besten nehmen Sie einen stabilen Umschlag mit einer Papprückwand. So verhindern Sie, dass die Unterlagen geknickt werden. Beim Empfänger interessiert es niemanden, warum eine Sendung in schlechter Qualität ankommt.
- Eigentlich selbstverständlich, aber es soll dennoch gesagt werden: Achten Sie unbedingt darauf, dass der Brief ausreichend frankiert ist. Fragen Sie lieber im Postamt nach, bevor Sie aufgrund einer falschen Schätzung zu gering frankieren.

!! Der Lebenslauf

Martin Schneider

Hauptstr. 12 a
54296 Trier
Telefon: 0651 193028
Mobil: 0151 92309244
E-Mail: m.schneider@t-online.de

Lebenslauf

Persönliche Angaben

Geburtstag:	14. April 19..
Geburtsort:	Trier
Schulbildung	Seit September 20.. bis Höhere Berufsfachschule Wirtschaft Trier Fachrichtung Organisation und Officemanagement
	August 20.. bis Juni 20.. Realschule St. Sebastian in Trier
	September 19.. bis Juni 19.. Franz-Bauer-Grundschule in Trier
Praktikum	März 20.. bis April 20.. 4-wöchiges Praktikum Müller & Flach GmbH in Trier

Besondere Fähigkeiten

Sprachen	Englisch (Basiskenntnisse)
Computer	Word, Excel, PowerPoint, Publisher, Project
Hobbys	Fußball spielen Trainer der Bambini-Fußball-Mannschaft

Trier, 9. März 20..

handschriftliche Unterschrift

L?

4.3 Lernaufgabe

Bei der Recherche nach Stellenausschreibungen ist mir aufgefallen, dass viele Unternehmen die Bewerbungen als Online-Bewerbung erhalten möchten.

Welche Aspekte müssen bei einer Online-Bewerbung beachtet werden?

A!

Arbeitsauftrag

Zeit: ___________

Einzelarbeit (ggf. Hausaufgabe)

1. **Informieren** Sie sich zunächst über das Thema **Online-Bewerbung** und nehmen Sie alle Einstellungen in Ihrem E-Mail-Account vor, um professionelle Bewerbungs-E-Mails versenden zu können.

2. **Legen** Sie sich eine **E-Mail-Signatur** an.

3. **Schreiben** Sie Ihren Betreff mit Bezug auf die Stellenausschreibung, ggf. mit Kennziffer.

4. **Verfassen** Sie einen kurzen Anschreibetext. Achten Sie auf die persönliche Anrede des Personalverantwortlichen.

5. **Fügen** Sie die Bewerbungsunterlagen (Anschreiben, Lebenslauf mit Foto in der rechten oberen Ecke und Zeugnisse) als PDF-Datei an. Achten Sie auf die korrekten Dateinamen und auf den Dateiumfang (höchstens zwei bis drei MB).

6. **Versenden** Sie zunächst eine Kontroll-Mail an sich selbst oder einen Bekannten.

7. **Versenden** Sie Ihre Online-Bewerbung an Ihre Lehrkraft.

Lehrkraft

8. **Lassen** Sie sich von Ihrer Lehrkraft ein Feedback zu Ihrer Online-Bewerbung geben.

Online-Bewerbung

Heutzutage fordern viele Unternehmen nur noch Bewerbungen auf elektronischem Wege.

Tipps zur professionellen Online-Bewerbung

Bei der E-Mail-Bewerbung gelten für Sie die gleichen Regeln wie bei den **Bewerbungsunterlagen** in Papierformat – ansprechende äußere Form und werbewirksame Inhalte. Allerdings fallen die Fehler einer E-Mail-Bewerbung nicht direkt ins Auge. Achten Sie deshalb auf folgende Kriterien:

- Wählen Sie keinen E-Mail-Dienstleister, der die Werbung integriert hat. Dies geschieht meistens bei Freemail-Anbietern – allerdings können Sie gegen Gebühr die E-Mails von der Werbung befreien. Am besten richten Sie auf Ihrem Rechner ein (kostenfreies) E-Mail-Programm ein. In den meisten Fällen ist ein solches bereits installiert, das Sie nur noch einrichten müssen. Unter „Benutzerinformationen" sollte Ihr voller Vor- und Zuname eingetragen sein.
- Verwenden Sie eine E-Mail-Adresse mit Ihrem Vor- und Nachnamen (vorname_nachname@provider.de). Diese Adresse sollten Sie dann eine Zeit lang beibehalten.
- Versenden Sie Ihre E-Mail direkt an den gewünschten Personalverantwortlichen (rainer-mueller@unternehmen.de) und nicht an die allgemeine E-Mail-Adresse des Unternehmens (info@unternehmen.de).
- Schreiben Sie einen aussagekräftigen Betreff – nehmen Sie Bezug auf die Stellenausschreibung, ggf. mit Kennziffer.
- Denken Sie an die persönliche Anrede des Personalverantwortlichen.
- Verfassen Sie ein kurzes Anschreiben, in dem Sie Bezug auf die ausgeschriebene Stelle und Ihre Datei-Anhänge nehmen.
- Fügen Sie unter Ihren Brieftext eine **E-Mail-Signatur** mit Ihren Kontaktdaten ein.
- Verschicken Sie Ihre Datei-Anhänge in PDF-Format und nur auf Wunsch im Format eines Textverarbeitungsprogrammes (z. B. doc-Datei oder odt-Dateien). Verzichten Sie darauf, Ihre Datei-Anhänge als zip-Datei zu verpacken.
- Achten Sie darauf, dass Ihre Dateien nicht größer als zwei bis drei Megabyte sind. Größere Dateien kommen oft nicht an. Mit der rechten Maustaste können Sie unter „Eigenschaften" die Dateigröße feststellen.
- Geben Sie Ihren Dokumenten aussagekräftige Dateinamen, damit das Unternehmen schnell Ihre Unterlagen in der elektronischen Ablage wiederfindet:

  nachname_vorname_Anschreiben.pdf
  nachname_vorname_Lebenslauf.pdf,
  nachname_vorname_Zeugnisse.pdf

- Bevor Sie Ihre Bewerbung an das Unternehmen versenden, mailen Sie sich zunächst selbst die Bewerbung.

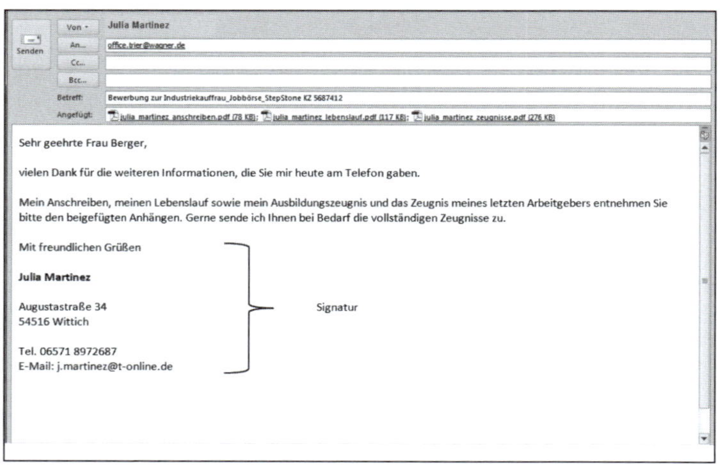
Senden
Von: Julia Martinez
An...: office.trier@wagner.de
Cc...:
Bcc...:
Betreff: Bewerbung zur Industriekauffrau_Jobbörse_StepStone KZ 5687412
Angefügt: julia_martinez_anschreiben.pdf (78 KB); julia_martinez_lebenslauf.pdf (117 KB); julia_martinez_zeugnisse.pdf (276 KB)

Sehr geehrte Frau Berger,

vielen Dank für die weiteren Informationen, die Sie mir heute am Telefon gaben.

Mein Anschreiben, meinen Lebenslauf sowie mein Ausbildungszeugnis und das Zeugnis meines letzten Arbeitgebers entnehmen Sie bitte den beigefügten Anhängen. Gerne sende ich Ihnen bei Bedarf die vollständigen Zeugnisse zu.

Mit freundlichen Grüßen

Julia Martinez

Augustastraße 34
54516 Wittich

Tel. 06571 8972687
E-Mail: j.martinez@t-online.de

Signatur

L? 4.4 Lernaufgabe

Meine Bewerbung hat Erfolg gehabt. Ich bin zum Vorstellungsgespräch eingeladen. Aber was ziehe ich an? Wie ist die Kleiderordnung? Eine richtige Kleiderordnung gibt es heute kaum noch.

Es kommt auch immer darauf an, wo ich arbeite. Ein Bankangestellter in Jeans und Turnschuhen oder eine Chefsekretärin in Hotpants und engem Oberteil sehen wohl eher nicht sehr vertrauenerweckend aus. Hier wäre ein Anzug bzw. ein Kostüm die richtige Businesskleidung …

Welche Kleidung ist die richtige?

A! Arbeitsauftrag

Zeit: ____________

Einzelarbeit

1. **Lesen** Sie den Informationstext „Äußeres Erscheinungsbild".
2. **Markieren** Sie die Schlüsselwörter.
3. **Gestalten** Sie eine Checkliste zur Kleiderordnung im Beruf.
4. **Arbeiten** Sie u. a. mit der Aufzählungsfunktion – bedenken Sie, dass es sich um eine Checkliste zum Abhaken handelt.
5. **Visualisieren** Sie Ihre Checkliste mit passenden Grafiken.
6. **Drucken** Sie Ihr Ergebnis aus und hängen es an die Pinnwand.

Plenum

7. **Schauen** Sie sich die anderen Ergebnisse an, suchen Sie das für Sie gelungenste Ergebnis heraus und kommentieren Sie es auf einem Spickzettel hinsichtlich:
   - Aussagekraft
   - typografische Regeln
   - Übersichtlichkeit
8. **Kommentieren** Sie Ihre ausgesuchte Checkliste.

Einzelarbeit

9. **Verbessern** Sie Ihre eigene Checkliste, drucken Sie sie aus und heften Sie sie ab.

Äußeres Erscheinungsbild

Was ziehe ich an? Dies ist ein leidiges Thema, gibt es doch immer wieder Anlass für Anekdoten, deren Verursacher so gar nicht darüber lachen können. Zwar gibt es von Branche zu Branche durchaus Unterschiede, was die Mitarbeiter(innen) im Arbeitsalltag tragen, doch lassen sich für Vorstellungsgespräche einige Grundregeln aufstellen, die Ihrer Bewerbung mit Sicherheit förderlich sind.

Werden Sie sich darüber bewusst, dass mit dem Schulabschluss ein Lebensabschnitt zu Ende geht, in dem andere Verhaltensregeln und -formen galten, als in dem nun folgenden. Da hilft es wenig, sich in Jeans, T-Shirt und Turnschuhen hinzustellen und zu meinen: Ich bin nun mal so und wenn die mich so nicht akzeptieren ... 99 % der Unternehmen erwarten in diesem Punkt von ihren Mitarbeitern gewisse Standards.

Bedenken Sie auch, dass nachgewiesenermaßen die ersten 20 Sekunden eines Vorstellungsgesprächs bereits einen sehr manifesten Eindruck vermitteln, der im Verlauf eines Gespräches kaum zu revidieren ist. Da Sie zu einem solch frühen Zeitpunkt verbal noch nichts von sich geben konnten, wird dieser Eindruck maßgeblich durch Äußerlichkeiten wie Kleidung, Stil, Offenheit und Auftreten mitbestimmt.

Das oberste Kleidungsgebot heißt: Dezent! Keine schreienden Farben, keine Extreme. Persönlicher Stil drückt sich nicht in Stöckelschuhen oder Krawatten mit Weihnachtsmännern aus. Verlegen Sie stilistische Bemühungen lieber auf die Inhalte des Gesprächs, nicht so sehr auf Äußeres. Also, hier kommt die Sicherheitsliste, mit der Sie auf jeden Fall nichts falsch machen.

Für Männer. Positiv: Gedeckter Anzug, sauber, unzerknittert und mit Bügelfalte, farblich abgestimmtes Oberhemd, Seidenkrawatte, geputzte Straßenschuhe mit intakten Sohlen und Absätzen, saubere Rasur oder gepflegter Bart, wenig Duftwasser, erkennbare Frisur, gewaschen und gekämmt (eventuell Friseur), gepflegte Fingernägel, Deo kann nicht schaden.

Negativ: Auffallender Schmuck, überdimensionierte Uhren, weiße Socken, Turnschuhe, Handtäschchen, Rucksäcke, Alkohol (auch nicht am Abend vorher, man riecht es!), Zigaretten (für Nichtraucher kann der Nikotindunst sehr unangenehm sein. Lutschen Sie u. U. vorher Pfefferminz), Knoblauch weniger als 2 Tage vor dem Termin, Zwiebeln am Abend vorher.

Für Frauen. Positiv: Kostüm, Hosenanzug, Kleid oder Rock, farblich abgestimmte Bluse, Seidenstrümpfe, bequeme, aber durchaus modische Schuhe, dezenter Schmuck, dezentes Make-up.

Negativ: Miniröcke, Lederkleidung, alles was sexy ist: durchsichtige Spitze etc., greller Nagellack, lange Fingernägel, überdimensionierter Schmuck, der womöglich klappert, Duftwolken des Lieblingsparfüms, Kosmetiktäschchen, Löwenmähne, …

www.dak.de

Eigene Bewerbung verfassen

L? 4.5 Lernaufgabe

Meine Bewerbung habe ich ansprechend und normgerecht verfasst. Ich kann also zukünftig auch andere Privatbriefe am PC schreiben, um so beim Empfänger einen guten Eindruck zu hinterlassen.

Wie reagiere ich in bestimmten Situationen?

Situation A. Meine Ausbildung zur Bürokauffrau bzw. zum Bürokaufmann kann ich zum 1. August nächsten Jahres beim Reisebüro „Reiß aus", Kurhausstraße 1, 55543 Bad Kreuznach, beginnen. Mein zukünftiger Arbeitgeber hat mich am 15. März 20.. auf Folgendes hingewiesen: Nach § 32 Jugendarbeitsschutzgesetz (JArbSchG) darf ein Jugendlicher, der in das Berufsleben eintritt, nur dann beschäftigt werden, wenn er innerhalb der letzten 14 Monate von einem Arzt untersucht worden ist (Erstuntersuchung) und dem Arbeitgeber eine von diesem Arzt ausgestellte Bescheinigung vorlegt.

Situation B. Mein Arbeitgeber möchte, dass ich an einer firmeninternen Weiterbildung zum Thema „Umgang mit dem Kunden" teilnehme. Der Termin für die Weiterbildung kollidiert mit dem Berufsschultag (Montag in drei Wochen).

Situation C. Seit drei Jahren abonniere ich die Zeitschrift „Just4Fun" beim Verlag Kleebauer, Buchardstraße 32, 20095 Hamburg. Die Rechnung für dieses Abonnement bezahle ich per Bankeinzug. Gestern habe ich festgestellt, dass der Rechnungsbetrag von 36 EUR gemäß Rechnung vom 21. März 20.., Rechnungsnr. 94023/20, zweimal abgebucht wurde.

A! Arbeitsauftrag

Wettbewerb
Gewinner ist das Team mit den wenigsten Fehlern!

Teamarbeit (3 Schüler/-innen)

1. **Lesen** Sie die Situationen A bis C und **entscheiden** Sie, was zu tun ist.
2. **Stimmen** Sie sich ab, welche Situation Sie in Einzelarbeit lösen möchten.

Einzelarbeit

3. **Informieren** Sie sich über die Gestaltung eines A4-Briefes ohne Aufdruck (siehe Bewerbung).
4. **Formulieren** und **gestalten** Sie einen A4-Brief ohne Aufdruck zu Ihrer Situationsaufgabe.
5. **Speichern** Sie Ihren Brief ab.

Teamarbeit

6. **Korrigieren** Sie sich gegenseitig, **verbessern** Sie ggf. Ihre Briefe und **drucken** Sie diese aus.

Plenum

7. **Hängen** Sie alle Ergebnisse – sortiert nach Teamresultaten – auf.
8. **Streichen** Sie die Fehler in den Ergebnissen der anderen Teams an (**Formulierung:** Betreff und Text; **Gestaltung:** Briefkopf und Text).

R? Lernjournal – Reflexion

Nachdem ich die vierte Lernsituation beendet habe, möchte ich wieder ein Feedback über meine neu erworbenen Kompetenzen geben.

Bewerbung

Kompetenzen: Kenne ich verschiedene Wege, um an geeignete Bewerbungsadressen zu kommen? Bin ich in der Lage, eine korrekte und ansprechende Bewerbungsmappe zu erstellen? Was habe ich im Vergleich zu meinen früheren Bewerbungen besser gemacht? Welche Möglichkeiten habe ich kennengelernt, um mich von meinen Mitbewerbern hervorzuheben?

Zeit: Bringe ich genügend Engagement auf, um mich frühzeitig zu bewerben?

Arbeitsvorgehen: Fällt es mir leicht, eine korrekte Bewerbungsmappe zu erstellen?

Stärken: Was ist mir gut gelungen?
Worauf bin ich ein bisschen stolz?

Schwächen: Wo waren Schwierigkeiten, die ich noch nicht bewältigen konnte?

Gefühle: Zum Beispiel: Habe ich genug Selbstbewusstsein, erkenne ich meine Soft Skills?

Reflexion: (Platzmangel? - Zusatzblatt erforderlich und beiheften)

Betriebsinterne Schriftstücke rationell erstellen

Kompetenzen

- Anhand von praxisbezogenen Situationen betriebsinterne Schriftstücke rationell erstellen und adressatengerecht gestalten

Inhalte

- Innerbetriebliche Mitteilung
- Aktenvermerk
- Telefonnotiz
- Protokoll
- Online- und Faxformulare
- Inhalts- und Indexverzeichnis
- Corporate Identity
- Makro

Methoden

- Rationell arbeiten
- Situationsorientiertes Formulieren
- Simulationsspiel
- Argumentieren
- Selbst- und Fremdbeurteilung

Ressourcen

- Internet
- TV-Funktionsteil
- Lernjournal – Reflexion

E? Brainstorming

Was verbinden Sie gedanklich mit der Lernsituation: „Betriebsinterne Schriftstücke"?

Schreiben Sie 6 bis 8 Begriffe in die blauen Zellen.

5. Lernsituation

Betriebsinterne Schriftstücke rationell erstellen

L?

5.1 Lernaufgabe

In letzter Zeit kam es in unserem Betrieb Bürobedarf Hauser & Schulte manchmal vor, dass Informationen nicht weitergegeben wurden. Je nachdem kann das große Folgen haben, z. B. Fristversäumnis, weil eine telefonische Mitteilung nicht weitergegeben wurde oder Mitarbeiter fehlten in der Betriebsversammlung, weil der Aushang am Schwarzen Brett nicht gelesen wurde.

Daher hat die Geschäftsleitung des Bürobedarfs Hauser & Schulte sich entschlossen, ein Intranet einzurichten. Herr Schulte gibt mir diesbezüglich eine **innerbetriebliche Mitteilung**. Er beauftragt mich, eine Dokumentenvorlage für innerbetriebliche Mitteilungen zu erstellen und anschließend ein Makro für das Formular „Interne Mitteilung" anzulegen.

Welche Vorteile bietet ein Intranet dem Betrieb und seinen Mitarbeitern?

A!

Arbeitsauftrag

Einzelarbeit

1. **Gestalten** Sie ein Formular für die „Internen Mitteilungen" des Bürobedarfs Hauser & Schulte.
2. **Speichern** Sie die Datei unter „Interne_Mitteilung.dot" ab und schließen Sie diese.
3. **Erstellen** Sie für das Formular „Interne Mitteilung" ein Makro (TV-Funktionsteil).
4. **Ordnen** Sie eine entsprechende Symbolleisten-Schaltfläche zu.
5. **Schließen** Sie alle Dokumente und rufen Sie das Formular über die Symbolleisten-Schaltfläche auf.
6. **Erfassen** Sie den Text der „Internen Mitteilung" (siehe nächste Seite).
7. **Bereiten** Sie sich auf die Präsentation vor, überlegen Sie noch einmal die Vorgehensweise für ein Makro, erläutern Sie die Bestandteile einer Internen Mitteilung und nennen Sie die Vorteile eines Intranets.
8. **Notieren** Sie sich die Vorgehensweise im TV-Funktionsteil.

Plenum

9. **Präsentieren** Sie Ihr Ergebnis und beachten Sie die im 7. Arbeitsschritt genannten Punkte.
10. **Drucken** Sie Ihr Ergebnis aus und heften Sie es ab.

Info Intranet

Bürobedarf Hauser & Schulte
54296 Trier – Balduinstraße 15

Interne Mitteilung

An: Alle Mitarbeiter/-innen
Von: Sabrina Hauser

Neues Intranet

Liebe Mitarbeiterinnen und Mitarbeiter,

wir müssen mit der Zeit gehen. Demnächst wird in unserem Betrieb ein Intranet eingerichtet. Ein Intranet ist ein Informationsportal, das auf der Technik des Internets basiert, aber nur für die Mitarbeiter eines Unternehmens zugänglich ist.

Typische Inhalte sind betriebsinterne Mitteilungen, die hier zentral gesammelt werden. Idealerweise sollte der gesamte interne Datenaustausch unseres Unternehmens im Intranet zusammengefasst werden, indem man alle Datenbanken und Dienste wie E-Mail, Terminverwaltung und Dokumentenserver in einer übersichtlichen Struktur integriert.

Durch die Schaffung eines Intranets wird Ihnen das gesamte Unternehmenswissen transparent und zugänglich gemacht. Der verbesserte Informations- und Kommunikationsfluss steigert die Effizienz der Arbeitsprozesse. Die Bereitstellung von aktuellen und aufgabenspezifischen Informationen erleichtert nicht nur die Arbeit, sondern wird hoffentlich Ihre Zufriedenheit und Identifikation mit unserem Unternehmen erhöhen.

Trier, 15. Juli 20..

Sabrina Hauser
Geschäftsleitung

L? 5.2 Lernaufgabe

Nachdem der Bürobedarf sich für ein Intranet entschlossen hat, beauftragt mich die Geschäftsleitung, ein **Rundschreiben** für die Mitarbeiter des Betriebes zu entwerfen, um sie noch intensiver über das Intranet zu informieren.

Welche Auswirkungen kann ein Intranet auf die Unternehmenskultur haben?

A! Arbeitsauftrag

Einzelarbeit

1. **Informieren** Sie sich im nachfolgenden Infoteil über Vorteile des Intranets.
2. **Erstellen** Sie ein kurzes, aussagekräftiges Rundschreiben mit einer Lese-Bestätigungs-Möglichkeit zum Abtrennen.
3. **Nutzen** Sie ggf. Ihr Makro „Interne Mitteilung".

Partnerarbeit

4. **Vergleichen** Sie Ihre Ergebnisse und ergänzen bzw. korrigieren Sie sie.
5. **Entscheiden** Sie sich für ein Rundschreiben, das sowohl vom Layout gut gestaltet ist als auch eine treffende Inhaltsbeschreibung wiedergibt.

Plenum

6. **Präsentieren** Sie Ihr Ergebnis und begründen Sie, warum Sie sich für das ausgewählte Rundschreiben entschieden haben.
7. **Drucken** Sie Ihr Rundschreiben aus und heften Sie es ab.

Betriebsinterne Schriftstücke rationell erstellen

I! Intranet – Entwicklung für die Unternehmenskultur

Das Intranet als betriebsinternes Kommunikationsmedium ist mittlerweile Standard und wird in vielen Unternehmen für verschiedene Zwecke eingesetzt.

Beim Intranet handelt es sich um eine Art elektronisches „Schwarzes Brett", von dem jeder Mitarbeiter Informationen wie Kantinenpläne, Urlaubsmeldungen, Betriebsvereinbarungen, Unternehmensmeldungen usw. abrufen kann. Zusätzlich können aber auch Formulare wie Materialanforderungen oder Reisekostenabrechnungen angefordert oder – noch besser – gleich elektronisch ausgefüllt und abgesendet werden, die dann automatisch weiterverarbeitet werden können.

Natürlich kann ein Intranet auch für die Entwicklung der Unternehmenskultur verwendet werden, um den Mitarbeiter des Monats zu küren, Vorschläge zu unterbreiten und Diskussionen über den nächsten Betriebsausflug zu führen. In großen Unternehmen sind „Hobby-Gruppen", wie Sportvereine oder Skatrunden üblich, die sich ebenfalls über das Intranet organisieren und neue Mitglieder werben können.

Durch die Schaffung eines Intranets wird Unternehmenswissen allen Mitarbeitern transparent und zugänglich gemacht. Der verbesserte Informations- und Kommunikationsfluss steigert die Effizienz der Arbeitsprozesse. Die Bereitstellung von interessanten, aktuellen und aufgabenspezifischen Informationen erleichtert nicht nur die Arbeit, sondern erhöht zudem die Mitarbeiterzufriedenheit und Identifikation mit dem Unternehmen.

http://einstein.informatik.uni-oldenburg.de

L? 5.3 Lernaufgabe

Unser Betrieb Bürobedarf Hauser & Schulte möchte den internen Kommunikationsfluss und dadurch die Entscheidungen beschleunigen. Dies bedeutet, dass Frau Hauser und Herr Schulte in ihrem Betrieb ein intensiveres Bewusstsein für Corporate Identity (CI) schaffen möchten. Zunächst möchten Sie Ihre Kolleginnen und Kollegen über Corporate Communication und Corporate Behaviour informieren.

Wie informiere ich meine Mitarbeiter kurz und prägnant über Corporate Communication (CC) und Corporate Behaviour (CB)?

A! Arbeitsauftrag

Einzelarbeit

1. **Informieren** Sie sich im nachfolgenden Infoteil über
   Corporate Communication (CC) und
   Corporate Behaviour (CB).
2. **Erstellen** Sie ein kurzes aussagekräftiges Rundschreiben mit einer Lese-Bestätigungs-Möglichkeit zum Abtrennen.
3. **Geben** Sie Ihrem Rundschreiben ein firmenspezifisches Layout.

Partnerarbeit

4. **Vergleichen** Sie Ihre Ergebnisse und ergänzen bzw. korrigieren Sie sie.
5. **Entscheiden** Sie sich für ein Rundschreiben, das sowohl vom Layout gut gestaltet ist als auch eine treffende Inhaltsbeschreibung wiedergibt.

Plenum

6. **Präsentieren** Sie Ihr Ergebnis und begründen Sie, warum Sie sich für das ausgewählte Rundschreiben entschieden haben.
7. **Drucken** Sie Ihr Rundschreiben aus und heften Sie es ab.

Betriebsinterne Schriftstücke rationell erstellen

Corporate Identity (CI)

CI bezeichnet das Selbstverständnis und das Erscheinungsbild eines Unternehmens. Die Merkmale der Corporate Identity ergeben sich entweder aus der Geschichte und den Traditionen eines Unternehmens oder werden geschaffen, um das Bild eines Unternehmens auf ein Unternehmensziel hin auszurichten.

Man unterscheidet dabei zwischen

- dem Corporate Image (CIg), das Produkt- und Werbestrategien umfasst,
- dem Corporate Design (CD), also der visuellen Erscheinung,
- der Corporate Communication (CC), der Unternehmenskommunikation und
- dem Corporate Behaviour (CB), den Verhaltensweisen der Mitarbeiter untereinander und nach außen.

Corporate Communication (CC)

CC stellt den strategischen Einsatz aller Kommunikationsmedien einer Unternehmung dar.

Corporate Communication ist ein Teil der Corporate Identity. In der Corporate Communication sollen die gefassten Normen und Werte einer Unternehmung vermittelt und fassbar werden.

Sie zeigt in ihrer Außenwirkung, inwiefern die gesetzten Ziele einer Unternehmenskultur gelebt und praktiziert werden.

Corporate Design (CD)

CD ist ein Teilbereich der Corporate Identity (CI) und beinhaltet das gesamte visuelle Erscheinungsbild eines Unternehmens oder einer Organisation. Dazu gehören sowohl die Gestaltung der Kommunikationsmittel

- Firmenzeichen,
- Geschäftspapiere,
- Werbemittel,
- Verpackungen als auch
- das Produktdesign.

Die Gestaltung aller Elemente des Corporate Designs geschieht unter einheitlichen Gesichtspunkten, um bei jedem Kontakt einen Wiedererkennungseffekt zu erreichen.

Betriebsinterne Schriftstücke rationell erstellen

I! Corporate Behaviour (CB)

CB versteht sich als Teil der Corporate Identity (CI) und beschreibt das Benehmen der Mitarbeiter und Führungskräfte untereinander und gegenüber Kunden, Lieferanten, Geschäftspartnern und neuen Mitarbeitern. In einem Verhaltenskodex mit Regelungen und Richtlinien zur unternehmensexternen und -internen Kommunikation sind Führungsgrundsätze und das gewünschte Verhalten der Mitarbeiter festgelegt. Grundlage für den Verhaltenskodex sind die Werte, zu denen sich das Unternehmen bekennt, die in die Alltagsarbeit einfließen sollen. Damit das Selbstverständnis des Unternehmens gezeigt, gelebt und kommuniziert werden kann, wird es durch Schulungsmaßnahmen und Führungsanweisungen eingeübt und vermittelt.

CB unternehmensintern:
- Führungsstil/-instrumente
- Kriterien der Bewerberauswahl
- Kriterien der Beförderung
- Aus- und Fortbildungsangebote
- Lohnpolitik
- Sozialleistungen

CB gegenüber Kunden:
- Produkt- und Preisgestaltung
- Verkaufspraktiken
- Garantie- und Serviceleistungen
- Reaktion auf Reklamationen und Beschwerden
- Einhaltung von Lieferterminen
- Verhalten gegenüber Anrufern und Besuchern

CB gegenüber Lieferanten/Geschäftspartnern:
- Zahlungsmoral
- Vorbringen von Reklamationen und Beschwerden
- Verhalten gegenüber Anrufern und Besuchern
- Ausschreibungen

CB gegenüber der Öffentlichkeit:
- Reaktionen auf Probleme mit den Produkten des Unternehmens
- Offenheit und Vertrauen im Umgang mit der Öffentlichkeit
- Verhalten gegenüber Anrufern und Besuchern
- Stellenausschreibungen
- Verhalten gegenüber Bewerbern

So ergibt sich ein typisches Gesamtbild (Image) eines Unternehmens. Man hofft, die interne Kommunikation zu fördern, Entscheidungen zu beschleunigen und größere Rentabilität zu erreichen.

L? 5.4 Lernaufgabe

Nachdem unsere Mitarbeiter über ein Rundschreiben eine allgemeine Information über Corporate Communication und Behaviour erhalten haben, habe ich mich zu der Projektgruppe „Corporate Identity" gemeldet, die sich in der ersten Veranstaltung am 15. April 20.. Aktivitäten/Veranstaltungen überlegen soll, um das „Wir-Gefühl" der Firmenmitarbeiter zu stärken.

Frau Hauser möchte die Ergebnisse der Projektgruppe in der nächsten Woche als „Innerbetriebliche Mitteilung" von der Projektgruppe vorliegen haben.

Welche möglichen Inhalte und Auswirkungen können die einzelnen Veranstaltungsarten für die Verbesserung unseres Corporate Behaviour haben?

A! Arbeitsauftrag

Einzelarbeit

1. **Recherchieren** Sie im Internet über mögliche:
   - Seminarthemen
   - Schulungen bzw. Fortbildungen
   - Aktivitäten zur Förderung des „Wir-Gefühls" der Mitarbeiter

Partnerarbeit

2. **Erstellen** Sie eine „Interne Mitteilung"; bieten Sie drei verschiedene Veranstaltungen an.

Gruppenarbeit

3. **Wählen** Sie ein Ergebnis aus bzw. gestalten Sie ein gemeinsames Ergebnis.
4. **Drucken** Sie dieses Ergebnis für jeden aus.
5. **Bereiten** Sie sich auf die Präsentation vor, erläutern Sie die einzelnen Veranstaltungen nach Inhalt und Auswirkung (Achten Sie auf die Kriterien des Bewertungsbogens auf der nachfolgenden Seite).
6. **Wählen** Sie aus Ihrer Gruppe ein Präsentations-Tandem aus.

Plenum

7. **Präsentieren** Sie Ihr Ergebnis.

Reflexion – Blitzlicht

8. **Bewerten** Sie mithilfe des Beurteilungsbogens auf der übernächsten Seite die Gruppenarbeit.
9. **Drucken** Sie Ihre Interne Mitteilung aus und heften Sie sie ab.

Betriebsinterne Schriftstücke rationell erstellen

L? 5.5 Lernaufgabe

Es ist soweit. Der Termin für die Ganz-Tages-Veranstaltung steht fest (20. August 20..). Nun geht es in der Ausschuss-Sitzung am 24. Mai 20.. darum, ein abwechslungsreiches Programm zusammenzustellen.

Also eine Veranstaltung, die mehr zu bieten hat, als eine Wanderung mit abschließendem gemeinsamem Mahl. Wie schon in unserer Ausschuss-Sitzung festgestellt wurde, wird das Zusammengehörigkeitsgefühl des Teams durch gemeinsame Aktivitäten und Abenteuer (Volleyball, Segeln, Tauziehen, Hindernislauf, um einige Möglichkeiten der Vielfalt aufzuzählen) gesteigert.

Welche Veranstaltung fördert das „Wir-Gefühl" unserer Mitarbeiter am besten?

A! Arbeitsauftrag

Einzelarbeit

1. **Entwerfen** Sie ein Programm für eine Ganz-Tages-Veranstaltung am 20. August 20.. mit mindestens einem Programmpunkt, der das Zusammengehörigkeitsgefühl steigert.
2. **Nehmen** Sie sich die Übersicht aus der 1. Ausschuss-Sitzung zuhilfe.
3. **Erstellen** Sie darüber eine etwas illustrierte „Interne Mitteilung" an alle Mitarbeiter.
4. **Beachten** Sie den nachfolgenden Kriterienkatalog.
5. **Gestalten** Sie eine abtrennbare Rückantwort.
6. **Speichern** Sie Ihr Ergebnis ab und drucken Sie es aus.

Gruppenarbeit

7. **Wählen** Sie ein Ergebnis aus.
8. **Bereiten** Sie sich auf die Präsentation vor, erläutern Sie die Bestandteile einer „Internen Mitteilung" und überzeugen Sie die anderen Team-Gruppen von Ihrem Programm.
9. **Wählen** Sie aus Ihrer Gruppe ein Präsentations-Tandem aus.

Plenum

10. **Präsentieren** Sie Ihr Ergebnis (Szenisches Spiel).

Plenum - Reflexion

11. **Bewerten** Sie mithilfe des Beurteilungsbogens die Präsentation.
    (Achten Sie bei Ihren Formulierungen darauf, dass Sie in der Ich-Form sprechen: „Ich finde ..., mir gefällt ..., mir gefällt nicht ...")
12. **Entscheiden** Sie sich für ein Ganz-Tages-Programm, an dem Sie gerne teilnehmen möchten.
13. **Drucken** Sie Ihr eigenes Ergebnis aus.

Beurteilungsbogen für die Präsentation

Layout

Bestandteile der Internen Mitteilung fehlen	-	o	+	alle geforderten Bestandteile einer Internen Mitteilung vorhanden
keine Strukturierung erkennbar	-	o	+	gute, nachvollziehbare Struktur
Verstöße gegen die DIN 5008	-	o	+	fehlerfreie Darstellung
keine Gesamtausgestaltung des A4-Blattes	-	o	+	guter Gesamteindruck

Inhalt

lückenhafter Tagesplan	-	o	+	ablaufgerechtes Tagesprogramm
unpassende Aktivitäten für die Mitarbeiter	-	o	+	zielorientierte Aktivitäten für die Mitarbeiter
Angaben fehlen	-	o	+	aussagekräftige Rückantwort
knappe, ablehnende Formulierung	-	o	+	freundliche, ansprechende Formulierung

bei Tandem-Präsentation

nur ein Teammitglied präsentiert	-	o	+	geschickte, gleichmäßige Aufteilung der Präsentation
einschläfernder, desinteressierter Vortragsstil	-	o	+	überzeugender, begeisternder Vortragsstil
undeutliche, unverständliche Aussprache	-	o	+	deutliche, klare Aussprache
kein Blickkontakt mit dem Publikum	-	o	+	Blickkontakt mit dem Publikum

L? 5.6 Lernaufgabe

Die Sommerveranstaltung für die Mitarbeiter des Bürobedarfs Hauser & Schulte war ein voller Erfolg. Man kam intensiv ins Gespräch. Dabei stellte sich heraus, dass einige betriebliche Informationen immer noch nicht alle Mitarbeiter erreichen. Es wurde die Idee geboren, regelmäßig Newsletter für alle Mitarbeiter zu erstellen. Diese sollen möglichst umfangreiche – aber schnell auffindbare Informationen enthalten.

Für die erste Ausgabe einigte man sich, ausführlich über das Thema „Mobbing" zu berichten. Es hat sich auch schon ein Ausschuss gebildet, der für diesen Newsletter zuständig ist. Der Newsletter soll ein Inhaltsverzeichnis und für das gezielte Suchen ein Sachwortverzeichnis (Index) enthalten.

Wie erstelle ich einen Newsletter zum Thema „Mobbing", der mir eine schnelle Übersicht über umfangreiche Inhalte gibt?

A! Arbeitsauftrag

Gruppenarbeit (Der Inhalt des Newsletters wird zusammengestellt)

1. **Recherchieren** Sie im Internet oder in Fachbüchern über das Thema „Mobbing".
2. **Erstellen** Sie eine gemeinsame Gliederung mit vier Themenschwerpunkten.
3. **Planen** Sie einen inhaltlichen Aufbau für den Newsletter.
4. **Teilen** Sie sich die Themen innerhalb der Gruppe auf.

Einzelarbeit (Das Dokument wird formatiert)

5. **Verfassen** Sie einen Artikel zu Ihrem Thema als Fließtext.
6. **Speichern** Sie Ihre Datei ab und stellen Sie sie den anderen Gruppenmitgliedern zur Verfügung.
7. **Fügen** Sie die Dateien aller Gruppenmitglieder zu einem Dokument zusammen.
8. **Erstellen** Sie Formatvorlagen für die Überschrift, Unterüberschrift und den Text nach Ihrer Wahl.
9. **Schalten** Sie sinnvolle Absätze und **weisen** Sie die entsprechende Formatvorlage für den Text zu.
10. **Formulieren** Sie sinnvolle Abschnittsüberschriften und **weisen** Sie die Formatvorlage „Unterüberschrift" zu.
11. **Erstellen** Sie ein Titelblatt mit einem integrierten Inhaltsverzeichnis (TV-Funktionen).
12. **Fügen** Sie auf der letzten Seite ein Sachwortverzeichnis (Index) ein.
13. **Gestalten** Sie Ihren Newsletter (evtl. Grafiken, Spalten, Initiale, Literaturhinweise).

Fortsetzung des 6. Arbeitsauftrages

Gruppenarbeit

14. **Entscheiden** Sie sich für eine Ausarbeitung – ergänzen Sie sie ggf.
15. **Drucken** Sie für jedes Gruppenmitglied ein Ergebnis aus.
16. **Bereiten** Sie sich auf eine überzeugende Präsentation vor. Sie befinden sich im Besprechungsraum vom Bürobedarf Hauser & Schulte. Stellen Sie den anderen Ausschussmitgliedern Ihren Newsletter vor:
    - **Erläutern** Sie zunächst die Gestaltung des Newsletters und dessen Handhabung.
    - **Erklären** Sie anschließend die Vorgehensweise für das Inhaltsverzeichnis und den Index.
    - **Gehen** Sie auf das eigentliche Thema „Mobbing" ein.
    - **Geben** Sie Tipps in Sachen „Umgang mit Mobbing".
    - **Fordern** Sie sie zu einer Publikumsrunde auf.

Plenum

17. **Führen** Sie Ihre Präsentation nach den oben genannten Kriterien durch.

Reflexion

18. **Entscheiden** Sie sich für die gelungenste Präsentation.
19. **Überlegen** Sie die Vorteile für die Arbeit mit Formatvorlagen, Inhaltsverzeichnis und Index.
20. **Suchen** Sie Beispiele für den Einsatz von Inhaltsverzeichnissen und Indices im Berufsalltag.

L? 5.7 Lernaufgabe

Infolge der zunehmenden Verkehrsdichte und Umleitungen kommen in letzter Zeit immer häufiger Mitarbeiter zu spät. Um Ärger zu vermeiden, fordert der Betriebsrat die probeweise Einführung der gleitenden Arbeitszeit. Die Geschäftsführung erörtert das Problem mit dem Leiter der Personalabteilung und kommt zu folgendem Ergebnis:

Da die gleitende Arbeitszeit in der Versandabteilung nicht möglich ist, aber alle Mitarbeiter gleich zu behandeln sind, werden als Kompromisslösung drei feste Anfangszeiten festgelegt: 07:30 Uhr, 08:00 Uhr und 08:30 Uhr. Allerdings muss jede Abteilung ab 07:30 Uhr besetzt sein. Der Betriebsrat wird der Geschäftsführung eine Liste mit den entsprechenden Namen vorlegen.

Frau Hauser wünscht über dieses Gespräch einen ausführlichen Bericht. Der Betriebsrat erhält eine Kopie.

Warum möchte Frau Hauser das Gespräch schriftlich festgehalten haben?

A! Arbeitsauftrag

Einzelarbeit

1. **Informieren** Sie sich über die verschiedenen innerbetrieblichen Merkblätter.
2. **Wählen** Sie ein geeignetes Instrument aus.
3. **Formulieren** Sie einen aussagekräftigen Bericht. Achten Sie auf die Formatierung!

Partnerarbeit

4. **Vergleichen** Sie mit Ihrem Partner und korrigieren Sie gegenseitig die Formulierungen, die fehlenden Bestandteile und das Layout.
5. **Drucken** Sie Ihre Ergebnisse aus und stellen Sie eines für die Präsentation zur Verfügung.
6. **Bereiten** Sie sich auf die Präsentation vor, indem Sie auf ein separates Blatt drei Argumente für Ihr ausgewähltes Instrument schreiben und anschließend stichwortartig die Leitfrage beantworten.

Plenum

7. **Stellen** Sie Ihr Ergebnis und das Reflexionsblatt den anderen Tandems zur Verfügung.
8. **Ergänzen** Sie die Reflexionsblätter der anderen Tandems (5 Minuten).
9. **Besprechen** Sie das Ergebnis mit den meisten Kommentaren.

Betriebsinterne Schriftstücke rationell erstellen

Innerbetriebliche Merkblätter

Viele Gespräche mit Kunden/Geschäftspartnern oder beim Besuch in anderen Firmen (oder Dienststellen) sind so wichtig, dass es ratsam ist, das Wesentliche daraus festzuhalten und übersichtlich und sauber zu notieren. Dies trifft selbstverständlich auch auf wichtige Telefonate zu.

Solche Niederschriften dienen zunächst als eigene Gedächtnisstützen. Oft sollen sie aber auch andere Mitarbeiter oder Vorgesetzte informieren. Aus nahezu allen Besprechungen, Verhandlungen und wichtigen Telefongesprächen ergeben sich ferner Forderungen: Wer soll was und wann erledigen? Welche Maßnahmen sind nach dem Gespräch noch zu treffen?

Aktennotiz

Eine Aktennotiz ist eine kurze Niederschrift, die ausschließlich für den Gebrauch innerhalb einer Firma (Dienststelle u. ä.) oder aber für den Verfasser selbst bestimmt ist. Der Inhalt der Aktennotiz wird aus dem Gedächtnis oder nach Stichworten festgehalten. Bei aller Kürze muss die Aktennotiz das Wesentliche enthalten.

Für Aktennotizen (wie auch für Telefonnotizen und Aktenvermerke) gibt es keine allgemein verbindlichen Vorschriften. Doch empfiehlt es sich, diese Notizen einheitlich und übersichtlich zu gliedern (viele Unternehmen haben dafür besondere Vordrucke). Am besten gliedern Sie Ihre Aktennotizen durch Leitwörter: Betreff – Ort und Zeit – Teilnehmer. Die eigentliche Aktennotiz besteht in der Regel aus dem Gesprächsergebnis und den Folgerungen. Selbstverständlich sind alle Notizen dieser Art zu unterschreiben.

Telefonnotiz

Jedes wichtige Telefongespräch sollten Sie gut vorbereiten: Was wollen Sie erreichen oder vom Anzurufenden erfahren? Notieren Sie zuvor die Hauptgesprächspunkte und legen Sie alle Unterlagen zurecht, die Sie brauchen.

Der „Telefonnotizrahmen" (Leitwörter) entspricht sinngemäß dem Rahmen (den Leitwörtern) für Aktennotizen: Betreff – Zeit – Anrufer (oder Name des Angerufenen). Die eigentliche Telefonnotiz besteht in der Regel aus dem Inhalt und den weiteren Maßnahmen.

Betriebsinterne Schriftstücke rationell erstellen

!! Aktenvermerk

Die Kürze der Aktennotiz gibt keine Möglichkeit, neben dem knapp formulierten Gesprächsergebnis auch Hintergründe aufzuführen. Oft aber ist es vorteilhaft, nicht nur die Fakten zu nennen, sondern auch zu erläutern, wie es zu dem Gespräch gekommen ist („Vorgeschichte") und die eigene Meinung zum Ausdruck zu bringen. In solchen Fällen schreiben Sie einen ausführlicheren „Aktenvermerk".

Das Muster zeigt Ihnen, wie Sie Ihre Aktenvermerke gliedern können.

Bürobedarf
Hauser & Schulte

Einkaufsabteilung

Postfach 14 01 68 • 54290 Trier • ☎ 0651 487-1347

AKTENVERMERK

Gegenstand:	Preisvereinbarung mit „Möbel fürs Büro" (MfB) Baumstraße 10 – 14, 30171 Hannover
Ort und Zeit:	Hannover, (gestern), 14:15 – 15:30 Uhr
Teilnehmer:	Herr Leistner, Verkaufsabteilung MfB Frau Reichert, Werbeabteilung MfB Frau Elisabeth Ruge, Z & R Trier, (Einkaufsabteilung)

Inhalt:

Nach der pünktlichen und sorgfältigen Ausführung unserer beiden Probeaufträge hat mich die HV (Abt. D. Frau Steinbrink) beauftragt, in Hannover mit MfB wegen besserer Konditionen zu verhandeln.

Im Hause MfB wurde ich sehr freundlich aufgenommen. Die Verhandlungen verliefen harmonisch und zügig. Herr Leistner schlug gleich zu Anfang vor, uns auf alle Preise der Liste W (Wiederverkäufer) einen Nachlass von 15 % zu gewähren.

Damit wir für die MfB-Produkte intensiver werben können, wird Frau Reichert sofort Sonderprospekte gestalten und uns zur Begutachtung vorlegen. Für jede Möbelserie soll ein spezieller Prospekt geschaffen werden.

Wir sind übereingekommen, schon im (übernächste Jahreszeit) dieses (nächsten) Jahres eine gemeinsame Werbeaktion zu starten. Es ist vorgesehen, mit Inseraten zu beginnen, die in Tageszeitungen und einigen Fachzeitschriften erscheinen sollen. Die am besten geeigneten Regionalzeitungen und Fachzeitschriften wird Frau Reichert ermitteln.

Ich empfehle, die Geschäftsverbindung mit MfB noch mehr auszubauen. Denn sowohl die Konditionen als auch die Qualität der Produkte liegen mit Sicherheit weit über dem Durchschnitt unserer Branche.

Trier, [aktuelles Tagesdatum]

Verteiler
Hauptverwaltung Trier, Abt. O
HV Trier, Werbeabteilung

Elisabeth Ruge

L? 5.8 Lernaufgabe

In der Mitarbeiterbesprechung des Bürobedarfs Hauser & Schulte am 10. Oktober 20.. wird das Problem der vielen Überstunden erörtert. Alle Mitarbeiterinnen und Mitarbeiter klagen über die enorme Belastung durch bis zu 20 Überstunden pro Monat. Man ist sich einig, dass 50 % mehr Kunden mit der bestehenden Personaldecke nicht zu bedienen sind. Der 25%ige Gehaltszuschlag für die Überstunden löse das Problem nicht. Herr Mayer rechnet vor, dass im Bereich der „Verkaufsabteilung" mindestens eine feste Stelle fehle. Herr Neumann legt dar, dass nur mit einem weiteren Mitarbeiter der Wachstumskurs im Verkauf fortgesetzt werden könne. Die Überstunden können nur durch Neueinstellungen von Personal abgebaut werden. Frau Jakoby schlägt vor, die anfallenden Überstunden durch einen Freizeitausgleich abzugelten. Frau Mittler stimmt grundsätzlich zu, dass aufgrund der Geschäftsausweitung neue Mitarbeiter notwendig sind.

Als Regelung wird vereinbart:

1. Überstunden können wahlweise mit einem 25%igen Gehaltszuschlag vergütet oder durch Freizeit ausgeglichen werden (mindestens acht Stunden zusammenhängend).
2. Kurzfristig sind zwei Aushilfskräfte einzustellen.
3. Feste Mitarbeiter sollen zum neuen Jahr eingestellt werden. Frau Mittler sagt zu, noch im Oktober mit der örtlichen Arbeitsagentur zu sprechen und Stellenanzeigen in der Lokalpresse aufzugeben.

Die Besprechung im Aufenthaltsraum dauert von 08:00 Uhr bis 10:15 Uhr. Herr Schulte, der die Mitabeiterbesprechung geleitet hat, beauftragt mich, ein Protokoll zu schreiben.

Welche Protokollart kommt infrage?

A! Arbeitsauftrag

Einzelarbeit

1. **Informieren** Sie sich über die Protokollarten und entscheiden Sie sich für eine Form.
2. **Schreiben** Sie ein Protokoll. Achten Sie auf die verschiedenen Bestandteile und die Zeitform.

Gruppenarbeit (3er-Teams)

3. **Vergleichen** Sie in Ihrem Team und korrigieren Sie gegenseitig die Formulierung, die fehlenden Bestandteile und das Layout.
4. **Drucken** Sie Ihre Ergebnisse aus und stellen Sie eines für die Präsentation zur Verfügung.
5. **Bereiten** Sie sich auf die Präsentation vor, indem Sie noch einmal auf die Bestandteile eines Protokolls hinweisen und Ihre Protokollart begründen.

Plenum

6. **Stellen** Sie Ihr Ergebnis vor. Führen Sie ein gemeinsames Auswertungsgespräch.

Betriebsinterne Schriftstücke rationell erstellen

Protokoll

Das **Ergebnisprotokoll** stellt neben dem **Verlaufsprotokoll** die wohl gebräuchlichste Form des Protokolls dar.

Das Verlaufsprotokoll soll den Verlauf einer Sitzung so genau wie möglich festhalten. Verlaufsprotokolle werden primär dann angefertigt, wenn der tatsächliche Verlauf einer Diskussion und die klare Herausarbeitung auseinandergehender Meinungen der Sprecherpersonen von großem Interesse ist. Dies ist beispielsweise der Fall, wenn es sich um Sitzungen von Gremien handelt, die Entscheidungsfunktionen haben. Dabei werden die Beiträge mit Nennung der Namen wörtlich oder sinngemäß wiedergegeben.

Das Ergebnisprotokoll legt, wie schon aus seiner Bezeichnung hervorgeht, bei der Niederschrift besonderes Gewicht auf die Dokumentation der Ergebnisse (Entscheidungen, Abstimmungen, Vereinbarungen ...), die bei einem Gespräch (Besprechung, Diskussion, Sitzung, Veranstaltung ...) herausgekommen sind. Es ist daher natürlich auch kürzer als ein Verlaufsprotokoll und eignet sich besonders bei längeren Gesprächen.

Der **innere Aufbau** und die **äußere Form** eines Ergebnisprotokolls folgen im Allgemeinen dem, was bei der Schreibform „Protokoll" auch sonst erwartet wird. Im **Kopfteil** steht die Basisinformation mit ihren verschiedenen Angaben (Ort, Datum und Zeit, Teilnehmer/-innen, entschuldigt oder unentschuldigt Abwesende, Leiter bzw. die Leiterin, Anlass, Tagesordnung).

Im Protokoll werden die wichtigsten Ergebnisse in der Reihenfolge der behandelten **Tagesordnungspunkte** dokumentiert. Dabei kann in Ausnahmefällen, wenn ein sachlicher Grund vorliegt, auch einmal von der bloßen Ergebnisdokumentation abgewichen werden. In einem solchen Fall wird beispielsweise ein bestimmter Tagesordnungspunkt, der sich im Gespräch erst als besonders kontrovers herausstellt, in Form einer ausführlichen Niederschrift, wie beim Verlaufsprotokoll üblich, dokumentiert werden.

Anträge werden im Wortlaut festgehalten und gekennzeichnet, Abstimmungsergebnisse mit Ja- und Nein-Stimmen sowie Enthaltungen dokumentiert. Im **Schlussteil** wird das Protokoll vom Protokollanten und dem Leiter bzw. der Leiterin des Gesprächs unterzeichnet.

Der geforderten Kürze wegen verlangt ein Ergebnisprotokoll jedoch eine ausgeprägte sprachliche und begriffliche Präzision, die keine unnötigen Umschweife zulässt. Die Niederschrift erfolgt im Allgemeinen beim Ergebnis- als auch beim Verlaufsprotokoll im Präsens (Die Mitarbeiter leisten Überstunden ...) und die indirekte Rede im Indikativ (Herr Schulte teilt mit ...) oder Konjunktiv I (... es seien drei Vorschläge eingegangen).

L? 5.9 Lernaufgabe

Der Bürobedarf Hauser & Schulte versendet immer wieder Unterlagen per Telefax an seine Kunden. Dabei handelt es sich z. B. um Angebote, Aufträge, Preislisten, Geschäftsbedingungen etc. Der Abteilungsleiter, Herr Moor, beanstandet den vorhandenen Vordruck. Dieser wird immer wieder kopiert und entspricht nicht den Grundsätzen für arbeitsgerechte Vordruckgestaltung. Die Angaben sind kaum noch lesbar, die Leitwörter sind zu klein. Außerdem ist das Formular nicht frei von Rechtschreibfehlern.

Dies alles wirkt sich nicht positiv auf die Außenwirkung des Unternehmens aus. In letzter Zeit kam es häufiger zu Reklamationen oder Beschwerden von Kunden.

Herr Schulte beauftragt mich, einen neuen Telefax-Vordruck zu entwerfen, der von allen Mitarbeitern in der Firma am PC ausgefüllt werden kann.

Welche Anforderungen stelle ich an ein Faxformular?

A! Arbeitsauftrag

Einzelarbeit

1. **Informieren** Sie sich über die Vordruckgestaltung und unter TV-Funktionen „Online-Formular".
2. **Entwerfen** Sie ein Faxformular. Beachten Sie, dass Sie als Grundlage ein Tabellenraster benutzen.
3. **Verwenden** Sie Textfelder, Kontrollkästchen und Dropdown-Formularfelder.
4. **Erstellen** Sie nun in Ihrem TV-Programm ein Online-Formular.
5. **Schützen** Sie Ihr Dokument und speichern Sie es als Dokumentvorlage (.dot) ab.
6. **Entwerfen** Sie für Ihren Tischnachbarn eine berufliche Situation; er soll überprüfen, ob Ihr Online-Formular einwandfrei funktioniert.

Plenum

7. **Präsentieren** Sie Ihr Fax-Online-Formular und füllen Sie es während Ihres Vortrages aus.
8. **Bewerten** Sie die Präsentation und das Formular mithilfe des Kriterienkataloges.

Bewertungskriterien

Formular

	gut +	mittel o	schlecht -
Leitwörter über den Schreibfeldern			
Auswahl durch Ankreuzen von Kästchen			
Einsatz von Dropdown-Feldern			
Übersichtliche Darstellung			
keine Rechtschreibfehler			
klare Formulierung			
Verwendung des Tabellenrasters			

Vortrag

	gut +	mittel o	schlecht -
deutliche Sprache			
ganze Sätze			
überzeugender Vortrag (Mimik, Gestik, ...)			
Blickkontakt zu den Zuhörern			
gute Argumente			

L? 5.10 Lernaufgabe

In meinem Praktikumsbetrieb setzen wir für die verschiedenen Geschäftsvorfälle Vordrucke ein. Diese liegen immer griffbereit auf der Arbeitsablage. Es sind handelsübliche Vordrucke, die aber keinen Firmenbezug aufweisen. Teilweise werden diese handschriftlich ausgefüllt – andere wiederum füllen wir mit der Schreibmaschine aus.

Mein Abteilungsleiter kam nun heute auf mich zu und meinte, wir müssten innovativer und rationeller arbeiten. Er hätte in einem anderen Betrieb gesehen, dass dort alles am PC erledigt wird. Er möchte mit mir einige Vorschläge entwickeln und der Geschäftsleitung das Ergebnis vorstellen.

Welche Vordrucke eignen sich besonders gut für den Online-Einsatz, damit ich die Geschäftsleitung davon überzeugen kann?

A! Arbeitsauftrag

Teilen Sie sich die Aufgaben **innerhalb** der Gruppe auf. Später kontrollieren Sie gemeinsam alle Formulare.

Einzelarbeit (10 Minuten)

1. **Erstellen** Sie eine Liste mit fünf verschiedenen Online-Formularen für Geschäftsvorfälle.

Gruppenarbeit (90 Minuten)

2. **Vergleichen** Sie Ihre Listen und ergänzen Sie die Listen auf acht Beispiele.
3. **Entscheiden** Sie sich für eine Reihenfolge.
4. **Entwickeln** Sie in der Ihnen zur Verfügung stehenden Zeit mehrere fachgerechte Online-Formulare für Ihre Firma.
5. **Speichern** Sie Ihre Formulare als Dokumentvorlage (.dot) ab.
6. **Drucken** Sie ein Formular aus. Ihr Gruppenname kommt in die Fußzeile.
7. **Schreiben** Sie einen Spickzettel mit guten Argumenten für den Einsatz von Online-Formularen.
8. **Bereiten** Sie sich auf die Präsentation vor:
   - nehmen Sie den Kriterienkatalog zu Hilfe
   - beschreiben Sie Ihre Formulare
   - erklären Sie Ihre Vorgehensweise, indem Sie ein Formular ausfüllen
   - verwenden Sie Ihre Spickzettel mit den aussagekräftigen Argumenten
9. **Wählen** Sie aus Ihrer Gruppe ein Präsentations-Tandem aus.

Plenum

10. **Präsentieren** Sie der Geschäftsleitung Ihre Produkte.
11. **Bewerten** Sie die Präsentation mithilfe des Kriterienkataloges.

Bewertungskriterien

Formular

	gut +	mittel o	schlecht -
Leitwörter über den Schreibfeldern			
Auswahl durch Ankreuzen von Kästchen			
Einsatz von Dropdown-Feldern			
Übersichtliche Darstellung			
keine Rechtschreibfehler			
klare Formulierung			
einheitliches Layout			

Vortrag

	gut +	mittel o	schlecht -
deutliche Sprache			
ganze Sätze			
überzeugender Vortrag			
gute Argumente			
Blickkontakt zu den Zuhörern			

F? Funktionsjournal

In der fünften Lernsituation habe ich folgende Funktionen angewendet. Zur Festigung notiere ich die angewendeten Funktionen (Arbeitsschritte in Kurzform).

Dazu kreuze ich, je nachdem, was ich benutze, das Menü, das Kontextmenü, die Symbolleiste oder den Shortcut an.

TV-Programm

	Menü	Kontext-Menü	Symbol-leiste	Short-cut	Ausführung
Formulargestaltung					
Textfeld	☐	☐	☐	☐	
Kontrollkästchen	☐	☐	☐	☐	
Dropdown-Feld	☐	☐	☐	☐	
Formularfeld Optionen					
Schattierung	☐	☐	☐	☐	
Zurücksetzen	☐	☐	☐	☐	
Formular schützen	☐	☐	☐	☐	
	☐	☐	☐	☐	
	☐	☐	☐	☐	
	☐	☐	☐	☐	
	☐	☐	☐	☐	

TV-Programm

	Menü/-band	Kontext-menü	Symbol-leiste	Short-cut	**Ausführung**
	☐	☐	☐	☐	
	☐	☐	☐	☐	
	☐	☐	☐	☐	
	☐	☐	☐	☐	
	☐	☐	☐	☐	
	☐	☐	☐	☐	
	☐	☐	☐	☐	
	☐	☐	☐	☐	
	☐	☐	☐	☐	
	☐	☐	☐	☐	
	☐	☐	☐	☐	
	☐	☐	☐	☐	
	☐	☐	☐	☐	
	☐	☐	☐	☐	
	☐	☐	☐	☐	
	☐	☐	☐	☐	

Betriebsinterne Schriftstücke rationell erstellen

R? Lernjournal - Reflexion

Nachdem ich die fünfte Lernsituation beendet habe, möchte ich wieder ein Feedback über meine neu erworbenen Kompetenzen geben.

Aus meinen Produkten wähle ich ein besonders gelungenes aus.

Betriebliche Schriftstücke rationell erstellen

Kompetenzen:	Bin ich in der Lage, innerbetriebliche Schriftstücke rationell zu erstellen? Kenne ich die dazugehörigen TV-Funktionen? Verstehe ich den Zusammenhang eines funktionierenden Intranets zum innerbetrieblichen Informationsfluss? Ist mir der Grundgedanke der Corporate Identity bewusst?
Zeit:	Habe ich den Zeitrahmen eingehalten? Habe ich mir die Arbeit richtig eingeteilt?
Arbeitsvorgehen:	Fällt es mir leicht, sorgfältig zu arbeiten?
Produkt für das Portfolio:	Warum gerade dieses? Welchen Nutzen bringt mir das ausgewählte Produkt?
Stärken:	Was ist mir gut gelungen? Worauf bin ich ein bisschen stolz?
Schwächen:	Wo waren Schwierigkeiten, die ich noch nicht bewältigen konnte?
Gefühle:	Zum Beispiel: Ich denke, ein kaufmännischer Beruf ist der richtige für mich, …

Reflexion: (Platzmangel? - Zusatzblatt erforderlich und beiheften):

N!

Eigene Notizen

Geschäftsprozesse bearbeiten

Kompetenzen

- Kaufmännische Sachverhalte mithilfe von einem TV-Programm erledigen.
- Tools eines Textverarbeitungsprogramms bei der Rationalisierung wiederkehrender Geschäftsprozesse verwenden.

Inhalte

- Geschäftsvordruck
- Geschäftsbriefe DIN 5008
- Optimierung der Textverarbeitung
- Serienbrief
- Textbausteine

Methoden

- Kundenorientiert schreiben
- Konstruktiv diskutieren
- Gesetzestexte interpretieren
- Gruppenpuzzle
- Kugellager
- Brainwriting
- Schreibkonferenz/Kreisbrief

Ressourcen

- E-Learning
- Funktionsjournal
- Gesetzestext BGB
- Lernjournal – Reflexion

A! Brainstorming

Was verbinden Sie gedanklich mit folgenden Begriffen?

	Dokument-Vorlage			**Verkauf**	
		Bestellung			
Rechnung			**Rationalisierung**		**Bausteine**
	Kaufmann			**Preise**	
		Handelsgeschäft			**Einkauf**

6. Lernsituation

Geschäftsprozesse bearbeiten

L? 6.1 Lernaufgabe

Der Geschäftsvordruck des Bürobedarfs Hauser & Schulte soll neu gestaltet werden. Die optische Gestaltung eines Briefvordruckes ist enorm wichtig, da sie vom Empfänger registriert wird, bevor er mit dem eigentlichen Lesen beginnt.

Wie gestalte ich einen optisch ansprechenden und normgerechten Geschäftsvordruck?

A! Arbeitsauftrag

Partnerarbeit

1. **Legen** Sie fest, wer das Thema „Geschäftsvordruck mit Informationsblock" bzw. „Geschäftsvordruck mit Bezugszeichenzeile" bearbeitet.

Einzelarbeit

Thema 1	Thema 2
2. **Lesen** Sie das Informationsblatt „Geschäftsvordruck mit Informationsblock".	2. **Lesen** Sie das Informationsblatt „Geschäftsvordruck mit Bezugszeichenzeile".
3. **Tragen** Sie die entnommenen Informationen in den leeren Übungsvordruck ein.	3. **Tragen** Sie die entnommenen Informationen in den leeren Übungsvordruck ein.

Partnerarbeit

Thema 1	Thema 2
4. **Erläutern** Sie mithilfe Ihres Übungsvordruckes Ihrem Gegenüber den Geschäftsbrief mit Informationsblock. Ihr Partner beschriftet währenddessen seinen entsprechenden Übungsvordruck.	4. **Hören** Sie Ihrem Gegenüber zu und **beschriften** Sie Ihren Übungsvordruck – Informationsblock.
5. **Kontrollieren** Sie die Erläuterungen Ihres Gegenübers über den Geschäftsbrief mit Infoblock.	5. **Erläutern** Sie mithilfe Ihres Übungsvordruckes Ihrem Gegenüber den Geschäftsbrief mit Infoblock.
6. **Hören** Sie Ihrem Gegenüber zu und beschriften Sie Ihren Übungsvordruck – Bezugszeichenzeile.	6. **Erläutern** Sie mithilfe Ihres Übungsvordruckes Ihrem Gegenüber den Geschäftsbrief mit Bezugszeichenzeile. Ihr Partner beschriftet währenddessen seinen entsprechenden Übungsvordruck.
7. **Erläutern** Sie mithilfe Ihres Übungsvordruckes Ihrem Gegenüber den Geschäftsbrief mit Bezugszeichenzeilen.	7. **Kontrollieren** Sie die Erläuterungen Ihres Gegenübers.

Partnerarbeit

8. **Informieren** Sie sich über das Firmenporträt (dritte Lernsituation) des Bürobedarfs Hauser & Schulte.
9. **Gestalten** Sie zwei Briefmasken für den Bürobedarf Hauser & Schulte, und zwar einen Vordruck mit Informationsblock und einen mit Bezugszeichenzeile.
10. **Entscheiden** Sie sich für die Form A (hochgestelltes Anschriftfeld) oder Form B (tiefgestelltes Anschriftfeld).
11. **Fügen** Sie ein Firmenlogo ein.
12. **Protokollieren** Sie auf einem gesonderten Blatt die Arbeitsschritte beim Erstellen eines Geschäftsvordruckes.
13. **Speichern** Sie Ihren Vordruck als Dokumentenvorlage (*.dot) ab.

Plenum

14. **Präsentieren** Sie das Ergebnis hinsichtlich
    a) der Bestandteile eines Geschäftsvordruckes (Vordruck mit Informationsblock)
    b) der Arbeitsschritte bei der Vordruckgestaltung (Vordruck mit Informationsblock)
    c) der Bestandteile eines Geschäftsvordruckes (Vordruck mit Bezugszeichenzeile)
    d) der Arbeitsschritte bei der Vordruckgestaltung (Vordruck mit Bezugszeichenzeile)
    e) der Optik (wahlweise).

Partnerarbeit

15. **Überarbeiten** Sie ggf. Ihre Geschäftsvordrucke und speichern Sie die Vordrucke als Dokumentenvorlage ab, um die in den nächsten Lernaufgaben folgenden Geschäftsvorgänge des Bürobedarfs Hauser & Schulte bearbeiten zu können.
16. **Richten** Sie eine Schaltfläche (Symbol) für das Aufrufen Ihres Geschäftsvordruckes ein (siehe TV-Funktionsteil „Makro zuweisen“).

Thema 1: Geschäftsvordruck mit Informationsblock

Für den Geschäftsbrief A4 gibt es zwei Formen: Bei der Form A (hochgestelltes Anschriftfeld) hat der Briefkopf eine Höhe von 2,7 cm (gemessen von der oberen Blattkante) und bei der Form B (tiefgestelltes Anschriftfeld) von 4,5 cm. Der Geschäftsvordruck mit der Form B ist für das Kuvertieren in Fensterbriefhüllen geeignet. Beim Einrichten der Seite des Dokumentes ist die Abmessung vom oberen Rand mit 2,7 cm bzw. 4,5 cm anzugeben. Die Abmessungen für den linken Rand schreibt die DIN mit 2,5 cm und für den rechten Rand mit 1 cm vor.

Die Angaben im Briefkopf sind vorgedruckt und werden in der Kopfzeile des Dokumentes untergebracht. Darin enthalten sind in der Regel der Firmenname, das Firmenlogo und der Geschäftszweig (das Fachgebiet). Die Rücksendeangaben, der Raum für die Anschrift des Empfängers und der Informationsblock sollten der Einfachheit halber in einer Tabelle mit drei Spalten und zwei Zeilen untergebracht werden. Formatieren Sie die Spalten mit einer Breite von: 1. Spalte 8 cm, 2. Spalte 2 cm, 3. Spalte 7,5 cm. Die Tabelle sollte ohne Rahmenlinien auf dem Briefvordruck erscheinen. In die erste Tabellenzeile wird in einer etwas kleineren Schriftgröße (8 pt – in Ausnahmefällen mind. 6 pt) die Rücksendeangabe, in der vorzugsweise das Postfach des Absenders aufgeführt wird, angegeben. Die zweite Tabellenzeile bietet Raum für das 9-zeilige hohe Anschriftfeld mit einer maximalen Breite von 8 cm (Größe der Briefsichtfenster). Wählen Sie in der zweiten Zeile einen Zeilenabstand von „Genau 12 pt". In der dritten Spalte neben dem Anschriftfeld beginnt der Informationsblock. Hier wird zwischen einem Standardinformationsblock und einem modern gestalteten Informationsblock unterschieden.

Standardinformationsblock

Ihr Zeichen: kl
Ihre Nachricht vom: 2011-05-28
Unser Zeichen: sh
Unsere Nachricht vom:

Name: Ralf Meyer
Telefon: 0651 487-1347
Telefax: 0651 487-1345
E-Mail: rmeyer@hauser-schulte.de
Internet: www.hauser-schulte.de

Gestalteter Informationsblock

Ihr Geschäftspartner:	Ralf Meyer
Abteilung:	Einkauf
Telefon:	0651 487-1349
Telefax:	0651 487-1345
E-Mail:	rmeyer@hauser-schulte.de
Internet:	www.hauser-schulte.de
Datum:	2011-05-30

Die Leitwörter des Informationsblockes stehen untereinander und sind durch jeweils eine Leerzeile in drei Blöcke gruppiert. Grundsätzlich dürfen die Leitwörter im gestalteten Informationsblock ergänzt, weggelassen oder verändert werden, sollten aber gruppiert werden. Als maximales Zeilenende für den Informationsblock legt die Norm 1 cm fest. Sinnvoll ist es, hinter den Leitwörtern eine **Sprungmarke (Strg + F9)** zu setzen, damit diese beim Ausfüllen der Briefmaske rasch mit der **F11-Taste** angesteuert werden können. Die Angaben zu den Leitwörtern des Standardinformationsblocks werden mit einem Leerzeichen abgesetzt; die Angaben für den gestalteten Informationsblock sollten ausgehend vom längsten Wort in einer neuen Fluchtlinie angeordnet werden. Die Angaben werden in der Regel in der gleichen Schriftart und -größe wie der Brieftext geschrieben. Angaben wie E-Mail-Adresse und Internetadresse dürfen bei Bedarf auch in einer kleineren Schrift geschrieben werden (mind. 8 pt).

Der rechte Rand sollte für den Textbereich auf 2 cm vergrößert werden. Für die zweckmäßige Verwendung des Briefvordruckes sollte eine Lochmarke und zwei Faltmarken vorgesehen werden (siehe Funktionsteil).

In der Fußzeile sind die Geschäftsangaben, wie z. B. Hausanschrift, die Nummern der Hauptanschlüsse aller Kommunikationsmittel und die Kontoverbindungen aufgeführt. Zusätzlich müssen Steuer-Nr. bzw. USt-IdNr. aufgeführt werden, wenn der Briefvordruck zur Rechnungsstellung genutzt wird. In Briefvorlagen für Kapitalgesellschaften (AG, GmbH) muss noch der Sitz der Gesellschaft, das Registergericht, die Handelsregisternummer, Name der/des Geschäftsführer(s) bzw. Name des Vorsitzenden des Aufsichtsrates bzw. Name des Vorsitzenden und der Vorstandsmitglieder eingetragen werden.

Thema 2: Geschäftsvordruck mit Bezugszeichenzeile

Für den Geschäftsbrief A4 gibt es zwei Formen: Bei der Form A (hochgestelltes Anschriftfeld) hat der Briefkopf eine Höhe von 2,7 cm (gemessen von der oberen Blattkante) und bei der Form B (tiefgestelltes Anschriftfeld) von 4,5 cm. Der Geschäftsvordruck mit der Form B ist für das Kuvertieren in Fensterbriefhüllen geeignet. Beim Einrichten der Seite des Dokumentes ist die Abmessung vom oberen Rand mit 2,7 cm bzw. 4,5 cm anzugeben. Die Abmessungen für den linken Rand schreibt die DIN mit 2,5 cm und für den rechten Rand mit 1 cm vor.

Die Angaben im Briefkopf sind vorgedruckt und werden in der Kopfzeile des Dokumentes untergebracht. Darin enthalten sind in der Regel der Firmenname, das Firmenlogo und der Geschäftszweig (das Fachgebiet).

Die Rücksendeangaben und der Raum für die Anschrift des Empfängers sollten der Einfachheit halber in einer Tabelle mit einer Spalte und zwei Zeilen untergebracht werden. Formatieren Sie die Spalte mit einer Breite von 8 cm. Die Tabelle sollte ohne Rahmenlinien auf dem Briefvordruck erscheinen.

In die erste Tabellenzeile wird in einer etwas kleineren Schriftgröße (8 pt – in Ausnahmefällen mind. 6 pt) die Rücksendeangabe, in der vorzugsweise das Postfach des Absenders aufgeführt wird, angegeben. Die zweite Tabellenzeile bietet Raum für das 9-zeilige Anschriftfeld mit einer maximalen Breite von 8 cm (Größe der Briefsichtfenster). Wählen Sie in der zweiten Zeile einen Zeilenabstand von „Genau 12 pt".

Unter dem Anschriftfeld bei 8,04 cm (Form A) bzw. 9,74 cm (Form B) vom oberen Rand befinden sich die Leitwörter der Bezugszeichenzeile. In der Bezugszeichenzeile sind die im Beispiel angegebenen Leitwörter enthalten. Nicht benötigte Leitwörter dürfen entfallen. Werden zweizeilige Leitwörter verwendet (z. B. Telefon, Name und Hauptanschluss), so ist eine Schriftgröße von 6 pt zu wählen, ansonsten wird eine Schriftgröße von 8 pt empfohlen. Hier bietet es sich an, die Angaben in eine fest positionierte Tabelle (siehe Funktionsteil) zu schreiben. Die ersten drei Spalten der zweizeiligen Tabelle haben eine Breite von 5 cm, die vierte von 2,5 cm.

Leitwörter der Bezugszeichenzeile:

Ihr Zeichen, Ihre Nachricht vom	Unsere Zeichen, unsere Nachricht vom	Telefon, Name 0651 487-	Datum
ma-br 20..-06-15	tz-ki 20..-05-28	1340 Katja Musterfrau	20..-06-20

Beim Beschriften des Geschäftsvordruckes werden die Angaben unter die Leitwörter geschrieben, aber in der gleichen Schriftgröße wie der Brieftext (in der Regel 11 oder 12 pt). Setzen Sie in die zweite Zeile in jeder Spalte eine **Sprungmarke (Strg + F9)**, um die Leitwörter beim Beschriften des Geschäftsvordruckes mit der **F11-Taste** anzusteuern.

Der rechte Rand sollte für den Textbereich auf 2 cm vergrößert werden.

Für die zweckmäßige Verwendung des Briefvordruckes sollte eine Lochmarke und zwei Faltmarken vorgesehen werden (siehe Funktionsteil).

In der Fußzeile sind die Geschäftsangaben, wie z. B. Hausanschrift, die Nummern der Hauptanschlüsse aller Kommunikationsmittel und die Kontoverbindungen aufgeführt. Zusätzlich müssen Steuer-Nr. bzw. USt-IdNr. aufgeführt werden, wenn der Briefvordruck zur Rechnungsstellung genutzt wird. In Briefvorlagen für Kapitalgesellschaften (AG, GmbH) muss noch der Sitz der Gesellschaft, das Registergericht, die Handelsregisternummer, Name der/des Geschäftsführer(s) bzw. Name des Vorsitzenden des Aufsichtsrates bzw. Name des Vorsitzenden und der Vorstandsmitglieder eingetragen werden.

Thema 1: Geschäftsvordruck mit Standardinformationsblock

Ihr Zeichen:
Ihre Nachricht vom:
Unser Zeichen:
Unsere Nachricht vom:

Name:
Telefon:
Telefax:
E-Mail:
Internet:

Datum:

I! Thema 2: Geschäftsvordruck mit Bezugzeichenzeile

Ihr Zeichen, Ihre Nachricht vom	Unser Zeichen, unsere Nachricht vom	Telefon, Name 0651 487-	Datum

L? 6.2 Lernaufgabe

Als angehende(r) Auszubildende(r) im Büro muss ich in der Lage sein, den Schriftverkehr, der innerhalb eines Handelsgeschäftes anfällt, zu erledigen. Wie beim halbprivaten Brief muss ich beim Handelsbrief bzw. Geschäftsbrief die DIN 5008 beachten.

Um den Empfänger von der Kompetenz unseres Unternehmens zu überzeugen, müssen Geschäftsbriefe normgerecht gestaltet und fehlerfrei geschrieben werden. Der erste optische Eindruck von schriftlicher Korrespondenz ist genauso ausschlaggebend wie der erste Eindruck von einer Person.

Wie erstelle ich einen formal korrekten Geschäftsbrief?

A! Arbeitsauftrag

Gewinnen Sie eine Prämie! Zum Abschluss der Übung muss jeder Einzelne in Ihrer Stammgruppe einen Geschäftsbrief alleine schreiben. Die Stammgruppe, deren Mitglieder die wenigsten Fehler geschrieben haben, gewinnt.

Stammgruppenarbeit

1. **Informieren** Sie sich mithilfe der Informationsblätter über die normgerechte Gestaltung eines Geschäftsbriefes.
2. **Schicken** Sie Ihre Stammgruppen-Mitglieder in die jeweilige Expertengruppe (A = Anschriftfeld, B = Informationsblock, C = Briefabschluss).

Expertengruppe (____ Min.)

3. **Überlegen** Sie gemeinsam, wie Sie Ihren Teammitgliedern die Regeln zu Ihrem Thema vermitteln können.
4. **Erstellen** Sie einen Notizzettel, damit Sie die Regeln Ihren Teammitgliedern erläutern können.
5. **Erstellen** Sie mindestens eine Übungsaufgabe, mit der Sie die Kenntnisse Ihrer Teammitglieder überprüfen können.
6. **Probieren** Sie die Übungsaufgabe in Ihrer Expertenrunde. Sie möchten schließlich, dass Ihr Team gewinnt.

Stammgruppenarbeit (____ Min.)

7. **Geben** Sie Ihr Wissen über das Gestalten eines Anschriftfeldes, eines Informationsblocks bzw. eines Briefabschlusses geschickt und effektiv an Ihre Teammitglieder weiter. Jeder Experte hat etwa 5 Minuten Zeit.
8. **Kontrollieren** Sie mithilfe Ihrer Übungsaufgabe, ob Ihre Teammitglieder das Thema verstanden haben und ob sie für den abschließenden Test fit sind.

Einzelarbeit (____ Min.)

9. **Bearbeiten** Sie die Lernaufgabe „Leistungstest“ (siehe Seite 136).

Plenum (Auswertung)

10. **Hängen** Sie alle Ergebnisse – sortiert nach Stammgruppen – auf.
11. **Kontrollieren** Sie sich gegenseitig, d. h. jede Stammgruppe streicht die Fehler (Tipp- und Norm-Fehler) in den Geschäftsbriefen einer anderen Stammgruppe an.
12. **Notieren** Sie die Summe der Fehler und dividieren Sie die Summe der Fehler durch die Anzahl der Stammgruppenmitglieder.

Prämierung

I! Das Anschriftfeld

Aus Zeit- und Kostengründen erfolgt das Adressieren der täglich anfallenden Post meist direkt beim Schreiben eines Briefes. Nach dem Falzen und Kuvertieren eines Briefes soll deshalb die Empfängeranschrift im Fenster der Briefhülle sichtbar sein, sodass ein nochmaliges Adressieren einer Briefhülle nicht mehr notwendig ist.

Beispiel (Briefkuvert DIN Lang – DL – mit Sichtfenster):

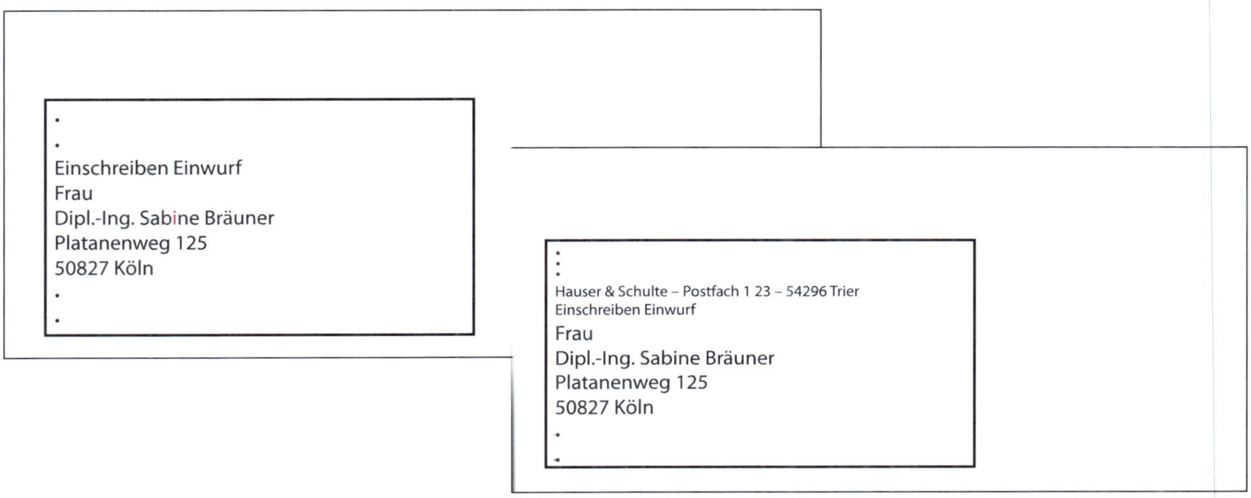

Gestaltung des Anschriftfeldes

1. Möglichkeit:

Über dem Anschriftfeld ist ein Feld für die Rücksendeangabe (Adresse des Absenders). Darunter schließt das Anschriftfeld an, das sich unterteilt in eine Zusatz- und Vermerkzone sowie eine Anschriftzone.

2. Möglichkeit:

Das Feld für Rücksendeangabe und die Zusatz- und Vermerkzone sind in einem Feld zusammengefügt.

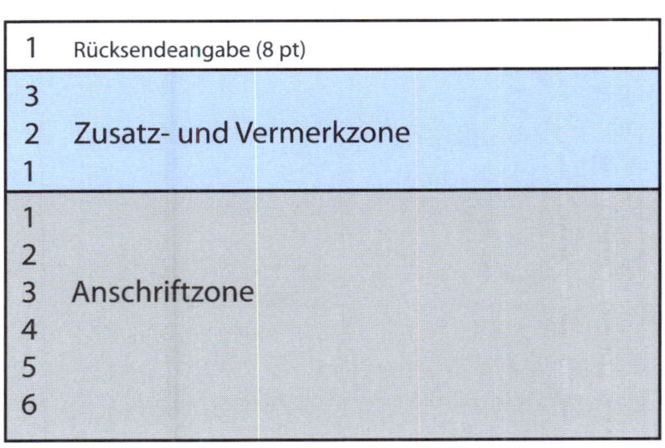

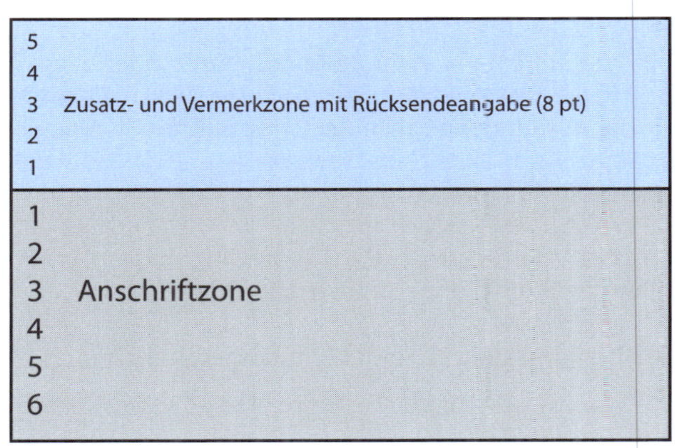

I! Das Anschriftfeld

Regeln nach DIN 5008	Beispiele
Die 1. Zeile der Anschriftzone ist der Anrede vorbehalten. Sie lautet für Erwachsene je nach Geschlecht „Frau“ oder „Herrn“. Zwischen Straße und Ort steht keine Leerzeile. Dadurch ist eine schnellere und sichere Bearbeitung und Zustellung der Sendungen möglich. Ein postalischer Vermerk steht in der 1. Zeile der Zusatz- und Vermerkzone. Bei Untermietern wird der Name des Wohnungsinhabers unter den Namen des Empfängers geschrieben.	3 2 1 Infopost 1 Frau 2 Susanne Hausmann 3 bei Maximilian Junger 4 Goldfingstraße 25 5 33689 Bielefeld 6
Berufs- und Amtsbezeichnungen (z. B. Rechtsanwalt, Direktor) stehen hinter „Frau“ oder „Herrn“. Titel und akademische Grade (z. B. Dr., Dipl.-Ing.) stehen vor dem Namen. Bachelor- und Mastergrade (z. B. Bachelor of Arts: B. A., Bachelor of Science: B. Sc., Master of Arts: M. A., Master of Music: M. Mus.) werden in der Regel hinter den Namen geschrieben. Da bei der Bezeichnung „Professor“ nicht zu erkennen ist, ob es sich um einen akademischen Grad oder eine Berufsbezeichnung handelt, wird die Abkürzung „Prof.“ vor den Namen gesetzt.	3 2 1 1 Herrn Direktor 2 Prof. Heinz Schmitt 3 Postfach 4 88 33 4 14471 Potsdam 5 6
Bei Auslandsanschriften wird der Bestimmungsort und das Bestimmungsland in Großbuchstaben geschrieben. Die Anordnung der Bestandteile der Anschrift und deren Schreibung sind – wenn möglich – der Absenderangabe des Partners zu entnehmen. Der Bestimmungsort ist nach Möglichkeit in der Sprache des Bestimmungslandes anzugeben; das Bestimmungsland aber in deutscher Sprache.	3 2 1 1 Signore 2 Alessandro Ferro 3 Via di Scandicci, 6 4 50143 FIRENZE 5 ITALIEN 6
Werden mehrere postalische Vermerke genannt, werden die Angaben von der 1. Zeile aufwärts verteilt. In der Zusatz- und Vermerkzone dürfen auch Ordnungsbezeichnungen des Absenders aufgenommen werden. Angaben zum Stockwerk stehen hinter der Hausnummer und werden durch zwei Schrägstriche getrennt. Vor und nach den zwei Schrägstrichen ist jeweils ein Leerzeichen zu schreiben. (Anschriftfeld mit Rücksendeangaben)	3 99876/RV/203434 2 Nicht nachsenden 1 Einschreiben 1 Frau 2 Juliane Schrader M. A. 3 Wiesenstraße 15 // IV 4 12526 Berlin 5 6
Wird an eine Firma adressiert, beginnt in der 1. Zeile der Anschriftzone der Firmenname. Die Firmenbranche und der Firmenname sollten auf zwei Zeilen verteilt werden. Soll der Brief eine bestimmte Mitarbeiterin oder einen Mitarbeiter erreichen, wird der Name unter die Firma gesetzt. Dann darf der Brief von der Posteingangsstelle der Firma geöffnet werden. Der vergrößerte Zusatz- und Vermerkbereich gestattet die Aufnahme elektronischer Frankierungen.	5 4 3 2 Hauser & Schulte – Postfach 1 23 – 54296 Trier 1 Vorab per Telefax 1 Spedition 2 Peter Müller KG 3 Herrn Andreas Hugo 4 Postfach 54 43 5 50672 Köln 6
Steht der Mitarbeitername vor dem Firmennamen, erhält der Mitarbeiter den Brief in ungeöffnetem Zustand. Die Abteilung steht nach der Empfängerbezeichnung.	3 2 1  1 Frau 2 Dr. Marianne Herz 3 Global-Versicherungen 4 Lessingstraße 18 – 22 5 80937 München 6

I! Der Informationsblock

Standardinformationsblock

Berufsschule Musterstadt – Hauptstr. 1 – 12345 Musterstadt		
¶ ¶ ¶ ¶ ¶ ¶ ¶ ¶ ¶		Ihr Zeichen: Ihre Nachricht: Unser Zeichen: Unsere Nachricht: Name: Telefon: Telefax: E-Mail: Internet: Datum:

¶
¶
Betreff
¶
¶
Anrede
¶
Text

Mithilfe des Informationsblockes ist sehr schnell zu erkennen, wer den Geschäftsbrief diktiert und wer ihn schreibt. Zunächst wird der Diktierende, dann der Schreibende aufgeführt. Als Kurzzeichen können die ersten zwei oder drei Buchstaben des Nachnamens verwendet werden. Die jeweiligen Kurzzeichen werden kleingeschrieben und durch Mittestrich getrennt. Bei der Angabe des Namens bzw. des Gesprächspartners sollten Vor- und Zuname ausgeschrieben werden.

Im Informationsblock wird Bezug genommen auf vorangegangenen Schriftverkehr. Wichtige Durchwahlnummern oder die E-Mail-Adresse sind mithilfe des Informationsblockes schnell zu finden.

Gestalteter Informationsblock

Berufsschule Musterstadt – Hauptstr. 1 – 12345 Musterstadt		
¶ ¶ ¶ ¶ ¶ ¶ ¶ ¶ ¶		Vorgangsnummer: Ihr Gesprächspartner: Abteilung: Freecall: Telefax: E-Mail: Internet: Datum:

¶
¶
Betreff
¶
¶
Anrede¶
¶
Text

Vor und nach dem Betreff werden je zwei Leerzeilen eingefügt. Der Betreff ist eine kurze Inhaltsangabe des nachfolgenden Brieftextes. Er wird ohne Schlusspunkt geschrieben und wird bei längerem Text sinngemäß auf mehrere Zeilen verteilt und darf durch Fettschrift und/oder Farbe hervorgehoben werden.

Nach der Anrede wird ein Komma gesetzt und anschließend eine Leerzeile eingefügt.

!! Der Informationsblock

1. Herr Kai **Mü**ller (mü), Schulleiter der Berufsschule Musterstadt, diktiert seiner Sekretärin, Frau **Ku**rz (ku) am 8. April einen Brief an die Sparkasse Trier. Kai Müller hat die Telefonnummer 0123 546-385 und die Telefaxnummer 0123 546-389. Die E-Mail-Adresse der Schule lautet: bbs_mu@t-online.de, die Internetadresse: www.bbs-mu.de	**Berufsschule Muster-stadt** Berufsschule Musterstadt – Hauptstr. 1 – 12345 Musterstadt Ihr Zeichen: Ihre Nachricht vom: Unser Zeichen: mü-ku Unsere Nachricht vom: ¶ Name: Kai Müller Telefon: 0123 546-385 Telefax: 0123 546-389 E-Mail: bbs_mu@t-online.d Internet: www.bbs-mu.de ¶ Datum: 08.04.20.. ¶ ¶ **Bewerbungstraining in unserer Schule** ¶ ¶ Sehr geehrte Damen und Herren, ¶ wir interessieren uns ...
2. Frau Luise **Br**aun (br), Sachbearbeiterin bei der Sparkasse Trier, beantwortet das Schreiben am 15. April. Frau **Ha**mm (ha) aus dem Schreibbüro schreibt den Brief. Die Telefonnummer von Frau Braun ist 0651 9365-8433, die Faxnummer 0651 9365-8439. Ihre E-Mail-Adresse lautet luise.braun@sparkasse-trier.de und die Internetadresse www.sparkasse-trier.de	**Sparkasse Trier** Sparkasse Trier – Postfach 23 90 – 64290 Trier Ihr Zeichen: mü-ku Ihre Nachricht vom: 08.04.20.. Unser Zeichen: br-ha Unsere Nachricht vom: ¶ Name: Luise Braun Telefon: 0651 9365-8433 Telefax: 0651 9365-8439 E-Mail: luise.braun@sparkasse-trier.de Internet: www.sparkasse-trier.de ¶ Datum: 15.04.20.. ¶ ¶ **Ihre Anfrage zum Bewerbungstraining in Ihrer Schule** ¶ ¶ Sehr geehrter Herr Müller, ¶ vielen Dank für ...
3. Herr Müller beantwortet den Brief der Sparkasse Trier und diktiert Frau Kurz am 20. April eine Mitteilung.	**Berufsschule Muster-stadt** Berufsschule Musterstadt – Hauptstr. 1 – 12345 Musterstadt Ihr Zeichen: br-ha Ihre Nachricht vom: 15.04.20.. Unser Zeichen: mü-ku Unsere Nachricht vom: 08.04.20.. ¶ Name: Kai Müller Telefon: 0123 546-385 Telefax: 0123 546-389 E-Mail: bbs_mu@t-online.de Internet: www.bbs-mu.de ¶ Datum: 20.04.20.. ¶ ¶ **Bewerbungstraining in unserer Schule** ¶ ¶ Sehr geehrte Frau Braun, ¶ gerne nehmen wir Ihr Angebot an und ...

Der Briefabschluss

Ist der Text des Geschäftsbriefes komplett erfasst, wird der Briefabschluss gestaltet. Der Briefabschluss besteht aus der Grußformel (z. B. Mit freundlichen Grüßen, Freundliche Grüße, Mit freundlichem Gruß, Freundliche Grüße aus Trier), der Bezeichnung der Firma, den eventuellen Zusätzen für die Unterschrift (ppa., i. V., i. A.), der Namenswiedergabe der Unterzeichnenden und dem Anlagenvermerk.

Regeln nach DIN 5008	Beispiele
Der Gruß beginnt an der Fluchtlinie und wird vom Text durch eine Leerzeile abgesetzt. Der Firmenname wird mit einer Leerzeile vom Gruß abgesetzt. Die Angabe des Namens des Unterzeichners sollte firmenintern geregelt werden. Vor der maschinenschriftlichen Wiederholung der Unterschrift werden drei Leerzeilen – bei Bedarf auch ggf. mehr – eingefügt.	Mit freundlichem Gruß ¶ Wagner & Heilmann GmbH ¶ ¶ ¶ Dr. Susanne Heilmann
Längere Firmennamen werden sinngemäß auf zwei Zeilen (Firmenbranche, Firmenname) aufgeteilt. Wird der Brief durch den Prokuristen unterschrieben, kann die Abkürzung „ppa." (per procura) entweder **vor** der Namenswiedergabe in derselben Zeile oder **zwischen** der Bezeichnung des Unternehmens und der maschinenschriftlichen Namenswiedergabe stehen. Die gleiche Regel gilt für i. V. (in Vollmacht) und i. A. (im Auftrag).	Freundliche Grüße ¶ Papiergroßhandlung Johannes Franzenhausen ¶ ¶ ¶ ppa. Sylvia Schmitz Freundliche Grüße ¶ Papiergroßhandlung Johannes Franzenhausen ¶ ppa. ¶ Sylvia Schmitz
Unterschreiben zwei Personen, werden die Namen **nebeneinander** angeordnet.	Mit freundlichen Grüßen ¶ Papiergroßhandlung Johannes Franzenhausen ¶ ¶ ¶ ppa. Julius Berger i. V. Sylvia Schmitz
Werden einem Brief Anlagen beigefügt, folgt der Anlagenvermerk nach einer Leerzeile unter der maschinenschriftlichen Namenswiedergabe. Die im Text genannten Anlagen können einzeln aufgeführt werden. Es genügen aber auch die Wörter „Anlage" bzw. „Anlagen" (bei mehreren Schriftstücken), die durch Fettschrift hervorgehoben werden dürfen. Ist unter dem Gruß nicht genug Platz, wird der Anlagenvermerk bei 10 cm neben den Gruß geschrieben.	Freundliche Grüße aus Trier ¶ Sparkasse Trier¶ ¶ ¶ ¶ i. A. Thomas Dahlem ¶ **Anlage** 1 Scheck

L? Leistungstest

Sie arbeiten als Auszubildende(r) beim Bürobedarf Hauser & Schulte in Trier und beantworten am 6. Mai d. J. die Anfrage von Rothenberg & Baumann GmbH, Im Blegel 28, 60328 Frankfurt. Ihr Chef – Prokurist Marcel Raimann (rai) – hat Ihnen dazu unten stehenden Brieftext diktiert. Als Briefschreiber verwenden Sie als Kurzzeichen die Anfangsbuchstaben Ihres Vor- und Nachnamens.

Herr Raimann hat die Telefondurchwahl 0651 487-1343, die Telefaxdurchwahl 0651 487-1345 und die E-Mail-Adresse: raimann@hauser-schulte.de. Der Bürobedarf ist im Internet unter www.hauser-schulte.de präsent. Der Brief wird mit dem postalischen Vermerk „Wenn unzustellbar, zurück" versendet. Gestalten Sie den Betreff und die Anrede selbstständig.

A! Arbeitsauftrag

Einzelarbeit (________ Min.)

1. **Öffnen** Sie die **Briefmaske** „Hauser & Schulte".
2. **Beantworten** Sie die Anfrage von Rothenberg & Baumann normgerecht.
3. **Überprüfen** Sie Ihr Anschriftfeld, den Informationsblock und den Briefschluss im Hinblick auf das vorhin Erlernte.
4. **Kontrollieren** Sie den Geschäftsbrief auf eventuelle Fehler (Rechtschreibung, DIN-Fehler), damit Ihr Team viele Punkte erhält.
5. **Speichern** Sie den Brief unter Ihrem Namen und Ihrer Team-Nummer ab.

Brieftext

Wir freuen uns, dass Sie unseren aktuellen Katalog über Bürostühle angefordert haben. Viele unserer Kunden haben schon auf ihn gewartet. Nun liegt er vor und Sie können ihn in aller Ruhe durchblättern. Auf 76 Seiten finden Sie das umfangreiche Angebot unserer neuesten Bürostühle. In Ihrem Interesse haben wir auf Preiserhöhungen verzichtet, obwohl unsere Betriebskosten weiter gestiegen sind. Damit haben unsere Produkte einen Preisvorteil gegenüber den Konkurrenzangeboten. Ihnen gewähren wir – wie schon in den vergangenen Jahren – einen Preisnachlass von 25 % auf alle Stühle. Wenn Sie nähere Informationen wünschen, rufen Sie uns unter der Tel.-Nr. 0651 487-1343 an.

Anfrage

Rothenberg & Baumann GmbH

Rothenberg & Baumann GmbH – Im Blegel 28 – 60325 Frankfurt

Bürobedarf
Hauser & Schulte
Balduinstr. 15
54290 Trier

Ihr Zeichen:
Ihre Nachricht vom:
Unser Zeichen: pe-ku
Unsere Nachricht vom:

Name: Dr. Heinz Pelz
Telefon: 069 66100-10
Telefax: 069 66100-99
E-Mail: pelz@rothenberg.de
Internet: www.rothenberg@baumann.de

Datum: 04.05.20..

Anfrage über Bürostühle

Sehr geehrte Damen und Herren,

im Herbst d. J. statten wir einige unserer Büros mit neuen Bürostühlen aus, Ihre Büroeinrichtung haben wir aus vergangenen Geschäftsbeziehungen in angenehmer Erinnerung, da Sie uns schnell und zuverlässig bedient haben.

Wir sind an Ihrem aktuellen Sortiment sehr interessiert. Haben Sie einen neuen Katalog über Bürostühle, den Sie uns so bald wie möglich zuschicken können?

Freundliche Grüße

Rothenberg & Baumann

i. A. Dr. Heinz Pelz

Dr. Heinz Pelz

L? 6.3 Lernaufgabe

Als Auszubildende(r) des Bürobedarfs Hauser & Schulte beauftragt Sie Frau Hauser, das folgende Angebot ansprechend und kundenorientiert zu schreiben.

Wie erreiche ich beim Kunden die gewünschte Aufmerksamkeit?

A! Arbeitsauftrag

Einzelarbeit Zeit: ___________

1. **Öffnen** Sie die Briefmaske „Hauser & Schulte".
2. **Erfassen** Sie den Brief normgerecht.
3. **Nehmen** Sie die Worttrennung vor.
4. **Speichern** Sie den Brief unter dem Dateinamen „Angebot Zeidler" ab.

Anschrift	Weiterbildungsinstitut Saar-Mosel-Hunsrück, Eva Zeidler, Hauptstr. 10, 54439 Saarburg
Ihre Nachricht vom	10.05.20..
Name	Sabrina Hauser
Telefon	0651 487-1340
Telefax	0651 487-1345
E-Mail	shauser@hauser-schulte.de
Internet	www.hauser-schulte.de
Datum	12.05.20..
Betreff	Angebot
Anrede	selbst formulieren
Brieftext Formatieren Sie die vier Aufzählungspunkte normgerecht.	vielen Dank für Ihre Anfrage. Sie interessieren sich für Bürodrehstühle und Stuhlzubehör aus unserem Hause? Dann sind Sie bei uns genau richtig. Haben Sie an ergonomische Bürodrehstühle der Extraklasse zu günstigen Ratenzahlungsbedingungen gedacht? Den Stuhl „Bruneau" bieten wir Ihnen schon zum Abholpreis von 299,00 EUR an. Ab einer Abnahmemenge von 20 Stück räumen wir Ihnen einen Sonderpreis von 279,00 EUR ein. Das ist ein einmaliger Preis bei diesen herausragenden Eigenschaften: Stoffbezug 100 % Trevira CS, Sitzfläche: B 47 x T 48 cm, höhenverstellbar von 45 bis 54 cm, Rückenlehne H 58 cm. Als sinnvolles Zubehör bieten wir Ihnen eine rutschfeste Fußablage, verstellbar auf 10°, 15° oder 20°, zum Preis von 42,50 EUR an. Auch hier können wir Ihnen ab einer Abnahmemenge von 20 Stück einen Sonderpreis von 37,50 EUR gewähren. Überzeugen Sie diese Fakten immer noch nicht, dann werden es sicher die bequemen Ratenzahlungen sein. Sie können den Kaufpreis in bis zu 36 Monatsraten abzahlen. Ist das nicht ein Angebot für Sie?
Briefabschluss	Freundliche Grüße, Bürobedarf Hauser & Schulte, Sabrina Hauser

Plenum

5. **Präsentieren** Sie den Brief im Hinblick auf die obige Leitfrage und erläutern Sie Ihre Vorgehensweise.

L? 6.4 Lernaufgabe

Ihrer Chefin, Frau Sabrina Hauser, sind noch weitere Informationen (siehe vorangegangener Arbeitsauftrag) eingefallen, die in das Angebot an Frau Zeidler aufgenommen werden sollen. Da Sie an diesem Tag in der Berufsschule waren, hat ein Praktikant die Ergänzung im Brief vorgenommen. Als Sie heute Morgen in Ihr Büro kommen, finden Sie auf Ihrem Schreibtisch den ausgedruckten Brief an Frau Zeidler (siehe übernächste Seite). Frau Hauser hat darauf notiert:

Bitte verbessern!

Wie gestalte ich mehrseitige Briefe für den Bürobedarf Hauser & Schulte?

A! Arbeitsauftrag

Zeit: ___________

Einzelarbeit

Thema A	Thema B
1. **Lesen** Sie das Informationsblatt „Geschäftsbrief mit Fortsetzungsblatt“.	1. **Lesen** Sie das Informationsblatt „Aussagekräftiger Betreff und Teilbetreff“.
2. **Schreiben** Sie wichtige Kernaussagen auf einen Spickzettel. (Diesen Spickzettel benötigen Sie im anschließenden Kugellager.)	2. **Schreiben** Sie wichtige Kernaussagen auf einen Spickzettel. (Diesen Spickzettel benötigen Sie im anschließenden Kugellager.)

Kugellager

Thema A	Thema B
3. **Setzen** Sie sich in den Außenkreis.	3. **Setzen** Sie sich in den Innenkreis.
4. **Erläutern** Sie mithilfe Ihres Spickzettels Ihrem Gegenüber den Geschäftsbrief mit Fortsetzungsblatt. Ihr Partner erstellt währenddessen einen Spickzettel. (Beim Signal der Lehrkraft rückt Ihr Partner eine Position weiter.)	4. **Hören** Sie Ihrem Gegenüber zu und erstellen Sie einen Spickzettel zum Geschäftsbrief mit Fortsetzungsblatt. (Beim Signal der Lehrkraft rücken Sie eine Position nach rechts.)
5. **Kontrollieren** Sie die Erläuterungen Ihres Gegenübers über den Geschäftsbrief mit Fortsetzungsblatt. (Beim Signal der Lehrkraft rückt Ihr Partner eine Position weiter.)	5. **Erläutern** Sie mithilfe Ihres Spickzettels Ihrem Gegenüber den Geschäftsbrief mit Fortsetzungsblatt. (Beim Signal der Lehrkraft rücken Sie eine Position nach rechts.)
6. **Hören** Sie Ihrem Gegenüber zu und erstellen Sie einen Spickzettel zum aussagekräftigen Betreff und Teilbetreff. (Beim Signal der Lehrkraft rückt Ihr Partner eine Position weiter.)	6. **Erläutern** Sie Ihrem Gegenüber den aussagekräftigen Betreff und Teilbetreff. (Beim Signal der Lehrkraft rücken Sie eine Position nach rechts.)
7. **Erläutern** Sie mithilfe Ihres Spickzettels Ihrem Gegenüber den Betreff und Teilbetreff.	7. **Kontrollieren** Sie die Erläuterungen Ihres Gegenübers über den Betreff und Teilbetreff.

Einzelarbeit

8. **Öffnen** Sie Ihre Datei „Angebot Zeidler" (Ergebnis der vorangegangenen Übung).
9. **Ergänzen** Sie den Brief am Textende gemäß den Angaben von Frau Hauser:

> Wir haben allerdings noch mehr zu bieten: Schauen Sie einfach in unseren Katalog. Hier finden Sie weitere Modelle verschiedener Preisklassen mit genauen Produktbeschreibungen und weiteres Zubehör wie Fußablagen und Bodenschutzmatten. Stellen Sie sich Ihr eigenes Paket zusammen! Unsere Mitarbeiter beraten Sie gerne. Rufen Sie einfach an. Wir sind für Sie da – unter der Freecallnummer 0800 428737 – von montags bis freitags zwischen 09:00 und 17:00 Uhr. Wir freuen uns auf Ihren Auftrag und hoffen, von Ihnen zu hören. Ihre Entscheidung für einen zuverlässigen Partner werden Sie nicht bereuen.

10. **Gestalten** Sie den Brief durch einen aussagekräftigeren Betreff sowie entsprechende Teilbetreffe übersichtlicher.
11. **Nehmen** Sie einen ansprechenden Seitenwechsel vor und beschriften Sie den Brief normgerecht.

Dreierteam

12. **Vergleichen** Sie Ihre Briefe und **entscheiden** Sie sich für das Ergebnis, das Ihrer Meinung nach am besten gelungen ist.
13. **Bestimmen** Sie eine(n) Gruppensprecher(in), die/der das Ergebnis vorstellt.
14. **Bereiten** Sie sich auf die Präsentation vor.

Plenum

15. **Präsentieren** Sie Frau Hauser den Brief im Hinblick auf die obige Leitfrage.
16. **Stellen** Sie dabei die Formulierungen des Betreffs und der Teilbetreffe sowie Ihre Vorgehensweise zur Erstellung der zweiten Seite vor.

Einzelarbeit

17. **Korrigieren** Sie ggf. Ihren Brief und heften ihn unter „Produkte" ab.

Brief mit Folgeseite

Bürobedarf Hauser & Schulte

Bürobedarf Hauser & Schulte – Balduinstraße 15 – 54290 Trier

Weiterbildungsinstitut
Saar-Mosel-Hunsrück
Frau Eva Zeidler
Hauptstr. 10
54439 Saarburg

Ihr Zeichen:
Ihre Nachricht vom: 10.05.20..
Unser Zeichen: ha-(eigenes Zeichen)
Unsere Nachricht vom:

Name: Sabrina Hauser
Telefon: 0651 487-1340
Telefax: 0651 487-1345
E-Mail: shauser@hauser-schulte.de
Internet: www.hauser-schulte.de

Datum: 12.05.20..

Bitte verbessern!

Angebot

Sehr geehrte Frau Zeidler,

vielen Dank für Ihre Anfrage. Sie interessieren sich für Bürodrehstühle und Stuhlzubehör aus unserem Hause? Dann sind Sie bei uns genau richtig!

Haben Sie an ergonomische Bürodrehstühle der Extraklasse zu günstigen Ratenzahlungsbedingungen gedacht? Den Stuhl „Bruneau" bieten wir Ihnen schon zum Abholpreis von 299,00 EUR an. Ab einer Abnahmemenge von 20 Stück räumen wir Ihnen einen Sonderpreis von 279,00 EUR ein. Das ist ein einmaliger Preis bei diesen herausragenden Eigenschaften:

- Stoffbezug 100 % Trevira CS
- Sitzfläche: B 47 x T 48 cm
- höhenverstellbar von 45 bis 54 cm
- Rückenlehne: H 58 cm

Als sinnvolles Zubehör bieten wir Ihnen eine rutschfeste Fußablage, verstellbar auf 10°, 15° oder 20° , zum Preis von 42,50 EUR an. Auch hier können wir Ihnen ab einer Abnahmemenge von 20 Stück einen Sonderpreis von 37,50 EUR gewähren. Überzeugen Sie diese Fakten immer noch nicht, dann werden es sicher die bequemen Ratenzahlungen sein. Sie können den Kaufpreis in monatlichen Raten abzahlen. Ist das nicht ein Angebot für Sie? Wir haben allerdings noch mehr zu bieten: Schauen Sie einfach in unseren Katalog. Hier finden Sie weitere Modelle verschiedener Preisklassen mit genauen Produktbeschreibungen und weiteres Zubehör wie Fußablagen und Bodenschutzmatten. Stellen Sie sich Ihr eigenes Paket zusammen! Unsere Mitarbeiter beraten Sie gerne. Rufen Sie einfach an. Wir sind für Sie da – unter der Freecallnummer 0800 428737 – von montags bis freitags zwischen 09:00 und 17:00 Uhr. Wir freuen uns auf Ihren Auftrag und hoffen, von Ihnen zu hören. Ihre Entscheidung für einen zuverlässigen Partner werden Sie nicht bereuen.

Freundliche Grüße

Bürobedarf
Hauser & Schulte

Sabrina Hauser

Anlage
Katalog

Thema A: Geschäftsbrief mit Fortsetzungsblatt

Hinweis auf Folgeseite

Vorzugsweise in der Fußzeile der ersten Seite wird rechtsbündig durch drei Punkte „…" auf Folgeseiten hingewiesen. Zwischen dem Text und der Seitennummerierung sollte mindestens eine Leerzeile sein.

Fortsetzungsblatt mit Seitennummerierung

Wenn der Text eines Briefes einschließlich des Briefschlusses nicht auf eine Seite passt, sind mindestens zwei Zeilen des Textes auf die neue Seite zu übernehmen. Die Fortsetzungsblätter werden von der zweiten Seite an oben fortlaufend durchnummeriert. Die Seitennummerierung wird zentriert mit Mittestrich vorgenommen (z. B.: – 2 -, also Mittestrich, Leerzeichen, 2, Leerzeichen, Mittestrich). Seitennummerierung und Text werden durch mindestens eine Leerzeile getrennt (siehe Abbildung unten).

Manueller Seitenwechsel

Der Seitenumbruch wird von Word beim Schreiben automatisch vorgenommen. In der Normalansicht wird er durch eine punktierte Linie angezeigt (siehe Abbildung unten). Soll der Seitenumbruch im Brief an einer ganz bestimmten Stelle vorgenommen werden, kann man ihn folgendermaßen manuell herbeiführen: Sie setzen den Cursor an die Stelle, an der der Seitenwechsel vorgenommen werden soll und geben dann die Tastenkombination [Strg] + [↵] ein. Um einen manuellen Seitenumbruch wieder zu löschen, markieren Sie die gepunktete Linie oder setzen den Cursor in die Zeile und drücken die Taste [Entf].

Stellen Sie sich Ihr eigenes Paket zusammen!
¶

...

......................................Seitenumbruch......................................

- 2 -

¶
Unsere Mitarbeiter beraten Sie gerne. Rufen Sie einfach an. Wir sind für Sie da – unter der Freecallnummer ...

Alternative Seitennummerierung

Vorzugsweise in der Fußzeile kann rechtsbündig „Seite X von Y" eingefügt werden, und zwar beginnend mit der ersten Seite, sodass die folgenden Seiten ebenfalls nummeriert werden.

Stellen Sie sich Ihr eigenes Paket zusammen!
¶
......................................Seitenumbruch......................................

Fußzeile – Abschnitt 1 -

Seite 1 von 3

Thema B: Aussagekräftiger Betreff und Teilbetreff

Der Betreff

Der Betreff ist eine stichwortartige Inhaltsangabe, welche sich im Gegensatz zum Teilbetreff (siehe unten) auf den ganzen Brief bezieht. Der Betreff beginnt an der Fluchtlinie und wird ohne Schlusspunkt geschrieben. Er darf mit Fettschrift und/oder Farbe hervorgehoben werden. Damit der Empfänger gleich weiß, worum es in dem Geschäftsbrief geht, sollte man den Betreff aussagekräftig formulieren. Ein einzelnes Wort reicht als Betreff oft nicht aus. Darum ist es ratsam, auch anzugeben, worum es im Einzelnen geht.

Hierzu ein Beispiel: Der Betreff „Anfrage" sagt nicht aus, wonach angefragt wird. Besser wäre es, den Betreff um den gewünschten Artikel zu erweitern. Der Betreff könnte dann so lauten: „Anfrage nach Büroschreibtischen".

¶
¶
Anfrage nach Büroschreibtischen
¶
¶
Sehr geehrte Damen und Herren,
¶
auf Ihrer Hausmesse im November 20.. informierten wir uns über Ihre neuen Büroschreibtische.

Der Teilbetreff

Besteht ein Geschäftsbrief aus einzelnen Abschnitten mit unterschiedlichem Inhalt, kann der Brieftext mit Teilbetreffen übersichtlicher gestaltet werden. Der Teilbetreff ist eine stichwortartige Inhaltsangabe eines Briefteils. Ein Teilbetreff beginnt immer an der Fluchtlinie, endet mit einem Punkt und wird mit Fettschrift und/oder Farbe hervorgehoben. Der Schlusspunkt wird selbstverständlich mit formatiert. Nach dem Punkt wird ein Leerzeichen gesetzt und der nachfolgende Text direkt angeschlossen.

¶
Günstige Preise. Die niedrigen Preise ermöglichen es vielen Käufern, ihre Anschaffungswünsche zu verwirklichen. Trotzdem ist die Qualität der Möbel nicht zu beanstanden.
¶
Angenehme Ratenzahlungen. Informieren Sie sich über unsere günstigen Zahlungsbedingungen. Wir bieten allen Kunden großzügige Kredithilfe an.

L? 6.5 Lernaufgabe

Als Auszubildende(r) des Bürobedarfs Hauser & Schulte beauftragt mich Frau Hauser, folgendes Angebot zu schreiben. Sie legt besonderen Wert auf ein kundenorientiertes, sehr übersichtliches und leicht zu erfassendes Angebot..

Wie gestalte ich ein kundenorientiertes Angebot?

A! Arbeitsauftrag

Zeit: ____________

Einzelarbeit

1. **Erfassen** Sie den Brief normgerecht.
2. **Aktivieren** Sie die automatische Silbentrennung.
3. **Bilden** Sie sinnvolle Absätze.
4. **Wählen** Sie einen Betreff, Anrede und einen korrekten Briefabschluss.

Anschrift	Sektkellerei Siebert-Castell, Kueser Plateau 4, 54470 Bernkastel-Kues
Ihre Nachricht vom	15.06.20..
Unser Zeichen	ha-(Ihr eigenes Kurzzeichen)
Name	Sabrina Hauser
Telefon	0651 487-1340
Telefax	0651 487-1345
E-Mail	shauser@hauser-schulte.de
Internet	www.hauser-schulte.de
Datum	18.06.20..

vielen Dank für das Interesse an Frankiermaschinen. Wenn es darum geht, große Postmengen schnell und zuverlässig zu frankieren, brauchen Sie eine Maschine mit Kraft und Ausdauer. Auf die leistungsfähige Digitaldruck-Frankiermaschine Fast-Post LD 73 können Sie sich verlassen; mit bis zu 11 900 Takten pro Stunde verfügt sie über die erforderlichen Reserven. Die moderne Technologie hält noch weitere Vorteile parat: Dynamisches Wiegesystem. Das zeitraubende Vorsortieren von Briefen nach Porto gehört der Vergangenheit an. Während des Transports ermittelt das dynamische Wiegesystem aufgrund des Gewichts, der Größe und der Dicke der Sendungen das passende Porto. Der Wert wird automatisch übermittelt und die Sendung korrekt frankiert – alles in einem Arbeitsgang. Schnell und sauber. Die Frankiermaschine Fast-Post LD 73 frankiert bei minimalem Geräuschpegel bis zu 11 900 Sendungen pro Stunde mit berührungsloser Inkjet-Drucktechnologie.

!! Fortsetzung – 5. Arbeitsauftrag

Damit ist immer ein absolut sauberer Abdruck gewährleistet, selbst wenn sich im Bereich der Frankatur eine Büroklammer befindet oder der Umschlag ungleichmäßig gefüllt ist. Einfaches Portoladen. Creditfon – das ist die clevere Art zu frankieren: Sie holen sich mit dem eingebauten Modem das Porto via Telefonleitung direkt in die Maschine. Rund um die Uhr und an 365 Tagen im Jahr, ganz einfach und sicher mit dem persönlichen PIN-Code. Damit sparen Sie sich den Weg ins Postamt für alle Zeit! Und Ihre Portokosten haben Sie jederzeit fest im Griff: Mit dem Porto-Update-Service sind die aktuellen Gebühren immer sofort verfügbar. Frankierstreifenspender. Falls der großzügige Briefdurchlass von max. 16 mm doch einmal nicht ausreichen sollte oder Sie auch Päckchen zu versenden haben, entscheiden Sie sich für einen Frankierstreifenspender mit Vorgabezähler. Wir haben nach der besten und zugleich günstigsten Lösung gesucht – hier unser Angebot über die von Ihnen gewünschte Frankiermaschine: Fast-Post LD 73 4.998,99 € Frankierstreifenspender 129,99 € Summe: 5.128,98 € Wie gewünscht, könnten wir die Poststraße in der 27. Kalenderwoche liefern und aufbauen. Ihre Mitarbeiter/-innen werden wir am gleichen Tag einweisen. Bitte prüfen Sie unser Angebot in Ruhe. Sollten Sie noch Fragen haben, stehen Ihnen unsere Fachleute jederzeit zur Verfügung. Und wenn es noch etwas geben sollte, das Sie wissen möchten: Rufen Sie mich einfach an.

Anlage	Prospekt der Digitaldruck-Frankiermaschine Fast-Post LD 73

5. **Positionieren** Sie bei 15 cm einen rechtsbündigen Tabulator, um die Preise untereinander aufzuführen. Verwenden Sie den Summenstrich.

Partnerarbeit

6. **Vergleichen** Sie Ihre Ergebnisse, **korrigieren** Sie sie ggf. und **drucken** Sie sie aus.

7. **Speichern** Sie Ihr Angebot ab, da Sie es in einem späteren Arbeitsauftrag noch einmal benötigen.

Gruppenarbeit (5 Schüler/-innen)

8. **Suchen** Sie mithilfe der Brainwriting-Methode (siehe nächste Seite) Punkte, die Sie beim Erstellen eines Geschäftsbriefes beachten sollten.

9. **Fertigen** Sie am PC anhand der gefundenen Punkte eine Checkliste an.

Plenum

10. **Kontrollieren** Sie mithilfe Ihrer Checkliste ein Ergebnis Ihres Mitschülers bzw. Ihrer Mitschülerin.

Brainwriting

Führen Sie diese Methode mit fünf Schüler(innen) durch; suchen Sie jeweils vier Ideen in einem Zeitrahmen von drei Minuten. Danach reichen Sie Ihr Blatt an den (die) rechte(n) Mitschüler(in) weiter. Sie schauen sich nun auf dem Blatt, das Sie von Ihrem(r) linken Nachbarn(in) erhalten haben, die Ideen an und ergänzen vier Ideen von Ihnen. Die fünf Blätter gehen solange umher, bis alle fünf Schüler(innen) der Gruppe auf jedem Blatt ihre Ideen notiert haben.

Was ist beim Erstellen eines Geschäftsbriefes zu beachten?				
	Idee 1	**Idee 2**	**Idee 3**	**Idee 4**
1. Schüler(in)				
2. Schüler(in)				
3. Schüler(in)				
4. Schüler(in)				
5. Schüler(in)				

L? 6.6 Lernaufgabe

Frau Hauser hat das von mir geschriebene Angebot Korrektur gelesen und nochmals überarbeitet. Sie gibt mir ausdrücklich die Anweisung, dass ich sorgfältig arbeiten und nichts vergessen soll.

Welche Möglichkeiten stehen mir zur Verfügung, um bei der Überarbeitung des Angebots für Frankiermaschinen nichts zu vergesssen?

A! Arbeitsauftrag

Zeit: ____________

Einzelarbeit

1. **Informieren** Sie sich über die Korrekturvorschriften nach DIN 16511 (3. Lernsituation).
2. **Öffnen** Sie Ihr gespeichertes Angebot über Digitaldruck-Frankiermaschinen.
3. **Führen** Sie die auf den nachfolgenden Seiten vorgenommenen Korrekturen durch.
4. **Machen** Sie Frau Hauser durch einen Kommentar (Einfügen → Kommentar) darauf aufmerksam, dass das optionale Ablageband im Angebot nicht erwähnt wurde.
5. **Speichern** Sie Ihr Ergebnis ab.

Partnerarbeit

6. **Laden** Sie ein Dokument und **führen** Sie einen Dokumentenvergleich mit dem Dokument Ihres Partners durch (siehe Hilfeprogramm), um zu überprüfen, ob Sie alle Korrekturen durchgeführt haben.
7. **Vergleichen** Sie aber auch mit dem Ursprungstext und **korrigieren** Sie Ihre beiden Texte (Taskleiste).

Plenum

8. **Präsentieren** Sie Ihr Ergebnis und geben Sie bei der Präsentation Tipps, wie Fehler bei der Korrespondenz vermieden werden können und wann die Funktion „Dokumentenvergleich" in Ihrem Betrieb sinnvoll eingesetzt werden könnte.

I! Angebot über Digitaldruck-Frankiermaschinen

Bürobedarf Hauser & Schulte • Postfach 123 • 54207 Trier

Ihr Zeichen:
Ihre Nachricht vom: 15.06.20..
Unser Zeichen: ha-mu
Unsere Nachricht vom:

Sektkellerei
Siebert-Castell
Kueser Plateau 4
54470 Bernkastel-Kues

Name: Sabrina Hauser
Telefon: 0651 487-1340
Telefax: 0651 487-1345
E-Mail: shauser&hauser-schulte.de
Internet: www.hauser-schulte.de

Datum: 18.06.20..

Angebot über eine Digitaldruck-Frankiermaschine

Sehr geehrte Damen und Herren,

vielen Dank für ~~das~~ Interesse an Frankiermaschinen. Wenn es darum geht, große Postmengen schnell und zuverlässig zu frankieren, brauchen Sie eine Maschine mit Kraft und Ausdauer. Auf die leistungsfähige Digitaldruck-Frankiermaschine Fast-Post LD 73 können Sie sich verlassen; mit bis zu 11.900 Takten pro Stunde verfügt sie über die erforderlichen Reserven. Die moderne Technologie hält noch weitere Vorteile parat: Ihr unseren fett 2

Dynamisches Wiegesystem. Das zeitraubende Vorsortieren von Briefen nach Portoklassen gehört der Vergangenheit an. Während des Transports ermittelt das dynamische Wiegesystem aufgrund des Gewichts, der Größe und der Dicke der Sendung~~en~~ das passende Porto. Der Wert wird automatisch übermittelt und die Sendung korrekt frankiert – alles in einem Arbeitsgang.

Schnell und sauber. Die Frankiermaschine Fast-Post LD 73 frankiert bei minimalem Geräuschpegel bis zu 11.900 Sendungen pro Stunde mit berührungsloser Inkjet-Drucktechnologie. 2 Damit ist immer ein absolut sauberer Abdruck gewährleistet, selbst wenn sich im Bereich der Frankatur eine Büroklammer befindet oder der Umschlag ungleichmäßig gefüllt ist.

Einfaches Portoladen. Creditfon – das ist die clevere Art zu frankieren: Sie holen sich mit dem eingebauten Modem das Porto via Telefonleitung direkt in die Maschine. Rund um die Uhr und an 365 Tagen im Jahr, ganz einfach und sicher mit dem persönlichen PIN-Code. Damit sparen Sie sich den Weg ins Postamt für alle Zeit! Und Ihre Portokosten haben Sie jederzeit fest im Griff: Mit dem Porto-Update-Service sind die aktuellen ~~Gebühren~~ immer sofort verfügbar Tarife

...

Angebot über Digitaldruck-Frankiermaschinen – Seite 2

- 2 -

Frankierstreifenspender. Falls der großzügige Briefdurchlass von max. 16 mm ~~doch~~ einmal nicht ausreichen sollte oder Sie auch Päckchen zu versenden haben, entscheiden Sie sich für einen Frankierstreifenspender mit Vorgabezähler.

Wir haben nach der besten und zugleich günstigsten Lösung gesucht – hier unser Angebot über die von Ihnen gewünschte Frankiermaschine: **für Sie**

Fast-Post LD 73	4.998,99 €
Frankierstreifenspender	129,99 €
Summe:	**5.128,98 €**

Wie gewünscht, könnten wir die Poststraße in der 27. Kalenderwoche liefern und aufbauen. Ihre Mitarbeiter/-innen werden wir am gleichen Tag einweisen. **A**

Bitte prüfen Sie unser Angebot in Ruhe. Sollten Sie noch Fragen haben, stehen Ihnen unsere Fachleute jederzeit zur Verfügung. Und wenn es noch etwas geben sollte, das Sie wissen möchten: Rufen Sie mich einfach an.

Mit freundlichen Grüßen

Bürobedarf
Hauser & Schulte

i. A. Katja Musterfrau

Anlage
Prospekt der Digitaldruck-Frankiermaschine Fast-Post LD 73

L? 6.7 Lernaufgabe

Heute Morgen kam eine Anfrage unseres Weiterbildungsinstitutes Bach & Söhne, Saarstraße 25, 54634 Bitburg für Monitore und Drucker. Frau Hauser beauftragt mich, die Preise bei einer Gewinnspanne für unser Unternehmen von 60 % zu kalkulieren, um ein entsprechendes Angebot abzugeben.

Wie ermittle ich den Verkaufspreis für das Angebot an das Weiterbildungsinstitut?

A! Arbeitsauftrag

Einzelarbeit

Zeit: ___________

1. **Erfassen** Sie die folgenden Daten in einem Tabellenkalkulationsprogramm.

Übersicht Verkaufspreise und geplante Bestellungen						
	Gewinnspanne:	60%				
Art.-Nr.	Art.-Bezeichnung	EK-Preis	VK-Preis	bestellte Menge	ges. VK-Preis	%-Anteil am Ges.-Preis
2356	Monitor DL-5, 17"	241,00 €		20 Stück		
3456	Monitor DL-4, 15"	126,00 €		15 Stück		
1056	Tintenstrahldrucker GTI, sw	149,00 €		12 Stück		
1089	Tintenstrahldrucker S-GTI, f	198,00 €		13 Stück		
0912	Nadeldrucker GL, 24 N	75,00 €		8 Stück		
3509	Monitor DL-11, 21"	750,00 €		3 Stück		
1511	Laserdrucker XXL-3/S	273,00 €		25 Stück		
1512	Laserdrucker XL-3/S	212,00 €		5 Stück		
				Gesamt:		

2. **Berechnen** Sie die fehlenden Daten.
3. **Formatieren** Sie Ihr Tabellenblatt ansprechend.
4. **Schreiben** Sie ein kundenorientiertes Angebot an das Weiterbildungsinstitut.

Partnerarbeit

5. **Lesen** Sie sich das Angebot Ihres Mitschülers durch. **Korrigieren** Sie es ggf. mit der Überarbeitungsfunktion bzw. **kommentieren** es mit der Funktion „Einfügen – Kommentar".

Einzelarbeit

6. **Optimieren** Sie Ihr Angebot.

Plenum

7. **Präsentieren** Sie Ihr Angebot und erläutern Sie die Berechnungen.
8. **Korrigieren** Sie ggf. und heften Sie Ihr Produkt ab.

L? 6.8 Lernaufgabe

Der Geschäftsführer, Herr Thomas Schulte, hat beschlossen, seinem Angestellten Axel Meier zu kündigen, weil er trotz Abmahnung wiederum zweimal unentschuldigt zu spät zur Arbeit erschienen ist, und zwar am 23. März d. J. 30 Minuten und am 2. April d. J. 20 Minuten. Herr Meier arbeitet seit nunmehr drei Jahren im Verkauf, wo es besonders wichtig ist, pünktlich für die Kunden ansprechbar zu sein.

Zurzeit arbeite ich in der Personalabteilung. Herr Schulte beauftragt mich, wegen des Fehlverhaltens von Herrn Meier diesem gegenüber eine ordentliche, verhaltensbedingte Kündigung auszusprechen. Er gibt mir den Hinweis, dass für das Arbeitsverhältnis die gesetzlichen Kündigungsfristen anzuwenden seien. Ich soll ihm einen Entwurf des Kündigungsschreibens vorlegen.

Wie kündige ich einem Angestellten frist- und formgerecht?

A! Arbeitsauftrag

Einzelarbeit Zeit: ________

1. **Markieren** Sie in der Lernaufgabe die für die Formulierung des Kündigungsschreibens wichtigen Informationen.
2. **Informieren** Sie sich über Kündigungsarten und -gründe. **Entnehmen** Sie dem § 622 BGB die Kündigungsfrist.
3. **Formulieren** Sie ein Kündigungsschreiben (Einschreiben – Rückschein) an den Angestellten Axel Meier, wohnhaft in 54290 Trier, Nordallee 23. Berücksichtigen Sie alle in der Lernaufgabe angegebenen Punkte.
4. **Drucken** Sie Ihr Kündigungsschreiben aus.

Gruppenarbeit – Kreisbrief (Bitte nicht sprechen oder rückfragen!)

5. **Geben** Sie Ihr Kündigungsschreiben und ein leeres Blatt mit Ihrem Namen dem/der von Ihnen rechts sitzenden Schüler/-in.
6. **Lesen** Sie das Kündigungsschreiben gewissenhaft durch.
7. **Notieren** Sie auf dem leeren Blatt Ihren Kommentar. Gliedern Sie Ihre Anmerkungen z. B. so:
   Das gefällt mir: … Hier hast du den Paragrafen nicht richtig interpretiert: …
   Das gefällt mir nicht: … Hier hast du die DIN-Norm nicht beachtet: …
   Mein Tipp: …
8. **Unterschreiben** Sie Ihren Kommentar und reichen ihn mit dem Brief im Uhrzeigersinn weiter.

Einzelarbeit

9. **Reagieren** Sie auf die Kommentare Ihrer Mitschüler/-innen, fragen Sie ggf. nach und überarbeiten Sie Ihr Kündigungsschreiben.
10. **Notieren** Sie auf einem Spickzettel (DIN A7) die Argumente, die beim Vorlegen des Kündigungsentwurfs dem Geschäftsführer Schulte vorzubringen sind.

Plenum

11. **Präsentieren** Sie Ihr Kündigungsschreiben und beantworten Sie die Leitfrage.

Verhaltensbedingte Kündigung

Kündigungsarten

Die ordentliche Kündigung ist eine Kündigung unter Einhaltung der normalen Kündigungsfrist, also eine fristgemäße Kündigung.

Die außerordentliche oder auch fristlose Kündigung soll das Arbeitsverhältnis sofort oder unter erheblicher Fristverkürzung beenden. Sie kann nur bei schweren Verfehlungen ausgesprochen werden.

Die Änderungskündigung erfolgt, um Teile des Arbeitsvertrages abzuändern; sie besteht aus einer Kündigung und einem gleichzeitigen Angebot, das Arbeitsverhältnis unter veränderten Bedingungen weiterzuführen.

Kündigungsgründe

Bei der ordentlichen Kündigung werden drei Kündigungstypen unterschieden:

a) Die verhaltensbedingte Kündigung wird bei Pflichtverletzungen des Arbeitnehmers ausgesprochen (z. B. Unpünktlichkeit, Nichtmelden im Krankheitsfall, Schlechtleistung). Voraussetzung ist fast immer, dass zuvor eine einschlägige Abmahnung ausgesprochen wurde.

b) Sofern ein Arbeitnehmer in der Vergangenheit häufig und lange krank gewesen ist und zukünftig weitere Fehlzeiten zu erwarten sind, kommt eine krankheitsbedingte Kündigung in Betracht. Ist die Krankheit ausgeheilt oder Besserung zu erwarten, kommt eine Kündigung nicht infrage.

c) Bei einer betriebsbedingten Kündigung müssen betriebliche Gründe vorliegen, die den Arbeitsplatz wegfallen lassen oder doch erhebliche Auswirkungen darauf haben.

Bürgerliches Gesetzbuch (BGB) – § 622 Kündigungsfristen bei Arbeitsverhältnissen

(1) Das Arbeitsverhältnis eines Arbeiters oder eines Angestellten (Arbeitnehmers) kann mit einer Frist von vier Wochen zum Fünfzehnten oder zum Ende eines Kalendermonats gekündigt werden.
(2) Für eine Kündigung durch den Arbeitgeber beträgt die Kündigungsfrist, wenn das Arbeitsverhältnis in dem Betrieb oder Unternehmen

1. zwei Jahre bestanden hat, einen Monat zum Ende eines Kalendermonats,
2. fünf Jahre bestanden hat, zwei Monate zum Ende eines Kalendermonats,
3. acht Jahre bestanden hat, drei Monate zum Ende eines Kalendermonats,
4. zehn Jahre bestanden hat, vier Monate zum Endes eines Kalendermonats.

Es gelten allerdings nur Betriebszugehörigkeiten ab dem 25. Lebensjahr.

§ 623 Schriftform der Kündigung

Die Beendigung von Arbeitsverhältnissen durch Kündigung oder Auflösungsvertrag bedürfen zu ihrer Wirksamkeit der Schriftform; die elektronische Form ist ausgeschlossen.

L? 6.9 Lernaufgabe

Frau Hauser hatte der Druckerei Peters & Söhne GmbH den Auftrag erteilt, für den Tag der offenen Tür am 18. April d. J. einen Prospekt über unser Warensortiment zu drucken. Die Druckerei sicherte eine Lieferung zum 8. April d. J. zu. Als die versprochene Ware am 9. April nicht vorlag, wurde die Druckerei Peters & Söhne GmbH aufgefordert, bis zum 11. April d. J. die Leistung zu erbringen.

Nachdem auch diese Frist fruchtlos verstrichen war, musste Frau Schulte die Prospekte bei einer anderen Druckerei anfertigen lassen. Die Preisdifferenz zu dem Angebot der Druckerei Peters & Söhne GmbH lag bei 174,92 €.

Was ist zu tun, wenn der Vertragspartner die versprochene Leistung nicht erbracht hat?

A! Arbeitsauftrag

Zeit: ___________

Einzelarbeit

1. **Markieren** Sie alle wichtigen Informationen in der Lernaufgabe.
2. **Lesen** Sie den Informationstext durch und **markieren** Wichtiges.
3. **Formulieren** Sie ein Schreiben an die Druckerei Peters & Söhne GmbH, Postfach 9 35 66, 54497 Morbach. **Verweisen** Sie darin auf den Gesetzestext.
4. **Entscheiden** Sie, ob eine bestimmte Versendungsform sinnvoll ist.
5. **Drucken** Sie Ihr Dokument aus.

Gruppenarbeit (Kreisbrief) – während der nicht gesprochen oder rückgefragt wird!

6. **Geben** Sie Ihren Brief und ein leeres Blatt mit Ihrem Namen dem/der von Ihnen rechts sitzenden Schüler/-in.
7. **Lesen** Sie den Brief gewissenhaft durch und **notieren** Sie auf dem leeren Blatt Ihren Kommentar hinsichtlich:
   - Rechtschreibung
   - Gestaltung
   - Formulierung
   - Normung
   - inhaltlicher Vollständigkeit
   - gesetzlicher Korrektheit
8. **Unterschreiben** Sie Ihren Kommentar und reichen ihn mit dem Brief im Uhrzeigersinn weiter.

Einzelarbeit

9. **Reagieren** Sie auf die Kommentare Ihrer Mitschüler/-innen, fragen Sie ggf. nach und überarbeiten Sie Ihr Schreiben.

Plenum

10. **Präsentieren** Sie Ihren Geschäftsbrief hinsichtlich der zu kommentierenden Aspekte.

Schadenersatz

Auszug aus dem Bürgerlichen Gesetzbuch (BGB)

§ 241 Pflichten aus dem Schuldverhältnis. (1) Kraft des Schuldverhältnisses ist der Gläubiger berechtigt, von dem Schuldner eine Leistung zu fordern. Die Leistung kann auch in einem Unterlassen bestehen.

...

§ 281 Schadensersatz statt der Leistung wegen nicht oder nicht wie geschuldet erbrachter Leistung. (1) Soweit der Schuldner die fällige Leistung nicht oder nicht wie geschuldet erbringt, kann der Gläubiger unter den Voraussetzungen des § 280 Abs. 1 Schadensersatz statt der Leistung verlangen, wenn er dem Schuldner erfolglos eine angemessene Frist zur Leistung oder Nacherfüllung bestimmt hat.

§ 280 Schadensersatz wegen Pflichtverletzung. (1) Verletzt der Schuldner eine Pflicht aus dem Schuldverhältnis, so kann der Gläubiger Ersatz des hierdurch entstehenden Schadens verlangen. Dies gilt nicht, wenn der Schuldner die Pflichtverletzung nicht zu vertreten hat.

L? 6.10 Lernaufgabe

Der Bürobedarf Hauser & Schulte möchte neue Funktionsschreibtische für die Verkaufsabteilung bestellen. Für die Unterbringung der Arbeitsplatzregistratur sollen zusätzlich Unterstellcontainer angeschafft werden. Als Auszubildende(r) soll ich nun bei mehreren Anbietern ein Angebot einholen.

Der Text ist bei jedem Brief gleich; lediglich die Anschrift und die Anrede sind unterschiedlich. Meine Vorgesetzten erwarten von mir, dass ich meine Arbeit effektiv (wirtschaftlich und zeitsparend) erledige.

Wie schreibe ich effektiv eine gleichlautende Anfrage an mehrere Anbieter?

A! Arbeitsauftrag

Zeit: ___________

Einzelarbeit

1. **Öffnen** Sie die Briefmaske Hauser & Schulte.
2. **Geben** Sie zunächst nur die blau schattierten Informationen in die Briefmaske ein.
3. **Speichern** Sie den Brief unter Anfrage ab.

Anbieter	Möbelhaus Walter Eberle, Postfach 4 34 93, 54290 Trier Möbel-Shop, Rheinallee 4, 56068 Koblenz Das Büroeinrichtungshaus, Johanniterufer, 55411 Bingen
Unser Zeichen	ha-(Ihr eigenes Kurzzeichen)
Name	eigener Name
Telefon	0651 487-1340
Telefax	0651 487-1345
E-Mail	shauser@hauser-schulte.de
Datum	15.05.20..
Betreff	selbst formulieren
Anrede	selbst formulieren
Brieftext Gliedern Sie den Text sinngemäß und ansprechend	zu unserem diesjährigen Informationstag unter dem Motto „Effektivität und Sicherheit – der Fortschritt ist nicht aufzuhalten" möchten wir unsere Kunden in einem modern und funktional eingerichteten Verkaufsraum empfangen. Zur Erweiterung unserer Büroeinrichtung bitten wir um ein ausführliches Angebot über vier Hängeregistraturschränke aus Stahl, doppelbahnig und mit drei Schubladen. Von großem Interesse sind für uns außer den Preisen auch Ihre Lieferungs- und Zahlungsbedingungen. Zudem müssten die Schränke innerhalb der nächsten zwei Wochen geliefert werden. Für eine rasche Antwort wären wir dankbar.
Gruß	Freundliche Grüße
Briefabschluss	Bürobedarf Hauser & Schulte
Unterzeichner	Da Frau Hauser verreist ist, sollen Sie den Brief „im Auftrag" unterschreiben.

- 2 -

4. **Informieren** Sie sich zum Thema Serienbrief.
5. **Erstellen** Sie einen Ablaufplan.

Kugellager an einem PC

Partner A (sitzt links am PC)	Partner B (sitzt rechts am PC)
6. **Demonstrieren** Sie – bis zum Signal der Lehrkraft – Ihrem Partner die Arbeitsschritte beim Erstellen eines Serienbriefes.	6. **Hören** Sie – bis zum Signal der Lehrkraft – aufmerksam zu und ergänzen Sie ggf. Ihren Ablaufplan.
7. **Hören** Sie – bis zum Signal der Lehrkraft – aufmerksam zu und ergänzen Sie ggf. Ihren Ablaufplan.	7. **Fassen** Sie – bis zum Signal der Lehrkraft – zusammen, was Ihr Partner A erzählt hat, und fügen Sie hinzu, was Sie sich darüber hinaus noch notiert haben.
8. **Schließen** Sie Ihren Brief ohne zu speichern und wechseln Sie zum nächsten PC und setzen sich rechts daran, um mit dem neuen Lernpartner A zu arbeiten.	8. **Rücken** Sie einen Stuhl weiter, um links am PC zu sitzen und mit dem neuen Lernpartner B zu arbeiten.

Partner A (sitzt links am PC)	Partner B (sitzt rechts am PC)
9. **Demonstrieren** Sie – bis zum Signal der Lehrkraft – Ihrem Partner die Arbeitsschritte beim Erstellen eines Serienbriefes.	9. **Hören** Sie – bis zum Signal der Lehrkraft – aufmerksam zu und ergänzen Sie ggf Ihren Ablaufplan.
10. **Hören** Sie – bis zum Signal der Lehrkraft – aufmerksam zu und ergänzen Sie ggf. Ihren Ablaufplan.	10. **Fassen** Sie – bis zum Signal der Lehrkraft – zusammen, was Ihr Partner A erzählt hat und fügen Sie hinzu, was Sie sich darüber hinaus noch notiert haben.
	11. **Schließen** Sie Ihren Brief ohne zu speichern.

Einzelarbeit

12. **Nutzen** Sie die Funktion Serienbrief, um Ihre Anfrage an drei Anbieter zu richten und tragen Sie die restlichen Angaben (siehe nicht schattierte Felder) ein.
13. **Speichern** Sie den Brief unter dem gleichen Dateinamen „Renovierung" ab.

Plenum

14. **Präsentieren** Sie Ihren Brief und beantworten dabei ausführlich die gestellte Leitfrage.

L? 6.11 Lernaufgabe

In der heutigen Woche sind die drei Angebote zu meiner Anfrage eingegangen. Da Frau Hauser sich noch auf Geschäftsreise befindet, bittet sie mich am Telefon, die Angebote auszuwerten und ihr einen übersichtlichen Angebotsvergleich bei ihrer Rückkehr vorzulegen. Die Bestellung beim günstigsten Anbieter bereite ich schon vor.

Wie finde ich den günstigsten Anbieter heraus?

A! Arbeitsauftrag

Zeit: ___________

Einzelarbeit

1. **Sichten** Sie die drei Angebote.
2. **Erstellen** Sie in Excel folgendes Kalkulationsschema:

Angebotsvergleich						
Artikel	4 Hängeregistraturschränke aus Stahl					
Anbieter	Möbelhaus Walter Eberle		Möbel-Shop		Das Büroeinrichtungshaus	
Preis/Stück						
Abnahmemenge						
Preis gesamt						
Rabatt						
Zieleinkaufspreis						
Skonto						
Lieferkosten						
Bezugspreis						

3. **Tragen** Sie in die hellblau schattierten Felder die Werte aus den drei Angeboten ein.
4. **Berechnen** Sie in den dunkelblau schattierten Feldern die Werte.
5. **Formatieren** Sie die Tabelle ansprechend.
6. **Kennzeichnen** Sie für Ihre Vorgesetzte deutlich, welcher Anbieter den Auftrag erhalten sollte.
7. **Schreiben** Sie die Bestellung an den günstigsten Anbieter.

Partnerarbeit

8. **Vergleichen** Sie Ihre Ergebnisse und korrigieren Sie ggf.

Plenum

9. **Präsentieren** Sie Ihr Ergebnis im Hinblick auf die oben gestellte Leitfrage.

Angebot auswerten

Möbelhaus
Walter Eberle

Möbelhaus Walter Eberle – Am Torbogen 34 – 54290 Trier

Ihr Zeichen: ha-..
Ihre Nachricht vom: 15.05.20..
Unser Zeichen: eb-gl
Unsere Nachricht vom:

Bürobedarf
Hauser & Schulte
Frau Sabrina Hauser
Balduinstr. 15
54290 Trier

Name: Walter Eberle
Telefon: 0651 3456-11
Telefax: 0651 7899
E-Mail: eberle_w@t-online.de

Datum: 19.05.20..

Angebot über Hängeregistraturschränke

Sehr geehrte Frau Hauser,

wir danken Ihnen recht herzlich für Ihre Preisanfrage und freuen uns, Ihnen folgendes Angebot zu unterbreiten:

Pos.	Menge	Bezeichnung	E-Preis	G-Preis
1	4	Hängeregistraturschränke doppelbahnig mit drei auf Teleskop-Auszügen gelagerten Schubladen Stahlkonstruktion	429,99 €	1.719,96 €

Der Preis versteht sich inklusive der zurzeit gültigen Mehrwertsteuer. Wir gewähren Ihnen einen Rabatt von 25 %. Bei Zahlung innerhalb von 8 Tagen können Sie 2 % Skonto einbehalten oder innerhalb von 20 Tagen ohne Abzug zahlen.

Das Mobiliar kann in der nächsten Woche geliefert werden. Sagt Ihnen unser Angebot zu? Wenn Sie Fragen haben, wenden Sie sich bitte direkt an mich unter der Durchwahl 3456-11.

Mit freundlichen Grüßen

Möbelhaus
Walter Eberle

Eberle

Walter Eberle

I! Angebot auswerten

Möbel-Shop

Möbel-Shop – Rheinallee 4 – 56068 Koblenz

Bürobedarf
Hauser & Schulte
Frau Sabrina Hauser
Balduinstr. 15
54290 Trier

Ihr Zeichen: ha-..
Ihre Nachricht vom: 15.05.20..
Unser Zeichen: la-tz
Unsere Nachricht vom:

Name: Kurth Lange
Telefon: 0261 45783
Telefax: 0261 88910
E-Mail: möbelshop@shop.de

Datum: 18.05.20..

Angebot über Hängeregistraturschränke

Sehr geehrte Frau Hauser,

vielen Dank für Ihre Anfrage. Über Ihr Interesse an unseren Erzeugnissen haben wir uns gefreut. Mit diesem Brief erhalten Sie das gewünschte Angebot:

Hängeregistraturschrank aus Stahl mit 3 voll ausziehbaren Schubladen auf Kugelrollen-Teleskopschienen, doppelbahnig, TÜV/GS-geprüft, Stückpreis	399,00 EUR
Lieferkosten (Koblenz – Trier – Koblenz)	50,00 EUR

Im Preis ist die zurzeit gültige Mehrwertsteuer enthalten. Bei einer Abnahmemenge von 3 Hängeregistraturschränken gewähren wir einen Rabatt von 20 %. Wenn Sie die Rechnung innerhalb von 8 Tagen begleichen, können Sie 2 % Skonto abziehen. Sie können auch binnen 20 Tagen ohne Abzug zahlen.

Schon heute freuen wir uns auf Ihren Auftrag und können Ihnen selbstverständlich innerhalb von zwei Wochen die Ware liefern.

Mit freundlichen Grüßen

Möbel-Shop
K. Lange

i. A. Kurth Lange

I! Angebot auswerten

Das Büroeinrichtungshaus

Das Büroeinrichtungshaus – Johanniterufer 2 – 55411 Bingen

Ihr Zeichen: ha-..
Ihre Nachricht vom: 15.05.20..
Unser Zeichen: sch-le
Unsere Nachricht vom:

Bürobedarf
Hauser & Schulte
Frau Sabrina Hauser
Balduinstr. 15
54290 Trier

Name: Nadja Schmitz
Telefon: 06721 4545
Telefax: 06721 4445
E-Mail: bingen_büro@web de

Datum: 20.05.20..

Angebot

Sehr geehrte Frau Hauser,

vielen Dank für Ihr Interesse an unseren hochwertigen Hangeregistraturschränken. Für Ihren Verkaufsraum bieten wir Ihnen die gewünschte Ware an:

> 4 Hängeregistraturschränke aus Stahl mit drei doppelbahnigen Schubladen mit Auszugssperre für höchste Kippsicherheit zum Preis von je 389,00 € (inklusive Mehrwertsteuer)

Für die Lieferung der Ware werden Fahrtkosten von 72,00 € entstehen. Die Rechnung ist zahlbar innerhalb von 10 Tagen. Aufgrund unserer guten Geschäftsbeziehungen gewähren wir einen Rabatt von 20 %.

Dieses Angebot gilt bis einschließlich 20. Juni d. J. Hoffentlich können wir Sie von unserem Preis und der Qualität unserer Ware überzeugen.

Mit freundlichen Grüßen

Schmitz

i. A. Nadja Schmitz

L? 6.12 Lernaufgabe

Eine Werbeaktion steht bevor. Herr Schulte weist mich darauf hin, dass in Werbebriefen ein aussagekräftiger Betreff und die persönliche Anrede wichtig seien, um das Interesse der Kunden zu wecken und sie zum Lesen des Werbebriefes zu bewegen. Er erklärt mir, dass der Werbebrief mit dem Verkäufer zu vergleichen sei. Der Verkäufer begrüße den Kunden persönlich und baue das Verkaufsgespräch auf.

Unseren Großkunden (Sektkellerei Siebert, Kreisverwaltung Trier-Saarburg) sollen zusätzlich im Postskriptum Poststraßen zu einem besonders günstigen Preis von 5.400 EUR angeboten werden, der bei Bestellungen, die bis zum 14. nächsten Monats eingehen, gilt.

Wie schreibe ich individuelle Werbebriefe rationell?

A! Arbeitsauftrag

Beginn: _______ Uhr

Einzelarbeit

1. **Markieren** Sie in der Lernaufgabe, worauf beim Werbebrief zu achten ist.
2. **Erstellen** Sie einen Serienbrief. Speichern Sie Ihre Datenquelle ab. Sie benötigen diese auch für den nächsten Arbeitsauftrag.

Kunden:
Steuerbüro Lehnen & Schmitt, Michael Lehnen, Nordallee 4, 54290 Trier;
Gemeinschaftspraxis Theisgen, Medan & Werle, Sabine Theisgen, Am Mühlenberg 13, 55411 Bingen;
Rechtsanwälte Maier & Partner, Alfred Sonnen, An der Zitadelle 4, 56068 Koblenz;
Sektkellerei Siebert-Castell, Marie Klein, Kueser Plateau 4, 54470 Bernkastel-Kues;
Kreisverwaltung Trier-Saarburg, Hans Weber, Am Domplatz 5, 54290 Trier;

Bezugzeichen:
UZ: sch-(Ihr eigenes Kurzzeichen), Name: Thomas Schulte, Telefon: 0651 487-1347; Telefax: 0651 487-1345;

Text:
Die Basis einer gesunden Ordnung ist ein großer Papierkorb (Kurt Tucholsky). Nein, so sollten Sie Ihre Ablage nicht erledigen. Organisieren Sie bequem Ihre Ablage mit den neuen Schriftgutbehältern *New filing*. Die Serie *New filing* erleichtert Ihnen das schnelle und sichere Ablegen Ihres Schriftgutes mithilfe von Hängemappen, -taschen, -heftern, Juris- und Klemmmappen sowie Ordnern. Dazu bieten wir Ihnen Beschriftungszubehör und farbige Stecksignale an. Wir unterbreiten Ihnen folgendes Angebot: Hängemappen, -taschen, -hefter, (Verpackungseinheit 30 Stück), Preis: 45 €, Juris- und Klemmmappen (Verpackungseinheit 10 Stück), Preis: 18 €, Ordner (Verpackungseinheit 5 Stück), Preis: 4,99 €. Das Angebot gilt bis zum 14. des nächsten Monats. Alle Vorteile dieser neuen Serie finden Sie in der Informationsbroschüre. Haben Sie noch Fragen? Rufen Sie uns an – unsere Verkäufer beraten Sie gerne vor Ort und empfehlen Ihnen das passende Material.

3. **Reden** Sie die Kunden individuell an. Informieren Sie sich im Funktionsteil: Serienbrief – Bedingungsfeld.
4. **Bieten** Sie den Großkunden Poststraßen an, und zwar im Postskriptum (durch eine Leerzeile abgesetzt unter dem Namen des Unterzeichners).

Plenum

5. **Präsentieren** Sie Ihren Werbebrief hinsichtlich der Formulierung des Betreffs, der persönlichen Anrede, des Postskriptums und der Absatzgestaltung.
6. **Drucken** Sie den Serienbrief mit den Feldnamen und die Datenquelle aus.

L? 6.13 Lernaufgabe

Herr Schulte betreut seine Kunden in der näheren Umgebung selbst. Er achtet auf eine gute Kundenbeziehung und besucht einmal im Quartal seine Stammkunden. Sie sollen seinen Besuch in der 22. Kalenderwoche ankündigen und um eine kurze Bestätigung des Besuchstermins bitten.

.

Wie filtere ich aus der Kundendatei bestimmte Adressen heraus?

A! Arbeitsauftrag

Einzelarbeit **Beginn: _______ Uhr**

1. **Erstellen** Sie den Serienbrief.
2. **Greifen** Sie dabei auf Ihre Datenquelle aus dem vorangegangenen Arbeitsauftrag zurück. **Ergänzen** Sie die Kundendatei: Die Architekten, Peter Sudolsky, Veldenzer Str. 42, 54486 Wintrich
3. **Füllen** Sie selbstständig den Informationsblock bzw. die Bezugszeichenzeile aus. Der Brieftext lautet:

   Der Kontakt zu unseren Kunden ist uns wichtig. Gerne würde ich Ihnen in einem Gespräch aufzeigen, welche technischen Erneuerungen die digitalen Kopiersysteme zu bieten haben. Sie sind die idealen Allrounder, da sie nicht allein zum Kopieren, sondern auch als Netzwerkdrucker genutzt werden können. Füllen Sie, << Empfänger persönlich ansprechen >>, bitte den Antwortzettel aus, damit ich Sie antreffe. Bitte faxen Sie uns Ihren Besuchswunsch zu. Danach rufe ich Sie an, um den Termin zu bestätigen.

   .... *Faxantwort (0651 487-1345)* ....

   Bitte besuchen Sie mich in der 22. Kalenderwoche

gewünschter Wochentag	*gewünschte Uhrzeit*
☐ am Montag	☐ 09:00 – 12:00 Uhr
☐ am Dienstag	☐ 14:00 – 17:00 Uhr
☐ am Donnerstag	

   ☐ Bitte vereinbaren Sie mit mir einen anderen Termin.

   ____

   (Unterschrift)

4. **Wählen** Sie aus Ihrer Kundendatei lediglich die Kunden aus, deren Postleitzahl mit den Ziffern 54 beginnt. **Informieren** Sie sich im Funktionsteil zum Thema „Serienbrief – Filtern".

Partnerarbeit

5. **Kontrollieren** Sie sich gegenseitig im Hinblick auf Normung, Gestaltung, Formulierung des Betreffs und den Einsatz der Funktion „Filtern"
6. **Optimieren** Sie ggf. Ihr Ergebnis.

Plenum

7. **Präsentieren** Sie Ihren Brief hinsichtlich der im 5. Arbeitsschritt genannten Punkte.

L? 6.14 Lernaufgabe

E-Mails sind ein preisgünstiges Mittel, um mit vielen Kunden stetigen Kontakt zu halten. Themen und Anlässe für solche Mitteilungen gibt es reichlich: Ankündigungen von Neuheiten, Einladungen zu Fachmessen, Sonderangebote etc. Bei E-Mails gilt genauso wie bei Briefen, dass der Empfänger eher die Informationen liest, wenn er persönlich angesprochen wird. Bisher hat der Bürobedarf Hauser & Schulte einfache Serien-E-Mails ohne personalisierte Anrede verschickt. Nun soll ich eine E-Mail-Nachricht erstellen, bei der jeder Empfänger eine E-Mail mit persönlicher Anrede erhält. Ein Nachteil dieser Funktion ist: Es können zurzeit noch keine Anhänge mitgesendet werden.

Wie erstelle ich einen E-Mail-Serienbrief mit personalisierter Anrede?

A! Arbeitsauftrag

Beginn: _______ Uhr

Einzelarbeit

1. **Erstellen** Sie eine E-Mail als Serienbrief. **Informieren** Sie sich im Hilfemenü.
2. **Schreiben** Sie den folgenden Brieftext:

   Der japanische Elektronikkonzern Shushitu hat am gestrigen Dienstag den Rückruf von 6 000 Notebook-Batterien für die Geräte *Let's Note CF-W4G* bekannt gegeben. Der betroffene Akku des Notebooks *Let's Note CF-W4G* wurde Angaben des Unternehmens zufolge auch in Deutschland verkauft. Es besteht bei den defekten Geräten die Gefahr der Überhitzung. Shushitu stuft das Risiko als „eher gering" ein, führt die Aktion jedoch vorsichtshalber durch. Bislang gibt es drei bekannte Zwischenfälle. Der Hersteller bietet eine kostenlose Untersuchung und den Austausch des Akkus an. Die noch in Ihrem Sortiment befindlichen Notebooks der Serie *Let's Note CF-W4G* und die von den Kunden reklamierten Geräte senden Sie bitte an Shushitu International, Postfach 4 44 89, 20095 Hamburg zurück.
3. **Beachten** Sie, dass bei E-Mails zusätzlich zu dem üblichen Briefabschluss – durch eine Leerzeile abgesetzt die Kommunikationsangaben wie Telefon, Telefax, E-Mail- und Internetadresse bekannt gegeben werden sollten (siehe Angaben dazu im Firmenporträt – dritte Lernsituation).
4. **Ergänzen** Sie in Ihrer Datenquelle die E-Mail-Adressen der Kunden, die wie folgt lauten:
   - Steuerbüro Lehnen & Schmitt: steuerbuero@trier.info.de
   - Gemeinschaftspraxis Theisgen, Medan & Werle: aerzte@theisgen.t-online.de
   - Rechtsanwälte Maier & Partner: rae_maier@koblenz-info.de
   - Sektkellerei Siebert-Castell: info@siebert-castell.de
   - Kreisverwaltung Trier-Saarburg: kv@trier-saarburg.de
   - Die Architekten: gestaltung@wintrich.de

> Für die Übertragung von E-Mails aus dem Seriendruck muss ein E-Mail-Programm (z. B. Outlook) installiert sein.

Partnerarbeit

5. **Kontrollieren** Sie die Serienbrief-E-Mail gegenseitig, und zwar hinsichtlich des Betreffs, der Anrede, der Textgliederung und des Briefabschlusses.

Plenum

6. **Präsentieren** Sie Ihr Ergebnis.
7. **Diskutieren** Sie darüber, welche geschäftliche Serienbrief-Korrespondenz traditionell per Post und welche per E-Mail verschickt werden sollte.

L? 6.15 Lernaufgabe

Dem Autohaus Göbel & Krass KG wurde ordnungsgemäß die bestellte Ware geliefert. In der Akte „Autohaus Göbel & Krass KG" befinden sich Anfrage, Bestellung, Angebot und der Lieferschein. Nachdem ich die Akte Herrn Schulte vorgelegt habe, bittet er mich, den Vorgang selbstständig weiter zu bearbeiten.

Bei meiner alltäglichen Büroarbeit muss ich meine Arbeit auch unter Stress (z. B. häufige Unterbrechung durch Telefonate, Kundenbesuche etc.) in einer angemessenen Zeit erledigen. Das nun zu schreibende Schriftstück möchte ich möglichst rasch erstellen, damit mein Vorgesetzter erkennt, dass ich belastbar bin und effizient arbeiten kann.

Wie schreibe ich Rechnungen rationell?

A! Arbeitsauftrag

Einzelarbeit — **Beginn: ________ Uhr**

1. **Sichten** Sie den Lieferschein und markieren Sie die Daten, die für die Rechnung benötigt werden.
2. **Notieren** Sie die jetzige Uhrzeit, um nachher festzustellen, wie lange Sie für das Erstellen des Geschäftsbriefes benötigt haben.

Partnerarbeit

3. **Erstellen** Sie entsprechend dem Lieferschein (Positionen 1 bis 3) eine Excel-Tabelle.
4. **Führen** Sie die Berechnungen durch. Gewähren Sie einen Rabatt von 25 %.
5. **Speichern** Sie Ihre Arbeitsmappe unter *Rechnung Autohaus Göbel & Krass* ab.
6. **Öffnen** Sie in Ihrem TV-Programm die Briefmaske Hauser & Schulte.
7. **Schreiben** Sie folgenden Brieftext und geben als Datum den 03.06.20.. an:

> Vielen Dank für Ihre Bestellung vom 26.05.20.. Die Waren wurden Ihnen pünktlich am 02.06.20.. geliefert. Daraus ergibt sich folgende Rechnung: Diese Rechnung wird 30 Tage nach Rechnungsdatum fällig. Innerhalb der nächsten 8 Tage gewähren wir Ihnen 2 % Skonto. Wir bedanken uns für Ihr Vertrauen und freuen uns auf den nächsten Auftrag.

8. **Verknüpfen** Sie die in Ihrem Kalkulationsprogramm erstellte Rechnung mit Ihrem TV-Dokument.
9. **Fügen** Sie Ihre Tabelle an entsprechender Stelle ein. (Welchen Vorteil bietet die Verknüpfung von Ihrem Kalkulationsprogramm mit Ihrem TV-Programm? – Beantworten Sie die Frage in Ihrer Präsentation.)
10. **Speichern** Sie Ihr TV-Dokument unter *Rechnung Autohaus Göbel & Krass* ab.
11. **Schauen** Sie auf die Uhr und notieren Sie die Bearbeitungszeit für dieses Schriftstück.

Ende: ________ Uhr
Bearbeitungsdauer: ________ Min

Plenum

12. **Präsentieren** Sie Ihr Ergebnis im Hinblick auf die oben gestellte Leitfrage, erläutern Sie die Vorgehensweise, die Bestandteile der Rechnung und geben Sie die Bearbeitungsdauer an.

Lieferschein

Bürobedarf Hauser & Schulte

Bürobedarf Hauser & Schulte – Balduinstraße 15 – 54290 Trier

Autohaus
Göbel & Krass
Herrn Michael Bitter
Postfach 17 21
54550 Daun

Ihr Zeichen: bi-kl
Ihre Nachricht vom: 26.05.20..
Unser Zeichen: sch-um
Unsere Nachricht vom: 23.05.20..

Name: Herr Schulte
Telefon: 0651 487-1347
Telefax: 0651 487-1345
E-Mail: shauser@hauser-schulte.de

Datum: 02.06.20..

Lieferschein

Unsere Auftrags-Nr.	Lieferschein-Nr.
3075803	70010
Versandart LKW	Lieferdatum 02.06.20..

Versandanschrift/Warenempfänger

Autohaus Göbel & Krass KG, An der Bahn 24, 54550 Daun

Pos.	Artikel-Nr.	Bezeichnung der Lieferung/Leistung	Menge und Einheit	Preis je Einheit	Betrag
1	80482	FocusX22 Projektor Kontrast: 2 000 zu 1 ANSI Lumen: 1 600 Gewicht: 3,1 kg	2	699,00 €	
2	42703	LCD-TV Panel 21 21"-LCD-Bildschirm	4	899,00 €	
3	13789	Projektorwagen mit Rollen aus Birkenholz mit Glasplatte	2	279,00 €	
		+ .. % Mehrwertsteuer			

Waren ordnungsgemäß erhalten: **Michael Bitter**

L? 6.16 Lernaufgabe

Nachdem ich am 3. Juni 20.. dem Autohaus Göbel & Krass KG die Rechnung zugesandt habe, legte ich mir die Akte zum 5. Juli 20.. auf Wiedervorlage, da die Rechnung innerhalb von 30 Tagen beglichen werden sollte.

Am 5. Juli 20.. prüfe ich nach, ob der Rechnungsbetrag von 6.440,32 € eingegangen ist. Frau Meier aus der Buchhaltung gibt an, dass das Autohaus Göbel & Krass bislang nicht gezahlt hat.

Da es häufiger vorkommt, dass Kunden nicht zahlen, überlege ich mir, wie ich diesen Schriftverkehr möglichst zeitsparend erledigen kann.

Wie erstelle ich häufig wiederkehrende Schriftstücke rationell, unter anderem auch solche, die auf eine unbezahlte Rechnung folgen?

A! Arbeitsauftrag

Zeit: ___________

Einzelarbeit

1. **Sichten** Sie das Texthandbuch.
2. **Erfassen** Sie alle Textbausteine zu dem Thema „Mahnung“ (siehe Funktionsteil).
3. **Notieren** Sie in einem Schreibauftrag die Textbausteine, die bei der Bearbeitung des oben genannten Vorgangs verwendet werden sollten.
4. **Füllen** Sie den Schreibauftrag komplett aus.

Partnerarbeit

5. **Vergleichen** Sie Ihre Schreibaufträge untereinander.

Einzelarbeit

6. **Schreiben** Sie den Brief.

Plenum

7. **Präsentieren** Sie Ihr Ergebnis im Hinblick auf die oben gestellte Leitfrage. Für welche beruflichen Situationen können Sie sich vorstellen, Ihre Arbeit mit einem Texthandbuch zu erleichtern?

Das Texthandbuch

Texthandbücher sind Sammlungen von Textbausteinen, gegliedert in Themenbereiche. Die Textbausteine sind einzelne Dokumente, die in den Schreibaufträgen zur Erstellung von beliebigen Dokumenten zusammengestellt werden. Ein Baustein besteht aus einer Nummer, dem eigentlichen Text mit ggf. variablen Einfügungen { } (Strg F9) und einer Beschreibung. Die variablen Textstellen { } werden nach dem Aufrufen der Bausteine mit F11 angesteuert.

Texthandbuch

Bürobedarf
Hauser & Schulte

Thema: **Mahnung**

Nr.	Text	Beschreibung
ma01	Zahlungserinnerung	Betreff
ma02	2. Zahlungserinnerung	
ma03	Sehr geehrte Damen und Herren,	Anrede
ma04	Sehr geehrte Frau { },	
ma05	Sehr geehrter Herr { },	
ma06	Sie haben wohl übersehen, unsere Rechnung vom { } über { } wie vereinbart innerhalb von { } Tagen zu begleichen.	Erinnerung
ma07	obgleich das Ihnen eingeräumte Zahlungsziel von { } Tagen abgelaufen war, haben Sie unsere Rechnung vom { } über { } noch nicht bezahlt.	
ma08	am { } erinnerten wir Sie daran, dass unsere Rechnung vom { } noch offen ist. Wir setzen Ihnen nunmehr letztmalig für den Betrag von { } eine Zahlungsfrist bis zum { }.	
ma09	Wir hoffen, dass Sie unserer Bitte um Zahlung bis zum { } nachkommen, damit unser gutes Einvernehmen erhalten bleibt.	Aufforderung
ma10	Seit Längerem unterhalten wir gute Geschäftsbeziehungen mit Ihnen, und Sie haben unsere Rechnungen immer pünktlich beglichen. Wahrscheinlich haben Sie die Fälligkeit unserer Rechnung übersehen. Bitte bringen Sie die Angelegenheit bis { } in Ordnung.	
ma11	Sollten Sie Ihren Verpflichtungen nicht innerhalb der gesetzten Frist nachkommen, werden wir das gerichtliche Mahnverfahren gegen Sie einleiten.	

I! Der Schreibauftrag

Das Formular eines Schreibauftrages erleichtert die Arbeit, sämtliche Informationen für die individuelle Erstellung eines Briefes nach Textbausteinen zusammenzustellen. So wird die inhaltliche und formale Qualität der Schriftstücke optimiert.

Sicher muss das Formular eines Schreibauftrages individuell nach den Bedürfnissen der einzelnen Firma aufgebaut werden.

Schreibauftrag	Bürobedarf Hauser & Schulte
Anschrift	Ihr Zeichen:
	Ihre Nachricht vom:
	Unser Zeichen:
	Unsere Nachricht vom:
	Name:
	Telefon: 0651 487-
	Telefax: 0651 487-
	E-Mail:
Textbaustein-Nr.	Einfügung
Anlage/n:	Datum:
Verteiler:	Unterzeichner:

L? 6.17 Lernaufgabe

Zum Kundenstamm des Bürobedarfs Hauser & Schulte zählen auch Englisch sprechende Kunden. Bei meiner Einstellung wurden Sprachkenntnisse vorausgesetzt.

Bei der Prüfung der noch nicht bezahlten Rechnungen stoße ich auf eine Rechnung an einen Kunden, der ausschließlich Englisch spricht.

Wie korrespondiere ich bequem in einer anderen Sprache?

A! Arbeitsauftrag

Zeit: ___________

Einzelarbeit

1. **Sichten** Sie das Texthandbuch „Reminder" und die Rechnung an Herrn McDonald.
2. **Erfassen** Sie alle Textbausteine zu dem Thema „Reminder".
3. **Notieren** Sie in einem Schreibauftrag die Textbausteine, die zur Bearbeitung dieses Vorgangs verwendet werden sollten und die erforderlichen Einfügungen.
4. **Informieren** Sie sich im Internet über die amerikanische Schreibweise des Datums.
5. **Füllen** Sie den Schreibauftrag komplett (Anschrift, Infoblock ...) aus.

Partnerarbeit

6. **Vergleichen** Sie Ihre Schreibaufträge.

Einzelarbeit

7. **Schreiben** Sie den Brief entsprechend dem Schreibauftrag.
8. **Orientieren** Sie sich beim Aufbau des englischsprachigen Briefes an der Rechnung (Anrede, Betreffzeile, Brieftext).

Partnerarbeit

9. **Kontrollieren** Sie die Zahlungserinnerung Ihres Partners. Ist der Briefabschluss korrekt? Wurden die Textbausteine orthografisch korrekt eingegeben? Ist die Schreibweise des Datums richtig?
10. **Überarbeiten** Sie ggf. Ihre Zahlungserinnerung und **drucken** Sie sie aus.

Plenum

11. **Hängen** Sie Ihre Zahlungserinnerungen im Unterrichtsraum auf, und zwar gruppiert nach den Tandems, die vorher zusammengearbeitet haben.
12. **Kontrollieren** Sie die beiden Ergebnisse eines anderen Tandems.

Das Texthandbuch

Im Texthandbuch „Reminder" sind die Bausteine des Texthandbuches zum Thema „Mahnung" ins Englische übersetzt.

Texthandbuch

Bürobedarf
Hauser & Schulte

Thema: **Reminder**

Nr.	Text	Beschreibung
ma01e	Payment reminder	Betreff
ma02e	Second payment reminder	
ma03e	Dear Sirs,	Anrede
ma04e	Dear Mrs { },	
ma05e	Dear Mr { },	
ma06e	possibly you have overlooked our due invoice dated { } stating a ballance amount of { }. The agreed payment deadline was within { } days.	Erinnerung
ma07e	even though the agreed credit term of { } days has expired, we have not received your payment of our invoice dated { } stating amount due { }.	
ma08e	we have sent out a payment reminder dated { }. This final payment reminder states that payment is due no later than { }.	
ma09e	We trust that the outstanding amount will be paid by { } and hope to continue our previous business relationship.	Aufforderung
ma10e	Since our previous business relationship was always good and you always paid your invoices on time, we are assuming you overlooked the due date of this invoice. We trust payment will be taken care of by { }.	
ma11e	Failing to pay within the stated term we will conduct the legal dunning procedure.	

Reminder

Bürobedarf Hauser & Schulte • Postfach 1 23 • 54207 Trier

Mr Ronald McDonald
Kasernenstr. 14
66877 Ramstein

Ihr Zeichen:
Ihre Nachricht vom:
Unsere Zeichen: sch-az
Unsere Nachricht vom: 13.09.20..

Name: Katja Musterfrau
Telefon: 0651 487-134
Telefax: 00651 487-1345
E-Mail: tschulte@hauser-schulte.de

Datum: 9-16-20..

Subjekt: Invoice no. 1345
Delivery dated 9-13-20.. delivery note no. 92832

Dear Mr McDonald,

Our shipment included:

1	Multimedia PC 947	799,00 EUR
1	Lepson Stylus D95 printer	149,99 EUR
		948,99 EUR

In the amount shown VAT is included. Please remit payment latest by

September 30th 20..

to the account stated below.

Thank you for choosing *Bürobedarf Hauser & Schulte*. We are looking forward to a further prosperous business relationship and hope to meet your standards.

Yours sincerely

Bürobedarf
Hauser & Schulte

i. A. Katja Musterfrau

I! Der Schreibauftrag

Die Schreibweise des amerikanischen Datums führt weltweit immer wieder zu Verwirrungen, denn aus internationaler Sicht kann die numerische Schreibweise, z. B. 3-12-2009 leicht falsch gedeutet werden.

3-12-2009

In den USA wird in der klassischen Schreibweise, die noch sehr verbreitet ist, der Monat dem Tag vorangestellt! Deshalb bedeutet 3-12-2009 gleich 12. März 2009. Eine andere amerikanische Schreibweise ist da die Variante, dass der Monat ausgeschrieben wird: March 12, 2009. Letzteres ist auch die gebräuchliche Sprechweise.

oder

March 12, 2009

Schreibauftrag	*Bürobedarf Hauser & Schulte*
Anschrift	Ihr Zeichen:
	Ihre Nachricht vom:
	Unser Zeichen:
	Unsere Nachricht vom:
	Name:
	Telefon: 0651 487-
	Telefax: 0651 487-
	E-Mail:
Textbaustein-Nr.	Einfügung
Anlage/n:	Datum:
Verteiler:	Unterzeichner:

L? 6.18 Lernaufgabe

Zum jährlichen Informationstag sollen alle Kunden eingeladen werden. Herr Schulte beauftragt mich, die Einladung mit Anmeldeformular zu schreiben. Natürlich achte ich auch hier wiederum auf das Zeitmanagement.

Wie erstelle ich effizient Einladungen mit Antwortschreiben an unseren Kundenstamm?

A! Arbeitsauftrag

Zeit: ____________

Einzelarbeit

1. **Öffnen** Sie die Briefmaske Hauser & Schulte.
2. **Schreiben** Sie folgenden Brieftext:

> Wie in jedem Jahr möchten wir Sie auch im Jahr 20... über neue technische Entwicklungen für Ihr Unternehmen informieren. Wir laden Sie zu der Veranstaltung InfoTage des Bürobedarfs Hauser & Schulte am 15. und 16. Juli 20.. jeweils von 11:00 bis 18:00 Uhr in unserem Hause ein. An beiden Tagen präsentieren wir Ihnen neue Produkte und Lösungen zu den Themen: „Effektives Handeln" und „Sicherheit für Ihr Unternehmen". Melden Sie sich bitte mit dem beigefügten Anmeldeformular zu den Info-Tagen an. Bei Fragen stehen wir Ihnen gerne zur Verfügung, und zwar telefonisch unter 0651 487-1340 oder per E-Mail: shauser@hauser-schulte.de. Wir freuen uns schon heute, Sie am 15. oder 16. Juli d. J. zu der Präsentation interessanter Produkte und Lösungen begrüßen zu dürfen.

3. **Bereiten** Sie das Versenden der Einladung an fünf Geschäftskunden aus Ihrer Kundendatei vor.

   Spedition Richard Lange, Frau Claudia Reichertz, Nordallee 4, 54290 Trier
   Autohaus Gerhards & Meier GmbH, Herrn Alfred Gerhards, Klinkstr. 8, 55743 Idar-Oberstein
   Die Einrichter, Herrn Paul Weber, Schillerstr. 56, 54329 Konz
   Das tapfere Schneiderlein, Frau Sylvia Kronacher, Am Neuberg 21, 56841 Traben-Trarbach
   Immobilienbüro, Herrn Peter Kampf, Weingartenstr. 2, 54470 Bernkastel-Kues
4. **Speichern** Sie den Brief unter „Einladung" ab.

Partnerarbeit

5. **Gestalten** Sie das Anmeldeformular auf einem A4-Blatt, das der Einladung beigefügt wird. Folgende Informationen sollten darin enthalten sein:
   - Titel (Info-Tage), Thema, Termin der Veranstaltung

...

- Themen der Info-Tage werden sein:

  Ideen intelligent kommunizieren
  SMARTY Board – Intelligente Tafeln
  Wir zeigen Ihnen, wie SMARTY Lösungen Ihre Meetings, Präsentationen und Schulungen effektiver machen können.

  Das papierlose Büro
  Elektronische Archivierung mit OPB. Intelligente, unkomplizierte Lösungen für Dokumentenmanagement, Archivierung und Workflow
  Visualisierung sensibler Bereiche

  Kamerasysteme und Aufzeichnungsverfahren
  Schutz von Wertgegenständen und Identifizierung von Personen

- Wegbeschreibung (ggf. Plan aus dem Internet kopieren)
- Anmeldeabschnitt

Faxantwort an: 0651 487-1345

☐ Ja, die Themen interessieren mich/uns. Ich/Wir nehmen mit ________ Person/-en gegen________ Uhr teil.

☐ Ich/Wir haben leider keine Zeit. Bitte senden Sie uns Informationen zu folgenden Themen:

- Präsentationstechnik
- Elektronische Archivierung
- Kamerasysteme
- ________________________________

☒ Bitte vereinbaren Sie mit uns einen Termin.

Absender:

Firma: ______________________

Name: ______________________

Straße: ______________________

PLZ/Ort: ______________________

Telefon: ____________________

E-Mail: ______________________

6. **Klären** Sie ab, wessen Einladungsschreiben präsentiert werden soll.
7. **Hängen** Sie Ihre Ergebnisse (Einladung mit Anmeldeformular) an eine Pinnwand.

Plenum

8. **Bewerten** Sie das Ergebnis eines anderen Tandems, indem Sie die folgenden Aussagen einstufen.

nicht erfüllt ⟵⟶ vollständig erfüllt	1	2	3	4	5	6
Die Regeln der DIN 5008 wurden beachtet.	☐	☐	☐	☐	☐	☐
Die Einladung ist übersichtlich gegliedert.	☐	☐	☐	☐	☐	☐
Wichtige Informationen wurden hervorgehoben.	☐	☐	☐	☐	☐	☐
Die Funktion „Serienbrief" wurde korrekt eingesetzt.	☐	☐	☐	☐	☐	☐
Das Anmeldeformular ist informativ und ansprechend gestaltet.	☐	☐	☐	☐	☐	☐

9. **Berechnen** Sie die Summe und diskutieren Sie mit dem von Ihnen kontrollierten Tandem darüber (zwei Gesprächsrunden).

L? 6.19 Lernaufgabe

Der Bürobedarf Hauser & Schulte hat am 9. Juni 20.. die nachfolgende Stellenanzeige in der regionalen Tageszeitung veröffentlicht. Auf diese Anzeige hin gingen viele Bewerbungen ein.

Der Personalchef hat keine Zeit, sich den Stapel von Bewerbungen anzusehen. Er bittet Sie, die Bewerbungen durchzulesen und im Hinblick auf die geforderten Qualifikationen (siehe Stellenanzeige) auszuwerten.

Sie sollen ihm eine übersichtliche Gegenüberstellung der Bewerber und deren Qualifikationen vorlegen, aus der klar ersichtlich wird, welcher Bewerber für diese Stelle am geeignetsten ist.

Wie können Bewerber-Informationen für den Personalchef übersichtlich dargestellt werden, sodass er schnell erkennt, welcher der geeignetste ist?

A! Arbeitsauftrag

Zeit: ___________

Einzelarbeit

1. **Sichten** Sie die Stellenanzeige und die Bewerbungen.
2. **Entwerfen** Sie ein Raster, um die Qualifikationen der Bewerber gegenüberzustellen.

Partnerarbeit

3. **Vergleichen** Sie Ihr Raster und entscheiden Sie sich für eines.
4. **Tragen** Sie die Qualifikationen der einzelnen Bewerber in die Tabelle ein.
5. **Laden** Sie den favorisierten Kandidaten zu einem Vorstellungsgespräch ein und **schreiben** Sie den anderen Kandidaten eine begründete Absage. **Arbeiten** Sie ökonomisch.

Plenum

6. **Präsentieren** Sie Ihre Gegenüberstellung der Bewerber, Ihr Einladungsschreiben und Ihre begründete Absage.
7. **Reflektieren** Sie die Präsentation:
   - Erkennt der Personalchef, wer der geeignetste Bewerber ist?
   - Enthält das Einladungsschreiben alle organisatorischen Daten?
   - Handelt es sich um eine Standardabsage?
   - Ist es sinnvoll, die Personalbeschaffungskorrespondenz zu rationalisieren?

I! Die Stellenanzeige

Bürobedarf
Hauser & Schulte

Wir

- sind seit mehr als 10 Jahren auf den Verkauf von Büromaterial spezialisiert
- vertreiben eine große Auswahl an Markenartikeln
- bieten unseren Kunden zuverlässigen Service und Qualität
- arbeiten teamorientiert mit hoher Selbstverantwortung
- verbinden Professionalität mit Menschlichkeit und Humor

Sie

- haben eine abgeschlossene Ausbildung als Bürokauffrau/-mann
- verfügen über Erfahrungen im Umgang mit Word und Excel
- besitzen gute englische und französische Sprachkenntnisse
- weisen eine mehrjährige Berufserfahrung auf

Der Erfolg unseres Unternehmens basiert auf der Initiative unserer Mitarbeiter. Modernste Arbeitsplätze, ein sehr gutes Betriebsklima, vorbildliche Sozialleistungen (z. B. Gratifikationen, Sportangebote, Mitarbeiterrabatte, Betriebsfeste etc.) und kontinuierliches Wachstum zeichnen uns als einen der attraktivsten Arbeitgeber in der Region aus. Wenn Sie interessante Perspektiven suchen, dann bewerben Sie sich umgehend bei uns als

Bürokauffrau/Bürokaufmann

und senden Ihre vollständigen Bewerbungsunterlagen an:

Bürobedarf Hauser & Schulte, Balduinstr. 15, 54290 Trier
E-Mail: shauser@hauser-schulte.de
Internet: www.hauser-schulte.de

Bewerbung (1)

Dieter Müller

Waldweg 5
54329 Konz
☎ 06501 4578

Bürobedarf
Hauser & Schulte
Balduinstr. 15
54296 Trier

09.06.20..

Bewerbung als Bürokaufmann

Sehr geehrte Damen und Herren,

ich bewerbe mich um die heute in der regionalen Tageszeitung ausgeschriebene Stelle als Bürokaufmann.

Nach meiner Prüfung zum Bürokaufmann arbeite ich nunmehr seit fünf Jahren beim Verlag Mayer & Co. in Koblenz. Dort habe ich Preis- und Kostenkalkulationen mit Excel durchgeführt. Zudem benutze ich regelmäßig CorelDRAW und PowerPoint. Zurzeit diktiere ich die Korrespondenz. Jedoch werde ich mich sicher rasch in das Textverarbeitungsprogramm Word einarbeiten.

Folgendes noch, um mein Profil zu vervollständigen: Ich besitze gute Englischkenntnisse. Aus privaten Gründen möchte ich wieder in der Nähe meines Wohnortes arbeiten. Ich freue mich auf ein persönliches Gespräch mit Ihnen.

Mit freundlichen Grüßen

Dieter Müller

Anlagen
Lebenslauf mit Foto
Zeugnisse

Bewerbung (2)

Monika Ebstein

Am Weidengraben 12
54296 Trier
Tel. 0651 16732
E-Mail: ebstein_m@web.de

Bürobedarf
Hauser & Schulte
Balduinstr. 15
54296 Trier

11.06.20..

Bewerbung als Bürokauffrau

Sehr geehrte Damen und Herren,

Ihre Anzeige am 9. Juni d. J. in der regionalen Tageszeitung habe ich mit großem Interesse gelesen und bewerbe mich um die Stelle als Bürokauffrau.

Vor meinem Erziehungsurlaub war ich acht Jahre bei der Firma Schmidt & Co. KG tätig, in der ich auch meine Ausbildung zur Bürokauffrau absolviert habe. Ich war dort für die Betreuung ausländischer Kunden zuständig, sodass ich die von Ihnen geforderten Kenntnisse der englischen und französischen Sprache aufweise.

Während des Erziehungsurlaubes besuchte ich zwei EDV-Kurse (Word und Excel), um den Anschluss zum Berufsleben nicht zu verpassen. Meine Tochter habe ich bei einer Tagesmutter untergebracht, sodass ich gern wieder voll ins Berufsleben einsteigen könnte.

Über ein Vorstellungsgespräch würde ich mich sehr freuen.

Mit freundlichen Grüßen

Monika Ebstein

Anlagen
Lebenslauf mit Foto
Zeugnisse

Bewerbung (3)

Katrin Braun – Kloschinskystr. 26 – 54292 Trier

Ihre Anzeige vom: 9. Juni 20..

Telefon: 0651 358061
Telefax: 0651 358062
Mobil: 0151 9830492
E-Mail: kbraun@t-online.de

Datum: 12. Juni 20..

Bürobedarf
Hauser & Schulte
Balduinstr. 15
54296 Trier

Bewerbung als Bürokauffrau

Sehr geehrte Damen und Herren,

Sie suchen eine Bürokauffrau. Ich bewerbe mich um diese Stelle und würde mich freuen, von Ihnen angenommen zu werden.

Gegenwärtig befinde ich mich in der Ausbildung beim Verlag Neukirch und werde voraussichtlich im Juli d. J. die Prüfung zur Bürokauffrau ablegen. Sowohl mit dem Textverarbeitungsprogramm Word als auch mit dem Kalkulationsprogramm Excel arbeite ich tagtäglich.

Die englische Sprache beherrsche ich sicher, da ich nach Abschluss der Realschule ein Jahr in England als Au-pair-Mädchen gearbeitet habe.

Ich freue mich, wenn Sie an meiner Bewerbung Interesse haben und mich zu einem Vorstellungsgespräch einladen.

Mit freundlichem Gruß

Katrin Braun

Anlagen
Lebenslauf mit Foto
Zeugnis

F? Funktionsjournal

In der sechsten Lernsituation habe ich folgende Funktionen angewendet. Zur Festigung notiere ich die angewendeten Funktionen (Arbeitsschritte in Kurzform).

Dazu kreuze ich, je nachdem was ich benutze, das Menü, das Kontextmenü, die Symbolleiste oder den Shortcut an.

TV-Programm

	Menü/-band	Kontext-menü	Symbol-leiste	Short-cut	Ausführung
Briefgestaltung					
Formatvorlage	☐	☐	☐	☐	
Textfeld einfügen	☐	☐	☐	☐	
Verknüpfungen	☐	☐	☐	☐	
Serienbrief					
Serienbrief erstellen	☐	☐	☐	☐	
Datenquelle erstellen	☐	☐	☐	☐	
Feldnamen einfügen	☐	☐	☐	☐	
Wenn-dann-Funktion	☐	☐	☐	☐	
AutoText					
Schnell- bzw. Textbausteine erstellen	☐	☐	☐	☐	
Schnell- bzw. Textbausteine einfügen	☐	☐	☐	☐	
Sprungmarke einfügen	☐	☐	☐	☐	
Sprungmarke erreichen	☐	☐	☐	☐	

R? Lernjournal – Reflexion

Nachdem ich die sechste Lernaufgabe beendet habe, möchte ich wieder ein Feedback über meine neu erworbenen Kompetenzen geben.

Aus meinen Produkten wähle ich ein besonders gelungenes aus und hefte es in meinem Ordner unter „Portfolio" bzw. in einem gesonderten Schnellhefter ab.

Geschäftsprozesse bearbeiten

Kompetenzen: Bin ich in der Lage, Geschäftsbriefe normgerecht zu schreiben? Kenne ich die dazugehörigen TV-Funktion? Traue ich mir zu, auch im eigenen Betrieb selbstständig Schriftstücke zu entwerfen?

Zeit: Haben sich die TV-Funktion mittlerweile so automatisiert, dass ich die Schriftstücke in angemessener Zeit erstellen kann?

Arbeitsvorgehen: Erkenne ich die Arbeitsschritte eines Geschäftsprozesses? Weiß ich bei betrieblichen Situationen, was zu tun ist?

Produkt für das Portfolio: Warum gerade dieses? Welchen Nutzen bringt mir das ausgewählte Produkt?

Stärken: Was ist mir gut gelungen? Worauf bin ich ein bisschen stolz?

Schwächen: Wo waren Schwierigkeiten, die ich noch nicht bewältigen konnte?

Gefühle: Zum Beispiel ich denke: Ein kaufmännischer Beruf ist der richtige für mich, …

Reflexion: – (Platzmangel? – Zusatzblatt erforderlich und beiheften):

7. Lernsituation

Kundenorientiert formulieren

Kompetenzen

Geschäftsprozesse kundenorientiert und werbewirksam formulieren

Inhalte

Moderner, kundenorientierter Briefstil:

- Optik
- Einfachheit
- Gliederung
- Prägnanz
- Anregung (AIDA)

Methoden

- Schreibkonferenz/Kreisbrief
- konstruktive Diskussion
- Zeit einteilen
- Fremdbeurteilung
- Checkliste
- Korrespondenz analysieren

Ressourcen

- Internet
- Duden
- Lernjournal – Reflexion

E? Brainstorming

Was erwarten Sie als Kunde von einem Geschäftsbrief?

Beschriften Sie die blauen Zellen!

Ü! **ABC-Liste**

Schreiben Sie in zwei Minuten zu den Buchstaben passende Begriffe zur Kundenorientierung. Halten Sie sich nicht starr an die Reihenfolge des Alphabets, sondern wandern Sie während dieser Zeit mit den Augen über das Alphabet.

A	
B	
C	
D	
E	
F	
G	
H	
I	
J	
K	
L	
M	
N	
O	
P	
Q	
R	
S	
T	
U	
V	
W	
X	
Y	
Z	

Ergänzen Sie Ihre Liste während der 7. Lernsituation.

Kundenorientiert formulieren

L? 7.1 Lernaufgabe

Herr Schulte teilt seinen Mitarbeitern in einer Versammlung mit, dass es das Unternehmensziel sei, die Kundenorientierung zu verstärken. Der Bürobedarf Hauser & Schulte möchte sich zukünftig stärker an den Erwartungen und der Zufriedenheit der Zielpersonen orientieren. Vorrangig soll das Individualmarketing über das Medium Brief umgesetzt werden. Die im Büro tätigen Mitarbeiter sollen in dem Seminar *„Kundenorientiert korrespondieren"* lernen, den Leser in den Mittelpunkt ihrer Botschaft zu stellen, um somit den Anforderungen unserer Zeit gerecht zu werden. An diesem Seminar soll ich teilnehmen und Herrn Schulte darüber berichten.

Wie erreiche ich beim Kunden einen ersten positiven Eindruck?

A! Arbeitsauftrag

Einzelarbeit

1. **Vergleichen** Sie die beiden Geschäftsbriefe Muster A und B.
2. **Leiten** Sie daraus ab, worauf bei der Gestaltung eines Geschäftsbriefes zu achten ist.
3. **Formulieren** Sie acht Gestaltungsgrundsätze auf einen Spickzettel, die Ihnen wichtig erscheinen.

Partnerarbeit

4. **Informieren** Sie sich mithilfe Ihres Spickzettels gegenseitig, welche Gestaltungsgrundsätze Sie aus den beiden Musterbriefen abgeleitet haben. Ergänzen Sie ggf. Ihre Aufzählung.
5. **Schreiben** Sie in Ihrem TV-Programm eine Checkliste.
6. **Gestalten** Sie Ihre Checkliste in Form einer Tabelle, und zwar mit der Option „trifft zu" bzw. „trifft nicht zu", um die Checkliste später auch als Beurteilungsbogen zu nutzen.
7. **Bereiten** Sie sich auf die Präsentation vor. **Beantworten** Sie die Leitfrage.

Plenum (Stuhlkreis)

8. **Präsentieren** Sie Ihre Checkliste und erläutern Sie jeweils die Gestaltungsgrundsätze.
9. **Binden** Sie nach der Präsentation das Plenum in ein/e Diskussion/Gespräch ein. (Lassen Sie Fragen stellen, Kritik äußern, Verbesserungsvorschläge geben oder überprüfen Sie, ob das Vorgetragene verstanden ist.)

Partnerarbeit

10. **Ergänzen** Sie ggf. Ihre Checkliste durch Vorschläge von anderen Tandems – optimal ist es, wenn ein Schüler der Klasse diese Grundsätze auf einem Plakat, das im EDV-Raum angebracht wird, festhält.

Geschäftsbrief – Muster A

Bürobedarf Hauser & Schulte · Postfach 1 23 · 54207 Trier

Sektkellerei
Siebert-Castell
Frau Bianca Strehle
Kueser Plateau 4
54470 Bernkastel-Kues

Vorgangsnummer:	RUE00045
Ihr Gesprächspartner:	Helmut Kegel
Abteilung:	Kundenservice
Freecall:	0800 428737
Telefax:	0651 487-1345
E-Mail:	hkegel@hauser-schulte.de
Internet:	www.hauser-schulte.de
Datum:	03.07.20..

Sehr geehrte Damen und Herren,

„Gift-Warnung bei Laserdruckern, krebserregende Substanzen gefunden. Tonerproben ergaben mehr als die 130fache Menge an für den Menschen gefährlichen Stoffen". So titelte eine der größten Zeitungen Deutschlands; auch das Fernsehen berichtete mehrfach darüber.

Zum Schutz vor den Giften sollten Toner-Kartuschen nach der Anweisung der Hersteller und am besten mit Schutzhandschuhen gewechselt werden, empfiehlt eine Zeitschrift. Laserdrucker niemals selbst, sondern regelmäßig von Fachleuten mit speziellen Saugern reinigen lassen.

Wie kann man nun die Emissionen und damit die Gefahren verringern? Auch bei gelegentlichem Betrieb der Geräte auf ausreichende Lüftung achten. Ständig laufende Geräte in einem gesonderten Raum aufstellen. Nur mit geschlossener Abdeckung kopieren. Papierstaus vorsichtig und sorgfältig beheben, damit nicht unnötig Staub aufgewirbelt wird. Verunreinigungen durch Toner immer mit einem feuchten Tuch aufnehmen. Die regelmäßige Reinigung der Geräte sollte nur von einem Fachmann mit geprüften Saugern erfolgen, niemals ausblasen. Bei Neuanschaffungen sollte man weniger auf ein vermeintliches Schnäppchen als auf Prüfsiegel achten (beispielsweise mit dem blauen Umweltengel). Die Gesundheit wird es danken.

Einen Drucker kann man reinigen, die Lunge nicht! Der Druckerfachmann reinigt zunächst fachgerecht die vorhandenen Kopierer und Laserdrucker, befreit diese von überflüssigem Toner und wechselt den vorhandenen Filter. Damit werden nicht nur Gesundheitsschäden verhindert und Lebensdauer der Geräte erhöht, es wird auch die Druckqualität wiederhergestellt. Der Fachmann untersucht die vorhandenen Geräte und unterbreitet dem Betroffenen Vorschläge über den Einsatz von Filtern. In Kopierern und Druckern können zum Beispiel Feuchtfilter verwendet werden, die einen optimalen Schutz gewährleisten. Dies ist ein empfehlenswertes Vorgehen, in Anbetracht der möglichen Gefahren. Natürlich funktioniert dies nur, wenn die Geräte in regelmäßigen Abständen gereinigt und die Filter ausgetauscht werden.

Sollten Sie sich für eine Reinigung Ihrer Laserdrucker und Kopierer interessieren, so empfehlen wir Ihnen, sich mit uns in Verbindung zu setzen.

Unsere Fachleute beraten Sie gerne.

Mit freundlichen Grüßen

i. A. Helmut Kegel

Geschäftsbrief – Muster B

Bürobedarf Hauser & Schulte · Postfach 1 23 · 54207 Trier

Vorgangsnummer:	RUE00045
Ihr Gesprächspartner:	Helmut Kegel
Abteilung:	Kundenservice
Freecall:	**0800 428737**
Telefax:	0651 487-1345
E-Mail:	hkegel@hauser-schulte.de
Internet:	www.hauser-schulte.de
Datum:	03.07.20..

Sektkellerei
Siebert-Castell
Frau Bianca Strehle
Kueser Plateau 4
54470 Bernkastel-Kues

Emissionen vorbeugen – regelmäßige Wartung von Drucker und Kopierer

Guten Tag, Frau Strehle,

regelmäßig wird in den Medien vor krebserregenden Substanzen gewarnt. Tonerproben ergaben teilweise mehr als die 130fache Menge an für den Menschen gefährlichen Stoffen.

Achten Sie darauf, dass Sie die Toner-Kartuschen nur nach Anweisung der Hersteller und am besten mit Schutzhandschuhen wechseln. Lassen Sie zusätzlich Ihre Geräte von unserem Kundendienst mit geprüften Saugern regelmäßig reinigen.

Die Emissionen und damit die Gefahren verringern Sie, indem Sie Folgendes beachten:

- Räume ausreichend lüften
- ständig laufende Geräte in einem gesonderten Raum aufstellen
- nur mit geschlossener Abdeckung kopieren
- Papierstaus vorsichtig und sorgfältig beheben, damit nicht unnötig Staub aufgewirbelt wird
- Verunreinigungen durch Toner immer mit einem feuchten Tuch aufnehmen
- Geräte mit dem Prüfsiegel "Blauer Umweltengel" anschaffen

Wir sind gerne bereit, Ihre Geräte von überflüssigem Toner zu reinigen, die vorhandenen Filter zu prüfen und Ihnen die Vorteile von Feuchtfiltern darzulegen. Damit verhindern Sie nicht nur Gesundheitsschäden, sondern erhöhen die Lebensdauer Ihrer Geräte und stellen eine bessere Druckqualität wieder her.

Interessieren Sie sich für eine Reinigung und Kontrolle durch unseren Kundendienst? Rufen Sie uns unter der Freecallnummer an.

Freundliche Grüße aus Trier

Bürobedarf
Hauser & Schulte

i. A. Helmut Kegel

L? 7.2 Lernaufgabe

Häufig warten wir bei unverlangten Angeboten oder Werbebriefen auf die Antwort eines Geschäftspartners länger als uns lieb ist. Herr Schulte hat selbst oft das Problem, dass er die Berge von Briefen nicht immer alle liest; einige legt er weg, ohne sie wirklich gelesen zu haben. Im Seminar werden wir heute über das Thema *„Briefe werden anders gelesen als geschrieben"* informiert.

Was ist bei der Briefgestaltung zu beachten, damit der Brief überhaupt gelesen wird?

A! Arbeitsauftrag

Einzelarbeit

1. **Lesen** Sie den Informationstext durch.
2. **Markieren** Sie, welche Bestand- und Textteile eines Geschäftsbriefes beim ersten Überfliegen wahrgenommen werden.
3. **Suchen** Sie fünf Reizwörter, die Sie persönlich ansprechen würden.
4. **Zeichnen** Sie in dem Werbebrief (siehe übernächste Seite) die Leserkurve ein.

Partnerarbeit

5. **Sprechen** Sie über Ihre Markierungen im Informationstext, Notizen und Zeichnung.
6. **Suchen** Sie gemeinsam Verbesserungsvorschläge für den Werbebrief (siehe auch Checkliste zur Briefgestaltung der Vorstunde).

Einzelarbeit

7. **Schreiben** Sie den Werbebrief ab und **gestalten** Sie ihn neu. **Heben** Sie Reizwörter hervor, und zwar unter Beachtung der natürlichen Lesekurve.
8. **Ergänzen** Sie die in der Vorstunde gespeicherte Checkliste.

Gruppenarbeit - Briefgalerie

9. **Hängen** Sie Ihre Ergebnisse im EDV-Raum auf.
10. **Beurteilen** Sie das Ergebnis eines anderen Tandems mithilfe der Checkliste.
11. **Üben** Sie Kritik (positiv + negativ) am Produkt des Mitschüler-Tandems aus.

Partnerarbeit

12. **Optimieren** Sie nach der Diskussion im Plenum Ihren Geschäftsbrief.
13. **Ergänzen** Sie ggf. Ihre Checkliste zur Briefgestaltung und drucken Sie diese sowie den Geschäftsbrief aus.

Ü! Natürliche Lesekurve eines Briefes

Wie Briefe gelesen werden, ist von Prof. Siegfried Vögele umfassend erforscht worden. Mithilfe einer Spezialkamera konnte er nachweisen, dass ein Empfänger einen Brief nicht sofort von oben nach unten durchliest, sondern ihn zunächst überfliegt, und zwar innerhalb weniger Sekunden (siehe Abbildung).

Wenn Sie also keine Ahnung haben, wie man die Lesekurve steuert, bekommt Ihr Leser beim ersten Überfliegen keine einzige wichtige Botschaft mit und Ihre schöne Werbung landet im Papierkorb. Machen Sie es jedoch richtig, bewirkt allein das Überfliegen in den ersten zehn Sekunden, dass das Unterbewusstsein Ihres Lesers signalisiert: „Da könnte was Nützliches drin stecken. Unbedingt lesen!"

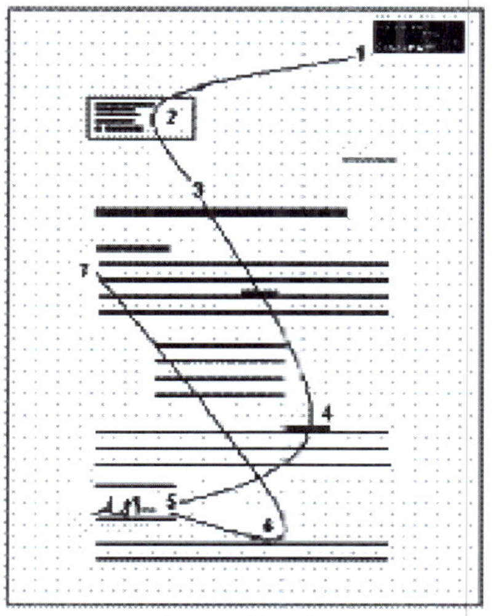

Lesekurve nach Prof. Vögele

Der Briefkopf (mit Logo), die optisch hervorgehobene Betreffzeile und die Unterschrift wirken wie Bildelemente. Automatisch fixieren wir erst Abbildungen, bevor wir uns mit schriftlichen Botschaften auseinandersetzen. Wir reagieren instinktiv auf Bilder. Diese Erkenntnis macht sich die Werbung regelmäßig zunutze – wir übertragen sie auf die Geschäftskorrespondenz. Der Direktmarketing-Forscher Vögele benennt die Linie des natürlichen Blickverlaufs die „natürliche Lesekurve". Nun gilt es, entlang dieser Lesekurve möglichst viele Vorteile anzudeuten, damit der Leser sicherer zum Briefanfang zurückkehrt.

Profis bauen Werbebriefe nach dem vorhersehbaren Blickverlauf der Leser auf. Natürlich bietet es sich an, auch bei „normalen" Briefen auf den Blickverlauf der Empfänger zu achten und die zuerst registrierten Elemente erfolgversprechend zu gestalten.

Bestimmten Reizen können wir uns nicht entziehen. Dabei sind alle Sinneswahrnehmungen geschärft. Diese angeborenen Verhaltensweisen beruhen auf unseren menschlichen Grundbedürfnissen. Sprachliche Reizwörter wecken die Aufmerksamkeit. Dazu gehören alle Bezeichnungen, die Vorteile für die eigene Person sowie das direkte Umfeld wie Familie und Betrieb versprechen oder einfach Neugier wecken: gesünder, erfolgreicher, Erfolg, Glück, Liebe, Gewinn, Wohlstand, preiswerter, neu, gratis, garantiert, Urlaub, zuverlässig, Sicherheit …

Der Name zählt ebenfalls zu den sogenannten Schlüsselreizen. Sobald der Name in gesprochener oder geschriebener Form auftritt, erhöht dies die Aufmerksamkeit. Bei einem Geschäftsbrief an ein Unternehmen sollte daher zusätzlich der Name des Sachbearbeiters in der Anschrift genannt werden. Der Sachbearbeiter wird im Brief natürlich auch persönlich angesprochen. Die persönliche Ansprache des Empfängers wirkt sich nur dann positiv aus, wenn der Name richtig geschrieben ist und keine falsche Schreibweise für Ablenkung oder gar Ärger sorgt.

Es kommt darauf an, dass die Schlüsselreize vom Leser registriert werden. Achten Sie darauf, beim Betreff die Form einer aussagefähigen Information oder Schlagzeile zu wählen, einen Schlüsselreiz ins Postskriptum (PS) aufzunehmen und im Text einzelne Wörter und kurze Sätze deutlich mit Fettdruck hervorzuheben. Auf diese Weise schaffen Sie Blickfänge, die schon während der kurzen Zeit des ersten Überfliegens ins Auge fallen; zugleich motivieren Sie den Empfänger weiterzulesen.

Ü! Werbebrief

Bürobedarf Hauser & Schulte · Postfach 1 23 · 54207 Trier

Design + Digitaldruck
Förster Werbeagentur
Frau Svenja Probst
Trierer Landstr. 14
54516 Wittlich

Vorgangsnummer:	AN2000039
Ihr Gesprächspartner:	Andreas Neu
Abteilung:	Verkauf
Freecall:	**0800 428737**
Telefax:	0651 487-1345
E-Mail:	aneu@hauser-schulte.de
Internet:	www.hauser-schulte.de
Datum:	23.07.20..

Frankiermaschine schlägt Briefmarke. Und wie!
4 : 0 fürs maschinelle Frankieren

Sehr geehrte Frau Probst,

1 : 0	mit einer Frankiermaschine ist jederzeit das richtige Porto zur Hand. Und neues Porto gibt es - per Telefon - rund um die Uhr. Briefmarken gibt es nur bei der Post.
2 : 0	Individuelle Absendermotive machen die Post zum Imageträger. Per Knopfdruck wechselnd, für jede Jahreszeit und Gelegenheit. Und: zusätzlich eintippbare Sondertexte! Briefmarke aber bleibt Briefmarke.
3 : 0	Die Frankiermaschine erfasst automatisch Ihre Portokosten, auf Wunsch sogar für unterschiedliche Kostenstellen. Wo gibt's denn das bei Briefmarken?
4 : 0	Eine Frankiermaschine spart Porto durch grammgenaue Berechnung. Mit Briefmarken kann man leicht über- oder unterfrankieren.

Spielen Sie beim Frankieren in der Champions League! Kleben Sie nicht an alten Vorstellungen! Die Alternative zur Briefmarke heißt maschinelles Frankieren mit:

mymail	Die perfekte Frankiermaschine für das kleinere Büro. Optional mit integrierter 2-kg-Waage. Der Inkjet-Druck sorgt für gestochen scharfe Abbildung Ihres Klischees und Werbemotivs. Bis zu drei Kostenstellen sind verfügbar.
optimail	Die komfortable Frankiermaschine für kleine und mittlere Postaufkommen. Sauberer Thermotransferdruck, bis zu neun Werbeklischees, neun Kostenstellen möglich. Online-Anschluss zur Portowaage. Abrechnung per Teleporto. Zusatznutzen: Posteingangsstempelung.

Jetzt 14 Tage eine dieser Frankiermaschinen kostenlos testen. Schnell sein lohnt sich – sichern Sie sich noch heute alle Vorteile. Wenn Ihnen die ausgewählte Frankiermaschine nicht gefällt, können Sie uns innerhalb von 14 Tagen die Maschine zurücksenden.

Mit freundlichen Grüßen

i. A. Andreas Neu

PS: Wir verlosen unter allen Probekäufern fünf iPads.

L? 7.3 Lernaufgabe

Der Dozent des Seminars erklärt uns, dass das Direktmarketing nur dann Erfolg hat, wenn der Brief einfach und modern formuliert wird. Viele Schreiber eines Textes neigen dazu, den Text kompliziert zu machen, und zwar durch eine schwer verständliche Ausdrucksweise. Dahinter steckt häufig Imponiergehabe. So formuliert der Schreiber aber nicht kundenorientiert. Modern schreiben heißt, eine Dienstleistung zu erbringen: Ohne Anstrengung soll der Leser verstehen, was wir ihm sagen wollen.

Wie verfasse ich Briefe sprachlich modern, einfach und kundenorientiert?

A! Arbeitsauftrag

Einzelarbeit

1. **Lesen** Sie die 10 Tipps zur Briefformulierung.
2. **Formulieren** Sie die 10 Tipps als kurze Merksätze.
3. **Notieren** Sie Ihre 10 Merksätze auf einem A4-Blatt.

Partnerarbeit (Murmelphase)

4. **Tauschen** Sie Ihre Informationen untereinander aus und **vergleichen** Sie Ihre Merksätze.

Gruppenarbeit

5. **Vergleichen** Sie Ihre Merksätze und **einigen** Sie sich auf eine Formulierung.
6. **Beschriften** Sie 10 Regelstreifen und einen Streifen für die Überschrift.
7. **Legen** Sie ein Präsentationstandem fest.

Plenum

8. **Präsentieren** Sie Ihre Regeln/Merksätze zur Briefformulierung.
9. **Schreiben** Sie die Merksätze am PC ab und **hängen** Sie die Regelstreifen im EDV-Raum auf.

Einzelarbeit

10. **Markieren** Sie im Brief an die Dudermann AG Regelverstöße mit Textmarker. Hätten Sie den Sachverhalt so formuliert, wenn Sie ihn telefonisch geklärt hätten?
11. **Korrigieren** Sie den Brief unter Beachtung der Merksätze und schreiben ihn am PC ab.

Schreibkonferenz (4er-Gruppe) Funktion „Überarbeiten"

12. Setzen Sie sich an den PC eines Gruppenmitgliedes.
13. Lesen Sie den Brief eines anderen Gruppenmitgliedes gewissenhaft durch, überarbeiten Sie den Brief und kommentieren ihn hinsichtlich
    - Formulierung
    - Gestaltung
    - Normung
    - Tippfehlern
14. Speichern Sie Ihre Überarbeitung ab. Verdecken Sie Ihren Kommentar, indem Sie das Blatt falten. Leiten Sie den Kommentar mit dem Brief im Uhrzeigersinn weiter.

Einzelarbeit

15. **Reagieren** Sie auf die Kommentare Ihrer Mitschüler/-innen; überarbeiten Sie ggf. Ihren Brief.
16. **Präsentieren** Sie Ihren Geschäftsbrief und beantworten Sie die Leitfrage.

I! 10 Tipps zur Briefformulierung

	So nicht!	Besser so!
1. Tipp! Briefe sollten klar, einfach und verständlich geschrieben werden. Orientieren Sie sich beim Schreiben daran, wie Sie sprechen. Statt der „Papierausdrücke" ist es besser Alltagswörter zu verwenden.	zur Überprüfung bringen	überprüfen
2. Tipp! Knappe Begriffe sind in der Regel leichter verständlich als längere.	aufgrund von	wegen
3. Tipp! Nutzen Sie deutsche Wörter und keine Fremdwörter. Die deutsche Sprache wird aber in zunehmendem Maße von der englischen Sprache beeinflusst. Teilweise fehlt das entsprechende Wort aus der eigenen Sprache. Teilweise werden Fremdwörter auch gar nicht mehr als solche erkannt.	diffizil Notebook = Klapprechner?	schwierig Mobbing, Recherche
4. Tipp! In modernen Briefen wird so wenig wie möglich abgekürzt. Abkürzungen hemmen den Lesefluss, wirken meist unfreundlich und sind teilweise unsinnig und missverständlich. Gegen allgemein übliche Abkürzungen ist nichts einzuwenden.	d. M. Fr.	dieses Monats Frau z. B., etc., BLZ
5. Tipp! Benutzen Sie moderne Wörter und Formulierungen. Lassen Sie altmodische Wendungen weg. Ersetzen Sie altmodische Begriffe durch zeitgemäße Varianten, die meistens kürzer und wirkungsvoller sind.	auf schriftlichem Weg	schriftlich
6. Tipp! Konkrete Formulierungen sind verständlicher und wecken die Aufmerksamkeit. Der Leser kann allgemeinen Formulierungen weder widersprechen noch kann er sie aus Überzeugung bejahen.	kurze Reparaturzeiten	Reparatur innerhalb von 24 Stunden
7. Tipp! Bilden Sie kurze und einfach konstruierte Sätze. Schreib-Profis bevorzugen kurze Sätze, da die Aufnahmefähigkeit unseres Gehirns begrenzt ist.		max. 20 Wörter pro Satz
8. Tipp! Wesentliche Informationen gehören in einen Hauptsatz. Verstecken Sie Hauptaussagen nicht in einem Nebensatz.	Wir möchten Sie darauf hinweisen, dass Sie die Lieferung ...	Nächste Woche erhalten Sie die Lieferung
9. Tipp! Der Aktivstil ist kundenorientiert. Er berücksichtigt die Handelnden und ist kürzer als Passivkonstruktionen.	Die Gebühr ist von den Teilnehmenden vor Seminarbeginn zu überweisen.	Bitte überweisen Sie die Gebühr vor Seminarbeginn.
10. Tipp! Schreiben Sie positiv. Die Aussagen werden lieber gelesen und länger behalten als die negativen.	Heute können wir Ihnen noch keine Prospekte zuschicken.	Sie erhalten nächste Woche die druckfrischen Prospekte.

Ü! Fehlerbrief: Formulieren Sie modern und einfach

Bürobedarf Hauser & Schulte · Postfach 1 23 · 54207 Trier

Dudermann AG
Herrn Joachim Schiweg
Postfach 1 96 88
54411 Hermeskeil

Vorgangsnummer:	AF2000041
Ihr Gesprächspartner:	Kevin Habscheid
Abteilung:	Verkauf
Freecall:	**0800 428737**
Telefax:	0651 487-1345
E-Mail:	info@hauser-schulte.de
Internet:	www.hauser-schulte.de
Datum:	10.08.20..

Lieferung

Sehr geehrter Herr Schiweg,

vielen Dank für Ihre Bestellung. In Anbetracht dessen, dass unser Lieferant zz. Betriebsferien hat, können wir Ihnen die bestellten Waren z. T. erst in drei Wochen liefern. Wir möchten Sie darauf hinweisen, dass wir Ihnen die gewünschten 50 Schnellhefter, 70 Register und 500 Prospekthüllen zum 15. d. M. liefern können. Die 120 Aktenordner haben wir aber nicht vorrätig; wir können auf unseren Lagervorrat von lediglich 35 Aktenordnern rekurrieren.

Wir bitten um Ihre Rückäußerung, ob Sie unter den gegebenen Umständen die Bestellung aufrechterhalten wollen.

Mit freundlichen Grüßen

Bürobedarf
Schulte & Hauser

i. A. Kevin Habscheid

L? 7.4 Lernaufgabe

Bei Gesprächen kommt es oft zu Missverständnissen – so auch bei Briefen. Der Verfasser muss den Brief inhaltlich gliedern, damit der Leser die Zusammenhänge versteht. Im Seminar rät uns der Dozent, beim Texten eines Briefes auf den sogenannten „roten Faden" (logische Gedankenkette) zu achten, d. h. die Informationen folgerichtig, systematisch und plausibel für den Leser aufzubereiten.

Wie gliedere ich Briefe folgerichtig mit passenden Überleitungen?

A! Arbeitsauftrag

Einzelarbeit

1. **Informieren** Sie sich über die inhaltliche Gliederung von Geschäftsbriefen.
2. **Notieren** Sie auf einem Spickzettel die wichtigsten Informationen aus dem Text.

Partnerarbeit

3. **Tauschen** Sie Ihre Informationen aus, **klären** Sie eventuelle Fragen.
4. **Formulieren** Sie ein Antwortschreiben.

   Situation:

   Der Bürobedarf Hauser & Schulte hat dem Orthopäden Dr. Ralf Koslowski, Ostallee 24, 54290 Trier, versehentlich 5 Packungen Briefpapier, A4, 110 g/qm, 250 Blatt zum Preis von je 15,20 € anstatt 5 Packungen Briefpapier, A4, 80 g/qm, 500 Blatt zum Preis von 16,70 € geliefert. Sie – als Mitarbeiter/-in des Bürobedarfs – haben heute die richtige Ware versendet und entschuldigen sich für die Falschlieferung mit einer kleinen Überraschung (Inkjet-Fotopapier, A4, hochglänzend). Veranlassen Sie, dass Herr Dr. Koslowski Ihnen die falsch gelieferte Ware zurücksendet.
5. **Kontrollieren** Sie, ob Sie Ihr Know-how zur optischen Gestaltung, Lesekurve, Formulierung und Normung umgesetzt haben.
6. **Drucken** Sie Ihren Brief zweimal aus, weil Sie anschließend in unterschiedlichen Gruppen weiterarbeiten werden.

3er-Gruppenarbeit (Perspektivenwechsel)

7. **Legen** Sie Ihren Brief einem anderen Gruppenmitglied vor.
8. **Notieren** Sie auf dem Brief, was Sie als Empfänger dieses Briefes denken würden.
9. **Diskutieren** Sie in der Gruppe über die Wirkung Ihrer Briefformulierung.
10. **Entscheiden** Sie sich für ein Antwortschreiben, das Sie ggf. noch überarbeiten.

Plenum

11. **Präsentieren** Sie Ihren Brief und demonstrieren Sie die Struktur und die Überleitungsvarianten.
12. Äußern Sie sich nach der Präsentation zu den Punkten: Gestaltung, Normung, Formulierung, Leserkurve, Emotionen des Empfängers.

Briefe inhaltlich gliedern/strukturieren

Jeder Abschnitt sollte eine zusammengehörige Gruppe von Gedanken enthalten – jede neue Überlegung gehört in einen neuen Absatz.

Geschäftsbriefe sollten eine typische Struktur haben:

1. Positiver Beginn mit Dank (keine Einleitungsfloskeln)
2. Die wichtigsten Fragen beantworten
3. Weitere Fragen klären
4. Vorschlag, Hinweis, Aufforderung
5. Positiver Schluss: Dank, gute Wünsche (keine Schlussfloskeln)

Wie sieht eine Gliederung bei einer Antwort auf eine begründete/unbegründete Forderung aus?

1. Positiver Beginn mit Dank
2. Die wichtigsten Fakten
   a) Recht geben (Entschuldigung)
   b) Situation des Kunden ansprechen, Entscheidung (mit Begründung) oder
   c) Forderung sachlich ablehnen (mit Begründung)
3. Vorschlag, Lösung, Kompromiss
4. Positiver Schluss

Diese Gliederungsmodelle können Sie in Ihren Texten nicht immer in Reinform umsetzen; passen Sie daher die Struktur der Schreibsituation an.

Bewusst platzierte Schlüsselwörter am Anfang des Absatzes erleichtern das Vorverständnis für die folgenden Informationen. Verwenden Sie z. B. folgende strukturierende Überleitungen, mit denen Sie zudem Hauptsätze einleiten: im Gegensatz dazu, jedoch, außerdem, deshalb, zusätzlich, weiterhin.

Noch deutlicher strukturieren Sie mit Doppelpunkt endende Überleitungen, wie z. B. Die Ursachen:, Begründung:, Unser Vorschlag:, Unser Terminvorschlag:, Ihre Vorteile:.

Gibt es eine weitere Möglichkeit zu geeigneten Überleitungen? Und ob! Ein überaus pfiffiges Mittel sind Fragen. Als Lese- und Verständnishilfen leiten sie gekonnt über auf eine neue Gedankenfolge. Sie lockern den Text und wirken stimulierend. Versuchen Sie es mit Fragen wie: Was können Sie tun? Welche Vorteile haben Sie? Wie könnte ein Kompromiss aussehen? Was sind die Ursachen dafür?

Zudem sind Aufzählungen ein einfaches Mittel zur inhaltlichen Strukturierung.

L? 7.5 Lernaufgabe

Bei Vorträgen empfinden es die Zuhörer als langweilig, wenn der Sprecher „weit ausholt" und nicht „auf den Punkt" kommt. Wir möchten nicht unnötig lange zuhören, sondern schnell die Informationen erhalten. Genauso ergeht es dem Leser eines Briefes. Er möchte rasch erfahren, welche Mitteilung der Sender des Briefes ihm übermitteln möchte. Hier gilt der Spruch „In der Kürze liegt die Würze". Der Dozent des Korrespondenz-Seminars bittet uns, einen Brief zu formulieren und im zweiten Schritt zu versuchen, den Text zu kürzen.

Wie korrespondiere ich kurz und prägnant?

A! Arbeitsauftrag

Einzelarbeit

1. **Informieren** Sie sich über die kurze und prägnante (treffende) Briefformulierung.
2. **Notieren** Sie auf einem Spickzettel die wichtigsten Informationen aus dem Text.

Plenum (Piazza)

3. **Bewegen** Sie sich frei im Raum auf einen Partner zu und **tauschen** Sie Ihre Informationen aus.
4. **Suchen** Sie sich einen weiteren Gesprächspartner.

Partnerarbeit

5. **Formulieren** Sie als Mitarbeiter/-in des Bürobedarfs Hauser & Schulte anhand der Bilder einen Geschäftsbrief.

6. **Kürzen** Sie den Brief beim nochmaligen Überarbeiten.
7. **Drucken** Sie Ihren Brief einmal aus.

Gruppenarbeit (2 Tandems)

8. **Tauschen** Sie Ihre Briefe untereinander aus.
9. **Analysieren** Sie den Brief und **kommentieren** Sie mit der Überarbeitungsfunktion, an welchen Stellen der Text noch kürzer gefasst werden könnte, die Informationen noch gehaltvoller vermittelt werden könnten, ob die Briefaussage rasch zu erfassen ist, ...
10. **Diskutieren** Sie in der Gruppe über Ihre Briefformulierung.

Tandem

11. **Überarbeiten** Sie Ihr Ergebnis anhand der Tipps und Anregungen des anderen Tandems.

Plenum

12. **Präsentieren** Sie Ihren Brief und demonstrieren Sie, wodurch der Text kurz und prägnant wirkt.

I! Briefe kurz und prägnant formulieren

Wichtige Voraussetzung zum prägnanten Formulieren ist, dass Sie Ihr Ziel kennen und den Empfänger (Kunden) in seiner Situation berücksichtigen. Beachten Sie: Je mehr Ihr Empfänger weiß, desto weniger müssen Sie ihm mitteilen. Natürlich verlangt ein einfacher Sachverhalt weniger Informationen als ein sehr komplizierter.

Nehmen Sie zuerst einmal einige „Textverlängerer" genau unter die Lupe, damit Sie Ihren Stil gezielt „schlanker" machen können. Einen Schritt tun Sie, wenn Sie einfache Sätze formulieren, die in der Regel kürzer sind als kompliziert konstruierte Sätze. Formulierungen im Passiv *(Die Lieferung der Ware wurde bereits gestern an Sie zum Versand gebracht)* sind länger als die aktiven Varianten *(Wir haben die Lieferung bereits gestern abgeschickt)*. Genauso verhält es sich mit altmodischen *(in der Annahme, dass)* und modernen Wendungen *(weil)*.

Im beruflichen Alltag tauchen Formulierungen auf, bei denen ein Wort oder mehrere überflüssig sind *(Gebühren in Höhe von 25 € – Gebühren von 25 €)*. Verzichten Sie auf Doppelaussagen, sogenannte „weiße Schimmel" *(Rückantwort – Antwort)*.

Verzichten Sie auf Vorreiter *(Wir möchten Sie darauf hinweisen ... Hierzu teilen wir Ihnen mit, dass Beträge auf das folgende Konto zu überweisen sind)*, also auf überflüssige oder deutlich zu kürzende Satzanfänge *(Bitte überweisen Sie die Beträge auf das Konto 123456, BLZ 123 456 78)*. Dies ist umso wichtiger, denn der Satzbeginn wird sehr konzentriert gelesen, dort wird das Wichtigste erwartet.

Teilen Sie interne Sachverhalte, also unternehmensinterne Vorgänge oder Informationen *(Bei der Überprüfung unserer Unterlagen haben wir festgestellt ... Wir haben Ihre Reklamation einer Prüfung unterzogen und können Ihnen folgende Mitteilung machen ...)* dem Empfänger nur mit, wenn er sie braucht, oder wenn Ihre Argumentation damit verbessert wird *(Die Antwort auf Ihre Reklamation: ...)*.

Vermeiden Sie den Hauptwortstil. Ersetzen Sie die Hauptwörter *(Im Anschluss an unsere telefonische Unterredung ... Wir bitten um Übersendung der genannten Unterlagen)* durch Verben (nachdem wir telefoniert haben ... Bitte senden Sie uns die genannten Unterlagen. Vielen Dank). Unsere Sprache erhält ihre Lebendigkeit durch die Verben, sie sind viel kraftvoller und überzeugender.

Blähen Sie Ihre Texte nicht mit Streckverben auf. Streckverben braucht man, um das sinntragende Grundverb *(prüfen, bestätigen, berechnen)* zu substantivieren *(Überprüfung erfolgt, Bestätigung geben, in Rechnung stellen)*. Ein Nachteil dieser häufig anzutreffenden sprachlichen Unart ist, dass Hauptwörter – besonders solche auf -ung endende – die Sprache hölzern klingen lassen und übergewichtig erscheinen. Der Satz wird langatmiger und damit schwerer verständlich *(Dabei erfolgte auch eine Qualitätsprüfung ... Wir prüfen die Qualität)*.

Versuchen Sie, weitschweifige Formulierungen *(Im Frühjahr dieses Jahres wird voraussichtlich ein Workshop stattfinden)* durch prägnante *(Workshops sind im Frühjahr 20.. geplant)* zu ersetzen.

L?

7.6 Lernaufgabe

Im Bürobedarf Schulte & Hauser gilt die Devise: „Der Kunde ist König". Um das Erscheinungsbild unseres Bürobedarfs auch bei der schriftlichen Kommunikation positiv darzustellen, achten wir auf einen serviceorientierten Schreibstil und sprechen den Kunden an. Der Kunde steht also im Mittelpunkt des Textes. Als Schreiber versuche ich mich in die Situation des Kunden zu versetzen. Wenn der Kunde sich persönlich angesprochen und kompetent behandelt fühlt, spricht er in der Regel auch positiv über das Unternehmen. Es heißt, dass positive Erfahrungen 6-mal weitererzählt werden. Diese Wirkung wollen wir natürlich nutzen.

Wie erreiche ich, dass sich der Kunde persönlich angesprochen und kompetent behandelt fühlt?

A!

Arbeitsauftrag

Einzelarbeit

1. **Analysieren** Sie den Brief.
2. **Markieren** Sie Textstellen, denen Sie entnehmen, dass sich der Kunde „gut aufgehoben" fühlt.

Partnerarbeit

3. **Diskutieren** Sie, was der Absender beachten muss, um seinen Brief anregend und kundenorientiert zu formulieren.

Einzelarbeit

4. **Formulieren** Sie anhand der Stichworte auf den nachfolgenden Seiten einen Brief.
5. **Versuchen** Sie nun, Ihren Brief noch zu kürzen.
6. **Prüfen** Sie, wie häufig „wir" in Ihrem Brief vorkommt und versuchen Sie, stattdessen im Sie-Stil zu schreiben. Ist der Betreff aussagekräftig?
7. **Kontrollieren** Sie, ob Sie alles beachtet haben:
   - gute Überleitungen
   - moderne und einfache Formulierungen
   - Reizwörter
   - Gestaltung
   - Normung

Partnerarbeit

8. **Prüfen** Sie sich gegenseitig. **Korrigieren** Sie ggf. Rechtschreibfehler Ihres Partners und **kontrollieren** Sie, ob die im 7. Arbeitsschritt genannten Kriterien beachtet wurden.
9. **Schlagen** Sie Ihrem Partner evtl. Verbesserungen vor.
10. **Korrigieren** Sie Ihre Briefe.

Plenum

11. **Präsentieren** Sie Ihren Brief. Lassen Sie Ihr Publikum sich zu den im 7. Arbeitsschritt genannten Kriterien äußern.

Wiederholen Sie die Arbeitsschritte 4 bis 11 bei der Formulierung des Stichwortbriefes (2).

Kundenorientierter Geschäftsbrief

Bürobedarf Hauser & Schulte · Postfach 1 23 · 54207 Trier

Vorgangsnummer:	AF2000053
Ihr Gesprächspartner:	Andreas Neu
Abteilung:	Verkauf
Freecall:	**0800 428737**
Telefax:	0651 487-1345
E-Mail:	aneu@hauser-schulte.de
Internet:	www.hauser-schulte.de
Datum:	25.08.20..

Förster-Ausbau
Maler und Fliesen
Frau Svenja Probst
Trierer Landstr. 14
54516 Wittlich

Voreinstellungen an der Frankiermaschine „mymail"
Lieferung am 28.08.20.., ab 14:00 Uhr

Guten Tag, sehr geehrte Frau Probst,

vielen Dank für Ihre Bestellung. Um Ihnen die beste und zugleich günstigste Lösung für das Frankieren Ihrer Post bieten zu können, brauchen wir noch einige Informationen von Ihnen:

- ⇨ Möchten Sie ein Absendermotiv? Wir scannen es Ihnen gerne ein.
- ⇨ Wünschen Sie zusätzliche Sondertexte, die wir für Sie speichern?

Bitte beantworten Sie uns die Fragen in den nächsten Tagen, damit Ihnen die Frankiermaschine am 28.08.20.., ab 14:00 Uhr, geliefert werden kann. Gerne erklären wir Ihren Mitarbeiterinnen und Mitarbeitern an diesem Tag die Funktionen der Maschine.

Ein zusätzliches Bonbon für Sie: die kostenlose Zusatzfunktion „Posteingangsstempelung". Dabei wird das aktuelle Tagesdatum automatisch eingestellt. Zukünftig sparen Sie also nicht nur Zeit beim Postausgang, sondern auch beim Posteingang.

Haben Sie noch Fragen? Dann rufen Sie uns bitte an.

Mit freundlichen Grüßen

Bürobedarf
Hauser & Schulte

i. A. Andreas Neu

Ü! Geschäftsbrief nach Stichworten (1)

Situation:

Frau Hauser erwartet den Besuch eines Geschäftspartners aus München. Sie haben für Ihre Chefin die Einzelheiten des Besuchs geplant.

Frau Hauser bittet Sie, einen Brief an den Geschäftspartner, Herrn Heinrich Braun von der Firma Steinmann GmbH, Schinkelstr. 51, 80805 München, zu entwerfen. Ihr Brief soll alle auf dem Notizzettel genannten Informationen enthalten und in ganzen Sätzen formuliert sein.

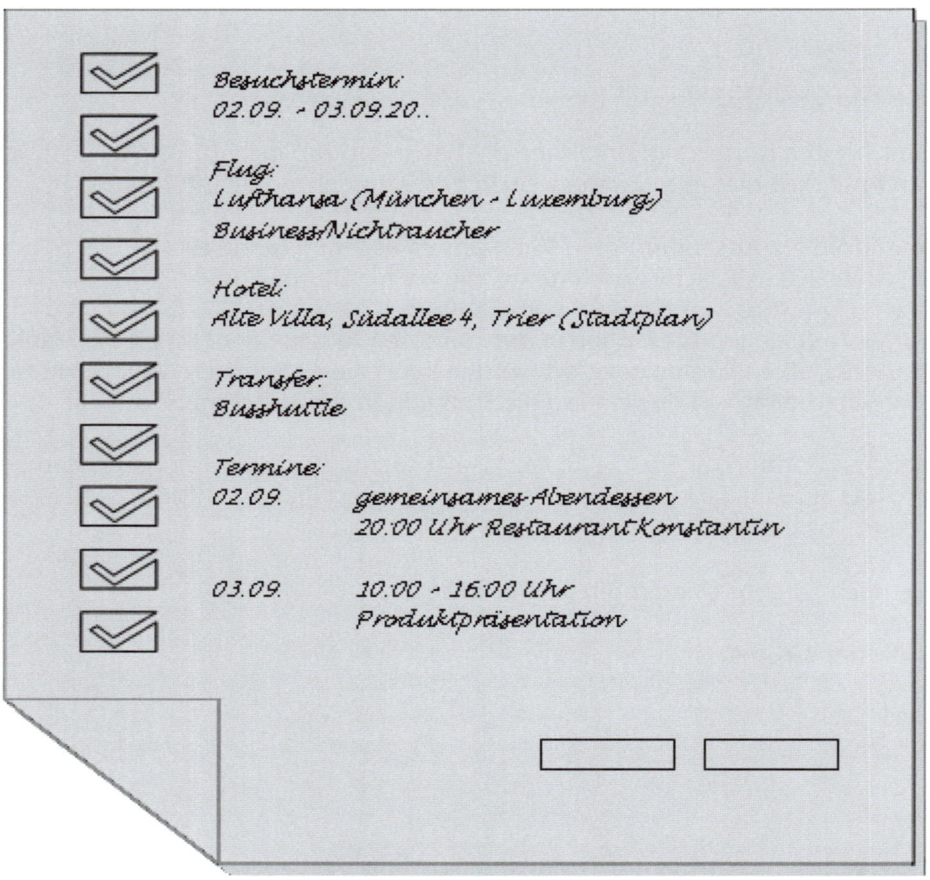

Ü! Geschäftsbrief nach Stichworten (2)

RAe. Blokker & Partner · Postfach 22 44 · 50667 Köln

Bürobedarf
Hauser & Schulte
Balduinstr. 15
54296 Trier

Ihr Zeichen, Ihre Nachricht vom	Unser Zeichen, unsere Nachricht vom	☎ Name 0651 1347-	Datum
	as-mu	12 Gabriele Asshoff	14.09.20..

Anfrage wegen Diktiergeräten

Sehr geehrte Damen und Herren,

im letzten Jahr haben wir beim Besuch der Orgatec in Köln Ihren Katalog erhalten. In unserer Sozietät diktieren 32 Anwälte täglich bis zu 500 Schriftstücke. Wir interessieren uns daher für Ihre digitalen Diktiergeräte. Würden Sie uns bitte ein Angebot für den Typ „Dictation II" machen?

Können Sie uns bitte auch mitteilen, wann mit einer Lieferung zu rechnen ist?

Mit freundlichen Grüßen

Asshoff

i. A. Gabriele Asshoff

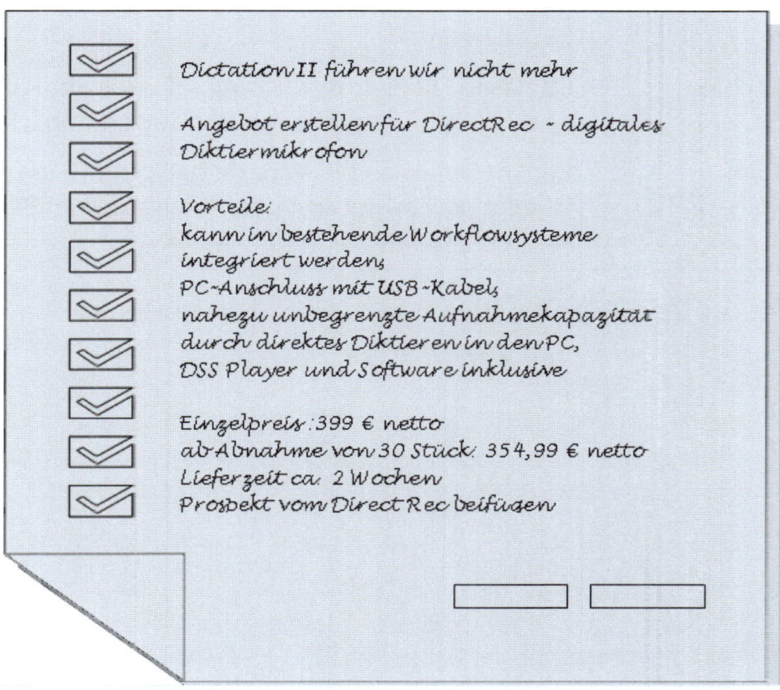

R? Lernjournal – Reflexion

Nachdem ich die siebte Lernsituation beendet habe, möchte ich wieder ein Feedback über meine neu erworbenen Kompetenzen geben.

Aus meinen Produkten wähle ich ein besonders gelungenes aus.

Kundenorientiert formulieren

Kompetenzen: Weiß ich, worauf ich bei der kundenorientierten Korrespondenz zu achten habe? Kann ich mich in die Lage des Kunden versetzen und somit service- und empfängerbezogen korrespondieren? Traue ich mir zu, auch im eigenen Betrieb zukünftig selbstständig für die Vorgesetzte bzw. den Vorgesetzten Schriftstücke zu entwerfen? Fällt es mir schwer, die Briefe meiner Mitschüler/-innen zu korrigieren und zu bewerten? Wie nehme ich die Kritik meiner Mitschüler an meinen Briefen an?

Zeit: Das Formulieren geht mir immer schneller von der Hand.

Arbeitsvorgehen: Analysiere ich die Informationsbriefe und die Briefe meiner Mitschüler/-innen gewissenhaft? Wende ich die Informationen bei der Formulierung meiner Korrespondenz an?

Produkt für das Portfolio: Wie hat sich meine schriftliche Kommunikationskompetenz vom dritten bis zum letzten Arbeitsauftrag entwickelt?

Stärken: Mir fällt endlich ein Einleitungssatz ein. Beim zweiten Überarbeiten erkenne ich meine Fehler. Wenn ich so schreibe wie ich rede, meistere ich die Hürde der Briefformulierung.

Schwächen: Das lästige Briefende … Ständig Floskeln und Unnötiges erwähnen … Aller Anfang ist schwer … Immer der gleiche Satzanfang …

Gefühle: Zum Beispiel: Ich bin sicherer geworden. Ich fand es interessant zu erfahren, wie wichtig die Formulierung für das Image des Betriebes ist.

Reflexion: (Platzmangel? – Zusatzblatt erforderlich und beiheften):

Bildschirmaufbau

Nach dem Programmstart: **Start – Alle Programme – Microsoft Office – Word 2010** öffnet sich der Word-Bildschirm, automatisch wird die leere Datei Dokument1 geladen.

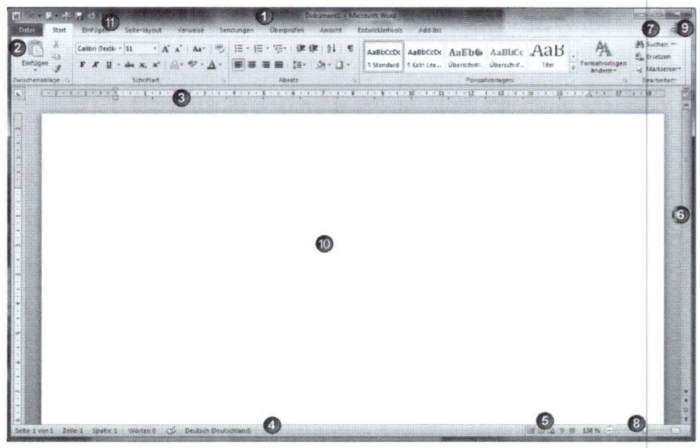

1. Titelleiste
2. Menüband
3. Lineal
4. Statuszeile
5. Bildschirmansichten
6. Bildlaufleiste
7. Bildschirm minimieren, verkleinern
8. Zoommodus
9. Schließen
10. Textfeld
11. Symbolleiste für Schnellzugriff

Das Menüband

Das Menüband unterteilt sich in die drei Bereiche Registerkarten, Gruppen und Befehle.

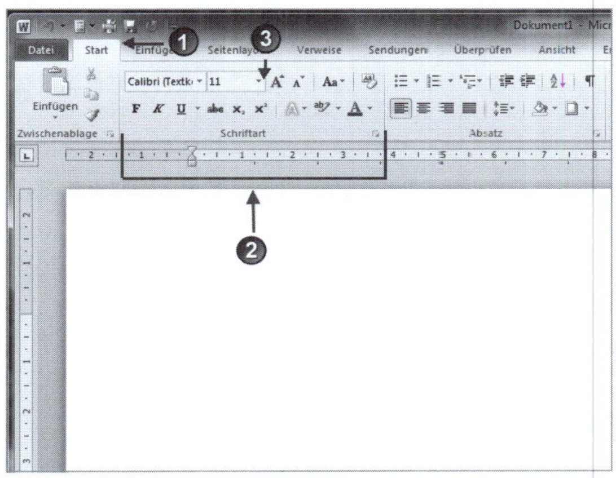

1. Registerkarten: Es gibt acht Registerkarten am oberen Rand. Jede stellt einen Aktivitätsbereich dar, z. B. enthält die Registerkarte **Start** alle Elemente, die Sie am häufigsten verwenden.

2. Gruppen: Jede Registerkarte ist in mehrere Gruppen unterteilt, in denen verwandte Elemente zusammen angezeigt werden.

3. Befehle: Ein Befehl ist eine Schaltfläche, ein Feld zum Eingeben von Informationen oder ein Menü, z. B. die Befehle in der Gruppe **Schriftart** zum Ändern der Schriftart für Text: Schriftart, Schriftgröße, Fett, Kursiv usw.

Bestimmte Registerkarten werden nur angezeigt, wenn Sie sie benötigen. Die Registerkarte **Bildtools** wird erst angezeigt, wenn Sie ein Bild eingefügt haben. Klicken Sie auf die Registerkarte. Für die Arbeit mit Bildern werden zusätzliche Gruppen und Befehle, z. B. die Gruppe Bildformatvorlagen, angezeigt. Wenn Sie außerhalb des Bildes klicken, wird die Registerkarte **Bildtools** nicht mehr angezeigt und die anderen Gruppen sind wieder zu sehen.

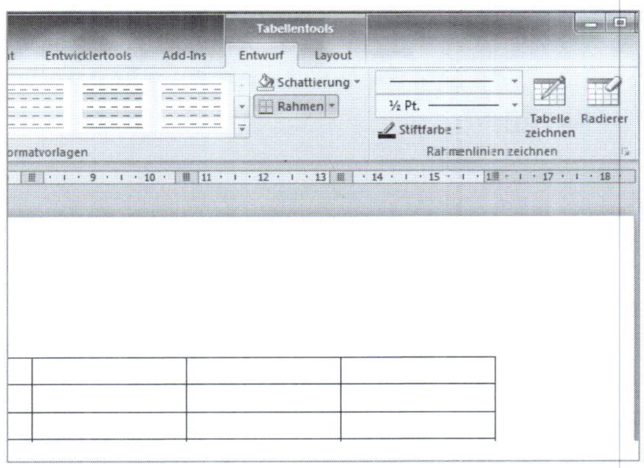

Außerdem werden bei Bedarf Registerkarten für andere Aktivitätsbereiche wie **Tabellen, Zeichnungen** und **Diagramme** angezeigt.

Startprogramm für ein Dialogfeld

Einige Gruppen verfügen in der **rechten unteren Ecke** über einen diagonalen kleinen **Pfeil.**

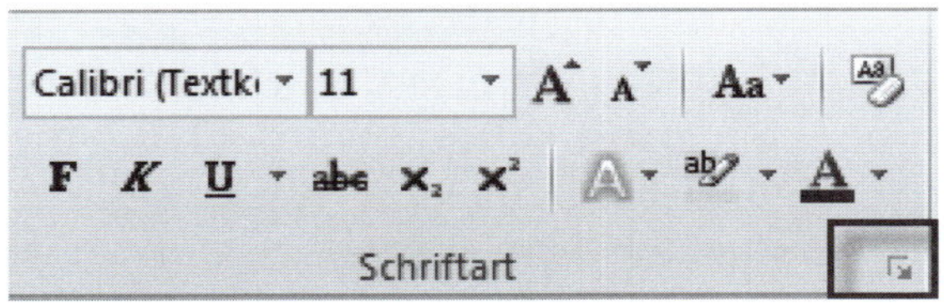

Dieser Pfeil wird als "Startprogramm für ein Dialogfeld" bezeichnet. Wenn Sie auf den **Pfeil** klicken, werden weitere Optionen, die sich auf die Gruppe beziehen, angezeigt. Die Optionen werden oft in Form eines Dialogfelds oder in einem Aufgabenbereich angezeigt.

Diese Dialogfelder erreichen Sie auch mit einer Tastenkombination, z. B. Schriftart **STRG + D.**

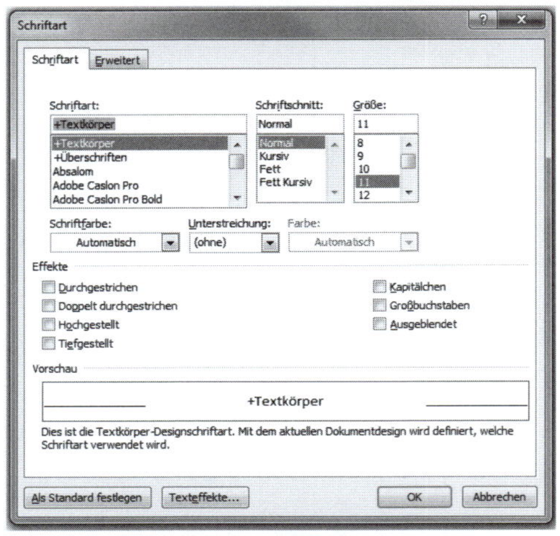

Symbolleiste für den Schnellzugriff

Die **Symbolleiste für den Schnellzugriff** befindet sich oberhalb von dem Menüband. Sie enthält die Elemente, die Sie tagtäglich verwenden: Speichern, Rückgängig und Wiederholen. Sie können die von Ihnen bevorzugten Befehle hinzufügen, sodass sie von jeder Registerkarte aus verfügbar sind.

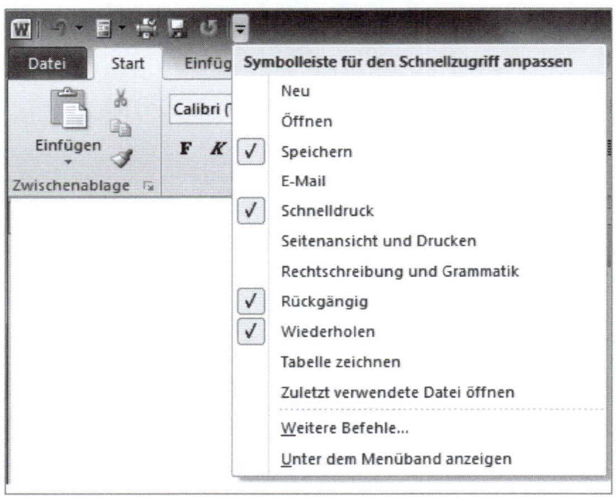

Klicken Sie mit der rechten Maustaste auf den gewünschten Befehl (z. B. Spalten) und aktivieren Sie dann **Zu Symbolleiste für den Schnellzugriff hinzufügen.**

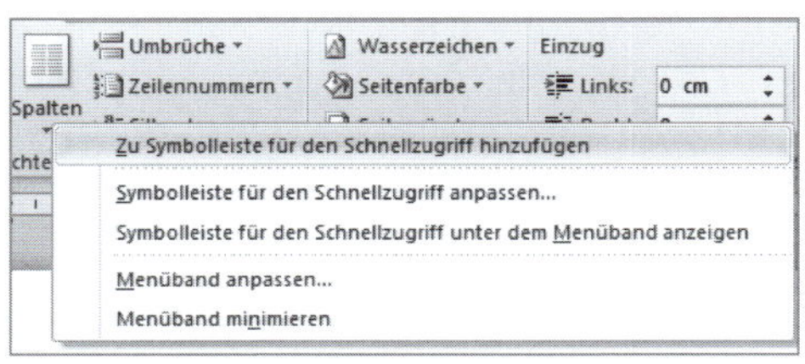

Den Befehl entfernen Sie wieder, indem Sie mit der rechten Maustaste auf das Symbol gehen und **Aus Symbolleiste für den Schnellzugriff entfernen.**

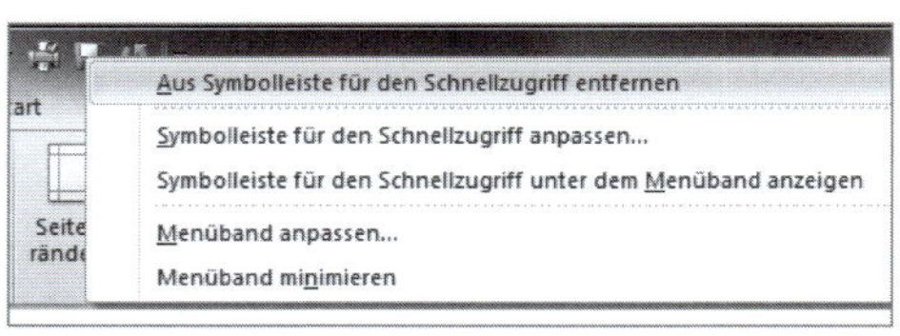

Neues Dokument aufrufen

Beim Programmstart wird automatisch ein neues Dokument geöffnet – **Dokument1**.

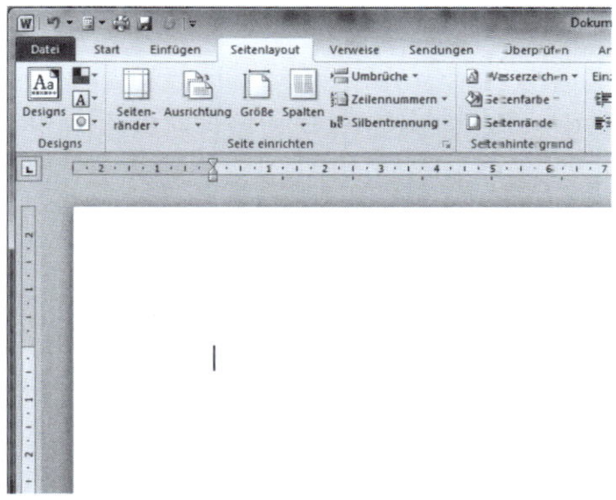

Auf dem leeren Arbeitsblatt können Sie neue Texte eingeben.

Neues Dokument erstellen

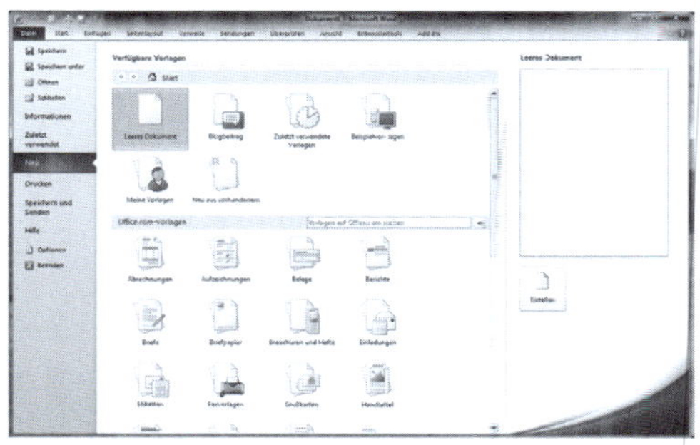

Auf der Registerkarte Datei klicken Sie auf **Neu** oder benutzen Sie die Tastenkombination **STRG + N**. Hier können Sie nun leere Dokumente oder fertige Vorlagen aufrufen.

Datei öffnen

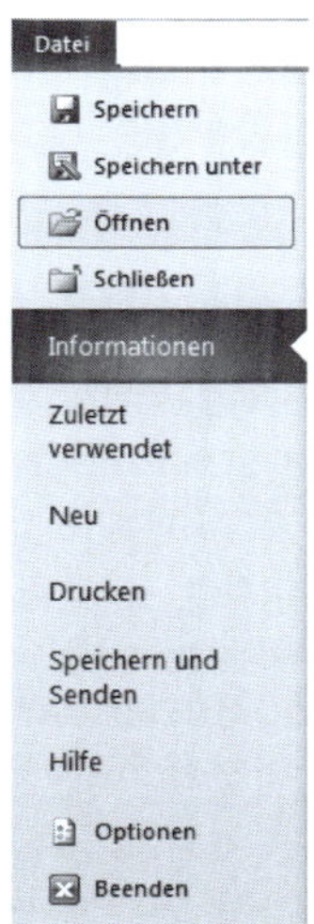

Gespeicherte Dateien können Sie öffnen und bearbeiten. Hierzu wird die Datei auf dem Datenträger gelesen und in den Arbeitsspeicher kopiert.

Das Dialogfenster **Öffnen** erreichen Sie auf der Registerkarte **Datei.** Klicken Sie auf **Öffnen** oder benutzen Sie die Tastenkombination **STRG + O.**

Nun müssen Sie nur noch das Laufwerk/Verzeichnis und den entsprechenden Ordner festlegen, **Dateiname** anklicken und **Öffnen** bestätigen.

Dokumentvorlagen erstellen

Eine Dokumentvorlage ist ein Musterdokument, in dem alle gewünschten Texte, Grafiken und Formate enthalten sind. Eine Dokumentvorlage können Sie sich als Schablone vorstellen, die Sie immer wieder einsetzen, ohne sie dabei zu zerstören.

Für Ihre wissenschaftliche Arbeit sollten Sie eine eigene Dokumentvorlage erstellen. Legen Sie die vorgegebenen Formvorschriften an, z. B. Seitenränder, Ihre Formatvorlagen, Formatierung der Kopf- und Fußzeile. Wenn Sie alle Formatierungen festgelegt haben, speichern Sie Ihre Dokumentvorlage als Dateityp Word-Vorlage ab.

Auf diese Dokumentvorlage können Sie dann zu einem späteren Zeitpunkt für andere Facharbeiten immer wieder zurückgreifen.

Dokumentvorlage – Word 2003

Speichern: Um eine neu erstellte Vorlage zu speichern, muss unter **Datei** – **Speichern unter** wie gewohnt der Dateiname angegeben werden und zusätzlich der Dateityp **Word-Vorlage** ausgewählt werden. Word vergibt die Datei-Endung *.dot.

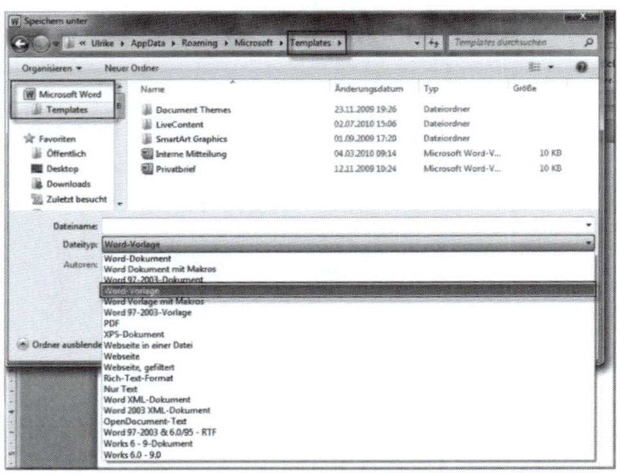

Öffnen: Die so gespeicherte Vorlage finden Sie unter dem Menü **Datei** – **Neu** – **Allgemein** wieder. Sie können Ihre Vorlage nun nicht mehr versehentlich ändern.

Dokumentvorlage – Word 2007/2010

Speichern: Um eine neu erstellte Vorlage zu speichern, muss unter der Office-Schaltfläche/Registerkarte **Datei** – **Speichern unter** wie gewohnt der Dateiname angegeben werden und zusätzlich der Dateityp **Word-Vorlage** ausgewählt werden. Achten Sie darauf, dass die Dokumentvorlage im Standardvorlagenordner abgespeichert wird, damit sie im Bereich verfügbare Vorlagen auf **Meine Vorlagen** erscheint. Der Dateibutton erhält einen gelben Balken (normales Dokument = blauer Balken). Word vergibt die Datei-Endung *.dotx.

Öffnen: Die so gespeicherte Vorlage finden Sie unter der Registerkarte **Datei** – **Neu** – **Meine Vorlagen** wieder. Sie können Ihre Vorlage nun nicht mehr versehentlich ändern.

Seite einrichten

Für Geschäftsbriefe oder andere Schriftstücke wählen Sie eine Standardeinstellung. Die Seitenränder oder das Papierformat können Sie nach Ihrem Bedarf auch verändern.

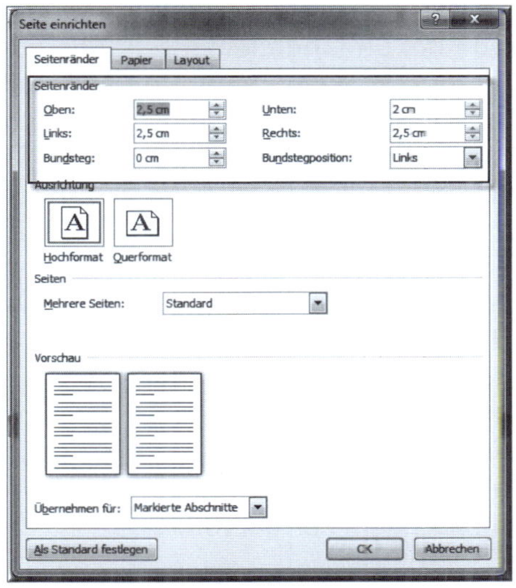

Word 2003

Um die Seitenränder oder das Papierformat zu verändern, gehen Sie auf Menü **Datei** – **Seite einrichten.**

Word 2007/2010

Um die Seitenränder oder das Papierformat zu verändern, gehen Sie auf die Registerkarte **Seitenlayout** – Gruppe **Seite einrichten.**

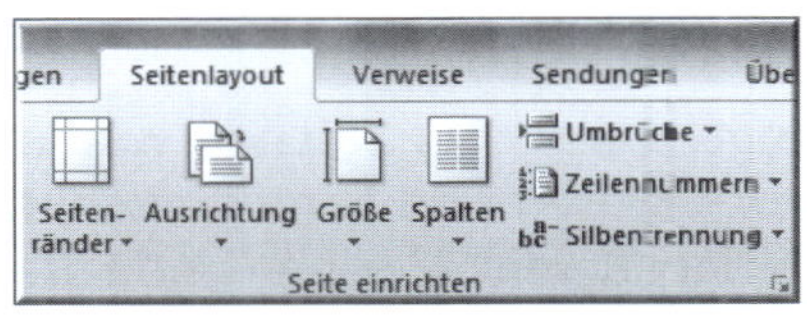

Klicken Sie auf den Pfeil in der rechten unteren Ecke. Nun öffnet sich das nebenstehende Dialogfeld. Im Register **Seitenränder** geben Sie die neuen Maße ein. Wollen Sie die Maße für alle Dokumente verwenden, klicken Sie Standard an. Die Abfrage beantworten Sie mit ja.

In diesem Register können Sie auch zwischen Hochformat und Querformat wählen.

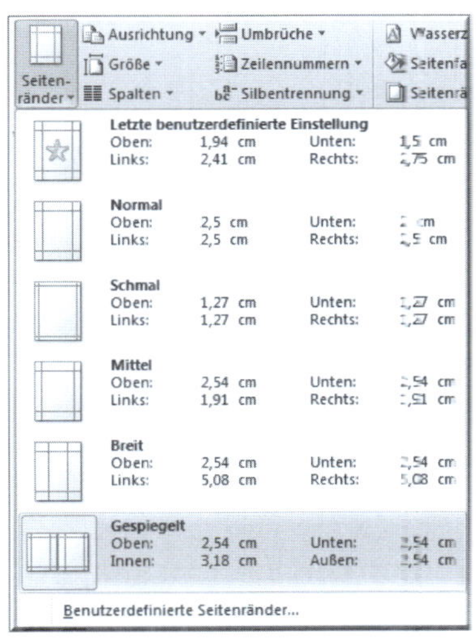

Tipp: Soll Ihr Dokument doppelseitig gedruckt werden, wählen Sie für die Seitenränder die Option **Gespiegelt** und passen dann über benutzerdefinierte Seitenränder die Werte entsprechend an.

Formatvorlagen einrichten

Gerade bei umfangreichen schriftlichen Arbeiten bietet der professionelle Umgang mit Formatvorlagen eine schnelle und einheitliche Formatierung. Legen Sie für Überschriften, Texte, Aufzählungen, Erläuterungstexte, Fußnoten etc. Ihre entsprechende Formatvorlage an. Die Formatvorlagen werden mit dem jeweiligen Dokument bzw. mit der aktuellen Dokumentvorlage verbunden. Wird eine definierte Formatvorlage später einem markierten Text oder einem Absatz zugewiesen, so wendet Word alle in der Formatvorlage zusammengefassten Formatierungsanweisungen mit einem einzigen Befehl auf den Text an. Word kennt zwei Typen von Formatvorlagen.

Der Formatvorlagentyp **Absatz** beinhaltet Formatierungsanweisungen, die ganzen Absätzen zugewiesen werden; er kann beliebige Formatierungsanweisungen enthalten.

Der Formatvorlagentyp **Zeichen** wird markierten Texten zugewiesen und kann ausschließlich Formate aus dem Bereich Zeichen und Sprache (Wörterbücher) aufnehmen. Die Definition erfolgt auf die gleiche Weise wie die Formatierung über das Befehlsmenü. Wird ein formatierter Text markiert, so werden die Formate, bei entsprechender Bestätigung, in die Formatvorlage übernommen.

Word 2003

Über den Befehl **Format – Formatvorlagen und Formatieren** wird eine neue Formatvorlage erstellt. Diese ist standardmäßig im aktuellen Dokument, der Normal.dot.

Die Formatvorlage rufen Sie sowohl über die Formatierungsleiste als auch über das Befehlsmenü ab.

Die Option „Zur Vorlage hinzufügen“ aktivieren Sie, wenn die Formatvorlage in einer anderen Dokumentvorlage zur Verfügung stehen soll.

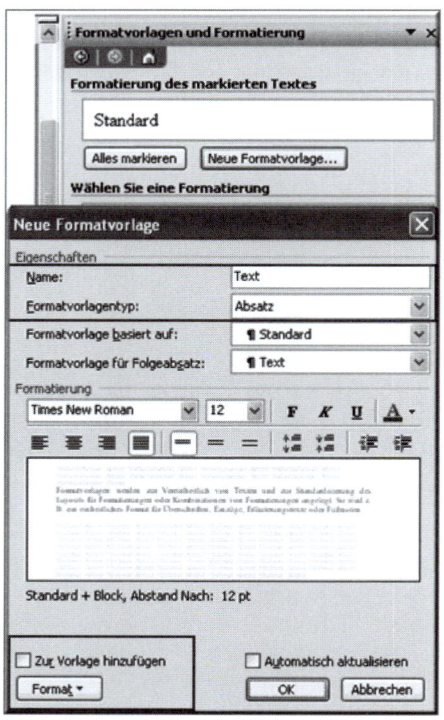

Formatvorlagen ändern

Eine Formatvorlage kann jederzeit verändert werden. Nach Aufruf des Befehls **Format – Formatvorlage** wird zunächst die zu verändernde Vorlage ausgewählt. Mit der Maus auf den Pfeil klicken und anschließend über den Befehl **Ändern** die gewünschten Formatierungen korrigieren.

Formatvorlagen zuweisen

Die Anwendung von Formatvorlagen erfolgt entweder über die Befehlsfolge **Format – Formatvorlage** oder über die Schaltfläche in der Symbolleiste. Der Cursor muss dabei im zu formatierenden Absatz stehen oder der betreffende Text muss markiert sein.

Formatvorlagen anzeigen

Um innerhalb von Dokumenten mehr Übersicht über die Formatvorlagen zu behalten, schalten Sie im Aufgabenbereich „Formatvorlage" ganz unten unter Anzeigen: **Benutzte Formatierungen** ein. Unter **Verfügbare Formatierungen** erhalten Sie die Gesamtübersicht.

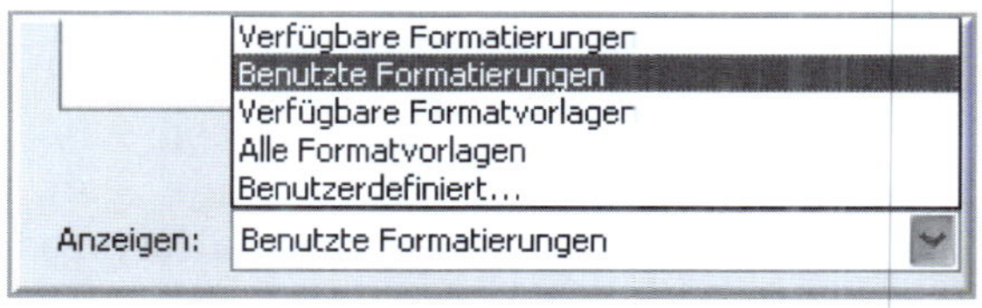

Neue Formatvorlage

Unter **Format – Formatvorlagen und Formatierung** befindet sich oben der Befehl **Neue Formatvorlage.** Unter Name tragen Sie einen aussagekräftigen Namen ein, bestimmen den Formatvorlagentyp und stellen dann die entsprechenden Formatierungen ein.

Word 2007/2010

1. Möglichkeit: Markieren Sie den Text, dem Sie eine Formatvorlage zuweisen möchten, und wählen Sie aus den Schnellformatvorlagen der Multifunktionsleiste/des Menübandes eine aus. Weitere Formatvorlagensätze finden Sie unter der Schaltfläche **Formatvorlagen ändern – Formatvorlagensatz/Stil-Set.**

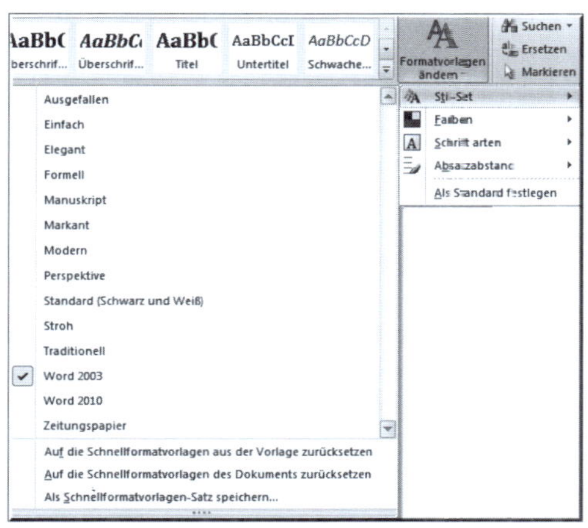

2. Möglichkeit: Gehen Sie auf die Registerkarte **Start** – Gruppe **Formatvorlagen** – **Startprogramm für ein Dialogfeld,** um den Aufgabenbereich **Formatvorlagen** einzublenden. Aktivieren Sie das Kontrollkästchen **Vorschau anzeigen,** um die Liveschau prüfen zu können. Klicken Sie im Aufgabenbereich auf die gewünschte Formatvorlage.

Unter bestimmten Umständen kann es jedoch sinnvoll sein, die Attribute einer Formatvorlage in den Schnellformatvorlagen zu ändern.

Eine Formatvorlage kann jederzeit verändert werden. Sie gehen in der Gruppe **Formatvorlagen** auf das Startprogramm, um das Dialogfeld Formatvorlagen zu öffnen. Sie wählen die entsprechende Formatvorlage aus (z. B. Überschrift 2), klicken rechts mit der Maus auf den **Pfeil –** Befehl **Ändern.**

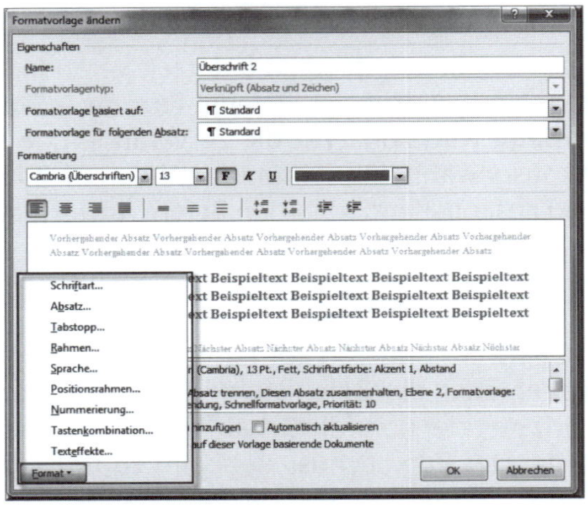

Formatvorlagen zuweisen

Es öffnet sich das Dialogfeld **Formatvorlagen ändern.** Hier können Sie nun die gewünschten Änderungen vornehmen. Weitere Befehle finden Sie in der linken unteren Ecke unter **Format.** In der Schnellformatvorlage erscheinen direkt die Veränderungen.

Formatvorlagen anzeigen

Um innerhalb von Dokumenten mehr Übersicht über die Formatvorlagen zu behalten, schalten Sie im Aufgabenbereich „Formatvorlage" ganz unten unter Anzeigen **Benutzte Formatierungen** ein. Unter **Verfügbare Formatierungen** erhalten Sie die Gesamtübersicht.

Neue Formatvorlagen anlegen

Unabhängig von den angelegten Formatvorlagen können Sie auch eigene Formatvorlagen erstellen. Dazu gehen Sie auf das Startprogramm für das Dialogfeld **Formatvorlagen.** Unten in der linken Ecke befindet sich der Befehl **Neue Formatvorlage.**

Unter **Name** tragen Sie einen aussagekräftigen Namen ein, bestimmen den Formatvorlagentyp und stellen dann die entsprechenden Formatierungen ein.

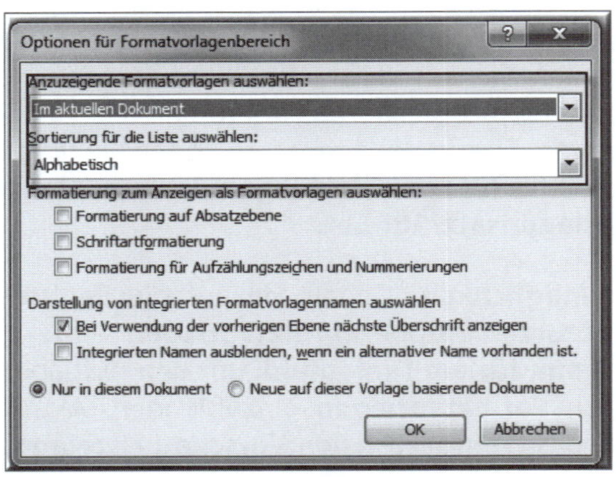

Formatvorlagen verwalten

Es ist wichtig, dass Sie den Überblick über Ihre Formatvorlagen behalten. Klicken Sie im Aufgabenbereich „Formatvorlagen" rechts auf **Optionen** und legen Sie hier zum Beispiel fest, dass nur die verwendeten Formatvorlagen angezeigt werden.

Kopf- und Fußzeilen gestalten

Kopfzeilen sind Textteile, die immer am Beginn der Seite stehen. Sie liegen außerhalb des Satzspiegels und müssen am oberen und unteren Rand dazugerechnet werden. Sie enthalten Kapitelüberschriften oder Name und Datum. Die Fußzeilen finden Sie unterhalb des Textbereiches. Sie enthalten oft die Seitennummerierung.

Word 2003

Sie finden den Befehl über das Menü **Ansicht** – **Kopf- und Fußzeile.** Word wechselt zur Seitenlayout-Ansicht. Die Einfügemarke befindet sich im Kopfzeilenbereich und die Symbolleiste „Kopf- und Fußzeile" wird angezeigt.

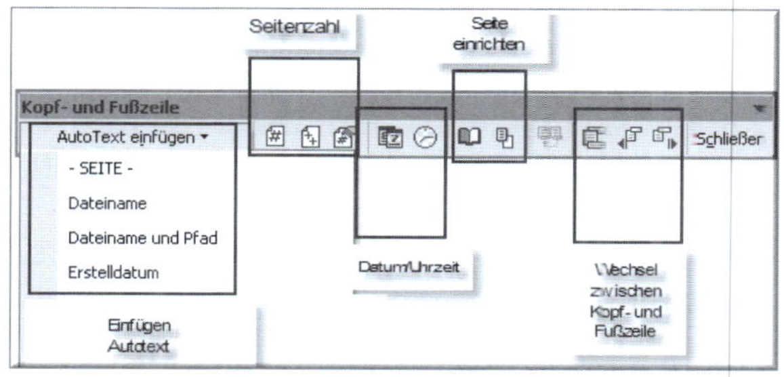

Geben Sie Ihren gewünschten Text ein. Zum Einfügen von Dateiname und Pfad, Seitenzahlen, aktuellem Datum oder aktueller Zeit stehen die Schaltflächen der Symbolleiste Kopf- und Fußzeile zur Verfügung.

Word 2007/2010

Sie finden die Befehle in der Registerkarte **Einfügen** – Gruppe **Kopf- und Fußzeile.** Klicken Sie auf den gewünschten Befehl. Wählen Sie ein Layout aus. Word wechselt nun zur Seitenlayout-Ansicht. Die Einfügemarke befindet sich im Kopfzeilenbereich und die Kopf- und Fußzeilentools – Entwurf – werden angezeigt.

Geben Sie im Kopfzeilenbereich den gewünschten Text ein, den Sie beliebig formatieren können. In der Registerkarte **Entwurf der Kopf- und Fußzeile** stehen Ihnen weitere Befehle (Einfügen von Bildern, Seitenzahlen, aktuellem Datum oder aktueller Zeit etc.) zur Verfügung.

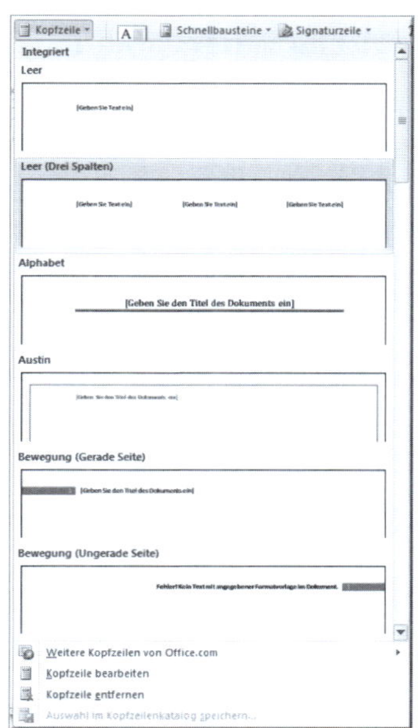

Kopf- und Fußzeilen bearbeiten

Wollen Sie bereits bestehende Kopf- und Fußzeilen weiterbearbeiten, müssen Sie diesen Bereich erneut aktivieren. Doppelklicken Sie dazu im Kopf- bzw. Fußzeilenbereich.

Die Überarbeitung findet über die Symbolleiste **Kopf- und Fußzeile** (Word 2003) bzw. über die kontextbezogene Registerkarte **Kopf- und Fußzeilentools/Entwurf** statt.

Seitenzahl einfügen

Bei umfangreichen Schriftstücken beginnt die Seitennummerierung nach dem Deckblatt. Sie endet mit der letzten Seite. Wenn eine Seitenbegrenzung vorgegeben wird, bezieht sich diese lediglich auf den Inhalt (Einleitung, Hauptteil, Schluss). Für einen Vorspann (Verzeichnisse, Glossar und Vorwort) können Sie je nach Vorgaben römische Zahlen verwenden, sodass der Textteil mit der arabischen Ziffer 1 beginnt.

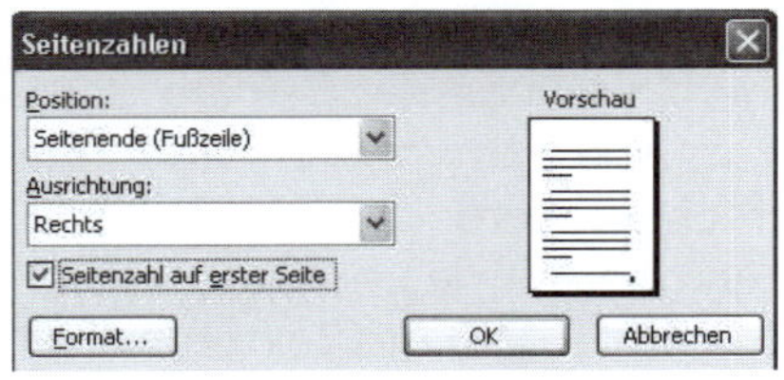

Word 2003

Klicken Sie im Menü – **Einfügen** – **Seitenzahlen.** Wählen Sie die Position und die Ausrichtung.

Unter **Format** erreichen Sie das Dialogfeld **Seitenzahlformat.** Hier finden Sie eine Auswahl von verschiedenen Zahlenformaten.

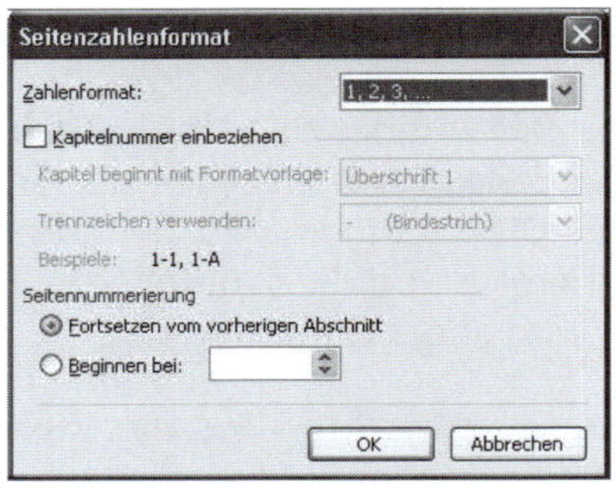

Word 2007/2010

Diesen Befehl finden Sie unter der Gruppe **Kopf- und Fußzeile** – **Seitenzahl** – **Seitenzahlen.**

Klicken Sie auf den Eintrag **Seitenende,** wählen Sie im Untermenü den Eintrag **Einfache Zahl.**

Klicken Sie auf die Schaltfläche **Kopf- und Fußzeile schließen** – oder klicken Sie doppelt in den Textbereich.

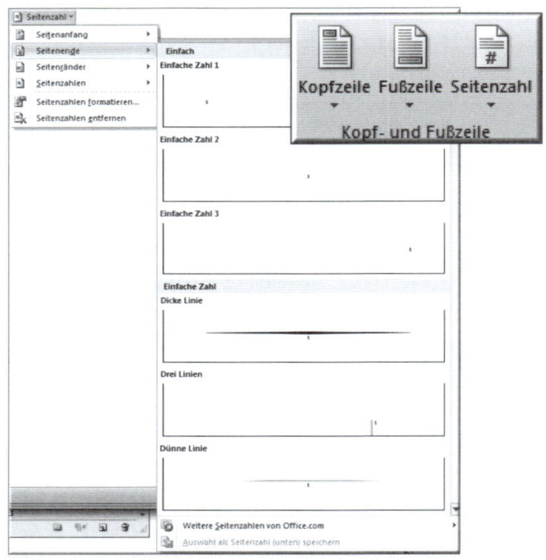

Römische und arabische Seitenzahlen

Möchten Sie die Nummerierung des Vorspanns in römischen Zahlen gestalten, so stellen Sie zunächst die römischen Zahlen ein. Dann setzen Sie, bevor die arabischen Seitenzahlen beginnen, am Ende der Seite einen (manuellen) Umbruch.

Word 2003

Gehen Sie über **Einfügen** – **Manueller Umbruch** – **Abschnittsumbruch** – **Nächste Seite.**

Word 2007/2010

Gehen Sie auf die Registerkarte **Seitenlayout** – Gruppe **Umbrüche** – **Abschnittsumbruch** – **Nächste Seite.**

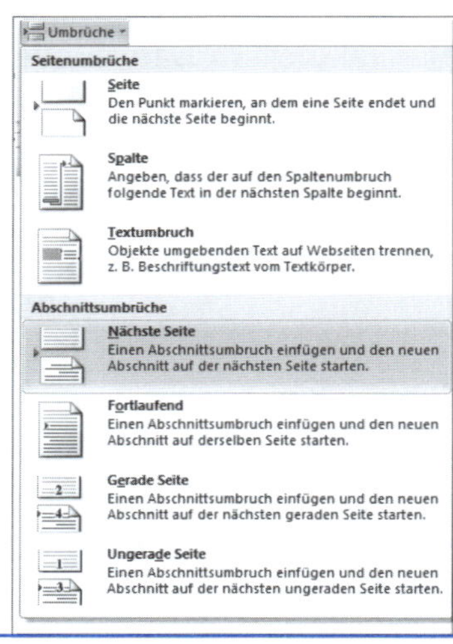

Kopf- und Fußzeilen in Abschnitte einteilen

In Referaten, Projektarbeiten oder sonstigen umfangreichen Dokumenten sollen die Kopfzeilen mit den entsprechenden Abschnittsüberschriften formatiert sein. Dafür müssen Sie für jedes neue Kapitel einen Abschnittswechsel vornehmen.

Setzen Sie die Einfügemarke an die Position, an der Sie den Abschnittswechsel vornehmen möchten.

Word 2003

Fügen Sie über das Menü – **Einfügen** – **Manueller Umbruch** Ihren gewünschten Abschnittswechsel ein.

Word 2007/2010

Klicken Sie auf der Registerkarte **Seitenlayout** in der Gruppe **Seite einrichten** auf die Schaltfläche **Umbrüche.** Wählen Sie Ihren gewünschten Abschnittswechsel (Fortlaufend = wenn keine neue Seite angelegt werden soll; Nächste Seite = wenn Sie einen Seitenumbruch wünschen).

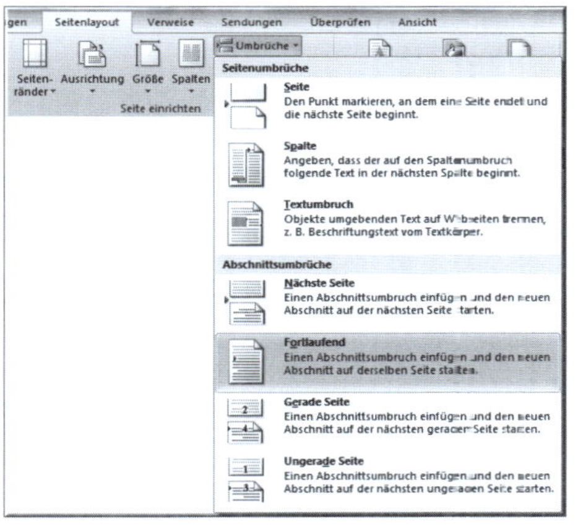

Gehen Sie zum gewünschten Abschnitt in Ihrem Dokument und doppelklicken Sie in den Kopf- und Fußzeilenbereich.

Klicken Sie auf die Gruppe **Navigation** – **Mit vorheriger verknüpfen,** um die Verknüpfung zur Kopf- und Fußzeile des vorherigen Abschnitts aufzuheben. Wenn Sie erneut klicken, wird die Verknüpfung wiederhergestellt.

Erstellen Sie nun für den neuen Abschnitt eine neue Kopf- und Fußzeile.

Aktuelle Abschnittsüberschriften anzeigen

In Facharbeiten oder wissenschaftlichen Arbeiten sollte die aktuelle Kapitelüberschrift in der Kopfzeile stehen, um eine leichtere Orientierung zu erzielen. Sie müssen allerdings konsequent mit Formatvorlagen arbeiten.

Word 2003

Aktivieren Sie dann den Befehl **Ansicht** – **Kopf- und Fußzeilen** und platzieren Sie den Cursor an der gewünschten Stelle. Öffnen Sie mit dem Befehl **Einfügen** – **Feld** die Dialogbox **Feld.**

Klicken Sie im Bereich **Kategorien** auf den Eintrag **Verknüpfungen und Verweise.** Nach Auswahl der Feldfunktion **StyleRef** klicken Sie auf Optionen. In der Dialogbox **Felderoptionen** finden Sie das Register **Formatvorlagen.** Im Bereich **Namen** klicken Sie erst auf die gewünschte Formatvorlage, dann auf **Hinzufügen.**

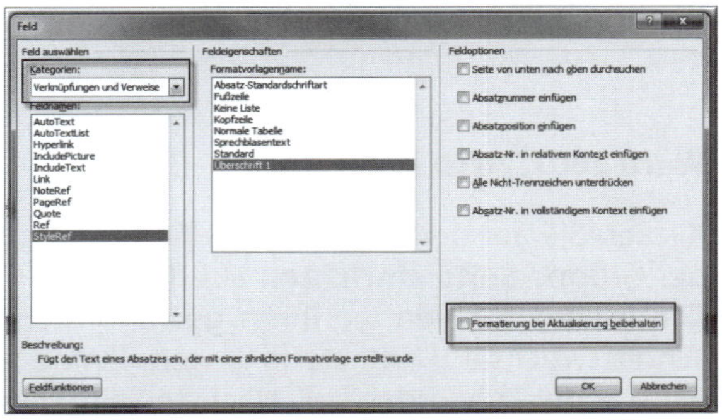

Word 2007/2010

Aktivieren Sie Ihre Kopf- und Fußzeile, gehen Sie auf die Schaltfläche **Schnellbausteine** und wählen Sie den Eintrag **Feld** – **Verknüpfungen und Verweise.**

Bevor Sie mit der Formatierung der Kopf- und Fußzeile beginnen, müssen Sie für Ihre Überschriften die Formatvorlage **Überschrift 1** zugewiesen haben, ansonsten wird sie unter den Formatvorlagenamen nicht angezeigt.

Klicken Sie im Listenfeld auf den Feldnamen **StyleRef** und markieren Sie im Listenfeld den Eintrag **Überschrift 1,** um die Überschrift der höchsten Hierarchie-Ebene in der Kopfzeile wiederzugeben. Deaktivieren Sie das Kontrollfeld und schließen Sie das Dialogfeld mit **OK.**

Tipp: Kommt die gewählte Formatvorlage (z. B. Überschrift 1) mehrmals auf einer Seite vor, so erscheint die erste Überschrift in der Kopf- oder Fußzeile. Kommt die Formatvorlage gar nicht auf einer Seite vor, so erscheint in der Kopf- oder Fußzeile die zuletzt gefundene Überschrift. Aktualisieren Sie regelmäßig Ihre Felder mit der Funktionstaste F9.

Absatzkontrolle aktivieren

Vermeiden Sie sog. „Hurenkinder" (die letzte Zeile vom Absatz rutscht auf die neue Seite) und „Schusterjungen" (ein Absatz wird direkt nach der ersten Zeile auf eine neue Seite umgebrochen), indem Sie in Ihrem Programm die Absatzkontrolle einstellen.

Word 2003

Gehen Sie über das Menü **Format** – **Absatz** – Registerkarte **Zeilen- und Seitenumbruch** – **Absatzkontrolle** aktivieren.

Word 2007/2010

Gehen sie auf die Registerkarte **Start** – Gruppe **Absatz** – Registerkarte **Zeilen- und Seitenumbruch** – **Absatzkontrolle** aktivieren.

Silbentrennung aktivieren

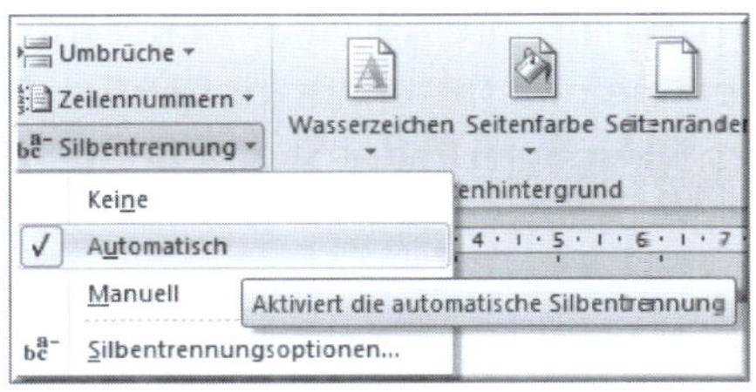

Sie sollten grundsätzlich die Silbentrennung aktivieren, damit am rechten Rand in linksbündigen Texten die Zeilen nicht zu unregelmäßig umgebrochen werden oder im Blocksatz zu große Leerräume zwischen den Wörtern eingefügt werden. Allerdings sollten Sie die Trennungen immer überprüfen, da sich manchmal unschöne bzw. falsche Trennungen einschleichen. Wenn Sie eine Wortkopplung wie MS-Word nie am Zeilenende trennen möchten, drücken Sie die Tastenkombination Strg + – (Bindestrich).

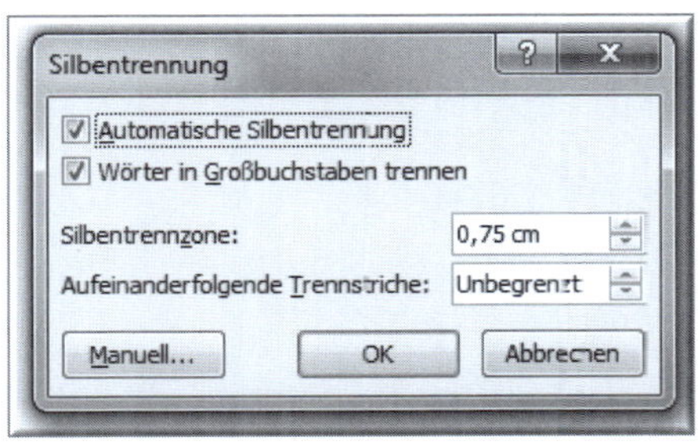

Word 2003

Gehen Sie über das Menü **Extras** – **Sprachen** – **Silbentrennung** und aktivieren Sie **Automatische Silbentrennung.**

Datei speichern

Wenn Sie einen Text schreiben, befindet er sich zunächst im Arbeitsspeicher, der nach jedem Ausschalten des Rechners gelöscht wird. Damit Ihr Text nicht verloren geht, müssen Sie ihn vorher speichern, z. B. auf die Festplatte oder auf den USB-Stick.

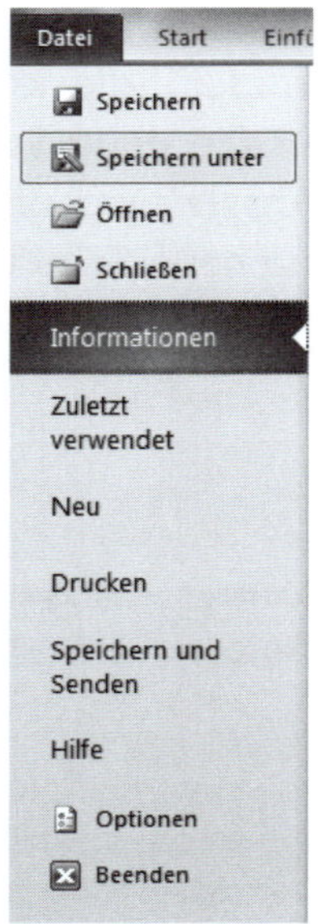

Den Speicherbefehl erreichen Sie auf der Registerkarte **Datei.** Klicken Sie dann auf **Speichern unter** oder benutzen Sie die Funktionstaste **F12.** Nun öffnet sich ein Dialogfenster. Hier können Sie den Speicherort bestimmen (z. B. Festplatte C:, Wechselträger E:) und Ihrer Datei einen Namen geben.

Ihr Dokument können Sie direkt in ein anderes Format (z. B. frühere Version) abspeichern. Dazu gehen Sie auf **Dateityp** und klicken auf Ihr gewünschtes Format. Nachdem Sie alle Einstellungen vorgenommen haben, gehen Sie auf **Speichern.**

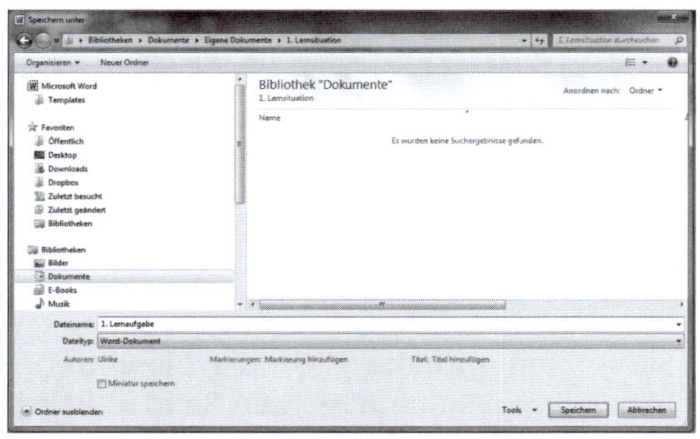

Zwischenspeichern

Speichern Sie Ihren Text nicht erst nach Fertigstellung ab. Durch „Abstürzen" des Rechners oder durch Stromausfall wäre Ihre Arbeit verloren. Sichern Sie deshalb Ihre Arbeit zwischendurch ab. Hier können Sie das Tastenkürzel **STRG + S** oder das Symbol **Speichern** in der Symbolleiste für den Schnellzugriff verwenden.

Text erfassen

Beginnen Sie nun, Ihren Text einzugeben. Schreiben Sie den Text fortlaufend. Achten Sie darauf, dass Sie nach einem Absatz eine Leerzeile lassen.

Neue Seite einfügen

Wenn Sie eine neue Seite einfügen möchten, drücken Sie die Tastenkombination **Strg** + **Return.**

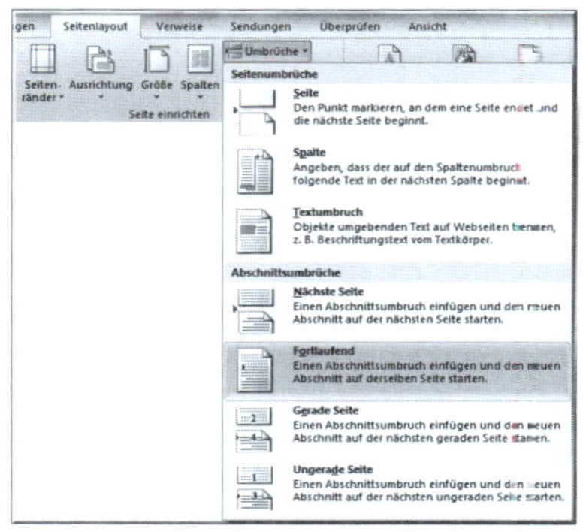

Neuer Abschnitt

Für jedes neue Kapitel sollten Sie einen Abschnittswechsel vornehmen. Setzen Sie die Einfügemarke an die Position, an der Sie den Abschnittswechsel vornehmen möchten.

Word 2003

Fügen Sie über das Menü – **Einfügen** – **Manueller Umbruch** Ihren gewünschten Abschnittswechsel ein.

Word 2007/2010

Klicken Sie auf der Registerkarte **Seitenlayout** in der Gruppe **Seite einrichten** auf die Schaltfläche **Umbrüche.** Wählen Sie Ihren gewünschten Abschnittswechsel (Fortlaufend = wenn keine neue Seite angelegt werden soll; Nächste Seite = wenn Sie einen Seitenumbruch wünschen).

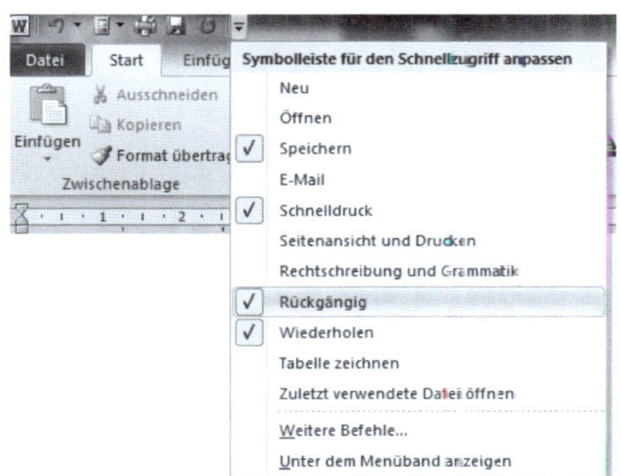

Befehle rückgängig machen

Da Word sämtliche Bearbeitungs- und Formatierungsschritte registriert, besteht für Sie die Möglichkeit, mehrere Befehle bzw. den zuletzt ausgeführten wieder rückgängig zu machen. Klicken Sie in der Symbolleiste für den Schnellzugriff auf die Schaltfläche **Rückgängig** oder die Tastenkombination **STRG + Z;** zum **Wiederherstellen** benutzen Sie **STRG + Y** oder die entsprechende Schaltfläche.

Ausschneiden von Texten

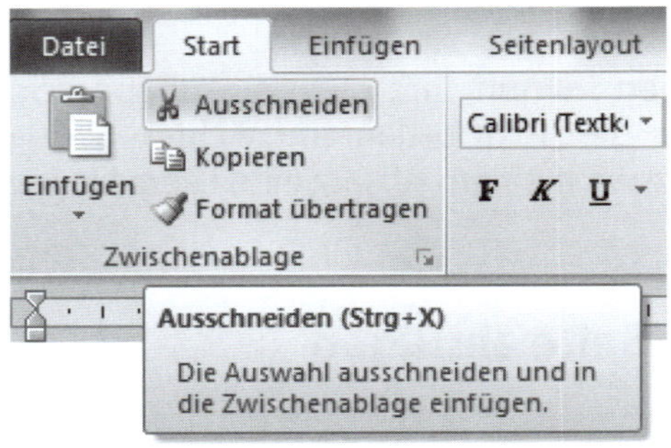

Den Textteil markieren und über

- Registerkarte **Start** – Gruppe **Zwischenablage** – Befehl **Ausschneiden** oder
- Shortcut **Strg + x** oder
- Kontextmenü (rechte Maustaste) **Ausschneiden**

den Inhalt in den Zwischenspeicher speichern.

Kopieren von Texten

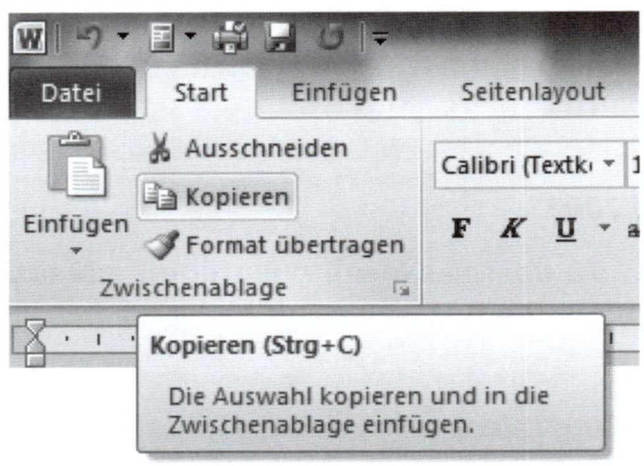

Den Textteil markieren und über

- Registerkarte **Start** – Gruppe **Zwischenablage** – Befehl **Kopieren** oder
- Shortcut **Strg + c** oder
- Kontextmenü (rechte Maustaste) **Kopieren**

den Inhalt in den Zwischenspeicher speichern.

Einfügen von Textteilen

Den Cursor an die vorgesehene Stelle bringen und den ausgeschnittenen bzw. kopierten Textteil über die

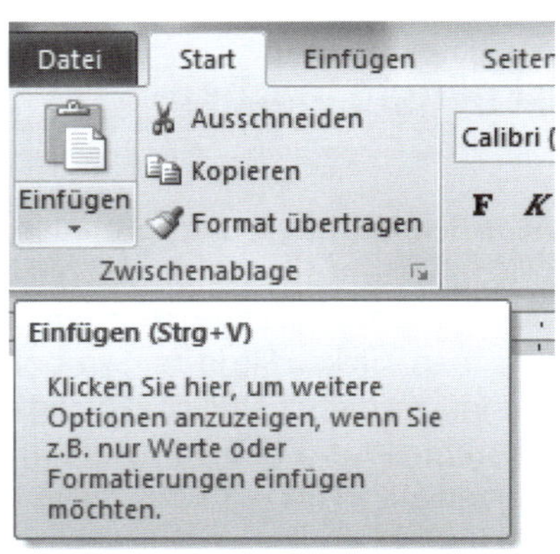

- Registerkarte **Start** – Gruppe **Zwischenablage** – Befehl **Einfügen** oder
- Shortcut **Strg + v** oder
- Kontextmenü (rechte Maustaste) **Einfügen**

den Inhalt des Zwischenspeichers einfügen.

Text suchen

Bei umfangreichen Dokumenten ist es oft schwierig, eine bestimmte Textstelle oder ein bestimmtes Wort im Text schnell zu finden. Word hilft Ihnen dabei mit der Funktion **Suchen.** Außerdem bietet Word an, Begriffe, Zeichen oder Sonderzeichen, die in einem Dokument häufiger vorkommen, gezielt zu ersetzen.

Über die Registerkarte **Start** – Gruppe **Bearbeiten** – Befehl **Suchen** öffnet sich rechts der Aufgabenbereich **Navigation** oder drücken Sie **Strg + F.** Geben Sie im Textfeld den Suchbegriff ein. Word durchsucht das gesamte Dokument und listet alle Fundstellen im Aufgabenbereich auf.

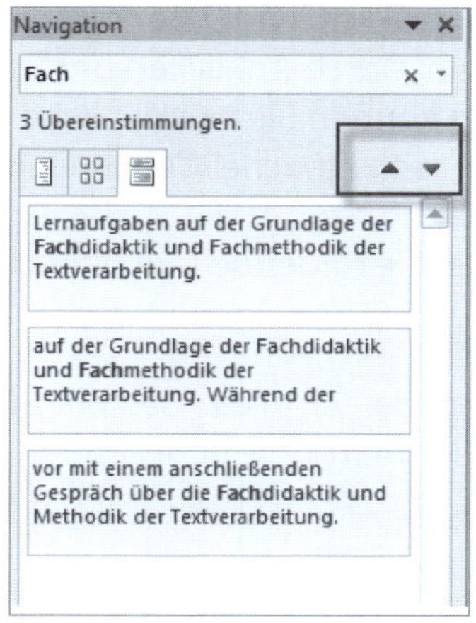

Klicken Sie auf den nach unten bzw. auf den nach oben zeigenden Pfeil, um zu den jeweiligen Fundstellen zu kommen. Sie bekommen die Textstellen sowohl im Aufgabenbereich angezeigt als auch rechts im Dokument selbst.

Weitere Suchmöglichkeiten

Klicken Sie im Aufgabenbereich Navigation auf den rechten Pfeil und öffnen Sie das Dialogfeld **Suchoptionen.**

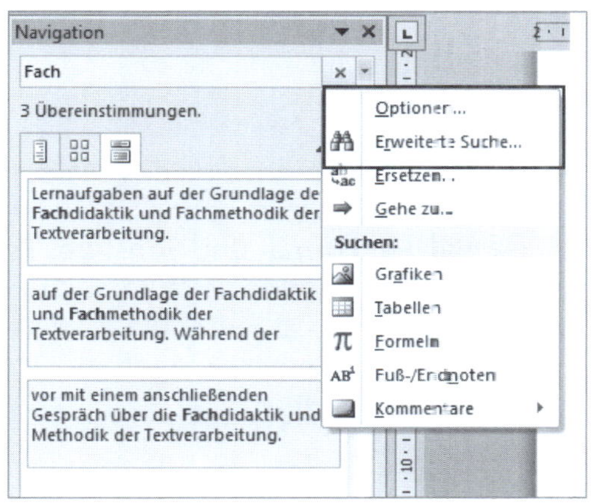

Aktivieren bzw. deaktivieren Sie die gewünschten Optionen. Eine recht häufig verwendete Option ist **Platzhalter verwenden.** Sie können mit einem „?" oder „*" alle Suchbegriffe mit einem bestimmten Wortstamm finden, z. B. bei „leben*" wird auch lebendig gefunden.

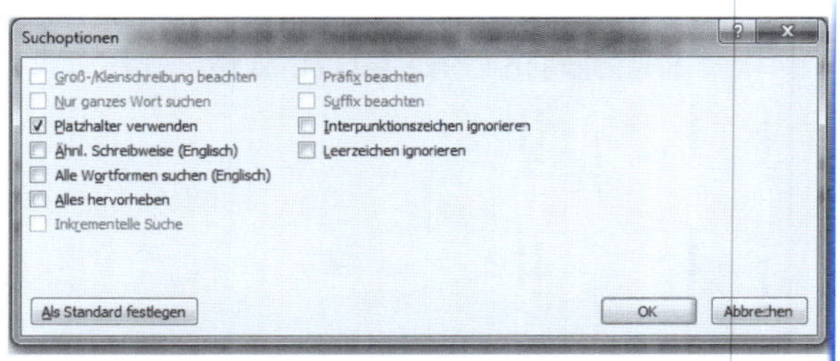

Texte ersetzen

Über die Registerkarte **Start** – Gruppe **Bearbeiten** – Befehl **Ersetzen** erreichen Sie das Dialogfeld **Ersetzen.**

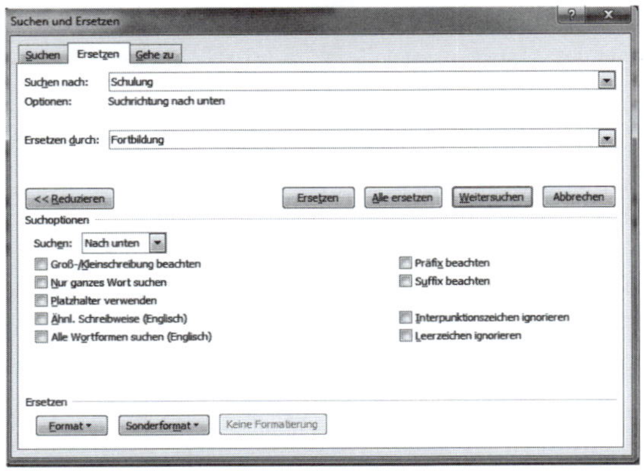

Geben Sie im Dialogfeld **Ersetzen** im Listenfeld das Suchwort (= zu ersetzender Begriff) und das Ersatzwort ein. Durch Anklicken der Schaltfläche **Erweitern** können Sie weitere Kriterien festlegen. Mit der Schaltfläche **Weitersuchen** starten Sie die Suche. Stoppt die Suche an einer Fundstelle, haben Sie folgende Möglichkeiten:

- Bestätigen Sie das Ersetzen des ursprünglichen Begriffs durch den neuen Begriff mit **Ersetzen.**
- Mit **Alle Ersetzen** wird der Suchbegriff an jeder Fundstelle ohne Rückfrage ersetzt.
- Durch erneutes Anklicken der Schaltfläche **Weitersuchen** gelangen Sie ohne Änderungen zur nächsten Textstelle.

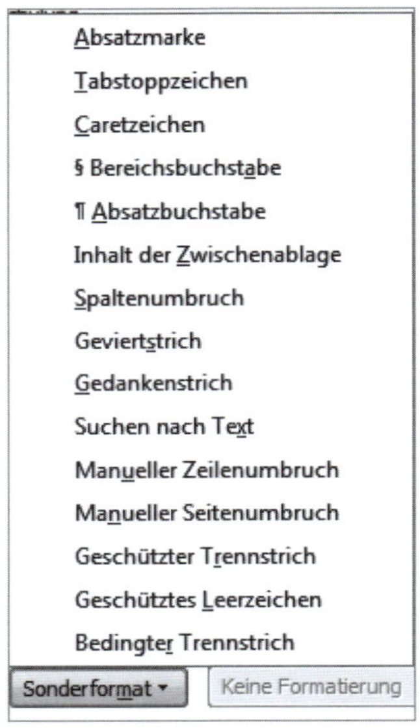

- In der erweiterten Anzeige des Dialogfeldes Suchen und Ersetzen können Sie über die Schaltflächen Format und Sonstiges Formatierungen und Sonderzeichen suchen und ersetzen lassen, z. B. geschützte Leerschritte können hinterher eingefügt werden.

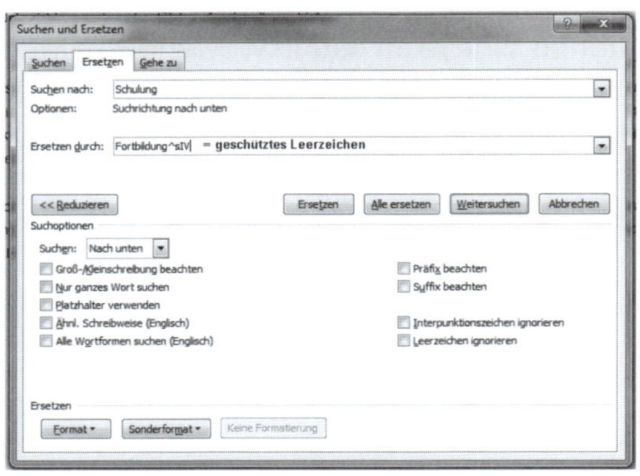

- Mit der Schaltfläche **Keine Formatierungen** können Sie die gewählten Suchoptionen im Dialogfeld komplett deaktivieren.

Mathematische Formeln einfügen

Ab Word 2007 können Sie vorgefertigte mathematische Formeln verwenden.

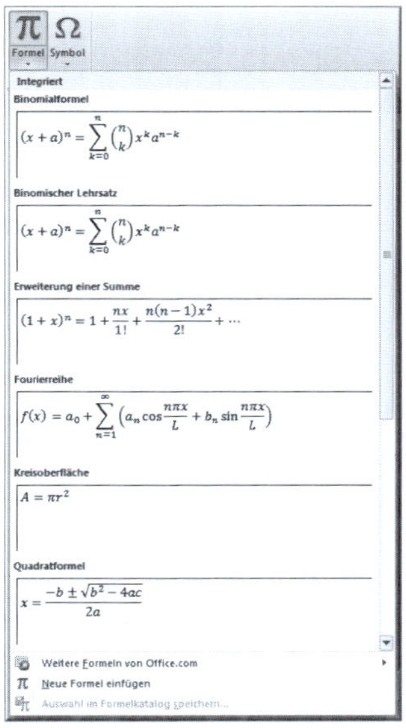

Klicken Sie auf die Registerkarte **Einfügen** – Gruppe **Symbol** – Schaltfläche **Formel.**

Wählen Sie aus dem Bereich des Listenfelds die vorgefertigte Formel oder klicken Sie auf den Eintrag **Neue Formel einfügen,** um eine leere Formel zu erzeugen. Das entsprechende Inhaltselement wird eingeblendet.

Klicken Sie in die Formel, um sie zu bearbeiten. Geben Sie die Formel ein. In der Gruppe **Symbole** können Sie dabei weitere Symbole auswählen und der Formel hinzufügen.

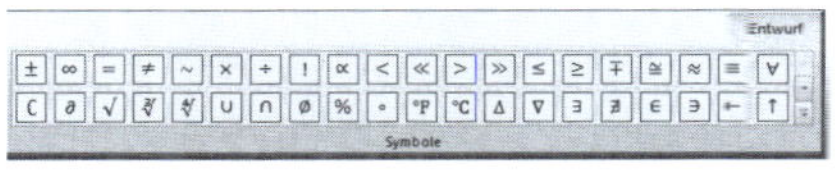

In der Gruppe **Strukturen** können Sie weitere Formelbestandteile auswählen. Klicken Sie nach Fertigstellung der Formel auf einen freien Bereich außerhalb des Inhaltssteuerelements.

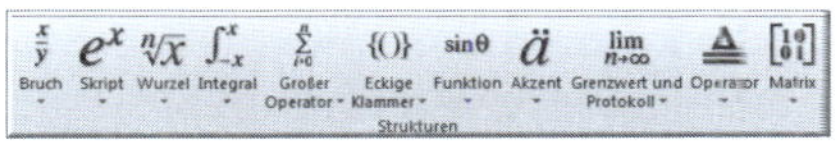

Formatieren Sie Ihre Formel. Die Standardeinstellung ist **Professionell.** Ansonsten können Sie zwischen **Linear** oder **Normaler Text** wählen.

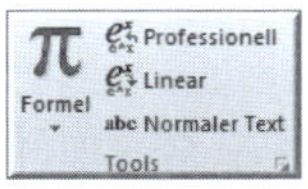

Verschieben: Klicken Sie mit der Maus links auf das Symbol Ihrer Formel und ziehen Sie sie an die gewünschte Position.

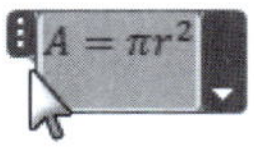

Löschen: Klicken Sie mit der Maus links auf das Symbol Ihrer Formel. Drücken Sie Entf-Taste.

Add-in: Microsoft Math: Außerdem gibt es ein Plug-in für mathematische Funktionen. Der kostenlose Download des „Word 2007 Add-in: Microsoft Math" ist unter der Website von Microsoft zu finden, wenn Sie nach dem Begriff Microsoft Math suchen.

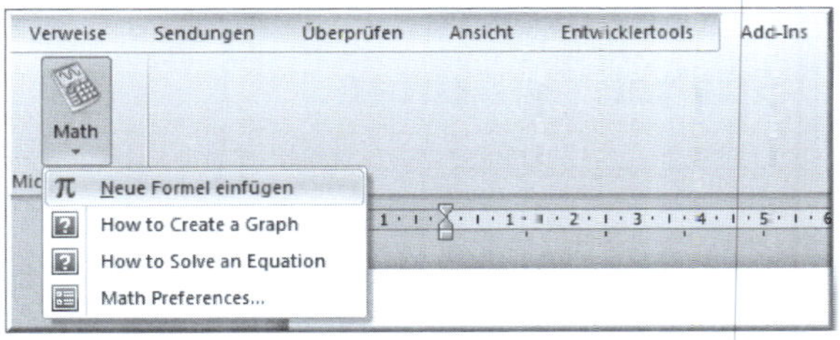

Nach der Installation steht unter Add-Ins in der Multifunktionsleiste/Menüband der Punkt Math zur Verfügung.

Word 2010: Sollen die Add-Ins nicht angezeigt werden, so aktivieren Sie unter **Datei** – **Optionen** – **Menüband anpassen** – Hauptregisterkarten **Add-Ins.**

Zeichenformatierung

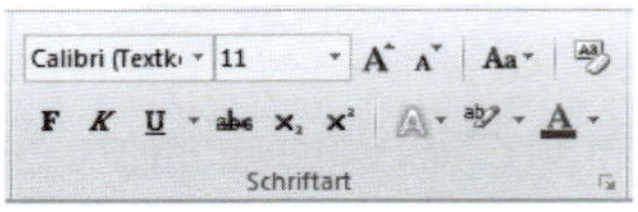

Markierte Textteile können Sie schnell über die Registerkarte **Start** – Gruppe **Schriftart** gestalten.

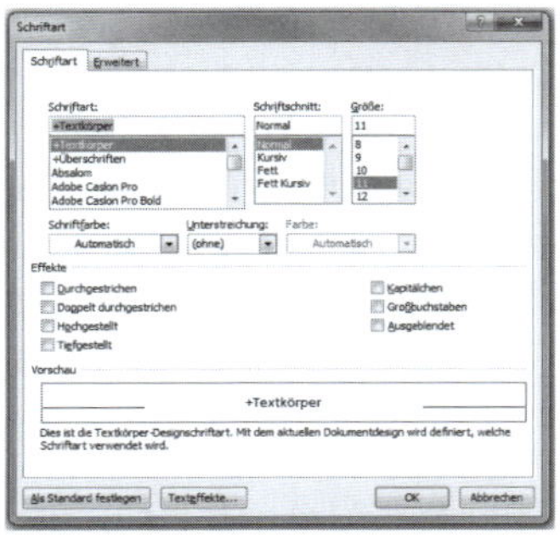

Alle zur Verfügung stehenden Zeichenformatierungen finden Sie unter dem Dialogfeld **Schriftart.** Dieses wird mit **STRG + D** geöffnet oder Sie klicken rechts unten auf das Startprogramm.

Unter der Registerkarte **Zeichenabstand** können Sie die Wörter sperren, indem Sie die Laufweite um eine entsprechende pt-Zahl erweitern.

Absatzformatierung

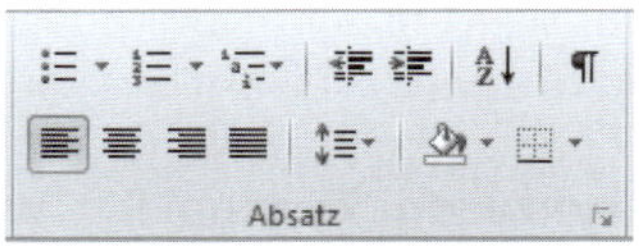

Markierte Textobjekte können Sie auch mit Absatzattributen gestalten. Direkt sind sie über die Registerkarte **Start** – Gruppe **Absatz** zu erreichen.

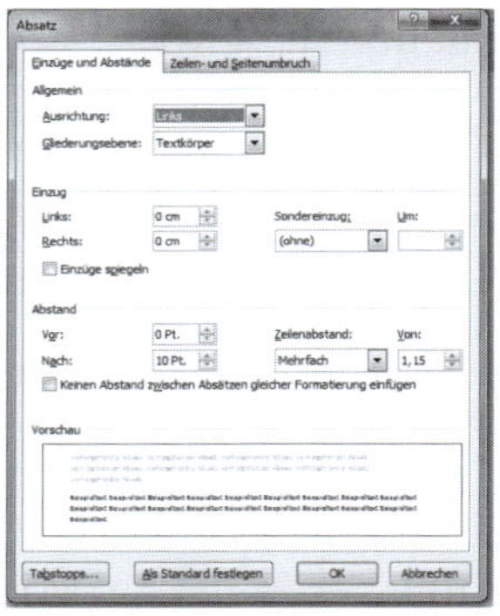

Alle Absatzformatierungen finden Sie rechts unten unter dem Startprogramm **Absatz.** Die Absatzattribute (Einzug rechts oder links, Zeilenabstand, Absatzabstand) beziehen sich immer auf einen oder mehrere Absätze, also den Textbereich zwischen zwei Absatzschaltungen.

Spalten einrichten

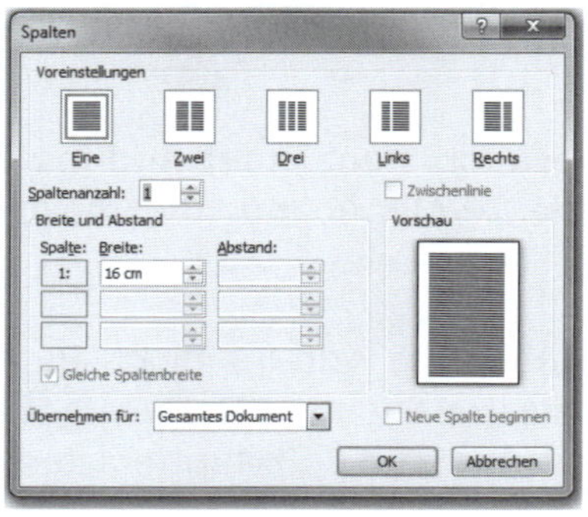

Markieren Sie den Text, der in mehrere Spalten angeordnet werden soll. Über die Registerkarte **Seitenlayout** – Gruppe **Seite einrichten** – Befehl **Spalte** – **Weitere Spalten** erreichen Sie das Dialogfeld **Spalten.**

Tipp: Damit die Spalten gleich lang werden, markieren Sie hinter dem Text nicht die Zeilenschaltung.

Format übertragen

Wenn mehrere Textstellen gleich formatiert werden, arbeitet man rationell mit dem Befehl **Format übertragen**. Diesen finden Sie in der Registerkarte **Start** – Gruppe **Zwischenablage** – Befehl **Format übertragen.**

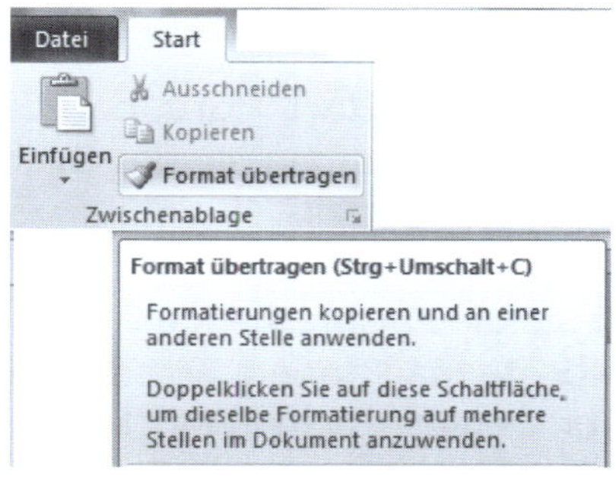

Dazu markiert man die richtig formatierte Textstelle und klickt mit der Maus das Symbol **Format übertragen** an. Der Mauszeiger wird zu einem Pinsel. Mit diesem Pinsel kann nun die gewünschte Textstelle formatiert werden.

TIPP: Wenn mehrere Textstellen mit diesem Format gestaltet werden sollen, müssen Sie auf das Symbol **Format übertragen doppelt** klicken.

Initial einfügen

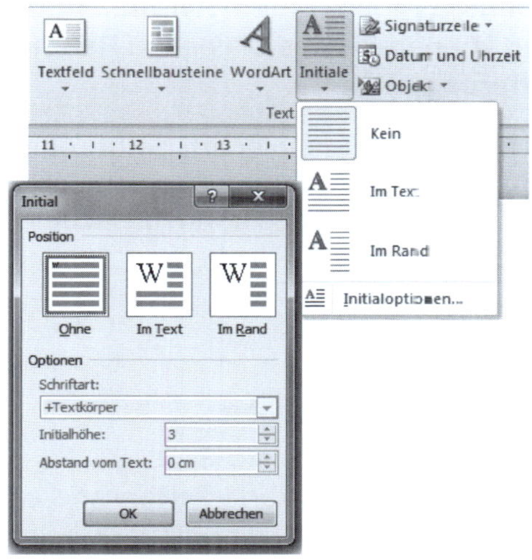

Repräsentative Texte werden gerne mit Initialen gestaltet. Über die Registerkarte **Einfügen** – Gruppe **Text** – Befehl **Initial** – **Initialoptionen** wird das Dialogfeld **Initial** aufgerufen.

Hier können Sie die Position, Schriftart, Initialhöhe und den Abstand vom Text angeben.

Symbol einfügen

In der Registerkarte **Einfügen** – Gruppe **Symbole** – Befehl **Symbol** – **Weitere Symbole** finden Sie das Dialogfeld **Symbol**. Hier können Sie unter der Registerkarte **Symbol** Zeichen auswählen. Markieren Sie das gewünschte Zeichen und fügen Sie es ein.

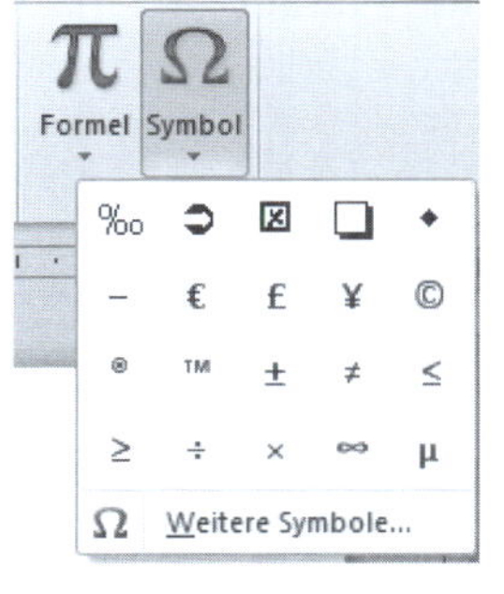

Durch Wechsel der Schriftarten werden andere Symbole angezeigt.

Schattierung einstellen

Auf der Registerkarte **Start** – Gruppe **Absatz** – Befehl **Schattierung** können Sie das Dialogfeld **Designfarben** öffnen.

Hier wählen Sie die entsprechende Farbschattierung aus. Möchte man andere Farbnuancen, so geht man auf **Weitere Farben.** Möchte man die Schattierung entfernen, so wird die Textstelle markiert und im Dialogfeld **Keine Farbe** angeklickt.

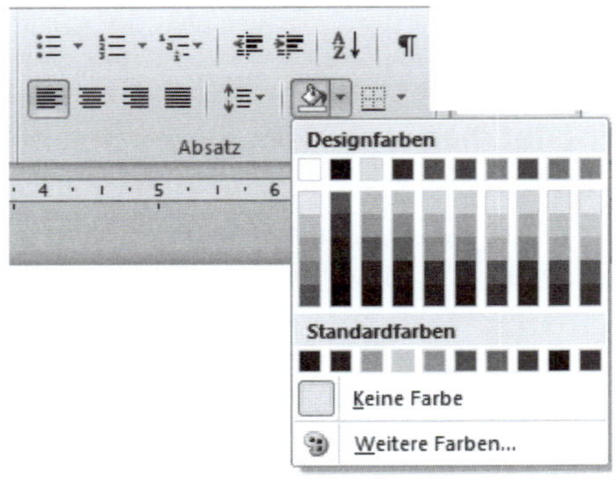

Rahmen setzen

Auf der Registerkarte **Start** – Gruppe **Absatz** – Befehl **Rahmen** – (ganz unten) **Rahmen und Schattierung** können Sie das Dialogfeld **Rahmen und Schattierung** öffnen.

Nun wählen Sie die Linienart, Farbe und Breite aus und unter **Übernehmen für:** den Bereich des Rahmens. In der Vorschau können einzelne Linien angeklickt werden.

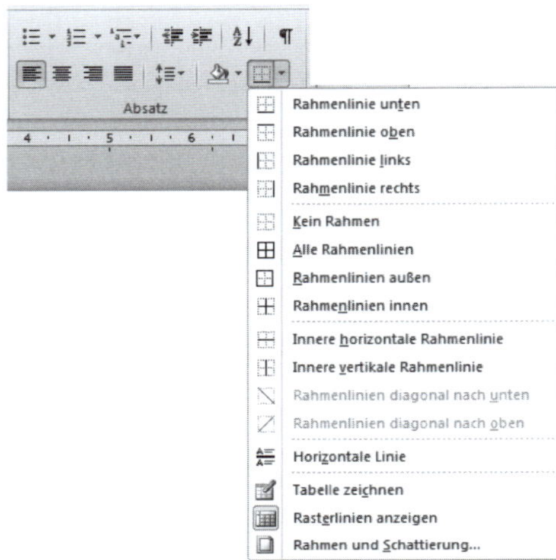

Seitenrand gestalten

Wählen Sie die Registerkarte **Seitenrand** aus. Hier können Sie für die ganze Seite Ränder mit und ohne Effekte einfügen und unter **Übernehmen für:** den Bereich des Seitenrandes auswählen.

Tipp: Wird beim Ausdruck ein Linienrand nicht angezeigt, kann unter **Optionen** – **gemessen von** der Abstand vom Text eingestellt werden.

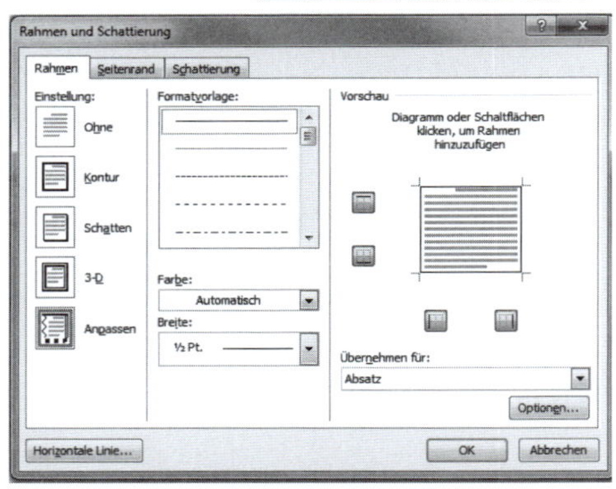

Word 2007/2010

Gehen sie auf die Registerkarte **Seitenlayout** – Gruppe **Seite einrichten** – Schaltfläche **Silbentrennung** und aktivieren Sie **Automatisch.** Bestimmen Sie im Dialogfeld **Silbentrennung** die Position am rechten Rand und geben Sie an, wie viele aufeinanderfolgende Zeilen mit einem Trennungsstrich enden dürfen.

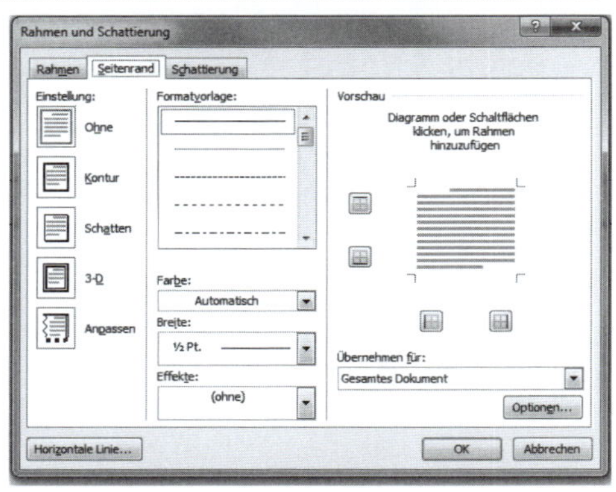

Aufzählung und Nummerierung einfügen

Zur besseren Übersicht sollten Sie an den entsprechenden Stellen Aufzählungen bzw. Nummerierungen verwenden. Dazu markieren Sie Ihren Text.

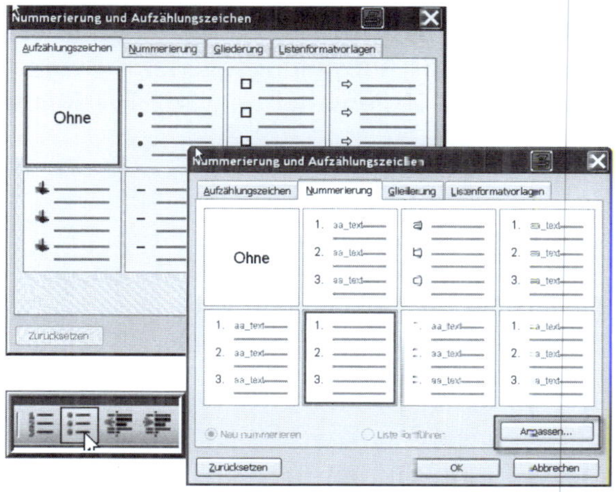

Word 2003

Unter dem Menüpunkt **Format – Nummerierung und Aufzählungszeichen** gehen Sie auf die Registerkarte **Aufzählungszeichen oder Nummerierung.** Sie klicken mit der Maus auf Ihr gewünschtes Zeichen oder Ihre Nummerierung und bestätigen mit **OK.**

Ist das Gewünschte eingestellt, so können Sie sehr schnell über die Symbolleiste **Format** Ihre Aufzählung bzw. Nummerierung aktivieren.

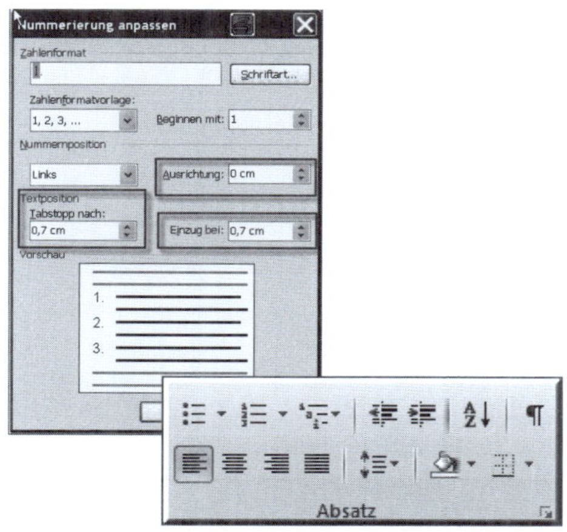

Steht die Nummerierung nicht an der gewünschten Stelle, so gehen Sie über **Anpassen** in **Nummerierung anpassen.** Hier können Sie die gewünschten Abstände einstellen.

Word 2007/2010

Wählen Sie dann in der Registerkarte **Start** – Gruppe **Absatz** – entweder den Befehl **Aufzählung** oder **Nummerierung** aus.

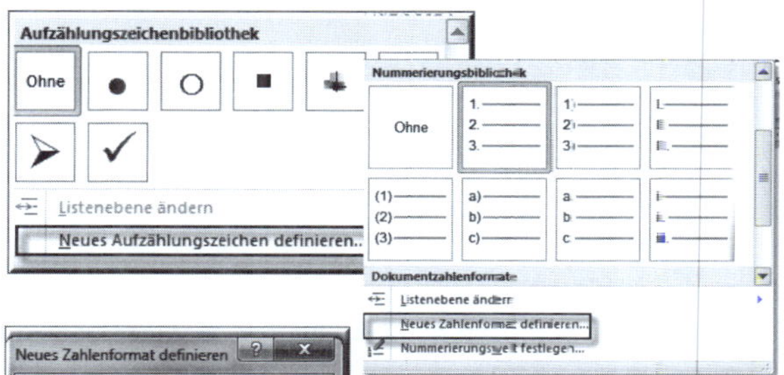

Ist das Gewünschte eingestellt, so können Sie sehr schnell über das **Symbol** – auf den **rechten Pfeil** klicken – Ihre Aufzählung oder Nummerierung aktivieren.

Wünschen Sie für die Nummerierung oder Aufzählung ein anderes Zahlenformat oder ein anderes Symbol, so gehen Sie über den Befehl **Nummerierung** auf **Neues Zahlenformat definieren** oder über den Befehl **Aufzählung** auf **Neues Aufzählungszeichen definieren.**

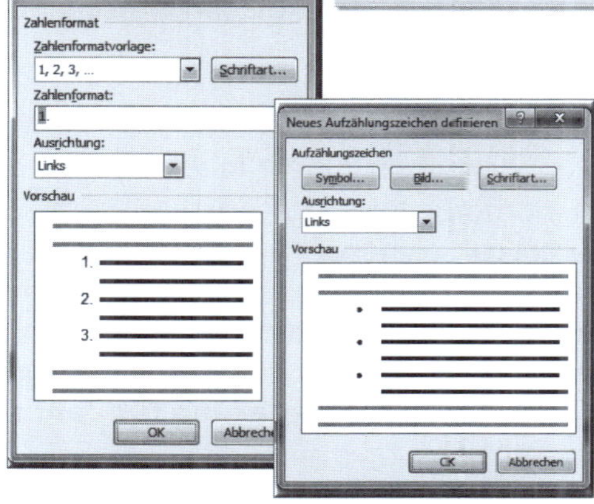

Nach der DIN 1421 steht die Aufzählung/Nummerierung links an der Fluchtlinie; Beginn und Ende sind vom folgenden Text jeweils durch eine Leerzeile zu trennen.

Abstände vergrößern: Sie setzen eine Leerzeile zwischen die Aufzählungsglieder, indem Sie eine geschützte Zeilenschaltung SHIFT + Return vornehmen.

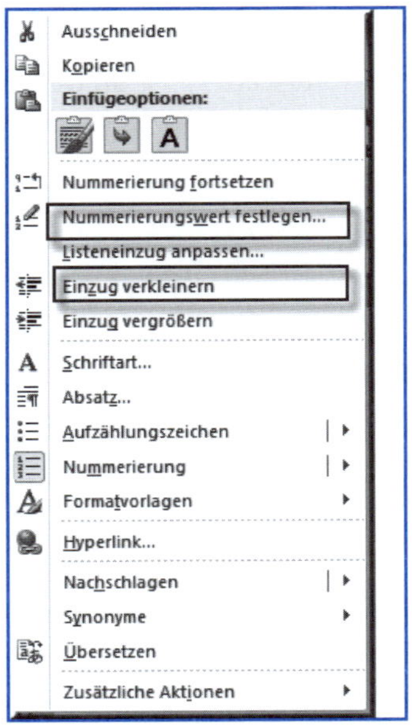

Listeneinzug an die Fluchtlinie anpassen: Klicken Sie mit der rechten Maustaste im Kontextmenü auf **Einzug verkleinern.**

Liste neu nummerieren: Klicken Sie mit der rechten Maustaste auf den Listeneintrag, ab dem neu nummeriert werden soll. Klicken Sie mit der rechten Maustaste im Kontextmenü auf **Neu beginnen mit 1** oder wählen Sie eine andere gewünschte Option aus.

Liste mit Ebenen erstellen

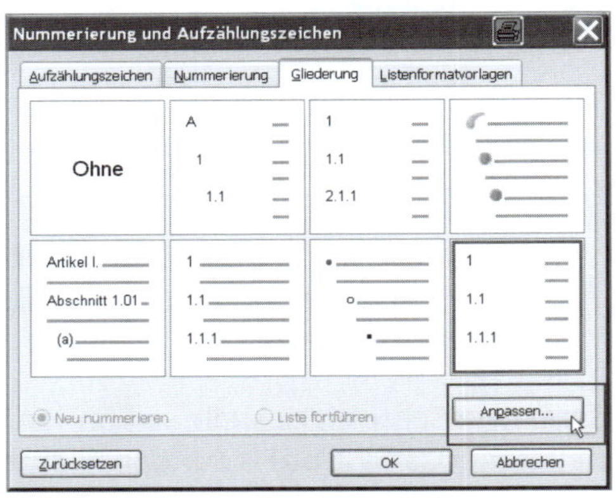

Eine Gliederung besteht aus mehreren Ebenen, die individuell eingestellt werden können. Unter Position wird die Ausrichtung eingestellt, die im Vorschaufenster angezeigt wird.

Word 2003

Unter dem Menüpunkt **Format – Nummerierung und Aufzählung** gehen Sie auf die Registerkarte **Gliederung.** Hier suchen Sie sich die gewünschte Gliederung aus bzw. gehen über **Anpassen** in **Gliederung anpassen.** Unter **Ausrichtung** wird die Position eingestellt, die im Vorschaufenster angezeigt wird.

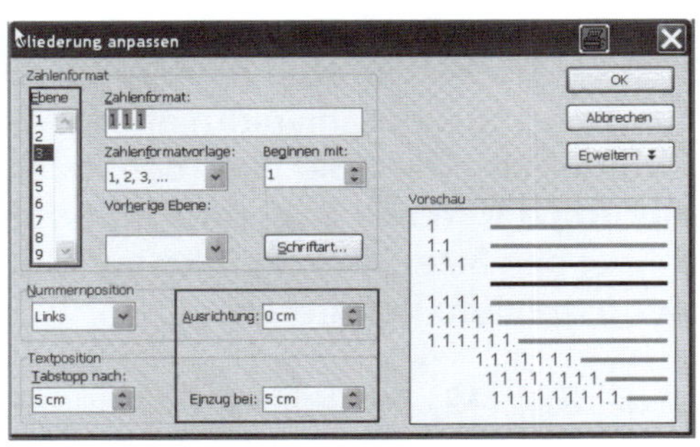

Gemäß DIN 1421 beginnen alle Abschnittsnummern an derselben Fluchtlinie. Nach einer Abschnittsnummer folgt der Abstand von mindestens zwei Leerzeichen. Am Ende einer Abschnittsnummer steht kein Punkt. Um diese Regeln einzuhalten, wird die **Ausrichtung** auf 0 cm eingestellt, der **Texteinzug** entsprechend erweitert und der letzte Punkt unter **Formatierung für Zahl eingeben** entfernt.

Word 2007/2010

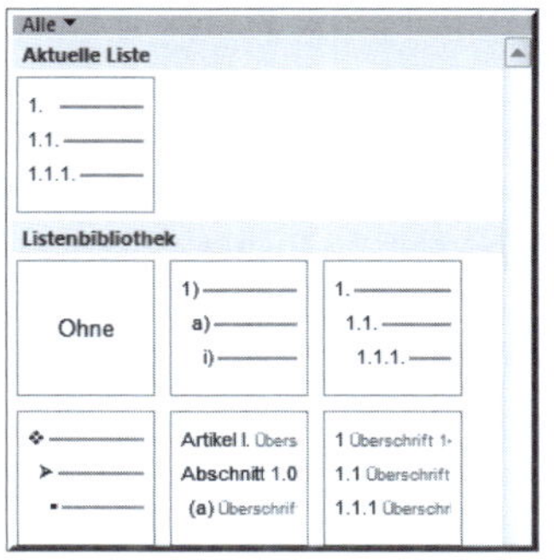

Zunächst markieren Sie Ihren Text und wählen dann auf der Registerkarte **Start** – Gruppe **Absatz** – Befehl **Liste mit mehreren Ebenen.** Hier suchen Sie sich die gewünschte Gliederung aus bzw. Sie gehen über **Neue Liste mit mehreren Ebenen definieren.**

Gemäß DIN 1421 beginnen alle Abschnittsnummern an derselben Fluchtlinie. Nach einer Abschnittsnummer folgt der Abstand von mindestens zwei Leerzeichen. Am Ende einer Abschnittsnummer steht kein Punkt.

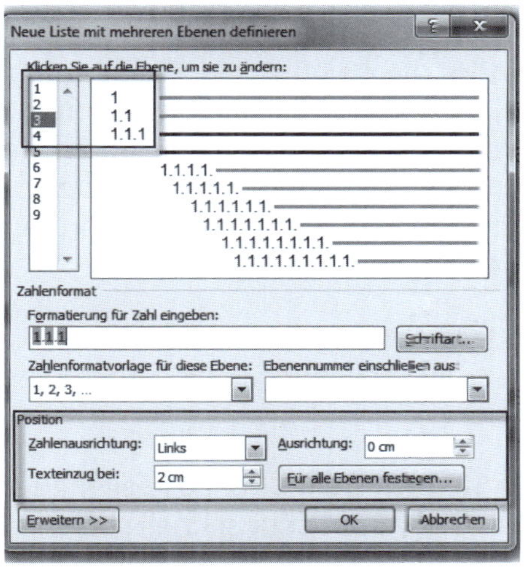

Um diese Regeln einzuhalten, wird die **Ausrichtung** auf 0 cm eingestellt, der **Texteinzug** entsprechend erweitert (z. B. bei drei Ebenen auf 2 cm) und der letzte Punkt unter **Formatierung für Zahl eingeben** entfernt. Möchten Sie alle Ebenen auf einmal verändern, gehen Sie auf **Für alle Ebenen festlegen** und stellen dort Ihre Werte ein.

Ebenen einstellen

Während der Texteingabe oder später erstellen Sie die verschiedenen Ebenen über die Symbole **Einzug verkleinern** – **Einzug vergrößern.**

- Klicken Sie auf **Einzug vergrößern,** um von der Ebene 1 auf die Ebene 1.1 zu gelangen.

- Klicken Sie auf **Einzug verkleinern,** um auf den Gliederungspunkt 2 zu gelangen.

Tabstopp setzen

Tabstopps dienen als Haltepunkte innerhalb einer Zeile. Betätigen Sie nicht die Leertaste, um an eine bestimmte Stelle in der Zeile zu gelangen, sondern verwenden Sie die Tabtaste. Zuvor müssen Sie allerdings die Tabstopps an Ihre gewünschte Position bringen.

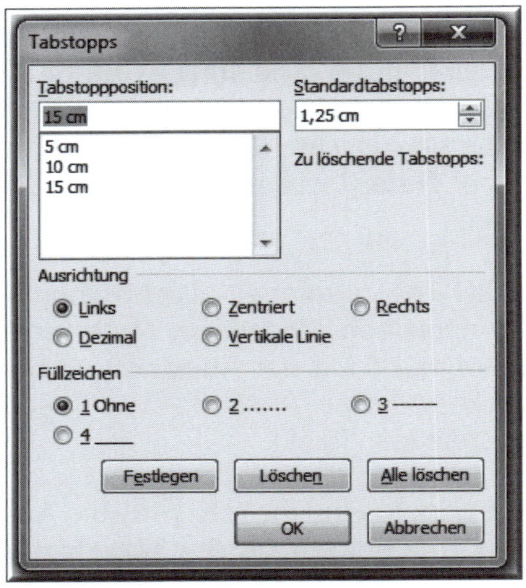

Gehen Sie auf die Registerkarte **Start** – Gruppe **Absatz** unten rechts auf das Startprogramm – Tabstopps und geben Sie im Dialogfeld **Tabstopps** die gewünschte Tabstoppposition ein.

Weiterhin ist die gewünschte Ausrichtung (links ,zentriert, rechts, dezimal) anzugeben und ob Sie den Zwischenraum zwischen den Wort- oder Zahlenkolonnen mit Punkten, Strichen oder einer Linie auffüllen wollen. Bestätigen Sie Ihre Auswahl mit der Schaltfläche **Festlegen.**

Die Standardtabstopps im Abstand von 1,25 cm erscheinen im Zeilenlineal als senkrechte hellgraue Linien.

Arbeiten Sie rationell: Über das Zeilenlineal können Sie die Tabstopps sehr schnell setzen. Klicken Sie am linken Linealende die Schaltfläche an, um die gewünschte Ausrichtung des Tabulatorstopps festzulegen. Setzen Sie anschließend den Mausanzeiger an die gewünschte Position im Zeilenlineal und bestätigen Sie die Position mit der linken Maustaste.

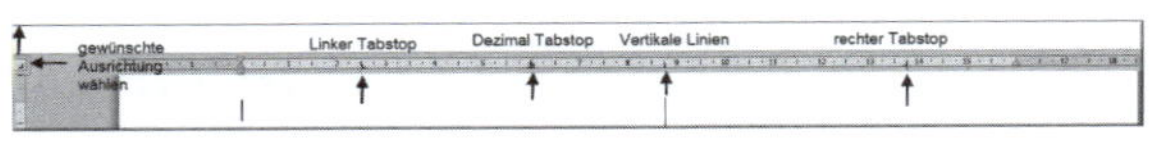

Tabstopp verschieben: Um einen Tabstopp zu verschieben, klicken Sie mit der Maus auf den gesetzten Tabstopp und ziehen ihn anschließend mit gedrückter Maustaste an die gewünschte Position. Um einen Tabstopp millimetergenau zu setzen oder zu verschieben, muss zusätzlich zum Mausanzeiger die Alt-Taste gedrückt werden.

Ein Tabstopp im Zeilenlineal lässt sich einfach löschen, indem man mit dem Mauszeiger auf den Tabstopp klickt und mit gedrückter Maustaste den Tabstopp aus dem Lineal herauszieht und die Taste loslässt.

Tabellen gestalten

Mit Tabellen können Sie Ihre wissenschaftliche Arbeit übersichtlicher und strukturierter formatieren. Word bietet eine Vielzahl von Möglichkeiten, Ihre Tabellen zu optischen Anziehungspunkten zu gestalten.

Word 2003

Rufen Sie die Symbolleiste **Tabelle und Rahmen** auf – Mauszeiger in den Bereich der Symbolleisten bringen – rechte Maustaste klicken – **Tabelle und Rahmen** auswählen. Die Symbolleiste enthält hilfreiche Werkzeuge:

Tabelle einfügen: Icon anklicken und die gewünschte Zellenzahl markieren und Maustaste klicken.

Rahmen gestalten: Icon anklicken und die gewünschten Zellen markieren. Die Rahmenlinien bestimmen und Maustaste klicken.

Tabelle schattieren: Icon anklicken und die gewünschten Zellen markieren. Die Schattierung bestimmen und Maustaste klicken.

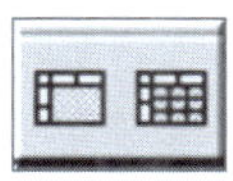

Zellen verbinden oder teilen: Die entsprechenden Zellen markieren und Maustaste klicken.

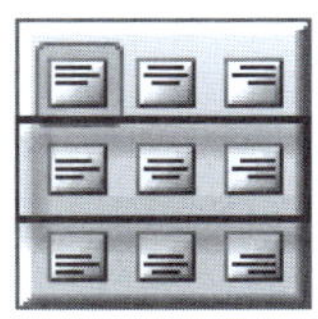

Zellenausrichtung bestimmen: Icon anklicken und die gewünschten Zellen markieren. Die Ausrichtung aussuchen und Maustaste klicken. Nach der DIN 5008 sollte der Inhalt einer Tabellenzelle immer einen gleichen Zeilenabstand nach oben und unten haben (z. B. Mitte links ausrichten).

Spalten und Zellen gleichmäßig gestalten: Die gewünschten Zellen markieren und das entsprechende Icon anklicken. Eine Tabelle, in der die Zeilen unterschiedlich hoch sind, wirkt sehr unruhig auf den Leser.

Zeilen/Spalten löschen: Markieren Sie die zu löschende Zeile oder Spalte; führen Sie den Mauszeiger in den Bereich der Markierung und öffnen Sie mit der rechten Maustaste das Kontextmenü; hier ist nur noch **Zeilen löschen** oder **Spalten löschen** anzuklicken.

Zeilen einfügen: Über das Menü **Tabelle** – **Einfügen** können Zeilen oberhalb oder unterhalb eingefügt werden.

Word 2007/2010

Auf der Registerkarte **Einfügen** – Gruppe **Tabelle** – Schaltfläche **Tabelle** können mit der Maus die gewünschten Zeilen und Spalten aufgerufen werden. Ist die Tabelle erstellt und mit dem Cursor aktiviert, so öffnen sich die Registerkarte **Tabellentools** für den Entwurf und das Layout. Diese Tools bieten sehr übersichtlich viele Gestaltungsmöglichkeiten.

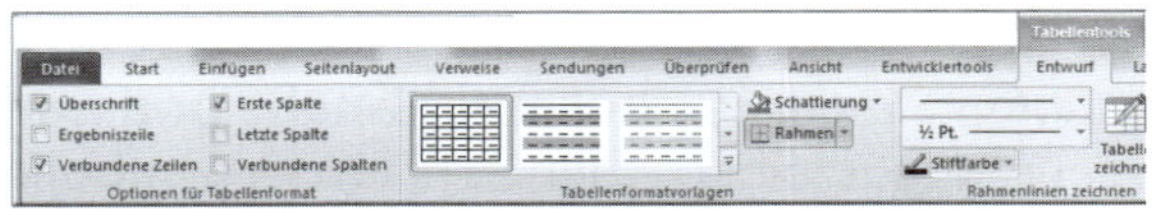

Mit der Registerkarte **Tabellentool** – **Entwurf** können Sie viele Tabellen-Formatvorlagen nutzen. Sie müssen einfach nur eine Formatvorlage aussuchen. Die Gruppe **Optionen für Tabellenformat** ermöglicht es Ihnen, in manchen Fällen die Tabellen lesefreundlicher zu gestalten.

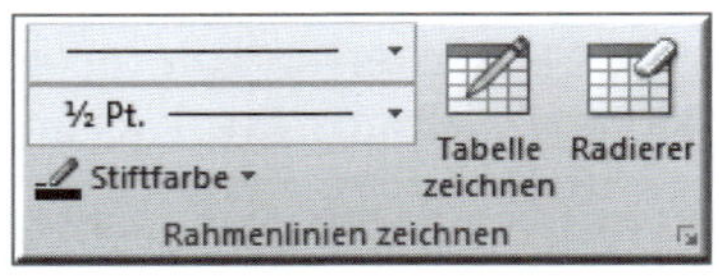

Die Gruppe **Rahmenlinien zeichnen** ermöglicht, Linien, Linienstärke und Farbe auszusuchen. Mit dem Radierer können Linien entfernt werden. Sie können auch eine komplexe Tabelle zeichnen, die unterschiedliche Zeilen oder unterschiedlich viele Spalten pro Zeile enthält. Wenn Sie auf den rechten unteren **Pfeil** klicken, so öffnet sich das Dialogfeld **Rahmen und Schattierung.**

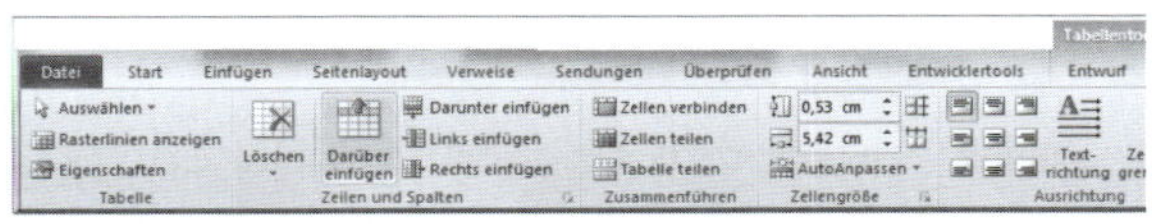

Mit der Registerkarte **Tabellentool** - **Layout** stellt Word Ihnen viele Werkzeuge zur Tabellengestaltung zur Verfügung.

Die Gruppe **Zeilen und Spalten** ermöglicht, Zeilen und Spalten einzufügen und zu löschen.

Eine Tabelle, in der die Zeilen unterschiedlich hoch sind, wirkt sehr unruhig auf den Leser. Hier bietet die Gruppe **Zellengröße** an, Zeilen und Spalten gleichmäßig zu verteilen, um Zeilenhöhe und Spaltenbreite einander anzupassen.

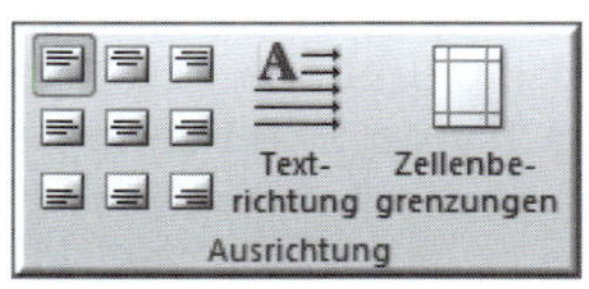

Die Gruppe **Ausrichtung** ermöglicht, den Text in der Zelle an die entsprechende Position zu bringen. Außerdem kann der Text in verschiedenen Richtungen fließen.

Die Gruppe **Zusammenführen** bietet Befehle, um Zellen zu verbinden, Zellen zu teilen bzw. die Tabelle zu teilen. Sie können in derselben Zeile bzw. Spalte zwei oder mehrere Zellen zu einer einzigen Zelle verbinden. Sie können beispielsweise mehrere Zellen horizontal verbinden, um eine Tabellenüberschrift zu erstellen, die mehrere Spalten umfasst.

Tabelle positionieren

Zum Anpassen des Tabellenlayouts stehen noch zahlreiche weitere Möglichkeiten zur Verfügung. Um eine ganze Tabelle, bezogen auf die Seitenränder auszurichten, markieren Sie zuerst die gesamte Tabelle und verwenden in der Gruppe **Ausrichtung** – den Befehl **Zellenbegrenzung**.

Die Ausrichtung, einen linken Einzug und den Textumbruch um eine Tabelle, können Sie in der Gruppe **Tabelle** – Befehl – **Tabelleneigenschaften** festlegen.

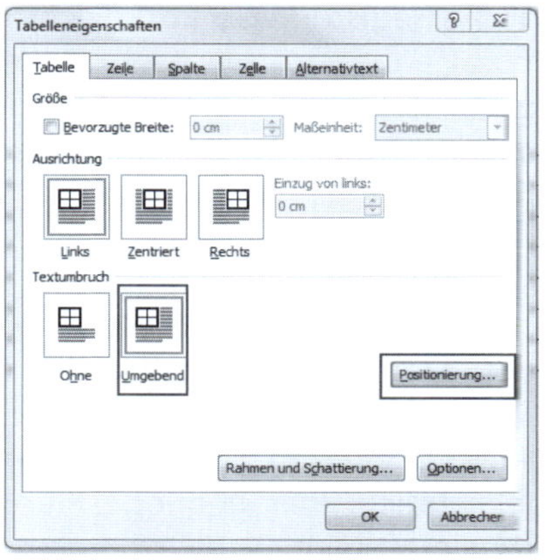

Möchten Sie eine Tabelle an eine bestimmte Position bringen, so aktivieren Sie unter dem Befehl **Tabelleneigenschaften** – Textumbruch **Umgebend** und klicken nun auf das Feld **Positionierung**.

Hier stellen Sie nun Ihre gewünschten Werte ein, z. B. für den Geschäftsbrief mit Bezugzeichenzeile – Form B – die vertikale Position 9,74 cm, gemessen von der ganze Seite.

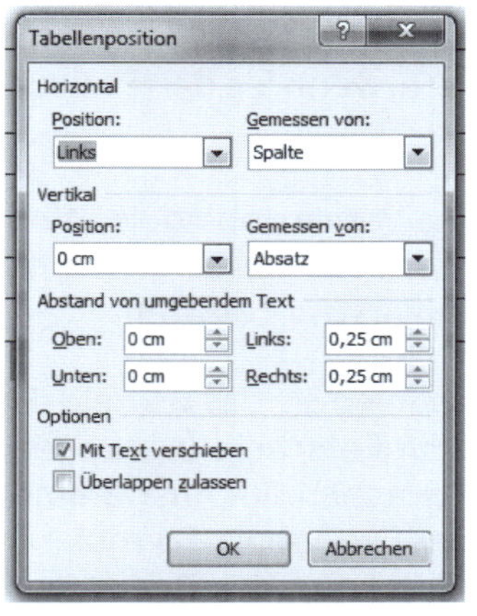

Um den Text innerhalb einer Tabellenzelle auszurichten, markieren Sie den entsprechenden Bereich und klicken in der Gruppe **Ausrichtung** auf die gewünschte **Zellenausrichtung**. Hier können Sie auch den Text vertikal und horizontal ausrichten.

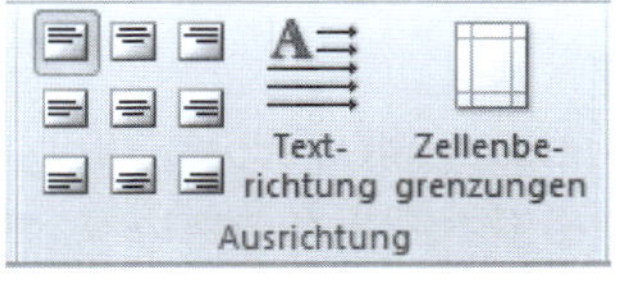

Formulare gestalten

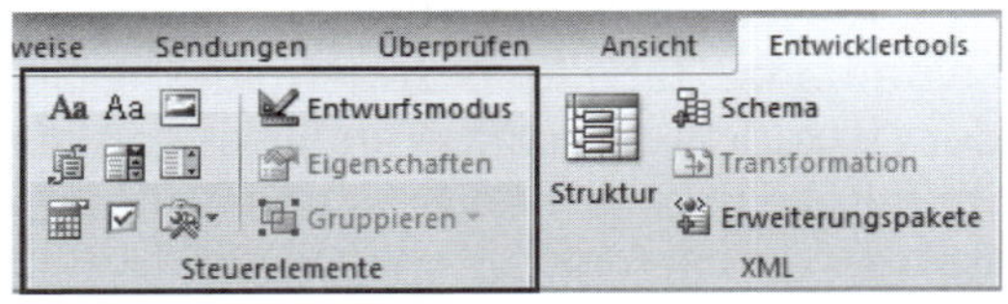

Gehen Sie auf die Registerkarte **Entwicklertools**. Sollte diese nicht angezeigt werden, müssen Sie über die Registerkarte **Datei** – **Word-Optionen** – **Menüband anpassen** – **Entwicklertools aktivieren**.

Ein Formular wird grundsätzlich in ein Tabellenraster eingefügt. Jedes Textfeld, Kontrollkästchen oder Dropdown-Formularfeld erhält eine eigene Zelle. Die Linien der Tabelle können ohne Rand gestaltet werden. Wichtig ist, dass das Formular übersichtlich, klar gegliedert und ablaufgerecht konzipiert wird.

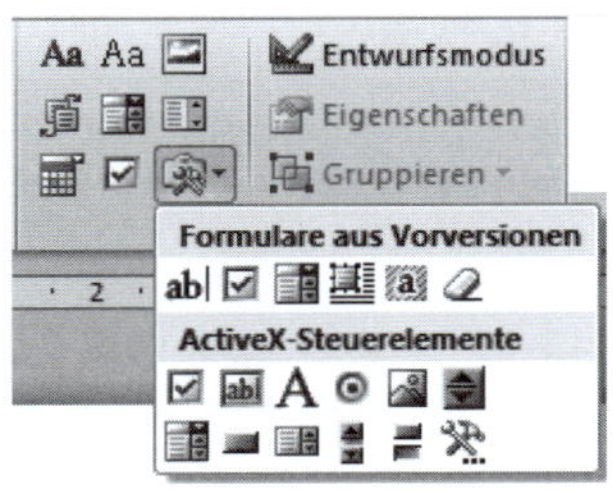

Wenn Sie eines der Steuerelemente einfügen, bekommen Sie einen Text vorgegeben, den der User als Eingabeaufforderung sehen kann. Diesen Text können Sie verändern, wenn Sie den Entwurfsmodus einschalten.

Beim Klicken auf die Vorversionstools öffnet sich eine Auswahl von Formular-Steuerelementen aus Vorversionen (Formularsymbolleiste).

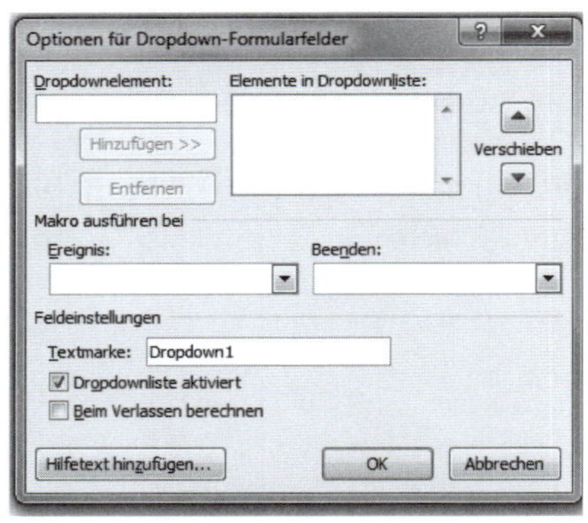

Für einfache Texte wählen Sie das Textfeld (Formularsteuerelement). Für Entscheidungsfragen wählen Sie das Kontrollkästchen. Für Auswahlmöglichkeiten bietet sich das Dropdown-Formularfeld an. Mit einem **Doppelklick** auf das **Dropdown-Formularfeld** erreichen Sie die Optionen. Hier werden die Auswahlbegriffe ins Dropdownelement geschrieben und hinzugefügt. Bedenken Sie, dass später nur in den Formularfeldern geschrieben werden kann. Mit der Tabtaste erreichen Sie die einzelnen Felder.

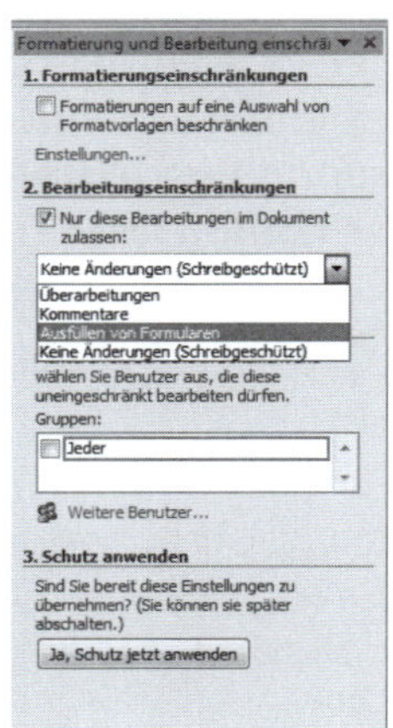

Damit das Formular ausgefüllt werden kann, muss es nach Fertigstellung geschützt werden. Achten Sie darauf, dass der Entwurfsmodus ausgeschaltet ist. Wenn Sie auf die Gruppe **Schützen** – **Bearbeitung einschalten** klicken, öffnet sich der Arbeitsbereich **Formatierung und Bearbeitung einschränken**. Hier klicken Sie unter **2. Bearbeitungseinschränkungen** — **Nur diese Bearbeitungen im Dokument zulassen**: **Ausfüllen von Formularen** und **Ja, Schutz jetzt anwenden** an. Geben Sie ein Passwort an. Testen Sie Ihr Formular.

Falt- und Lochmarken einfügen

Falt- und Lochmarken dienen dazu, den fertigen Brief an der richtigen Stelle zu falten bzw. zu lochen. Die Faltmarken werden innerhalb des Kopfzeilenfensters eingesetzt und dann an den linken Rand verschoben. Die genaue Position und Größe der Marken sind in der DIN festgelegt. Gehen Sie schrittweise für den Geschäftsbrief Form B vor:

Schritt 1: Faltmarke 1 – einfügen

- Aktivieren Sie die Kopfzeile.
- Klicken Sie das Symbol **Linie** an und ziehen Sie bei gedrückter Maus eine waagerechte Linie. (Word 2003 – Symbolleiste **Zeichnen;** Word 2007/2010 Registerkarte **Einfügen – Illustrationen – Formen)**

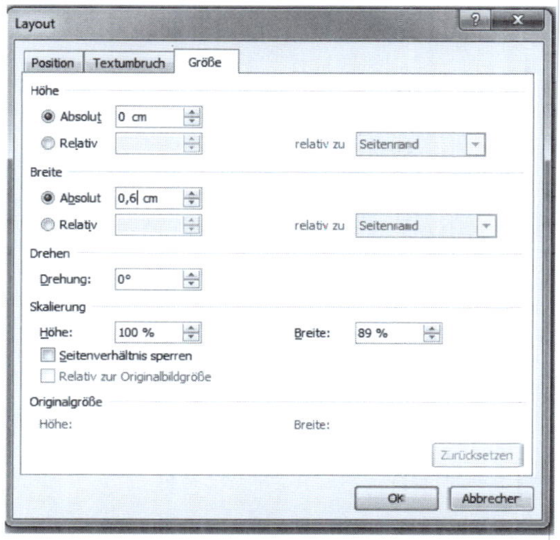

Schritt 2: Faltmarke 1 – formatieren

- Klicken Sie die Linie an.
- Öffnen Sie mit der rechten Maustaste das **Kontextmenü** – (Word 2003 **AutoForm formatieren**; Word 2007/2010 **Weitere Layoutoptionen).**
- Geben Sie in der Registerkarte **Größe** die Breite für die Faltmarke mit 0,6 cm an.
- Geben Sie in der Registerkarte **Layout/Position** die in der Abbildung rechts angegebenen Positionen und Bezugsstellen ein.
- **Verankern** Sie die Marke.

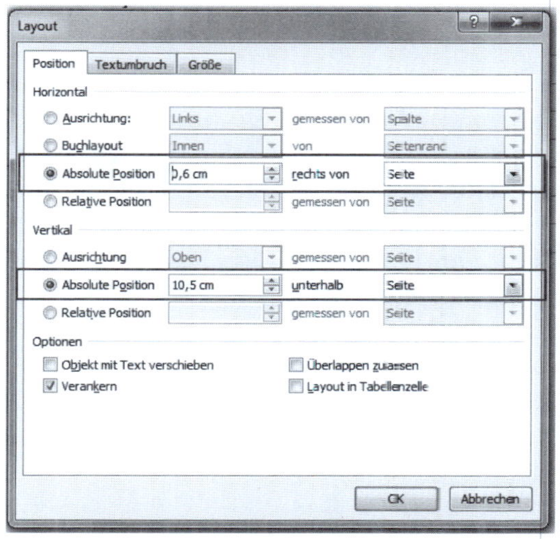

Schritt 3: Faltmarke 2 einfügen – formatieren

- Wiederholen Sie Schritt 1.
- Formatieren Sie die zweite Faltmarke mit einer Breite von 0,6 cm .
- Platzieren Sie die zweite Faltmarke bei 0,6 cm. „rechts von" Seite und bei 21 cm „unterhalb" Seite.
- **Verankern** Sie die Marke.

Schritt 4: Lochmarke einfügen – formatieren

- Wiederholen Sie Schritt 1
- Formatieren Sie die Breite mit 0,75 cm
- Platzieren Sie die Lochmarke bei 0,6 cm „rechts von" Seite und bei 14,85 cm „unterhalb" Seite
- **Verankern** Sie die Marke.

Schaubilder erstellen

In Word, aber auch in PowerPoint lassen sich sehr einfach ansprechende Schaubilder erstellen. Es stehen Ihnen AutoFormen/Illustrationen zur Verfügung.

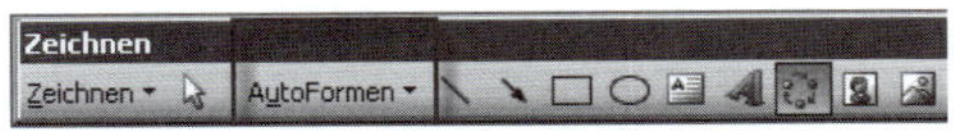

Word 2003

Unter **Ansicht** – Symbolleiste **Zeichnen** finden Sie verschiedene AutoFormen.

Die gewünschte Form klicken Sie mit der linken Maustaste an und ziehen diese in entsprechender Größe in Ihren Textbereich.

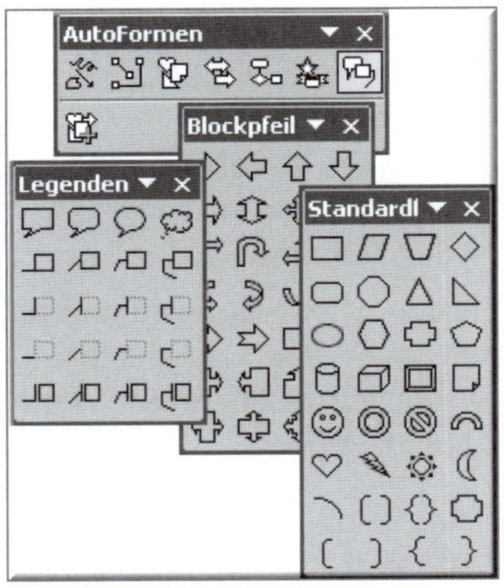

Die AutoFormen lassen sich beschriften, indem Sie mit der rechten Maustaste das **Kontextmenü** öffnen und auf **Text hinzufügen** gehen.

Ebenso befinden sich in der Zeichnen-Leiste verschiedene Farben, Strichstärken, Schattierungen, um der Autoform ein ausdrucksvolles Layout zu geben.

Diagramme: Im Menü Einfügen oder in der Symbolleiste Zeichnen finden Sie die **Schematischen Darstellungen.** Positionieren Sie vorab den Cursor an die Textstelle, in die das Organigramm eingefügt werden soll. Wählen Sie einen **Diagrammtyp** und klicken Sie auf **OK.**

Word öffnet eine diagrammspezifische Symbolleiste, in der sich die entsprechenden Formatierungsbefehle befinden, die Sie zur individuellen Gestaltung der Grafik benötigen.

Ausblenden des Zeichenbereiches: Unter **Extras** – **Optionen** – **Allgemein** lässt sich unter „Automatisch beim Einfügen von AutoFormen einen neuen Zeichnungsbereich erzeugen“ ausblenden.

Word 2007/2010

Klicken Sie auf die Registerkarte **Einfügen** – Gruppe **Illustrationen** – Schaltfläche **Formen.** Suchen Sie sich im Katalog die gewünschte Form aus, klicken sie mit der linken Maustaste an und ziehen sie in entsprechender Größe in Ihren Textbereich.

Die Formen lassen sich beschriften, indem Sie mit der rechten Maustaste das **Kontextmenü** öffnen und auf **Text hinzufügen** gehen.

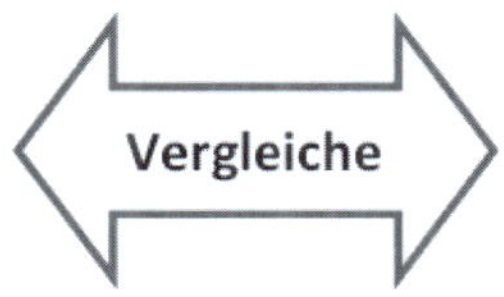

Es öffnet sich die Registerkarte **Format/Zeichentools.** Damit können Sie nun das Erscheinungsbild (Farben, Strichstärken, Schattierungen) der Form verändern.

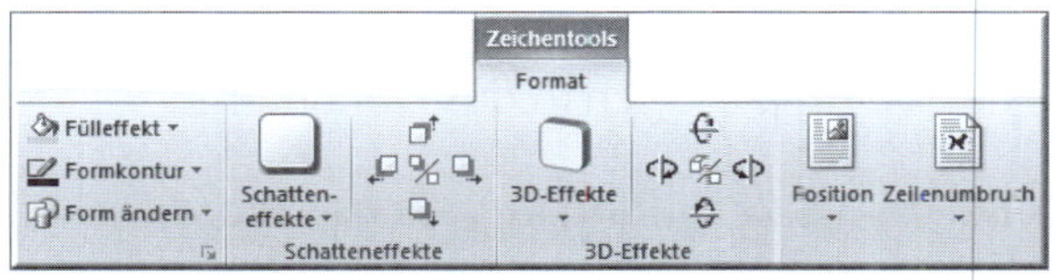

Die **SmartArt-Grafik** bietet viele Möglichkeiten, ein Thema visuell darzustellen, sei es die Befehlsstruktur am Arbeitsplatz oder ein Flussdiagramm eines Projektes.

Klicken Sie auf der Registerkarte **Einfügen** – Gruppe **Illustrationen** – **SmartArt.** Wählen Sie den Organigrammtyp aus. Klicken Sie auf die **Kategorie**, lesen Sie die Beschreibung und klicken Sie auf **OK.**

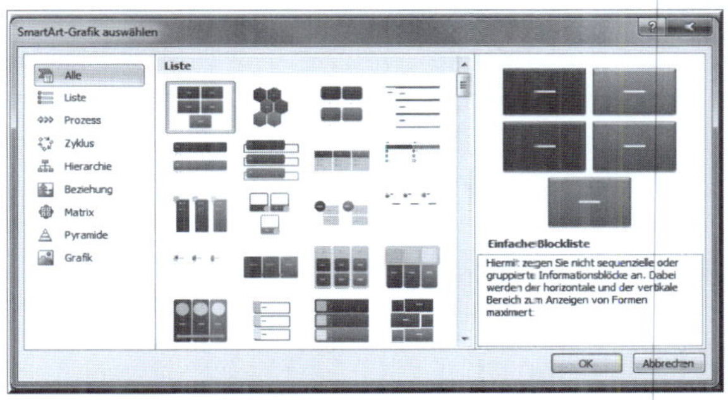

Klicken Sie links auf das erste Element im Textbereich und geben Sie den Text ein.

Wird der Textbereich nicht angezeigt, klicken Sie unter der Registerkarte **SmartArt-Tools** auf die Registerkarte **Entwurf** – **Textbereich.** Drücken Sie die Tab-Taste oder den Pfeil-unten, um zum nächsten Element zu wechseln. Mithilfe der Registerkarte **Entwurf** können Sie die Optik und den Aufbau verändern.

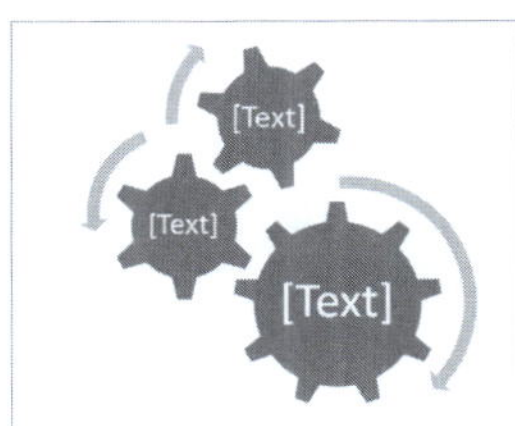

Ganz rechts in der Multifunktionsleiste bzw. im Menüband können Sie auf die Schaltfläche **Grafik zurücksetzen** klicken, um alle Änderungen rückgängig zu machen.

Abbildungen einfügen

In Ihrer wissenschaftlichen Arbeit werden Sie zum besseren Verständnis sicherlich Diagramme, Grafiken bzw. Tabellen einfügen. Word verfügt über verschiedene Möglichkeiten zum Einfügen von Objekten in ein Dokument. Sie können beispielsweise ein Objekt, ein Diagramm oder eine Tabelle auf einfache Weise kopieren.

Sie können eine Tabelle auch als Objekt einfügen oder verknüpfen. Verknüpfen und Einfügen unterscheiden sich im Ort, an dem die Daten gespeichert werden, und in der Art der Aktualisierung nach dem Einfügen in das Dokument.

Bei der Verknüpfung enthält das Word-Dokument lediglich einen Verweis auf die Originaldaten (z. B. einer Excel-Tabelle). Die Verknüpfung ist eine Pfadangabe, die festhält, wo die Datei eines Objektes zu finden ist und welche eingefügt wurde. Der Vorteil einer Verknüpfung ist zunächst, dass z. B. die Excel-Tabelle, welche in ein Word-Dokument eingefügt wird, dort automatisch aktualisiert wird, wenn sich Änderungen in der Quelldatei ergeben. Ein weiterer Vorteil ist, dass eine Pfadangabe platzsparender ist als die sogenannte Einfügung. Allerdings darf die Quelldatei nicht gelöscht oder zerstört werden.

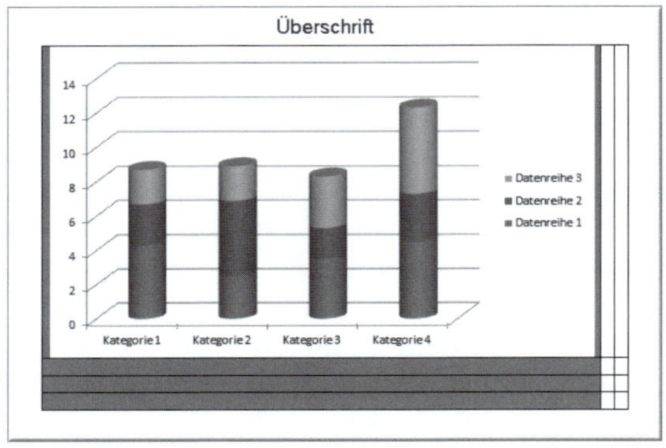

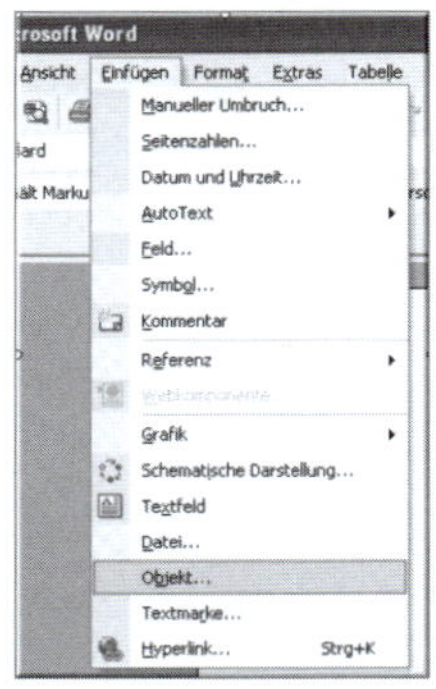

Word 2003

Unter dem Menüpunkt **Einfügen** – **Objekt** öffnet sich das Dialogfeld **Objekt.**

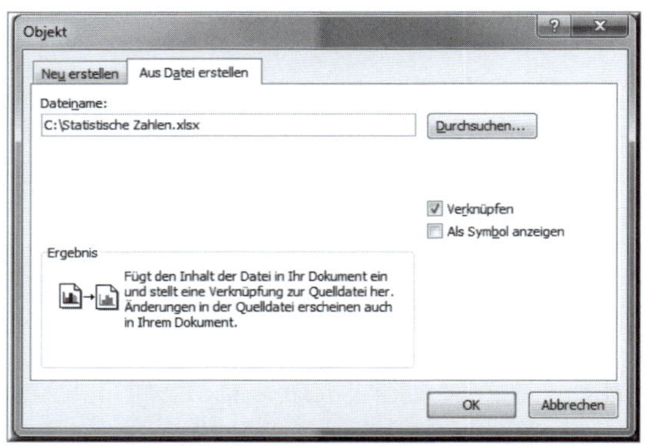

Hier öffnen Sie das Registerblatt **Aus Datei erstellen** und suchen Ihre entsprechende Excel-Datei mit einem Doppelklick aus.

Aktivieren Sie **Verknüpfen** und klicken auf **OK.**

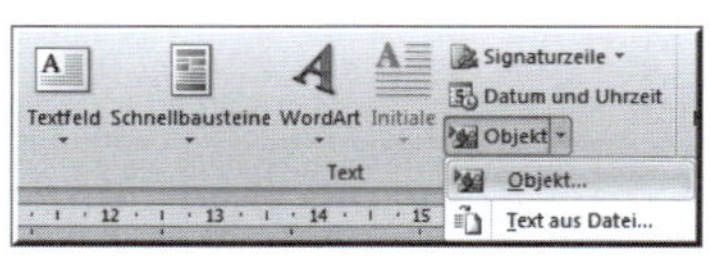

Word 2007/2010

Gehen Sie auf die Registerkarte **Einfügen** – Ordner **Text** – Befehl **Objekt.** Hier öffnen Sie das Registerblatt **Aus Datei erstellen** und suchen Ihre entsprechende Excel-Datei mit einem Doppelklick aus.

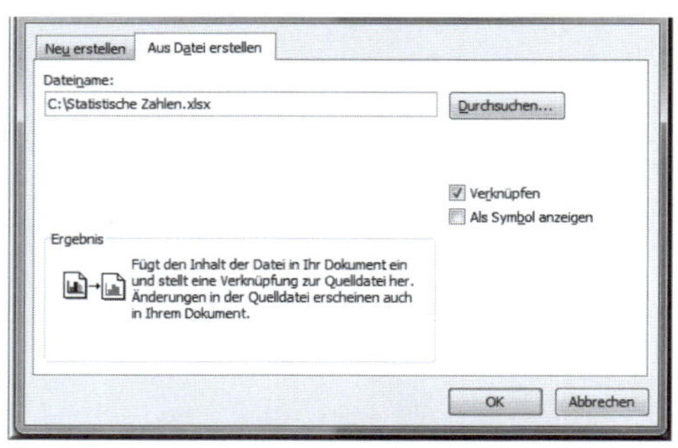

Aktivieren Sie **Verknüpfen** und klicken auf **OK.**

Grafiken und Bilder einfügen

Grafiken/Strichzeichnungen und Bilder müssen zu Ihrem Thema einen Bezug haben und zum besseren Verständnis beitragen. Das Bild oder die Grafik stehen horizontal zentriert zwischen dem Text. Der Abstand rund um das Bild sollte 0,3 bis 0,5 Zentimeter betragen und am Absatz verankert sein.

Jedes Bild wird beschriftet und die Quelle angegeben. Die Schriftgröße der Bildbeschriftung ist etwas geringer als die des Textes. Innerhalb des Textes wird mindestens einmal auf das Bild verwiesen (siehe Wordfunktion **Querverweis**). Das Bild sollte eine gute Qualität haben, sodass Sie es gut kopieren können. Als Grafikformate eignen sich .jpg, .tif oder .png. Sie sollten darauf achten, dass Ihre Bilder nicht mehr als 1 MB Speicherplatz benötigen – ggf. müssen Sie das Bild komprimieren.

Brief von Manfred Sliwka (promovierter Ökonom) – Wo willst du das Abenteuer deines Lebens leben? Im Bungee-Springen, im Paragliding oder in einer beruflichen Aufgabe, die dir Spaß macht? Wir leben in einer ziemlich verrückten Welt. Sie ist voller Aufgaben, voller Probleme und voller Herausforderungen. Aber viele junge Menschen suchen einen Job in dem sie möglichst bequem möglichst viel Geld verdienen.

Abb. 1: Die verrückte Welt

Quelle: Microsoft Office 2010.

Das Abenteuer ihres Lebens verlagern sie auf die Freizeit den Feierabend, das Wochenende, den Urlaub. Wir brauchen alle Abenteuer, sonst wäre das Leben langweilig. Ich gönne auch jedem den Spaß in der Freizeit.

Word 2003

Unter dem Menü **Einfügen**– **Grafik** – **Datei aus** werden die Grafiken oder Bilder von dem entsprechenden Laufwerk/Verzeichnis gewählt und eingefügt.

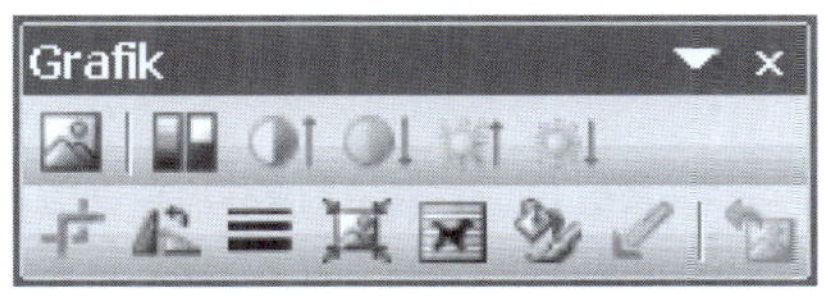

Innerhalb des Textes gibt es mehrere Möglichkeiten, Grafiken zu positionieren. Sehr rationell geht es über die Schaltfläche **Textfluss** in der Symbolleiste **Grafik** oder über das Kontextmenü **Grafik formatieren – Layout.** Markieren Sie die Grafik oder das Bild und verändern Sie den Textfluss auf **Oben und unten.**

Word 2007/2010

Auf der Registerkarte **Einfügen** – Gruppe **Illustrationen** finden Sie verschiedene Elemente zum Einfügen. Klicken Sie auf das Symbol **Grafik,** so öffnet sich der Dateimanager, Sie wählen das entsprechende Laufwerk/Verzeichnis und fügen Ihr gewünschtes Bild ein.

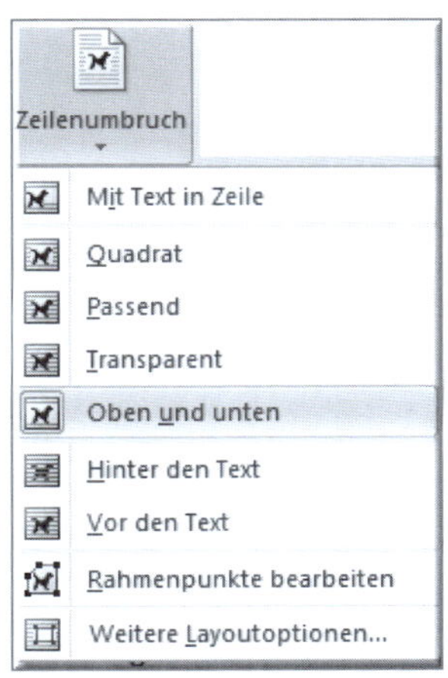

Innerhalb des Textes gibt es mehrere Möglichkeiten, Grafiken zu positionieren. Sehr rationell geht es über die Schaltfläche **Textfluss** in der Symbolleiste **Grafik** oder über das Kontextmenü **Grafik formatieren – Layout.** Markieren Sie die Grafik oder das Bild und verändern Sie den Textfluss auf **Oben und unten.**

Gliederung erstellen

Gliederung in der Gliederungsansicht erstellen

Erstellen Sie zunächst die Gliederung für Ihr Dokument im Gliederungsmodus. Voraussetzung dafür ist allerdings, dass Sie Ihren Überschriften die entsprechenden Ebenen zuweisen (Ebene 1 bis Ebene 3 – wenn Sie mit weiteren Ebenen arbeiten, wird Ihre Arbeit unübersichtlich). Bei der Zuweisung der Ebenen werden automatisch die Formatvorlagen (Überschrift 1 bis Überschrift 3) zugeordnet. Alle anderen Elemente werden als Textkörper behandelt und somit auch der Formatvorlage Standard zugewiesen.

Word 2007/2010

Klicken Sie in der Statuszeile auf die Gliederungsansicht. Gehen Sie im Gliederungsmodus folgendermaßen vor:

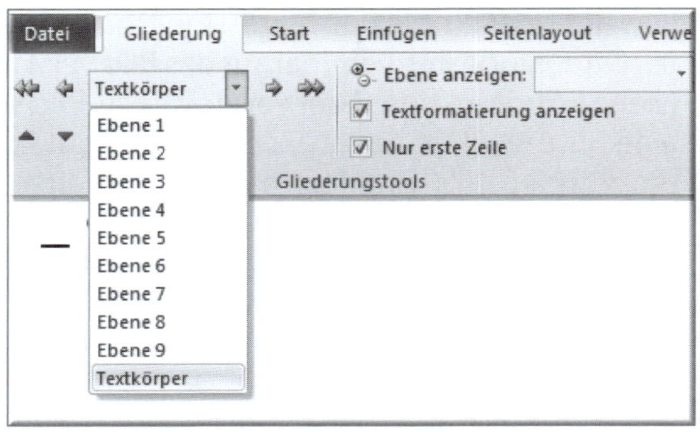

1. Beginnen Sie mit Ihrer Überschrift und ordnen dieser die erste Ebene zu.
2. Nach dem Schalten bleiben Sie in der Ebene 1. Wenn Sie Ihre Überschrift tiefer stufen möchten, wählen Sie entweder Ebene 2 aus oder gehen mit der rechten Pfeiltaste eine Stufe tiefer.
3. Mit der linken Pfeiltaste stufen Sie Ihre Ebenen wieder höher.
4. Nachdem Sie Ihre Gliederung fertiggestellt haben, klicken Sie über die Registerkarte bei Word 2003 **Format – Nummerierung und Aufzählungszeichen – Gliederung** an bzw. bei Word 2007/2010 **Start** das Symbol **Liste mit mehreren Ebenen** an.

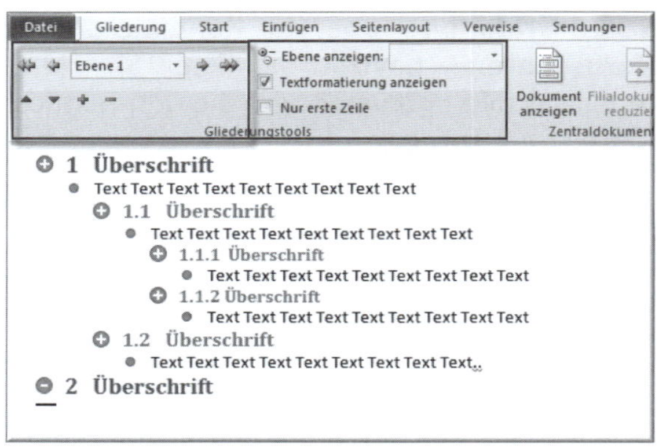

5. Wählen Sie aus der Listenbibliothek die gewünschte Liste aus und passen Sie diese der DIN 1421 an (siehe **Liste mit Ebenen erstellen)**.
6. Kehren Sie zurück zum Seitenlayout und füllen Sie Ihre Gliederung mit Leben.

Tipp: Mit den Pfeiltasten verschieben Sie Textkörper und Überschriften an die gewünschte Position. Um einen besseren Überblick zu erhalten, aktivieren Sie **Nur erste Zeile**, um für alle Textkörper nur die erste Zeile einzublenden. Kontrollieren Sie Ihre Formatierungen, indem Sie sich die **Formatierung anzeigen** (Word 2003 Symbol) ansehen.

Nachdem Sie Ihre Gliederung erstellt haben, beginnen Sie nun mit der Texteingabe. Schalten Sie in die **Seitenlayout-Ansicht** und stellen Sie die Absatzkontrolle und die Silbentrennung ein.

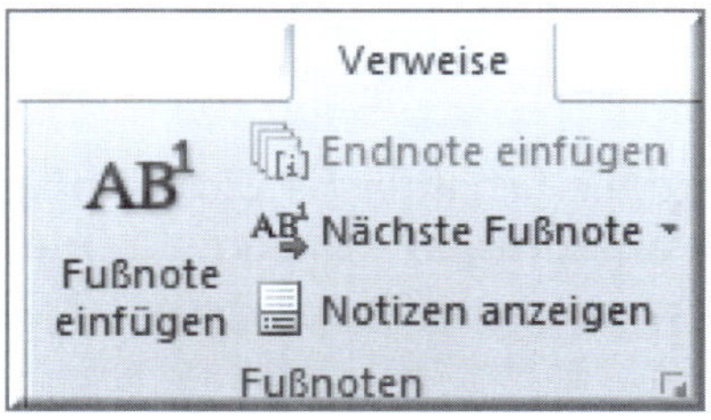

Fußnoten anlegen

In längeren Dokumenten nehmen Fußnoten u. a. zusätzliche Informationen auf. Die Anmerkungen sollten sich aber auf solche Informationen beschränken, die im Fließtext den Gedankenfluss stören würden, die aber trotzdem für erwähnenswert gehalten werden. Anmerkungen sollten aber keine wesentlichen Informationen enthalten.

Fußnoten werden direkt hinter dem jeweiligen Begriff durch hochgestellte Fußnotenzeichen dargestellt und am Ende der Seite aufgelistet. Positionieren Sie den Cursor an den gewünschten Begriff und drücken Sie **Strg** + **Alt** + **F.**

Word 2003

Klicken Sie auf das Menü – **Einfügen** – **Fußnote.** Legen Sie ggf. eine andere Nummerierung fest.

Word 2007/2010

Klicken Sie auf der Registerkarte **Seitenlayout** in der Gruppe **Seite einrichten** auf die Schaltfläche **Umbrüche.** Wählen Sie Ihren gewünschten Abschnittswechsel (Fortlaufend = wenn keine neue Seite angelegt werden soll; Nächste Seite = wenn Sie einen Seitenumbruch wünschen).

Gehen Sie auf das **Startprogramm,** um die Nummerierung und sonstige Fußnoteneinstellungen zu ändern.

Quellennachweise erstellen

Alle Quellen, ob Bücher, Zeitschriften etc., die Sie in Ihrer wissenschaftlichen Arbeit verwenden, können Sie sofort ab der Version Word 2007 erfassen.

Gehen Sie über die Registerkarte **Verweise** – Gruppe **Zitate und Literaturverzeichnis** – auf die Schaltfläche **Format zuweisen** – **APA Firth Edition.**

Klicken Sie auf die Schaltfläche **Zitat einfügen** – **Neue Quelle hinzufügen** – Dialogfeld **Quelle erstellen.**

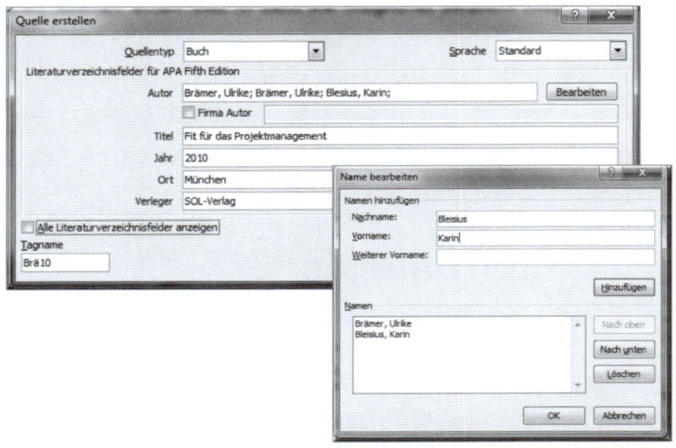

Wählen Sie den Quellentyp, z. B. Buch. Geben Sie Autor, Titel, Erscheinungsjahr, Ort und Verlag ein. Falls es sich um mehrere Autoren handelt, gehen Sie auf **Bearbeiten** und legen die Namen an.

Aktivieren Sie das Kontrollkästchen **Alle Literaturverzeichnisfelder anzeigen**, um zusätzliche Angaben einzutragen. Sobald Sie den Cursor in einem Feld stehen haben, erscheinen unten die entsprechenden Eigenschaften.

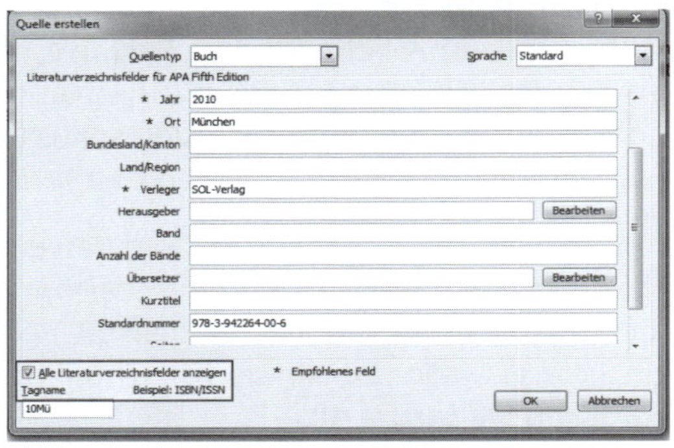

Kurzbeleg einfügen

Innerhalb des Textes genügt als Quellennachweis ein Kurzbeleg. Bei der **Havard-Zitierweise** werden nach einem Zitat in Klammern im laufenden Text Verfasser, Erscheinungsjahr und Seite der Fundstelle angegeben *(Brämer & Blesius 2008, S. 94).*

Diese Kurzbelege fügen Sie rationell mit der Funktion **Zitat einfügen** ein.

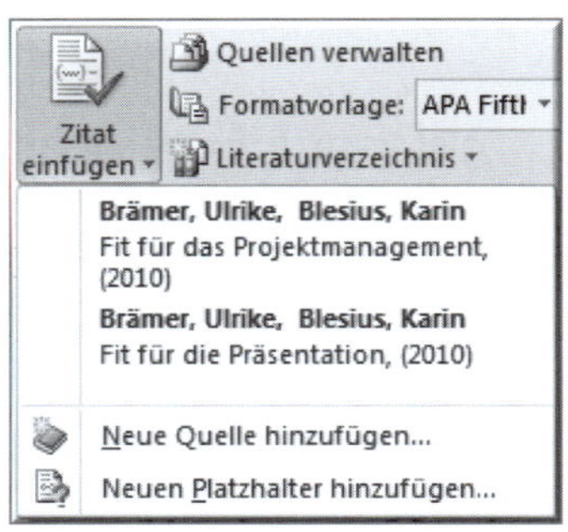

Klicken Sie auf die Registerkarte **Verweise** – Gruppe **Zitate und Literaturverzeichnis** – Schaltfläche **Zitat einfügen**.

Ihre erfassten Quellen finden Sie nun aufgelistet. Fügen Sie die gewünschte an entsprechender Stelle ein.

Platzhalter für Kurzbeleg einfügen

Sollten Sie während Ihrer Schreibphase die Quellenangaben nicht bereit haben, so können Sie über die Schaltfläche **Zitat einfügen** – **Neuen Platzhalter hinzufügen** einen Platzhalter setzen. Vergeben Sie einen sinnvollen Namen.

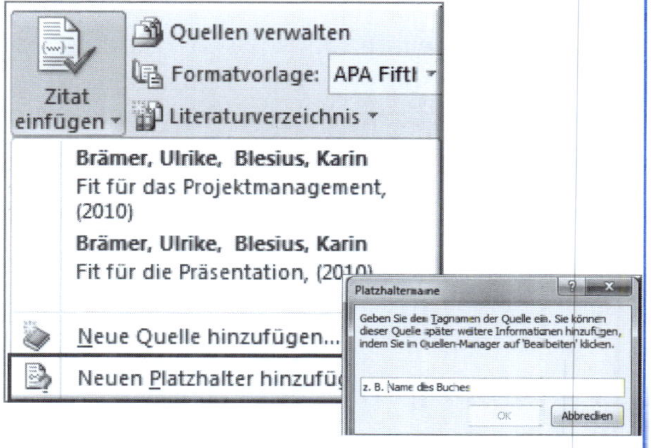

Quellennachweise bearbeiten

Fügen Sie Ihren Kurzbeleg ein und klicken Sie auf den rechten Pfeil des Inhaltssteuerelements. Hier haben Sie die Möglichkeiten:

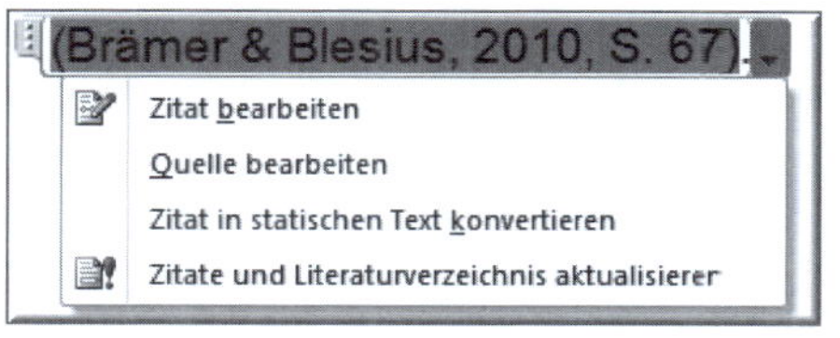

1. **Zitat bearbeiten:** Die Angaben für den Kurzbeleg anzupassen, z. B. Titel „Fit für die Präsentation" ausblenden.
2. **Quelle bearbeiten:** Die Quellenangaben zu ergänzen oder zu korrigieren.
3. **Zitat in statischen Text konvertieren:** Das Inhaltssteuerelement wird in einen normalen Text umgewandelt und somit nicht mehr aktualisiert.

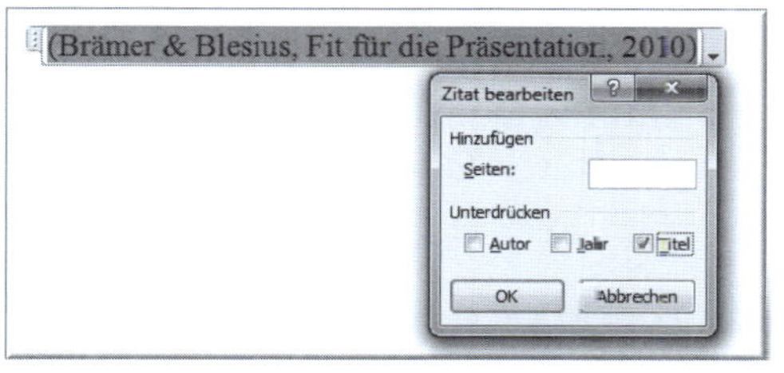

Quellen verwalten

Die Liste der Quellen, die Sie beim Erstellen von Dokumenten heranziehen oder zitieren, kann recht umfangreich werden. Dabei kann es vorkommen, dass Sie mithilfe des Befehls **Quellen verwalten** nach einer Quelle suchen möchten, die Sie in einem anderen Dokument zitiert haben.

Klicken Sie auf der Registerkarte **Verweise** – Gruppe **Zitate und Literaturverzeichnis** – **Quellen verwalten**.

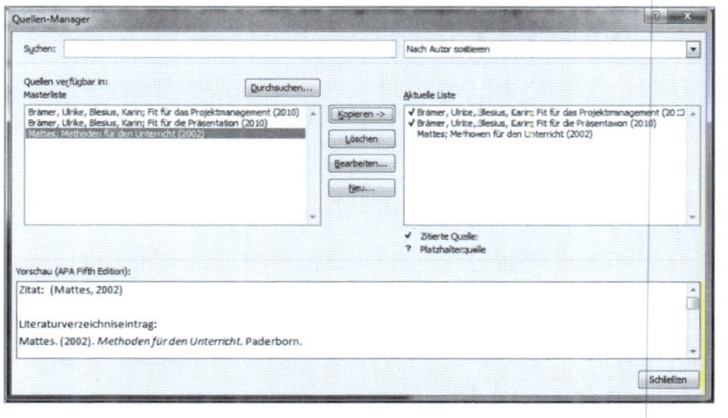

Unter **Masterliste** werden alle Quellen angezeigt, die Sie in anderen Dokumenten verwendet haben. Durchsuchen Sie die Ergebnisliste nach der Quelle. Sie können nach dem Autor, dem Jahr, dem Tag oder dem Titel suchen. Kopieren Sie Ihr Suchergebnis in die **Aktuelle Liste**.

Sie können im Quellen-Manager auf die Schaltfläche **Durchsuchen** klicken, um eine andere Masterliste auszuwählen, aus der Sie neue Quellen in Ihr Dokument importieren können. So können Sie beispielsweise eine Verbindung mit der Website einer Universität oder Forschungseinrichtung herstellen.

Bildgröße verändern

Markieren Sie Ihre Grafik. Zeigen Sie mit der Maus auf die Ziehpunkte. Der Mauszeiger verändert sich in einen Doppelpfeil. Ziehen Sie mit gedrückter Maustaste einen der Ziehpunkte nach innen bzw. nach außen, um das Bild zu verkleinern bzw. zu vergrößern. Beim Ziehen wird der Mauszeiger als Pluszeichen angezeigt. Lassen Sie die Maustaste los, wenn die gewünschte Größe erreicht ist.

Abbildungen beschriften

Klicken Sie auf die rechte Maustaste und wählen Sie **Beschriftung einfügen.** Ergänzen Sie die Beschriftung – wählen Sie die Bezeichnung und die Position **Über dem ausgewählten Element**. Möchten Sie eine andere Bezeichnung bzw. die Abkürzung von Abbildungen verwenden, so fügen Sie unter **Neue Bezeichnung** Ihren Text hinzu und positionieren den Titel der Abbildung über dem ausgewählten Element. Wiederholen Sie den Vorgang, um die Quelle anzugeben und sie unter dem ausgewählten Element zu positionieren.

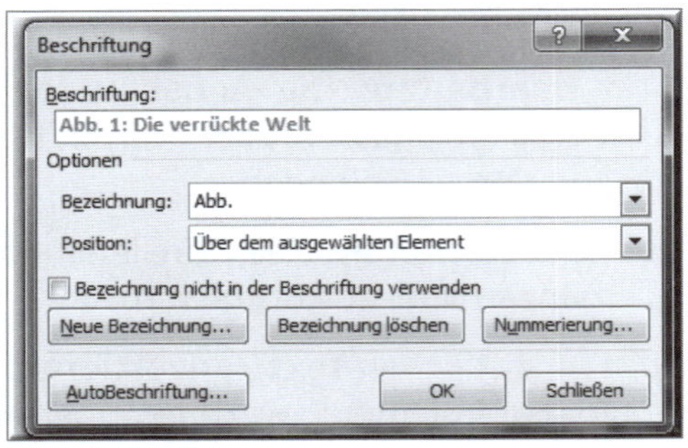

Querverweise erstellen

Innerhalb Ihres Textes möchten Sie auf Textstellen, Abbildungen oder andere Elemente verweisen. Dies können Sie rationell über die Registerkarte **Verweise** – Gruppe **Beschriftungen** – Schaltfläche **Querverweis** durchführen.

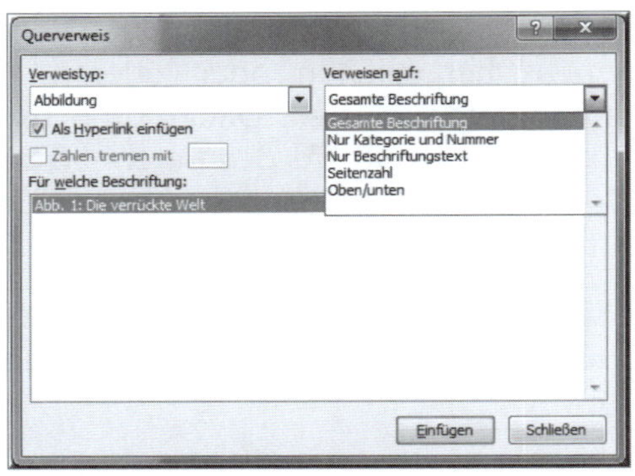

Unter dem Dropdown-Listenfeld **Verzeichnistyp** wählen Sie das Element, auf das verwiesen werden soll. Anschließend entscheiden Sie sich im Dropdown-Listenfeld **Verweisen auf**, was im Verweis stehen soll.

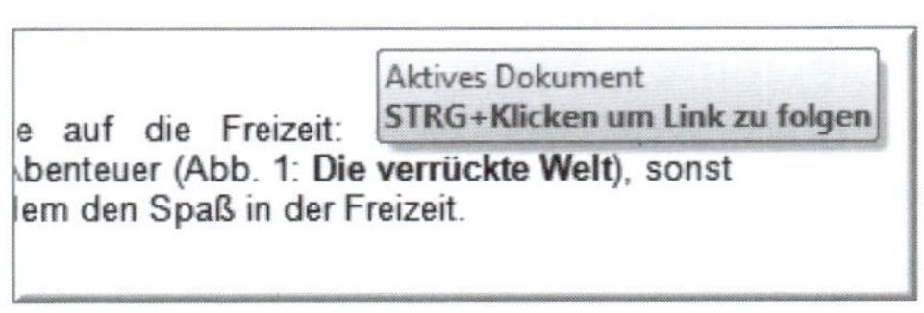

Wählen Sie das Element aus, auf das verwiesen werden soll. Klicken Sie auf **Einfügen.** Der Querverweis wird als Feld an der aktuellen Textstelle eingefügt. Der Querverweis wird standardmäßig als Hyperlink angelegt und eine Quickinfo erscheint, wenn Sie mit der Maus auf den Querverweis gehen. Mit der Strg-Taste erreichen Sie das Verweisziel. Sie können die Verweise verschieben oder umbenennen. Sie müssen diesen Querverweis dann mit **F9** aktualisieren.

Inhaltsverzeichnis

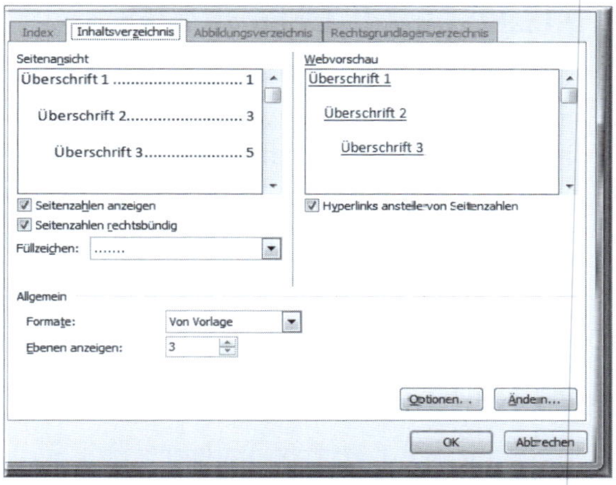

Word bietet die überaus praktische Funktion, ein Inhaltsverzeichnis automatisch zu erstellen. Voraussetzung dafür ist, dass Sie allen Überschriften die **speziellen Formatvorlagen** zugewiesen haben und somit eine Gliederungsstruktur des Dokumentes vorhanden ist. Positionieren Sie die Einfügemarke an jener Stelle, an der das Inhaltsverzeichnis eingefügt werden soll.

Inhaltsverzeichnis erstellen – Word 2003

Klicken Sie auf **Einfügen** – **Referenz** – **Index und Verzeichnisse.** Wählen Sie auf der Registerkarte **Inhaltsverzeichnis** das gewünschte Format aus.

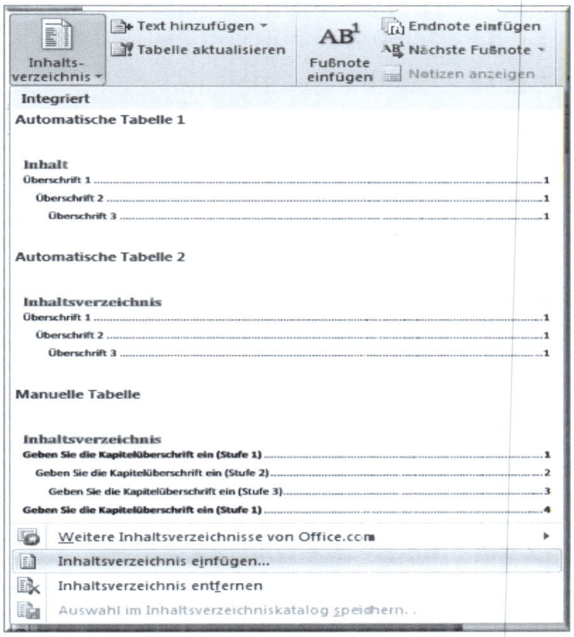

Inhaltsverzeichnis erstellen – Word 2007/2010

Klicken Sie auf die Registerkarte **Verweise** - Gruppe **Inhaltsverzeichnis** – **Inhaltsverzeichnis** – **Inhaltsverzeichnis einfügen.**

Zunächst legen Sie die Anzahl der Ebenen fest, die in das Inhaltsverzeichnis übernommen werden. Um ein normgerechtes Inhaltsverzeichnis nach DIN 1421 zu erstellen, müssen Sie das Format **Von Vorlage** nehmen. Passen Sie über die Schaltfläche **Ändern** die Formatierung der Formatvorlagen Verzeichnis 1 bis 3 an.

Klicken Sie dazu wiederum auf die Schaltfläche **Ändern** – **Format** – **Absatz.** Den Einzug links setzen Sie auf 0. Klicken Sie auf **OK.** Anschließend klicken Sie auf Format – Tabstopp und setzen zwei Tabstopps. (1. Tabstopp 2 cm, Ausrichtung links – 2. Tabstopp z. B. 16 cm, Ausrichtung rechts, Füllzeichen). Ebenso passen Sie die Schriftart Ihrem Text an.

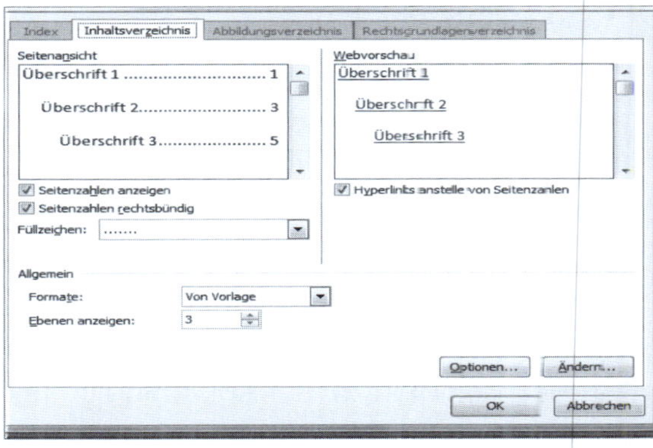

Nach einem Klick auf **OK** wird das Inhaltsverzeichnis (als Feldfunktion) in das Dokument eingefügt. Drücken Sie die **Strg-Taste** und klicken Sie auf eine **Überschrift im Inhaltsverzeichnis,** so wechselt Word zu dieser Stelle im Text.

Inhaltsverzeichnis aktualisieren

Aktualisieren Sie zwischendurch Ihr Inhaltsverzeichnis. Klicken Sie zum Aktualisieren in das Inhaltsverzeichnis und drücken Sie **F9** oder wählen Sie im Kontextmenü **Felder aktualisieren.** Entscheiden Sie, ob Sie nur die Seitenzahlen aktualisieren oder das gesamte Inhaltsverzeichnis neu erstellen möchten.

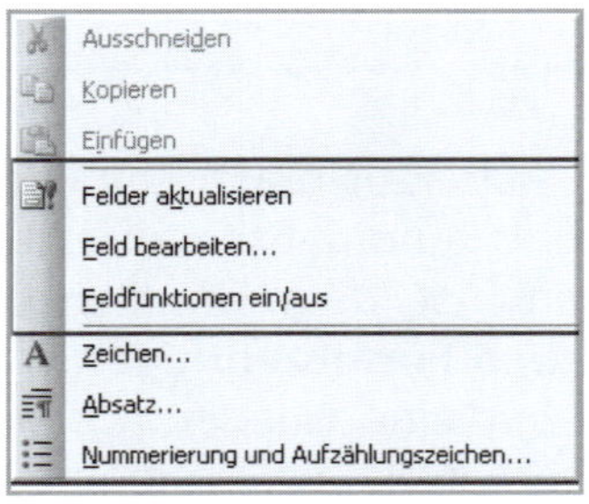

Abbildungsverzeichnis

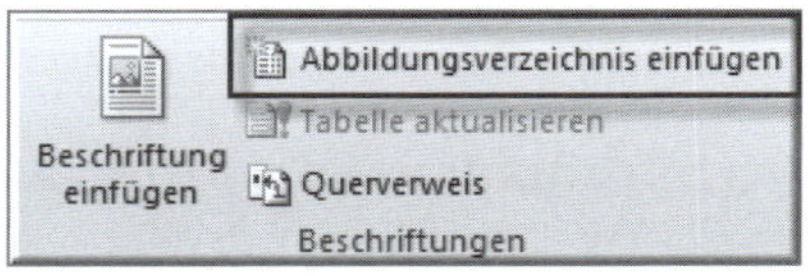

Wenn Sie Ihre Abbildungen und Ihre sonstigen Elemente wie Formeln, Tabellen oder Schaubilder einheitlich beschriftet haben, können Sie sehr schnell ein Verzeichnis automatisch erstellen.

Klicken Sie in Ihrem Dokument an die Stelle, wo Sie das Abbildungsverzeichnis einfügen möchten.

Word 2003

Klicken Sie auf **Einfügen** – **Referenz** – **Index und Verzeichnisse**. Wählen Sie die Registerkarte **Abbildungsverzeichnis**.

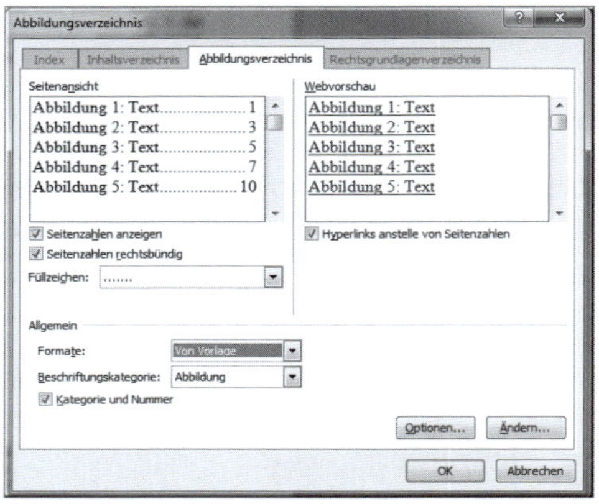

Word 2007/2010

Gehen Sie auf die Registerkarte **Verweise** – Gruppe **Beschriftungen** – Schaltfläche **Abbildungsverzeichnis einfügen**.

Abbildungsverzeichnis gestalten

Legen Sie das Format fest, entscheiden Sie sich für oder gegen Füllzeichen, aktivieren Sie ggf. Hyperlink und stellen die Seitenzahlen rechtsbündig dar. Wählen Sie die gewünschte Beschriftungskategorie (z. B. Abbildung).

Über den Befehl **Ändern** können Sie die Formatvorlage entsprechend Ihren Vorstellungen neu formatieren.

Nach einem Klick auf **OK** wird das Abbildungsverzeichnis (als Feldfunktion) in das Dokument eingefügt. Drücken Sie die **Strg-Taste** und klicken Sie auf eine **Abbildung im Abbildungsverzeichnis**, so wechselt Word zu der Abbildung im Text.

Abbildungsverzeichnis aktualisieren

Aktualisieren Sie zwischendurch Ihr Abbildungsverzeichnis. Klicken Sie zum Aktualisieren in das Abbildungsverzeichnis und drücken Sie **F9** oder wählen Sie im Kontextmenü **Felder aktualisieren.** Entscheiden Sie, ob Sie nur die Seitenzahlen aktualisieren oder das gesamte Abbildungsverzeichnis neu erstellen möchten

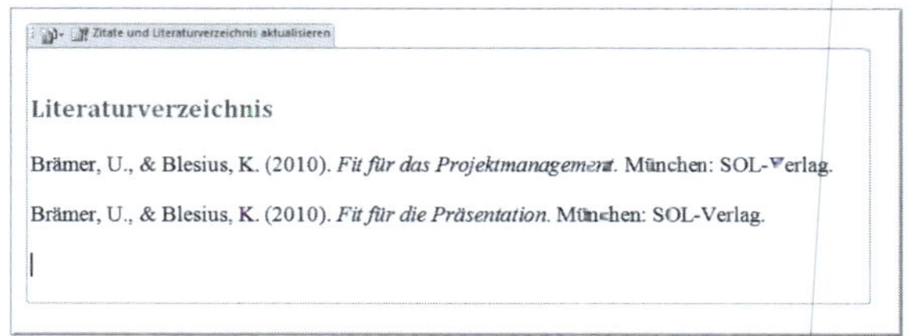

Literaturverzeichnis

Nachdem Sie schon einige Quellen erfasst haben, können Sie das Literaturverzeichnis einfügen.

Setzen Sie den Cursor an die entsprechende Stelle in Ihrem Dokument.

Klicken Sie auf die Registerkarte **Verweise** – Gruppe **Zitate und Literaturverzeichnis** – Schaltfläche **Literaturverzeichnis**.

Wählen Sie eine Vorlage aus. Die Überschrift entspricht der Formatvorlage Überschrift 1.

Literaturverzeichnis aktualisieren

Markieren Sie dazu das Litraturverzeichnis und drücken Sie **F9** oder wählen Sie im Kontextmenü **Felder aktualisieren**.

Index erstellen

In umfangreichen Dokumenten sind Stichwortverzeichnisse sehr wichtige Hilfsmittel für die Leser. Bei einem gedruckten Dokument wird dadurch das rasche Auffinden einer bestimmten Textstelle wesentlich erleichtert.

Als ersten Schritt müssen Sie bestimmen, welche Wörter Ihres Textes in das Stichwortverzeichnis aufgenommen werden sollen. Markieren Sie dazu ein Wort, oder nur einen Wortteil oder auch mehrere Wörter, und drücken Sie **Alt + Shift + X.** Der markierte Text erscheint nun unter „Haupteintrag". Ändern Sie eventuell diesen Eintragungstext und klicken Sie auf **Festlegen**.

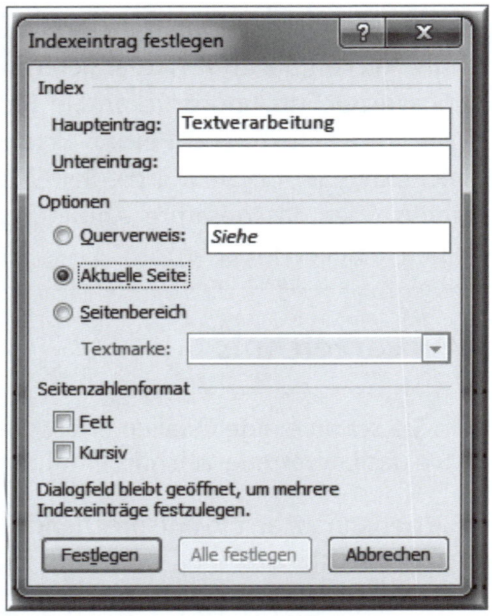

Dadurch wird im Text ein Indexeintrag eingefügt. Das Dialogfeld **Indexeintrag festlegen** bleibt im Vordergrund. Markieren Sie im Text das nächste Stichwort und klicken Sie in das Feld **Haupteintrag**. Wenn Sie auf **Alle festlegen** klicken, wird das Wort überall im Text als Stichwort gekennzeichnet.

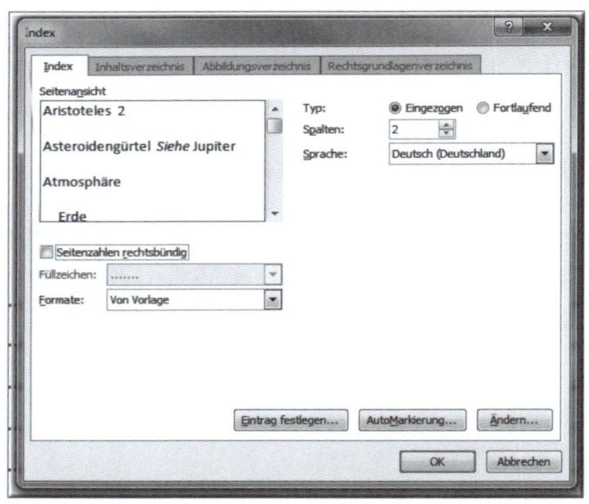

Word 2003

Positionieren Sie die Einfügemarke an jener Stelle, an der das Stichwortverzeichnis eingefügt werden soll. Klicken Sie auf **Einfügen** – **Referenz** – **Index** und auf die Registerkarte **Index**.

Word 2007/2010

Klicken Sie auf die Registerkarte **Verweise** – **Index einfügen,** um das Dialogfeld **Index einfügen** anzuzeigen.

Wählen Sie Format, Typ und Position der Seitenzahl aus. Geben Sie die Anzahl der Spalten ein. Klicken Sie auf **OK**.

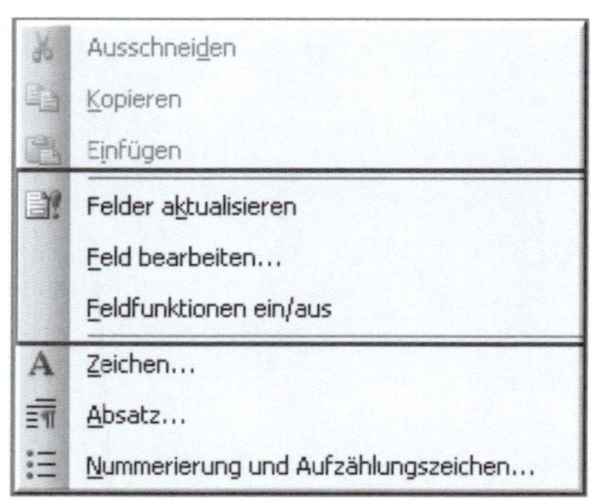

Index aktualisieren

Wenn Sie nachträglich noch Stichwörter festgelegt haben oder der Seitenumbruch durch Bearbeitungen verändert wurde, müssen Sie das Indexverzeichnis aktualisieren. Markieren Sie dazu den Index und drücken Sie **F9** oder wählen Sie im Kontextmenü **Felder aktualisieren**.

Verknüpfungen mit Excel (Objekte einfügen)

Word verfügt über verschiedene Möglichkeiten zum Einfügen von Excel-Daten in ein Word-Dokument. Sie können beispielsweise ein Objekt oder eine Tabelle auf einfache Weise kopieren.

Sie können eine Tabelle auch als Objekt einfügen oder verknüpfen. Verknüpfen und Einfügen unterscheiden sich im Ort, an dem die Daten gespeichert werden, und in der Art der Aktualisierung nach dem Einfügen in das Dokument.

Bei der Verknüpfung enthält das Word-Dokument lediglich einen Verweis auf die Originaldaten (z. B. eine Excel-Tabelle). Die Verknüpfung ist eine Pfadangabe, die festhält, wo die Datei eines Objektes zu finden ist und welche eingefügt wurde. Der Vorteil einer Verknüpfung ist zunächst, dass z. B. die Excel-Tabelle, welche in ein Word-Dokument eingefügt wird, dort automatisch aktualisiert wird, wenn sich Änderungen in der Quelldatei ergeben. Ein weiterer Vorteil ist, dass eine Pfadangabe platzsparender ist, als die sogenannte Einfügung. Allerdings darf die Quelldatei nicht gelöscht oder zerstört werden.

Word 2003

Gehen Sie über das Menü Einfügen auf den Befehl **Objekt** – **Aus Datei erstellen**.

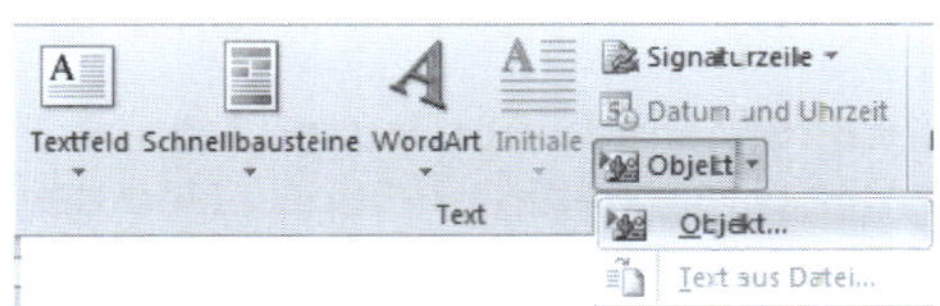

Word 2007/2010

Gehen Sie auf die Registerkarte **Einfügen** – **Ordner** Text – Befehl **Objekt**. Hier öffnen Sie das Registerblatt **Aus Datei erstellen** und suchen Ihre entsprechende Excel-Datei mit einem Doppelklick aus.

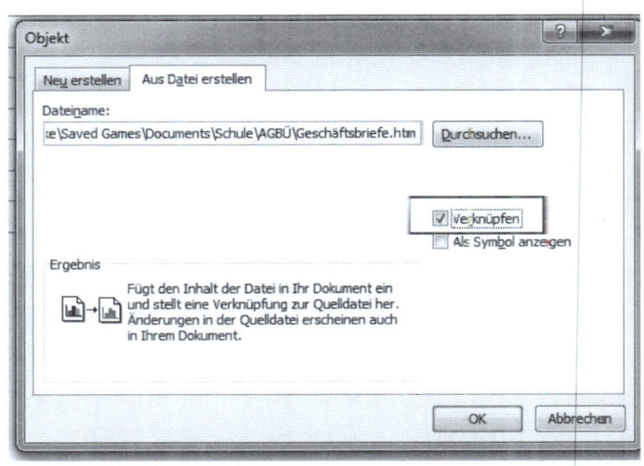

Aktivieren Sie **Verknüpfen** und klicken auf **OK**.

Bausteine – AutoText

Wenn Sie dasselbe Wort oder dieselbe Wendung wieder und wieder eingeben, sparen Sie eine Menge Zeit, wenn Sie den Eintrag als Schnellbaustein speichern. Er bekommt einen kurzen Namen, mit mindestens vier Buchstaben. Sie tippen nur den Kurznamen ein und rufen den Baustein dann aus dem Speicher ab.

Die Funktion ist nicht auf Text beschränkt, sondern nimmt alles auf, was auch im Dokument Platz findet – Tabellen, Bilder oder komplette Seiten. Bausteine werden in verschiedenen Katalogen gespeichert, die jeweils in mehrere Kategorien geteilt werden können.

Word 2003

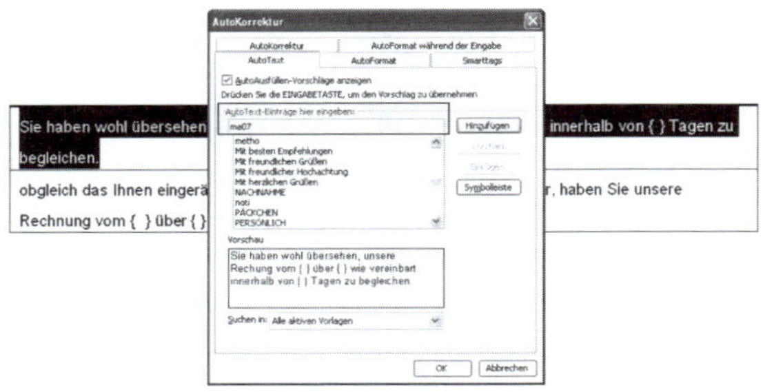

Textbausteine definieren

Markieren Sie im Dokument die Information, die Sie als Schnell bzw. Textbaustein speichern möchten.

1. Möglichkeit: Über das Menü **Einfügen** – **AutoText** – **AutoText** unter **„AutoText-Einträge hier eingeben:“**, geben Sie dem Baustein einen Namen und klicken dann auf **Hinzufügen**.

2. Möglichkeit: Die Symbolleiste „AutoText“ einfügen. Text markieren und unter **Neu** den Bausteinnamen eingeben. Mit der Eingabetaste bestätigen.

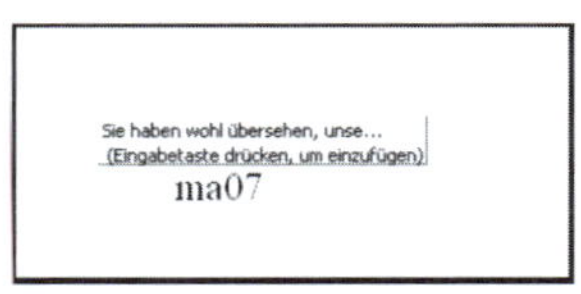

Textbausteine aufrufen

1. Möglichkeit: Den Bausteinnamen eingeben. Es erscheint oberhalb der Textbaustein. Um den Baustein einzufügen, die **Eingabetaste** oder die Funktionstaste **F3** drücken.

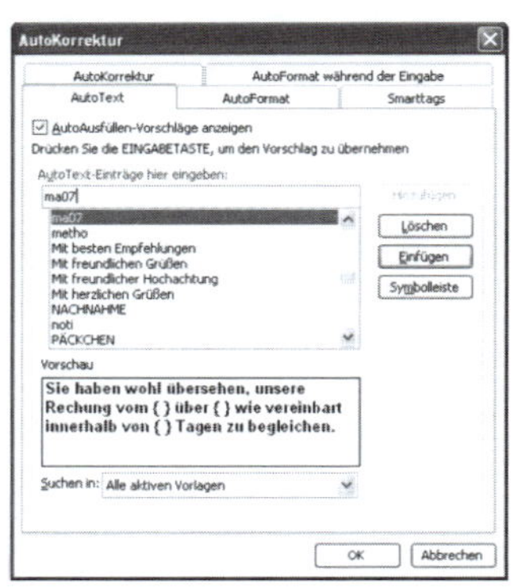

2. Möglichkeit: Unter **Einfügen** – **AutoText** – **AutoText** wird in „AutoText-Einträge“ der Bausteinname eingegeben. Der Textbaustein erscheint in der Vorschau. Auf **Einfügen** klicken, um den Textteil einzufügen.

Word 2007/2010

Klicken Sie auf die Registerkarte **Einfügen** – Gruppe **Text** – **Schnellbausteine** und dann auf **Auswahl im Schnellbaustein-Katalog speichern** (oder drücken Sie Alt + F3), um das Dialogfeld **Neuen Baustein erstellen** zu öffnen. Übernehmen Sie den vorgeschlagenen Namen, oder geben Sie einen neuen ein.

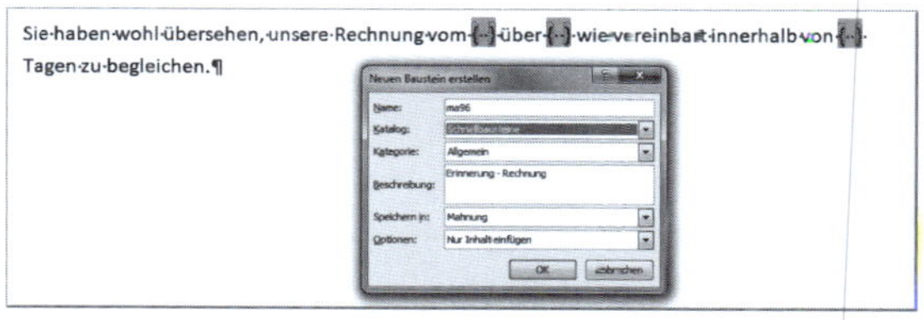

Wenn das Element zukünftig angezeigt werden soll, wählen Sie **Schnellbausteine** in der Liste **Katalog** aus. Wählen Sie eine Kategorie aus oder klicken Sie auf **Neue Kategorie**.

Legen Sie den Speicherort des Eintrags fest – die aktuelle Vorlage oder eine der globalen Vorlagen **Normal** oder **Building Blocks**.

Die Schnellbausteine der globalen Vorlage Building Blocks stehen immer zur Verfügung, egal mit welcher Dokumentvorlage Sie arbeiten. Geben Sie an, auf welche Art der Eintrag eingefügt werden soll und klicken Sie auf **OK**.

Schnellbausteine einfügen

1. Möglichkeit: Setzen Sie die Einfügemarke an die Stelle, an der Sie den Baustein einfügen möchten, geben Sie den Namen ein und drücken Sie **F3**.

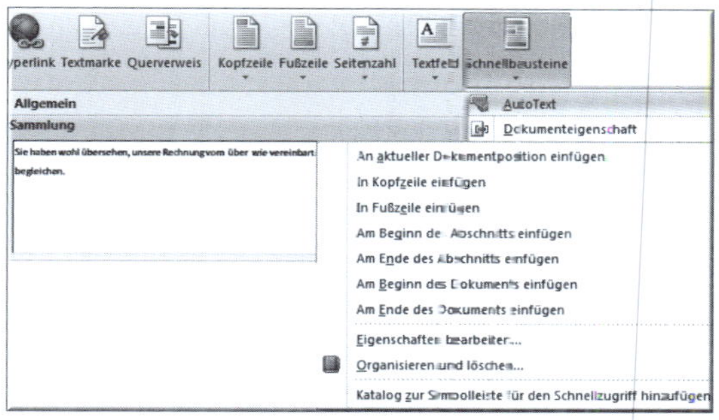

2. Möglichkeit: Klicken Sie auf die Registerkarte **Einfügen** Gruppe **Text** – **AutoText**. Scrollen Sie ggf. in der Liste, um den gesuchten Eintrag zu finden und führen Sie einen dieser Schritte aus:

- Klicken Sie auf den Eintrag, um ihn an der Einfügemarke im Dokument einzufügen.
- Klicken Sie mit der rechten Maustaste auf den Eintrag und wählen Sie die Einfügeposition.

Bausteine organisieren

Word stellt vielseitige Bausteine für AutoTexte, Deckblätter, Kopf- und Fußzeilen usw. zur Verfügung. Alle Bausteine, die Sie in Ihre Dokumente einfügen können, werden an einer zentralen Stelle, dem sogenannten **Organizer für Bausteine** verwaltet.

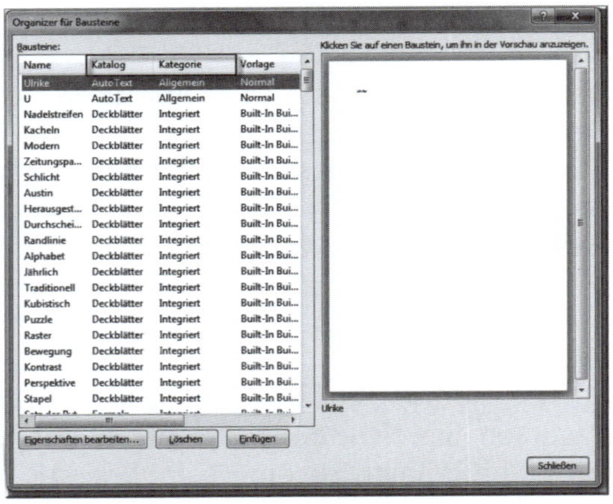

Zum Aufrufen des Organizers klicken Sie in der Registerkarte **Einfügen** – Gruppe **Text** – **Schnellbausteine** und wählen den Befehl **Organizer für Bausteine**.

Im Organizer für Bausteine lässt sich erkennen, in welchen Katalogen und Kategorien die verschiedenen Bausteine organisiert sind. Klicken Sie auf die Spaltenüberschrift, nach der die Bausteine sortiert werden sollen. In der Regel wird nach der Kategorie „Katalog" sortiert.

Schnellbausteine bearbeiten

Klicken Sie auf **Eigenschaften bearbeiten**, um Name, Katalog oder Kategorie usw. des ausgewählten Bausteins zu ändern.

Schnellbausteine einfügen

Klicken Sie auf **Einfügen**, um den Baustein an die aktuelle Cursorposition Ihres Dokumentes einzufügen.

Schnellbausteine entfernen

Klicken Sie auf **Löschen**, um den ausgewählten Baustein zu löschen.

Serienbrief

Erstellen Sie den Brief (Hauptdokument) wie üblich, aber lassen Sie die Stellen frei, an denen Daten aus einer Adressliste eingesetzt werden. Speichern Sie den Brief.

Word 2003

Unter **Extras** – **Briefe und Sendungen** – **Serienbrieferstellung** aufrufen. Es erscheint das Arbeitsfenster „Seriendruck".

Von hier aus werden Sie Schritt für Schritt durch die Funktion geführt.

- Im Schritt 1 wählen Sie **Briefe** aus.
- Als Schritt 2 entscheiden Sie sich für das **aktuelle Dokument**.
- Im Schritt 3 wählen Sie die **Empfänger** aus.

Besteht noch keine Empfängerliste, so aktivieren Sie **Neue Liste eingeben**. Es erscheint das Dialogfenster **Neue Anschriften**.

Um das Dialogfenster an die eigenen Feldnamen anzupassen, klicken Sie auf **Anpassen**. Nun löschen Sie die Feldnamen, die Sie nicht benötigen und fügen Ihre neuen Feldnamen hinzu.

Ordnen Sie nach Ihren Wünschen die Reihenfolge, indem Sie den Feldnamen **Nach oben** oder **Nach unten** verschieben.

Es erscheint die **Neue Adressliste.** Hier geben Sie Ihre Daten ein. Achten Sie darauf, dass hinter Ihren Daten kein Leerzeichen folgt, sonst funktioniert die Seriendruckfunktion nicht korrekt. Für den nächsten Datensatz klicken Sie auf **Neuer Eintrag**.

Nachdem Sie alle Datensätze eingegeben haben, **schließen** Sie Ihre Adressliste. Automatisch werden Sie aufgefordert, Ihre Adressliste **abzuspeichern**. Wählen Sie einen aussagekräftigen **Dateinamen** für Ihre Adressliste.

Schritt 1

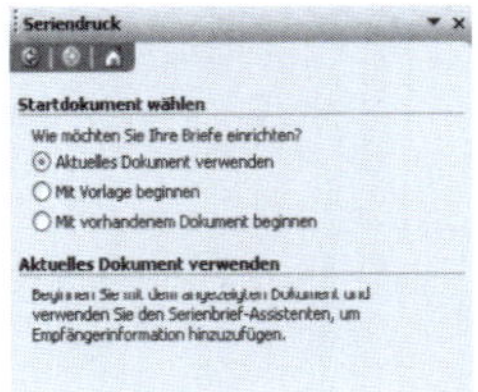

Schritt 2

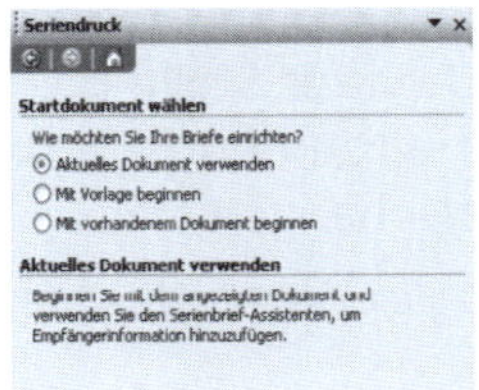

Schritt 3

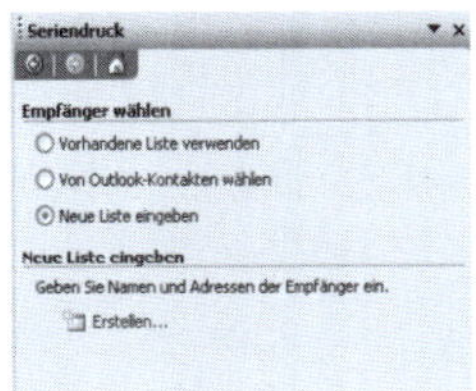

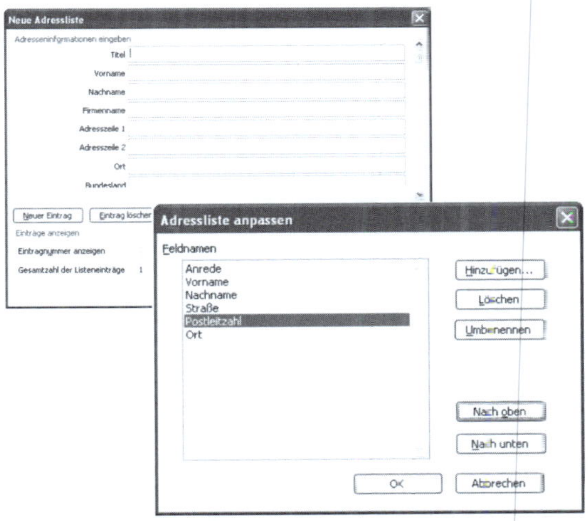

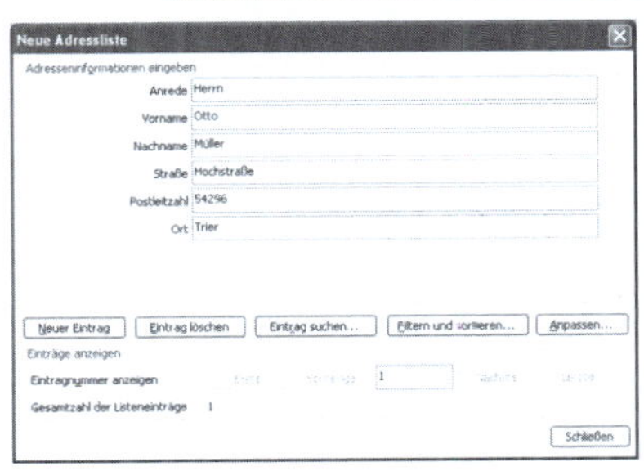

In der Symbolleiste **Seriendruck** das Symbol **Seriendruckfeld** einfügen anklicken.

Nun werden an entsprechender Stelle die Felder eingefügt. Zwischen den einzelnen Feldern werden entsprechende Leerzeichen gesetzt.

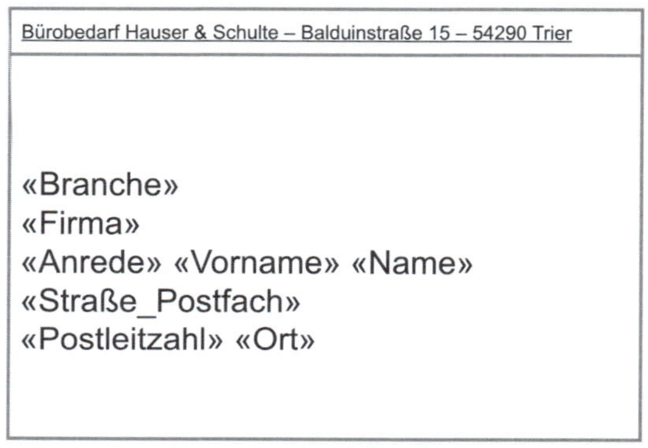

Klicken Sie in der Symbolleiste „Serienbrief" auf das Symbol **ABC**, so erscheint der 1. Datensatz.

Mit den Pfeiltasten können Sie durch die Datensätze blättern.

Zusammenführen und Drucken

Wählen Sie das Symbol **Dokumente drucken**. Hier können Sie die Datensätze auswählen, die zusammengeführt werden.

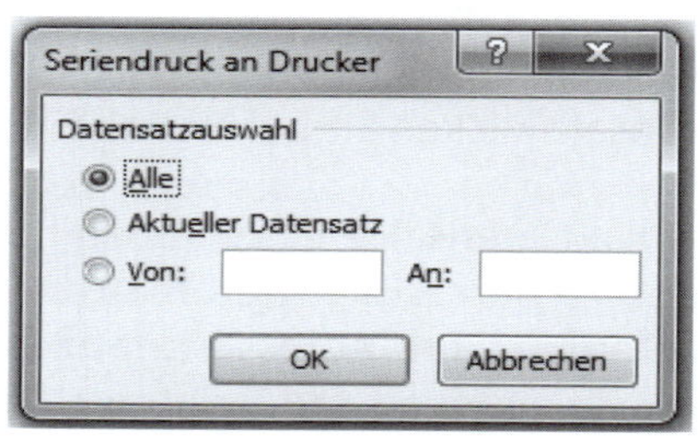

Word 2007/2010

Klicken Sie in der Registerkarte **Sendungen** – Gruppe **Seriendruck starten** – **Seriendruck starten** und im Dropdown-Menü auf **Briefe**. Anschließend klicken Sie auf die Schaltfläche Empfänger auswählen.

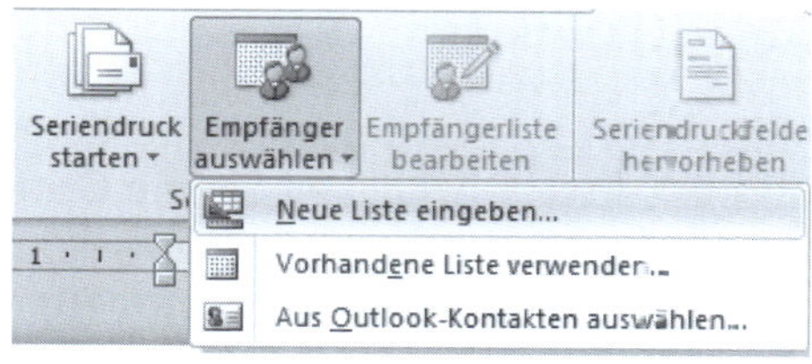

Neue Datenquelle erstellen

Wenn Sie bisher noch keine Datenquelle erstellt haben, die Sie für den Seriendruck verwenden wollen, dann wählen Sie die Option **Neue Liste eingeben**. Word zeigt daraufhin ein Formular an, in dem Sie die Adressdaten eingeben können.

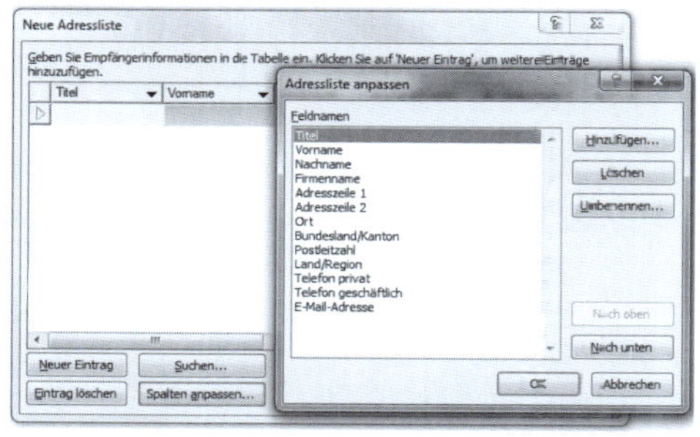

Klicken Sie zunächst auf **Spalten anpassen** und geben Sie entsprechend Ihrer Datenquelle die Feldnamen ein. Dazu löschen Sie die unnötigen und ergänzen die fehlenden Feldnamen. Berücksichtigen Sie für das rationelle Arbeiten die richtige Reihenfolge der Datenbank.

Um einen weiteren Listeneintrag zu erstellen, klicken Sie die Schaltfläche **Neuer Eintrag** an. Wenn Sie im Formular auf **OK** klicken, wird das Dialogfeld **Adressliste speichern** angezeigt.

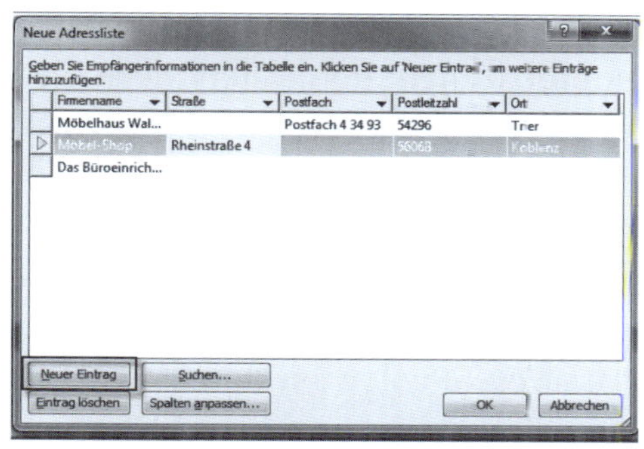

Geben Sie dort einen aussagekräftigen Namen für die Liste ein. Achten Sie unbedingt darauf, an welcher Stelle/Speicherort Sie die Datei ablegen und klicken Sie dann auf **Speichern**.

Vorhandene Datenquelle öffnen

Wählen Sie unter der Registerkarte **Sendungen** – Gruppe – **Seriendruck starten** – **Empfänger auswählen** die Option **Vorhandene Liste verwenden** aus. Öffnen Sie Ihre Datenquelle. Klicken Sie auf **Empfängerliste bearbeiten**. Aktivieren Sie die Kontrollkästchen der Personen, die das Schreiben erhalten sollen.

Adressen aus Outlook

Wenn Sie Ihre Adressen im Kontakte-Ordner von MS Outlook verwalten, klicken Sie die Option **Aus Outlook-Kontakten** auswählen an. Word zeigt daraufhin das Dialogfeld **Kontakte auswählen** an, in dem alle Kontaktordner aufgeführt werden, die in Ihrem Outlook-Profil enthalten sind. Klicken Sie in der Liste zuerst die Kontakte an, die Sie verwenden wollen, und dann auf **OK**.

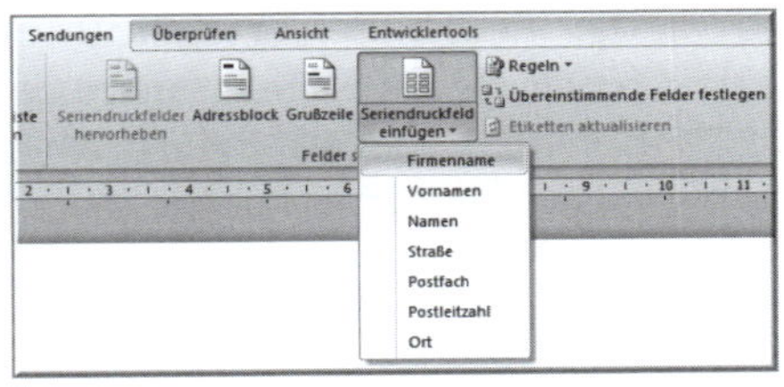

Klicken Sie nun im Dokument auf die Stelle, an der Daten aus der Datenquelle eingefügt werden sollen.

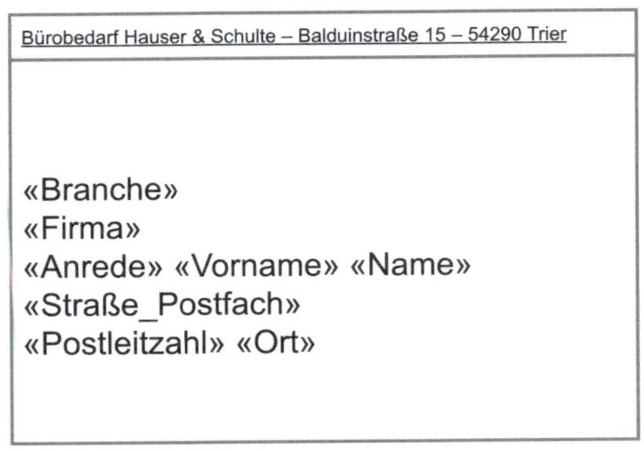

Gehen Sie auf die Gruppe **Felder schreiben und einfügen** und auf der Schaltfläche **Seriendruckfeld einfügen** auf den entsprechenden Feldnamen.

Um sich vor dem tatsächlichen Zusammenführen von Hauptdokument und Datenquelle die Ergebnisse auf dem Bildschirm anzusehen und so eventuelle Fehler erkennen und beheben zu können, verwenden Sie die Seriendruckvorschau.

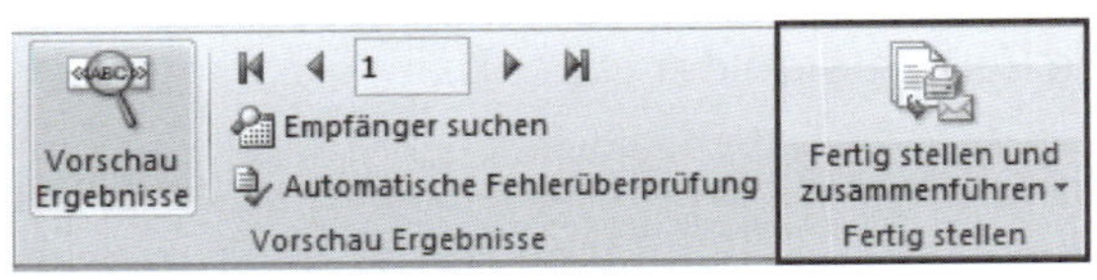

Klicken Sie dafür in der Gruppe **Vorschau Ergebnisse** auf die gleichnamige Schaltfläche. Nun können Sie mit den Pfeiltasten durch die Datensätze blättern.

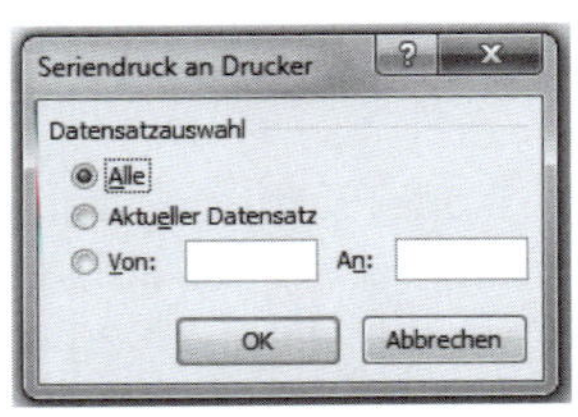

Zusammenführen und Drucken

Klicken Sie in der Gruppe **Fertig stellen** die Schaltfläche **Fertig stellen und zusammenführen** an. Wählen Sie die Option **Dokumente drucken**. Hier können Sie die Datensätze auswählen, die zusammengeführt werden.

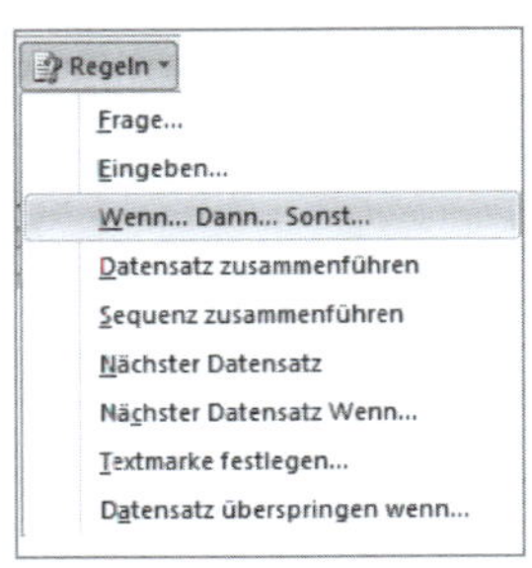

Serienbrief – Bedingungsfeld

Bei der persönlichen Anrede ergibt sich einmal das Problem, dass bei weiblicher Anrede „Sehr geehrte" und bei männlicher Anrede „Sehr geehrter" zu schreiben ist. Zudem werden die männlichen Briefempfänger mit „Herr" angesprochen, in der Datenquelle befindet sich aber in der Regel im Seriendruckfeld „Anrede" der Begriff „Herrn" (im Anschriftfeld erforderlich). Dieses Problem löst das Einfügen eines Bedingungsfeldes.

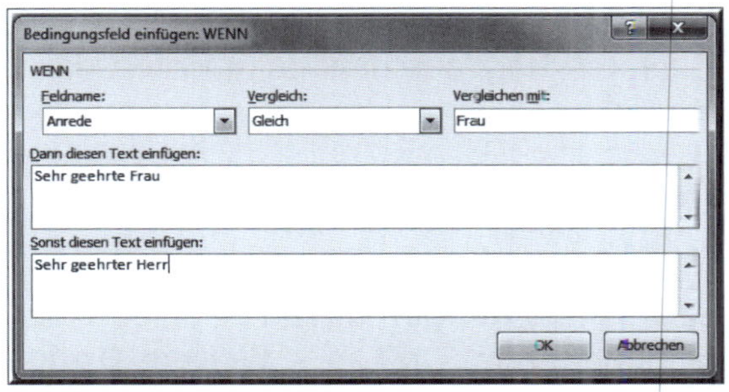

Positionieren Sie den Cursor an die Stelle, an der das Bedingungsfeld eingefügt werden soll.

Word 2003

Wählen Sie über die Schaltfläche **Bedingungsfeld** einfügen die Option **Wenn**... **Dann**... **Sonst**...

Word 2007/2010

Wählen Sie über die Registerkarte **Sendungen** den Ordner Schaltfläche **Regeln** die Option **Wenn**... **Dann**... **Sonst** ...

Geben Sie die folgenden Daten ein; achten Sie darauf, dass Sie hinter den Eintragungen **kein Leerzeichen** setzen!

Fügen Sie hinter der Anrede das Seriendruckfeld **Nachname** – mit einem Leerzeichen abgesetzt – ein. Denken Sie an das Komma hinter der Anrede!

Seriendruck – Filtern von Daten

Im Serienbrief kann eine Auswahl bestimmter Empfänger getroffen werden. Wenn Sie z. B. aus der Datenquelle nur die Empfänger aus einer bestimmten Stadt anschreiben möchten, dann wählen Sie ...

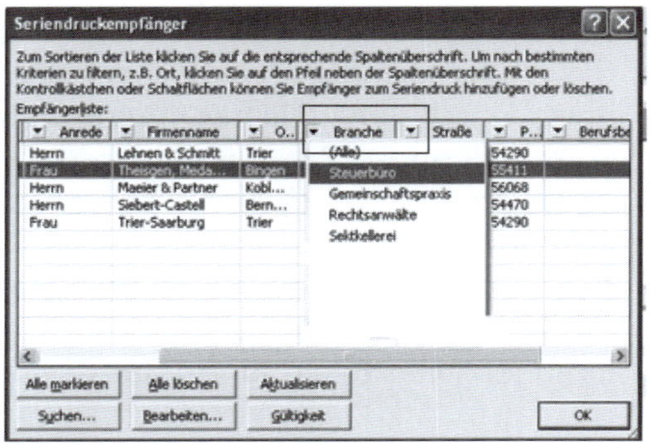

Word 2003

... in der Seriendruck-Symbolleiste das Icon **Seriendruckempfänger**, klicken den Pfeil in der Spaltenüberschrift „Ort“ an – **Weitere Optionen** – **Abfrageoptionen**.

Word 2007/2010

... in der Registerkarte **Sendungen** – Ordner **Seriendruck starten** – Schaltfläche Empfängerliste bearbeiten. Markieren Sie unten links die Datenquelle, damit die Funktionen unter **Empfängerliste verfeinern** aktiviert werden.

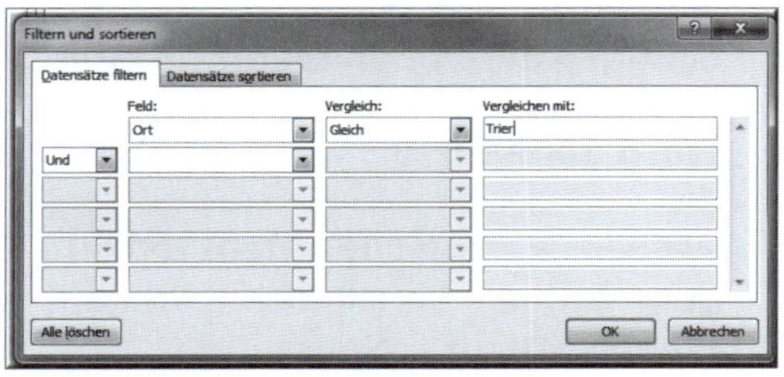

1. Möglichkeit

Legen Sie nun unter **Empfängerliste verfeinern** – Option **Filtern** die Kriterien fest, die für den Filter verwendet werden sollen.

2. Möglichkeit

Sie können den **Pfeil** in der Spaltenüberschrift Ort anklicken und in dem sich öffnenden Fenster **Weitere Optionen** wählen. Es öffnet sich das Dialogfeld **Filtern und Sortieren**. Wählen Sie nun die Registerkarte **Datensätze filtern**. Hier führen Sie nun den Vergleich durch, z. B. **Ort** – **gleich** – **Trier**. Es werden alle Datensätze mit dem Ort „Trier“ herausgefiltert.

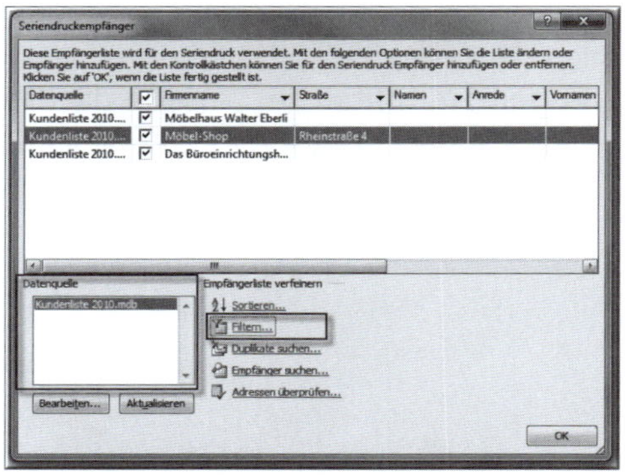

Makro

Wenn Sie häufig identische Abläufe haben, können Sie eine Menge Zeit sparen, indem Sie die Abfolge der Aktionen in einem Makro aufzeichnen, Diese werden unter einem selbst definierten Namen aufgezeichnet, gespeichert und später mit einer Tastenkombination, über ein selbsteingerichtetes Symbol oder als Menüpunkt, abgerufen.

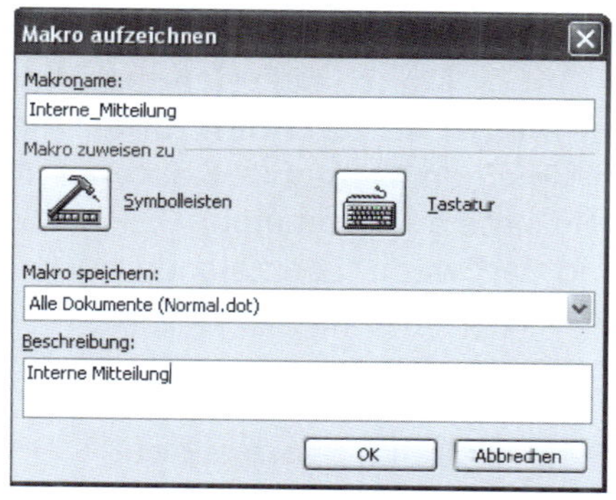

Makro aufzeichnen

Der einfachste Weg, einen Makro zu erstellen, ist, die Tastenanschläge und Befehle bei der Ausführung automatisch aufzuzeichnen.

Word 2003

Über das Menü **Extras** – **Makro** – **Aufzeichnen** bzw. durch Doppelklicken auf das Feld „MAK“ in der Statuszeile öffnet sich das Fenster **Makro aufzeichnen**.

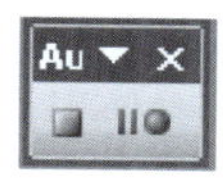

Unter **Makroname** kann ein Name eingegeben oder der vorgeschlagene Makroname übernommenen werden.

Mit **OK** erscheint die Makro-Aufzeichnungs-Symbolleiste, die die Befehle **Aufzeichnen**, **Beenden** und **Fortfahren** beinhaltet.

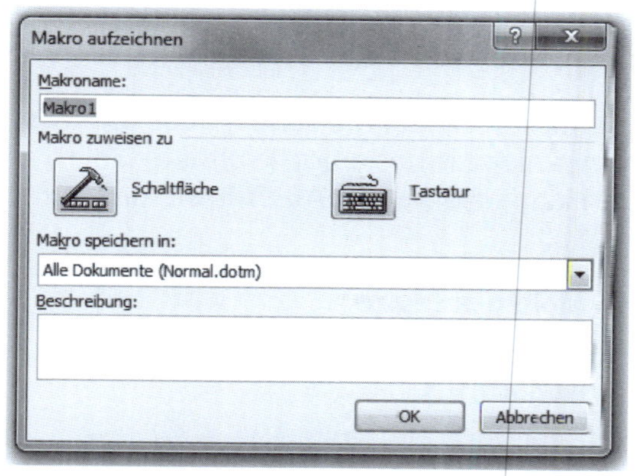

Führen Sie nun die Befehle aus, die Sie später mit einem Mausklick durchführen möchten. Alle nun ausgeführten Schritte oder **Word-Befehle** werden im Makro **aufgezeichnet** (z. B. Datei – Neu – Vorlage aussuchen – OK), bis über das Menü oder die Symbolleiste der Vorgang beendet wird. Wird eine Makroaufzeichnung unterbrochen, kann diese durch erneutes Klicken auf die Schaltfläche **Unterbrechen** fortgesetzt werden.

Wichtig: Während Befehle und Optionen, die mit der Maus gewählt werden, aufgezeichnet werden, können Mausaktionen im Text, z. B. Markieren mit der Maus, nicht aufgezeichnet werden.

Word 2007/2010

Über die Registerkarte **Ansicht** – Schaltfläche **Makros** – Option **Makro aufzeichnen** öffnet sich das Fenster **Makro aufzeichnen**. Unter **Makroname** geben Sie einen Namen (z. B. Interne_Mitteilung) ein. Der Name muss mit einem Buchstaben beginnen und darf weder Leerzeichen noch Sonderzeichen enthalten. Geben Sie an, wo der Makro gespeichert werden soll.

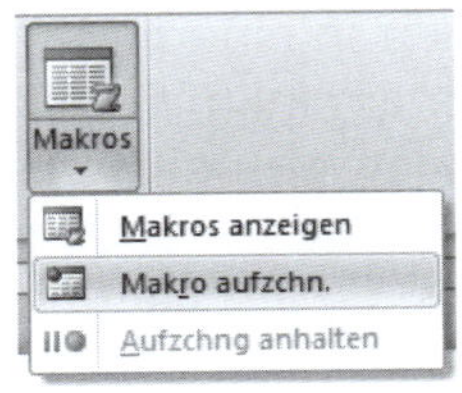

Wenn Sie sich für „Normal.dotm" entscheiden, steht er ihnen in allen Dokumenten zur Verfügung. Klicken Sie dann auf **Ok**.

Führen Sie nun die Befehle aus, die Sie später mit einem Mausklick durchführen möchten. Verwenden Sie dabei die Tastatur, um Text auszuwählen. (Mausaktionen werden bis auf das Klicken auf Befehle nicht aufgezeichnet.) Alle nun ausgeführten Schritte oder Word-Befehle werden im Makro aufgezeichnet (z. B. Schaltfläche Office – Neu – Vorlage aussuchen – OK).

Gehen Sie nun auf die Registerkarte **Ansicht** – Schaltfläche **Makros** – **Aufzeichnung beenden**.

Klicken Sie auf die Schaltfläche **Makros** (**Alt** + **F8**), wählen Sie das aufgezeichnete Makro aus und klicken Sie dann auf **Ausführen**, um es zu testen.

Makro anlegen

Word 2003

Über das Menü **Extras** – **Anpassen** ist im Register **Befehle** und **Kategorien** die Option Makros zu aktivieren. Der entsprechende Makro, z. B. „Interne Mitteilung", ist anzuklicken. Durch Ziehen mit der Maus (im Beispiel „Interne Mitteilung") wird eine Symbolleisten-Schaltfläche in die Menüleiste gezogen. Über die Schaltfläche **Auswahl ändern** kann z. B. der Makroname und das Symbol für die Makroschaltfläche bestimmt werden. Möchten Sie nur das Symbol aktiviert haben, so müssen Sie erneut über **Auswahl ändern** „Standard" aktivieren.

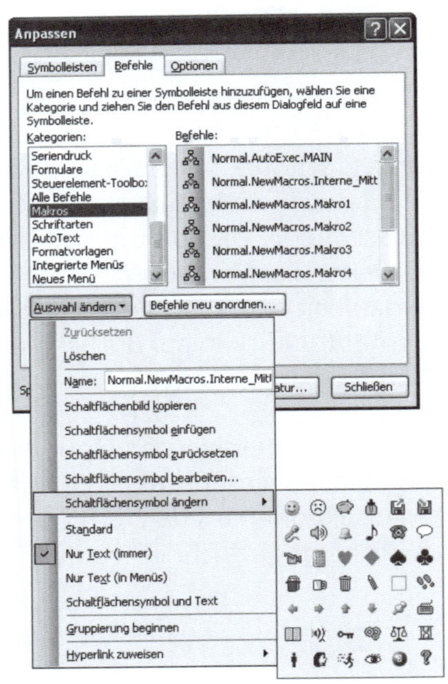

Durch Doppelklick auf eine **Benutzerdefinierte Schaltfläche** wird das ausgewählte Symbol übernommen. Durch Klicken auf das eingerichtete **Makro-Symbol** bzw. durch Eingeben des entsprechenden **Shortcuts** wird der Makro ausgeführt.

Über den Befehl **Extras** – **Makro** – **Makros** wird der entsprechende Makro markiert und über die Schaltfläche **Löschen** gelöscht.

Makrosymbol löschen

Die Makroschaltfläche, z. B. „Interne Mitteilung", wird gelöscht, indem über den Befehl **Extras** – **Anpassen** im Register „Befehle" unter „Kategorien" die Option „Makros" markiert wird. Durch Ziehen mit der Maus kann nun die Schaltfläche aus der Menüleiste gezogen werden.

Word 2007/2010

Klicken Sie auf den **Pfeil** rechts neben der Symbolleiste für den Schnellzugriff und klicken Sie im Menü **Symbolleiste für den Schnellzugriff anpassen** auf Option **Weitere Befehle.**

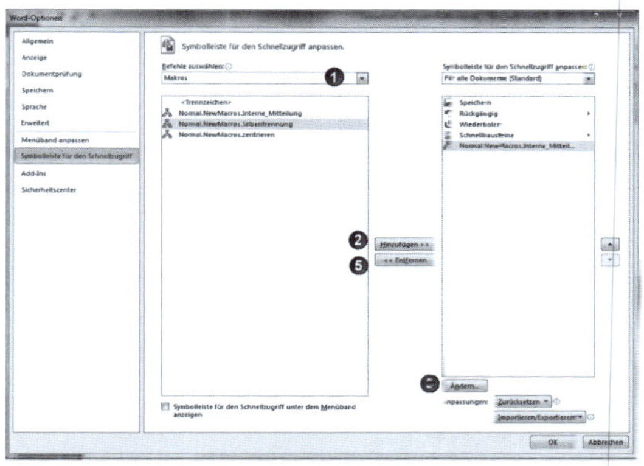

1. Klicken Sie unter **Befehle auswählen** auf die Kategorie **Makros**.
2. Markieren Sie das entsprechende Makro, z. B. Interne_Mitteilung, und klicken Sie auf **Hinzufügen**.
3. Wählen Sie über die Schaltfläche **Ändern**.
4. Wählen Sie ein Symbol aus. Klicken Sie auf **OK** und das Symbol erscheint in der Symbolleiste für den Schnellzugriff.

Durch Klicken auf das eingerichtete Makro-Symbol wird der Makro ausgeführt.

5. Die Makroschaltfläche, z. B. Interne_Mitteilung wird gelöscht, indem Sie sie markieren und auf **Entfernen** klicken.

Dokumente überprüfen

Ein einziges Dokument wird oft mehrmals von vielen verschiedenen Personen gelesen, überprüft und geändert. Mit der Überarbeitungsfunktion behält man ganz leicht die Übersicht.

Änderungen nachverfolgen – Word 2003

Aktivieren Sie unter **Extras** – **Änderungen nachverfolgen** (Strg + Shift + E). Unter **Ansicht** – **Symbolleisten** finden Sie die Leiste für **Überarbeiten**.

Um mit dem Überarbeitungsvorgang und der Nachverfolgung der Änderungen in Word zu beginnen, klicken Sie in der Symbolleiste **Überarbeiten** auf den Button **Änderungen verfolgen.** Damit Word Änderungen während der Eingabe in eine Sprechblase einfügt, müssen Sie unter **Extras** – **Optionen** – **Änderungen verfolgen** – **Sprechblasen: „Immer"** einschalten.

Word speichert Änderungen, die im Dokument vorgenommen werden – vom Löschen eines überzähligen Kommas bis hin zum Verschieben ganzer Absätze. Dabei sehen Sie stets, wie der Text vor der Änderung ausgesehen hat, was sich nach den Korrekturen ändert und wer die Änderungen vorgenommen hat (jeder Bearbeiter erhält eine andere Farbe).

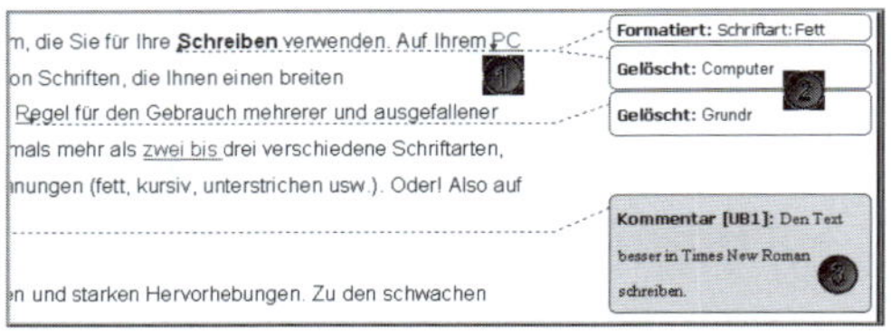

1.	Eingefügter Text wird durch farbliche Kennzeichnung vom restlichen Text unterschieden. Word weist jeder Person, die am Dokument arbeitet, eine andere Farbe zu (bis zu acht Personen/Farben). Damit sehen Sie auf einen Blick, welche Kommentare und Änderungen welcher Person zuzuordnen sind. Wenn Sie den Mauspfeil über dem eingefügten Text ruhen lassen, erscheinen weitere Informationen.
2.	Gelöschter Text wandert in eine farblich gekennzeichnete Kommentarblase an der rechten Seite des Dokuments.
3.	Auch Änderungen des Formats, z. B. der Schriftart, werden in der Kommentarblase erwähnt.

Änderungen nachverfolgen – Word 2007/2010

Aktivieren Sie auf der Registerkarte **Überprüfen** – Gruppe **Nachverfolgen** die Schaltfläche **Änderungen nachverfolgen**.

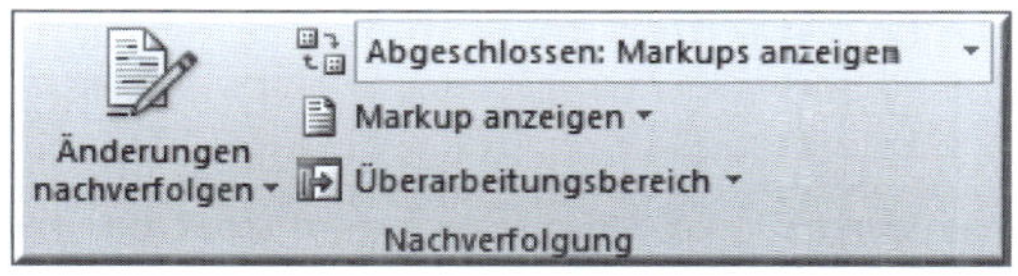

Um die Änderungen anzuzeigen, muss **Abgeschlossen: Markups anzeigen** aktiviert sein. Klicken Sie auf **Überarbeitungsbereich**, um Ihre Aktionen zu protokollieren. Bearbeiten Sie den Text. **Eingefügter Text** wird unterstrichen, **gelöschter Text** durchgestrichen; **verschobener Text** wird an der neuen Position doppelt unterstrichen und an der ursprünglichen Position doppelt durchgestrichen.

Klicken Sie auf die Schaltfläche **Markups anzeigen** – **Sprechblasen** und legen Sie fest, welcher Inhalt in den Sprechblasen angezeigt wird.

Kommentar einfügen

Das Einfügen von Kommentaren funktioniert in Word genauso wie mit Papier und Bleistift, wo Sie Ihre Notizen am Rand des Dokuments machen. In Word erscheinen diese Notizen rechts vom Text zusammen mit weiteren Informationen in einer Kommentarblase, die ebenfalls in der persönlichen Farbe der jeweiligen Person gehalten ist.

Wählen Sie den Text aus, den Sie kommentieren möchten, oder klicken Sie ans Ende des betreffenden Textabschnitts.

Word 2003

Klicken Sie in der Symbolleiste **Überarbeiten** auf das Symbol **Neuer Kommentar**. Geben Sie Ihren Kommentar direkt in die Kommentarblase ein.

Word 2007/2010

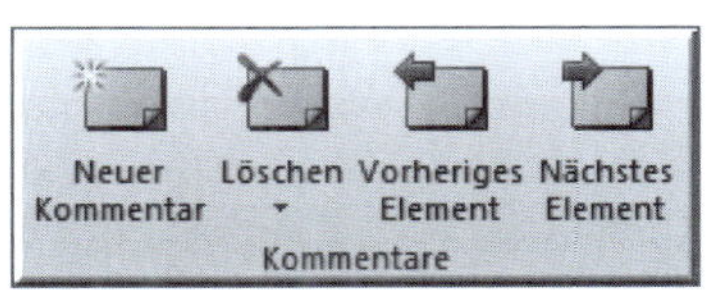

Klicken Sie auf die Registerkarte **Überprüfen** – **Neuer Kommentar**. Geben Sie Ihren Kommentar direkt in die Kommentarblase ein.

Änderungen bearbeiten

Word 2003

Nachdem alle Bearbeiter über das betreffende Dokument gegangen sind, können Sie die Änderungen begutachten, akzeptieren oder auch individuell ablehnen. Öffnen Sie das Dokument mit den Änderungen. Klicken Sie in der Symbolleiste **Überarbeiten** auf **Nächste** oder **Vorherige**, um die geänderten Bereiche im Dokument zu sehen.

Nach der Begutachtung stehen Ihnen zwei Optionen offen: Um die Änderung in das Dokument einzubinden, klicken Sie auf **Änderungen akzeptieren.** Um eine Änderung nicht zu übernehmen, klicken Sie auf **Änderungen ablehnen/Kommentar löschen.**

Ansicht des Dokuments ändern

Ein überarbeitetes Dokument kann – besonders, wenn viele Bearbeiter an der Korrektur beteiligt sind – sehr schnell unübersichtlich werden. Viele Kommentarsprechblasen in unterschiedlichen Farben können den Blick aufs Wesentliche verstellen. Für diesen Fall bietet Word einige Alternativen zum Betrachten eines überarbeiteten Dokuments.

Diese Alternativen finden Sie im Pop-up-Menü ganz links in der Symbolleiste **Überarbeiten**. Hier können Sie festlegen, ob Sie alle Änderungen sehen wollen (Endgültige Version enthält Markups), oder nur den Originaltext ohne Änderungen (Original).

Änderungselemente einblenden

Ebenfalls in der Symbolleiste **Überarbeiten** können Sie mit dem Menü **Anzeigen** bestimmte Änderungselemente ein- und ausblenden. Zum Beispiel können Sie lediglich Kommentare und Einfügungen/Löschungen anzeigen lassen, während Sie die Formatänderungen ausblenden. Hier können Sie die Anzeige auch auf die Änderungen bestimmter Personen beschränken.

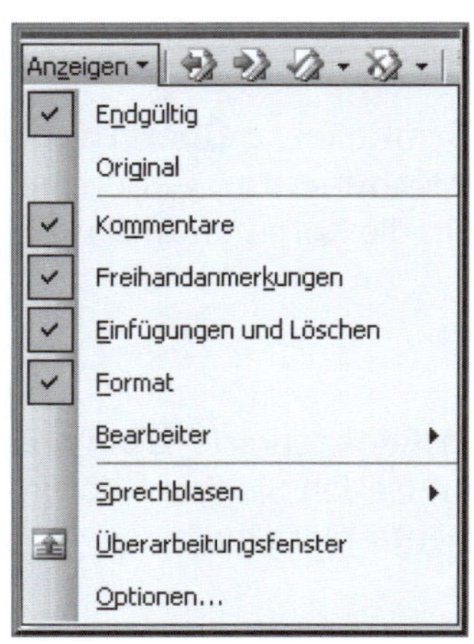

Änderungen bearbeiten – Word 2007/2010

Nachdem alle Bearbeiter über das betreffende Dokument gegangen sind, können Sie die Änderungen begutachten, akzeptieren oder auch individuell ablehnen.

Öffnen Sie das Dokument mit den Änderungen. Deaktivieren Sie ggf. auf der Registerkarte **Überprüfen – Nachverfolgung** die Funktion **Änderungen nachverfolgen**.

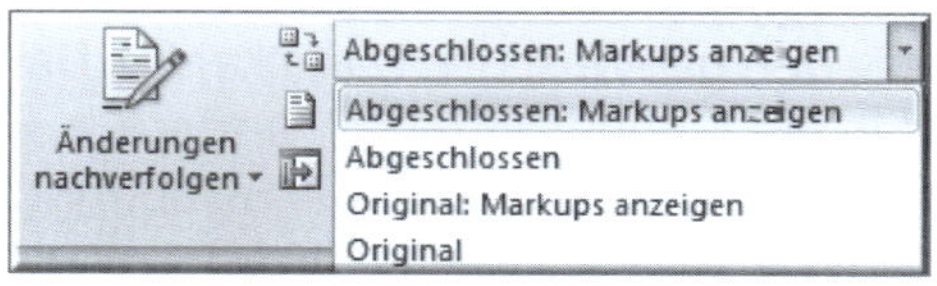

Klicken Sie auf das Feld **Für Überarbeitung anzeigen** auf (Word 2007) **Endgültige Version enthält Markups** oder (Word 2010) **Abgeschlossen: Markups anzeigen**.

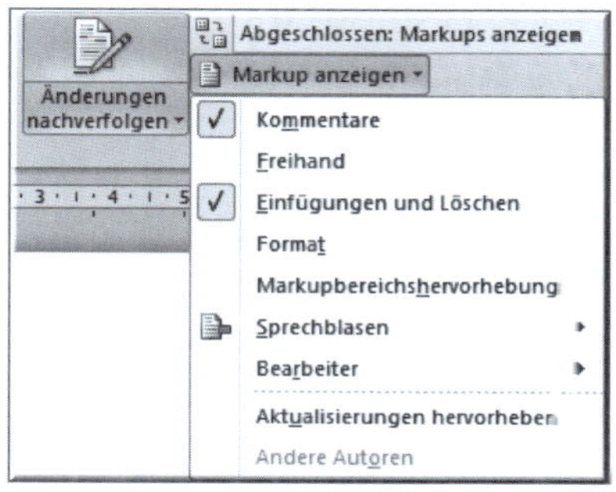

Klicken Sie auf **Markup anzeigen** und wählen Sie aus, welche Änderungen angezeigt werden sollen. Geben Sie ggf. den Bearbeiter an, dessen Änderungen Sie prüfen möchten.

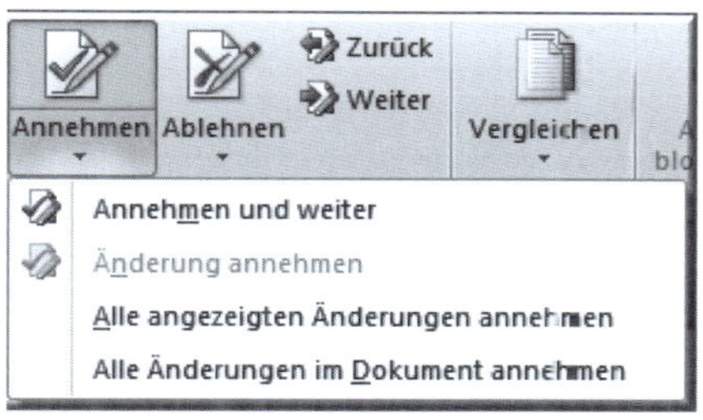

Klicken Sie in der Gruppe **Änderungen** auf **Weiter**, um die nächste Änderung anzuzeigen.

Klicken Sie auf **Annehmen**, um die Änderung zu integrieren, oder auf **Ablehnen**, um sie zu verwerfen. Um alle Änderungen zu übernehmen, klicken Sie auf den Pfeil der Schaltfläche **Annehmen** und dann auf **Alle Änderungen im Dokument annehmen**.

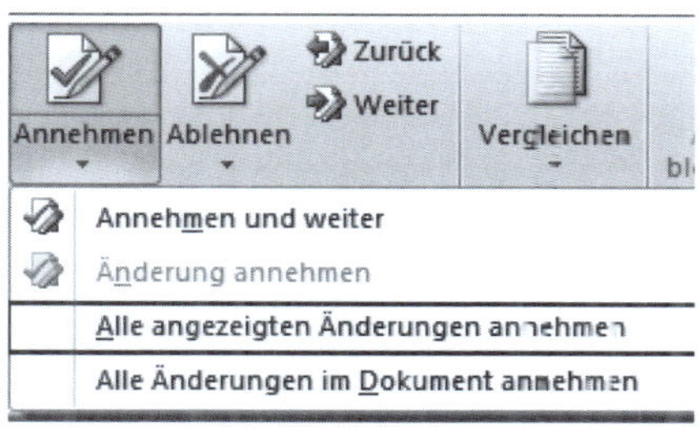

Um Änderungen zu verwerfen, klicken Sie auf den Pfeil der Schaltfläche **Ablehnen** und dann auf **Alle Änderungen im Dokument ablehnen**.

Wechseln Sie zum Schluss zur Ansicht **Endgültig/Abgeschlossen**, prüfen Sie das Dokument abschließend noch einmal auf Fehler, speichern und schließen Sie es.

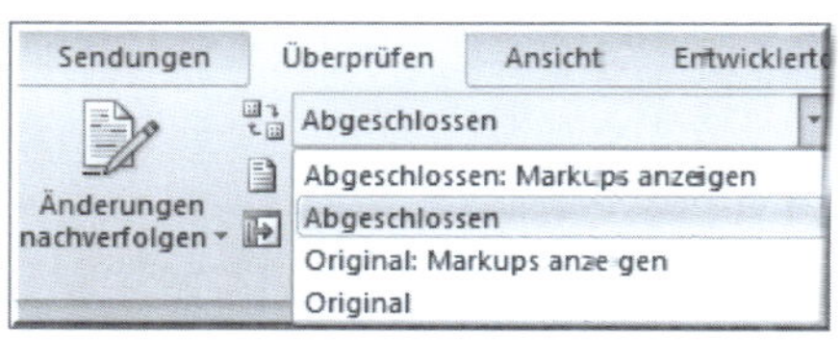

Datei drucken

Klicken Sie auf der Registerkarte **Datei** auf den Befehl Drucken oder benutzen Sie die Tastenkombination **STRG + P.** In früheren Word-Versionen ist dies im Dialogfester „Drucken“ definiert.

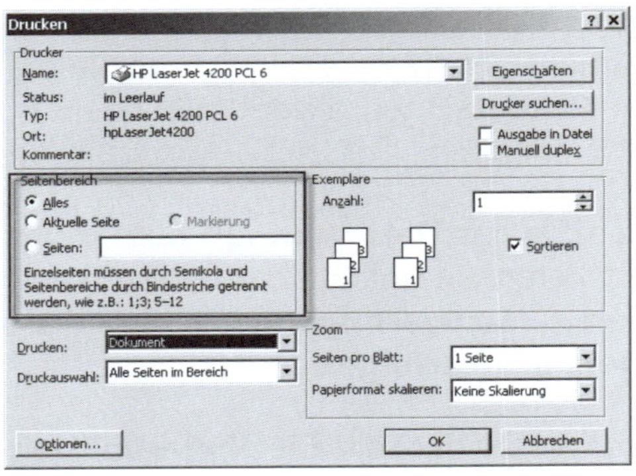

Wählen Sie den gewünschten Drucker (1). Danach können Sie die Eigenschaften (2) ändern, z. B. Papierformat, Farbdruck usw. Die Auswahlmöglichkeiten sind druckerspezifisch.

Unter **Einstellungen** können Sie weitere Druckeinstellungen in der Backstage-Ansicht vornehmen (z. B. Anzahl der zu druckenden Exemplare (3) oder welche Seiten Sie drucken möchten (4).

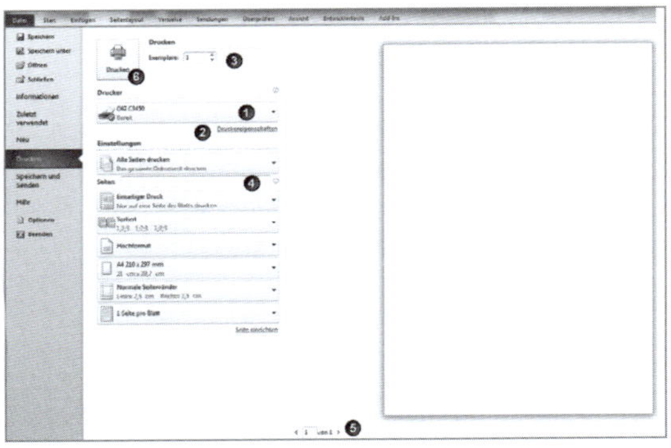

Bei Word 2010 werden in der **Backstage-Ansicht** alle Einstellungsmöglichkeiten für den Drucker und das Drucken gezeigt. Das Dokument können Sie durchblättern (5).

Wenn Sie alle Einstellungen vorgenommen haben, gehen Sie auf **Drucken** (6), um den Ausdruck zu starten.

Arbeitstechniken

MARKIEREN, HERVORHEBEN UND EXZERPIEREN

Um die Informationen eines Textes genau zu erfassen, können Sie verschiedene Arbeitstechniken zur Markierung und Hervorhebung einsetzen.

1. Mit **Unterstreichungen** können schon bei der ersten Lektüre eines Textes wichtige Gesichtspunkte hervorgehoben werden. Allerdings müssen Sie sich vor zeilenweisem Unterstreichen hüten. Stattdessen ist ein Längsstrich am Rand des Textes angebracht, wenn man Passagen, die länger als zwei Zeilen, kennzeichnen will. Im zweiten Lektüredurchgang können dann bei genauerer Textkenntnis einzelne Begriffe und Wendungen in dem so markierten Abschnitt hervorgehoben werden.
2. Mit **Markierungen** am Rand, innerhalb eines Textes und kurzen Randkommentaren verschafft man sich den nötigen Überblick über einen Text.
3. Ziel ist es, die **Schlüsselbegriffe** eines Textes zu erfassen, die **Hauptthesen** des Textes zu erkennen und den **gedanklichen Aufbau** herauszuarbeiten.
4. Im Prinzip sollte es möglich sein, mit den markierten Stellen den **Text kurz zusammenzufassen**. Wenn Lücken im logischen Zusammenhang auftreten, wurde unvollständig markiert!

Randmarkierungen	Markierungen innerhalb des Textes	Randkommentare
/ wichtig	einkreisen	Th (These)
// sehr wichtig	einkasteln	Arg (Argument)
! erstaunlich	unterstreichen	Def (Definition)
? fragwürdig	Wellenlinien	Log? (Logik) Widersprüche in der Argumentation
+ gut	farbige Markierungen mit Buntstift, Leuchtmarker	Bsp (Beispiel)
- schlecht		

5. Beim anschließenden **Exzerpieren** werden längere Textpassagen mit eigenen Worten zusammengefasst und/oder auszugsweise wörtlich übernommen. Wenn Texte unter einer bestimmten Fragestellung exzerpiert werden, muss die gedankliche Struktur und der Argumentationszusammenhang des Ausgangstextes erhalten bleiben.

Arbeitstechniken

STRUKTURIEREN UND VISUALISIEREN

Um sich das Strukturieren der Texte, einzelner Textpassagen oder Sinnabschnitte zu erleichtern, können Sie z. B. grafische Strukturierungshilfen nutzen. Listen Sie dazu zunächst alle Textelemente, die Sie in eine Struktur bringen möchten, auf und bringen Sie sie in einem nächsten Schritt in eine räumliche Ordnung zueinander. Das kann durch typografische bzw. durch grafische Mittel geschehen.

Zu den **typografischen** Mitteln zählen Absätze, mehrspaltiger Text, Nummerierung und Aufzählung. **Grafische** Mittel (Visualisierungen) bieten sich an, um Texte und Textinhalte zu ordnen, Verbindungen zu erkennen und Zusammenhänge herzustellen. Visualisierungen können Symbole, Bilder, Piktogramme, Zeichnungen, Organigramme, Diagramme, Tabellen oder Skizzen sein. Eine besondere Form ist das MindMap.

Wählen Sie die für Sie passende Methode aus; Ihrer Kreativität sind dabei keine Grenzen gesetzt, – und es darf Spaß machen!

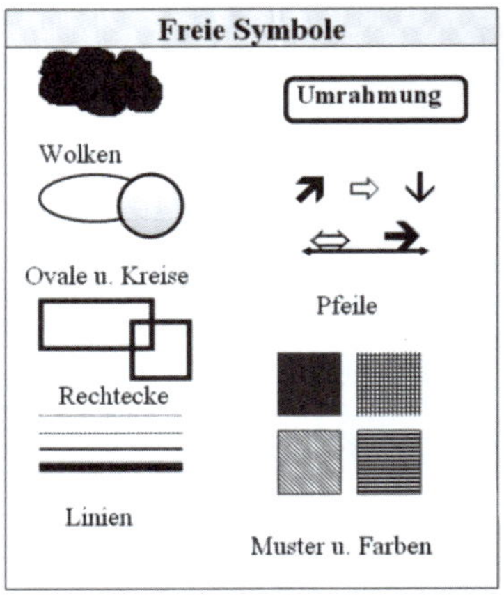

Organigramm – Darstellung von Strukturen

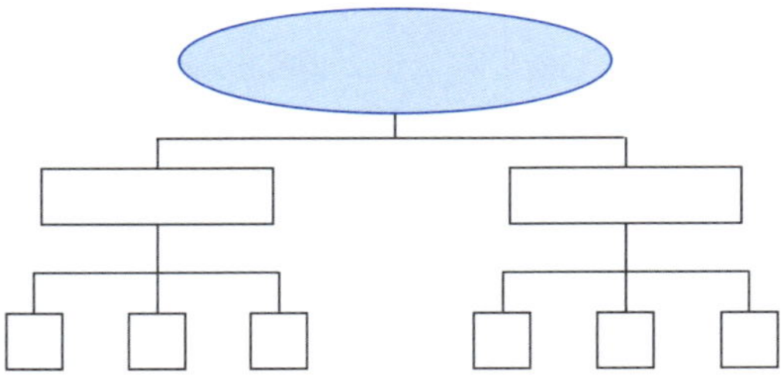

Sozialform

REGELN FÜR DIE GRUPPENARBEIT NACH DR. BURKHARDT KREMS

Größe	**4 Teilnehmer** (maximal 5) Dadurch wird gewährleistet, dass sich alle Teilnehmer(innen) aktiv beteiligen können. **Beachte:** Nicht immer müssen alle Gruppen ihre Arbeitsergebnisse präsentieren, die Auswahl wird erst nach Ende der Gruppenarbeit nach dem Zufallsprinzip getroffen. Deshalb ist eine große Zahl von „kleineren" Arbeitsgruppen kein Argument gegen diese Arbeitsform.
Zusammensetzung	**Nach Zufall**, damit der Trainingseffekt für Sozialkompetenz zum Tragen kommen kann. Werden Gruppen erneut gebildet, sollte sichergestellt werden, dass das Auswahlverfahren zu jeweils unterschiedlicher Zusammensetzung führt.
Ziel	Orientieren Sie Ihre Arbeit daran, dass Sie – anderen – Inhalte verständlich machen. Halten Sie die Ausführungen möglichst einfach, versuchen Sie, den Extrakt (den Kern) der Thematik herauszuarbeiten und verständlich zu erläutern. Sie (als Gruppe) übernehmen für die anderen die **Rolle des Lehrers**. Die anderen Teilnehmer müssen den Stoff also durch Ihre Präsentation lernen können!
Rollen	**Referent** und ggf. Visualisierer Festgelegt werden muss derjenige, der vorträgt, ggf. Auswahl nach Zufall. Besteht die Gruppe längere Zeit, muss diese Rolle wechseln. Ein weiteres Mitglied könnte die Rolle übernehmen, die vorgetragenen Ergebnisse parallel zum Vortrag zu visualisieren: Gliederung, „Was sind die Highlights?", ggf. Bilder, Kärtchen usw. Die Gruppen können sich auch darauf verständigen, dass alle Mitglieder Teile des Berichts vortragen. Falls es während der Gruppenarbeit Probleme gibt, kann es sinnvoll sein, in der Trainingsphase weitere Rollen festzulegen, z. B. jemanden zu bestimmen, der auf Einhaltung der Kommunikationsregeln oder auf die Zeit achtet.
Arbeitsweise	**Kooperativ und gleichberechtigt** Es sollte darauf geachtet werden, dass alle sich einbringen können und einbringen. Wenn Probleme entstehen, sollten sie ggf. auch nach der Gruppenarbeit geklärt werden.

Konzept

MODELL DER VOLLSTÄNDIGEN HANDLUNG

Als methodisches Konzept empfiehlt die Lehrplankommission die vollständige Handlung: In einem handlungsorientierten Unterricht orientiert sich der Lernprozess der Schülerinnen und Schüler i. d. R. an den sechs Phasen des Modells der vollständigen Handlung.

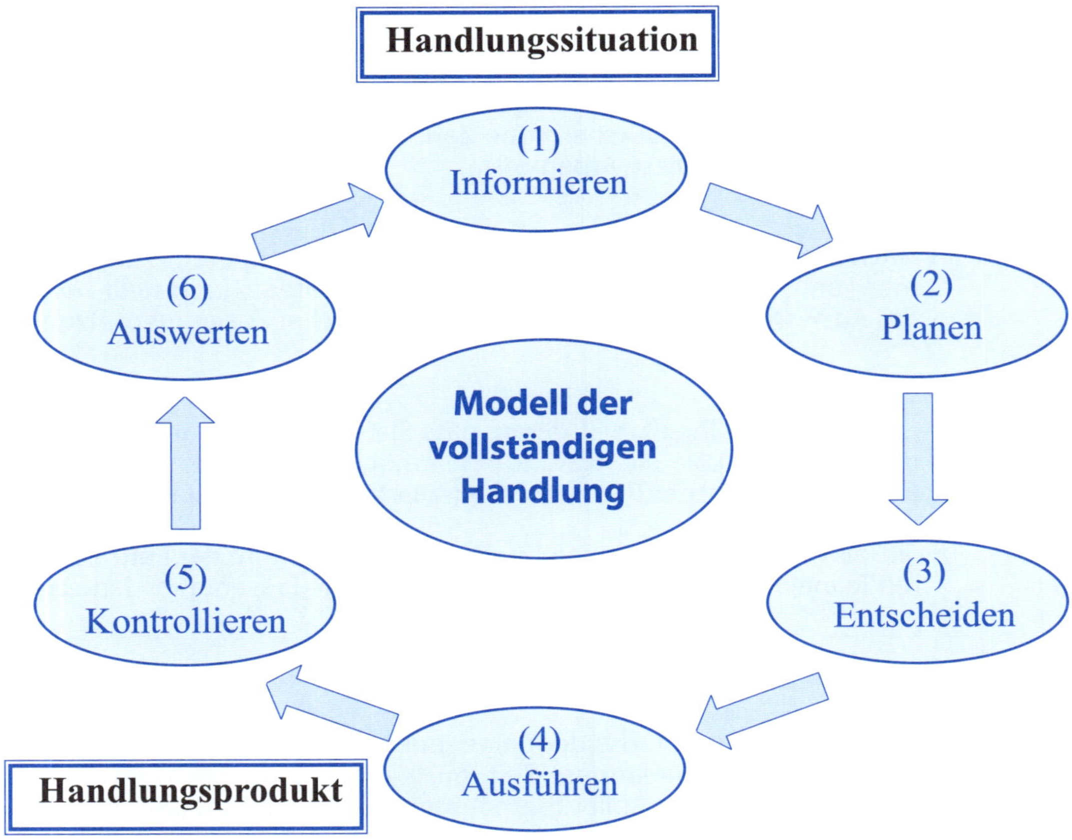

Im Folgenden sind Methoden und Techniken für ein erfolgreiches Lernen und Arbeiten den sechs Phasen der vollständigen Handlung zugeordnet:

1. **Informieren und analysieren** *(Beschaffen und Verarbeiten von Informationen)*
2. **Planen** *(Planen von Lösungswegen für Aufgaben und Problemstellungen)*
3. **Entscheiden** *(Gestalten von Entscheidungsprozessen)*
4. **Ausführen** *(Ausführen der Planung)*
5. **Kontrollieren** *(Kontrollieren und Bewerten von Arbeitsergebnissen) und*
6. **Auswerten/Bewerten** *(Auswerten und Bewerten des Lernprozesses)*

Ideenfindung

LEITTEXTMETHODE

Die Leittextmethode bietet vielfältige Möglichkeiten, Sie zum selbstgesteuerten Lernen anzuregen. Leittexte sind meist schriftliche arbeitsbegleitende Materialsammlungen, die zu Beginn einer Unterrichtsstunde von der Lehrkraft ausgeteilt werden. Sie strukturieren den Lernprozess vor, geben jedoch nicht alle Informationen, die zur Bewältigung der Aufgabe nötig sind. Vorgegeben werden nur solche, die für Sie nicht direkt zugänglich sind oder in den Begleitmaterialien als zu umständlich empfunden wurden. Leittexte sollen Sie zum eigenen Lernen anregen.

Die Leittextmethode basiert auf dem **Modell der vollständigen Handlung**, die die folgenden Schritte umfasst:

- Informieren
- Planen
- Entscheiden
- Ausführen
- Kontrollieren
- Bewerten

Bei der Leittextmethode führen Sie selbstständig die genannten Schritte aus. Sie erhalten dadurch eine möglichst genaue Vorstellung des Ziels Ihrer Tätigkeit und der möglichen Wege zur Erreichung dieses Ziels. Sie kontrollieren Ihre Vorstellungen und Wege selbst, sollten aber auch der Lehrkraft eine konkrete Rückmeldung zu Ihrer Arbeit geben.

Zielsetzung der Methode: Mit dem Einsatz der Leittextmethode sollen folgende Kompetenzen vermittelt und geübt werden:

- **Methodenkompetenz:** Sie werden durch die Leittexte zum selbstgesteuerten Lernen geführt. Sie lernen unterschiedliche Wege des Wissenserwerbs kennen, kreativ und problemlösend zu denken.
- **Fachliche Kompetenz:** Durch die höhere Methodenkompetenz und die damit verbundene höhere Selbstständigkeit und Selbstsicherheit steigt auch Ihre fachliche Kompetenz. Sie lernen, Probleme eigenständig zu lösen, und können dadurch Ihr Wissen auch in neuen Situationen anwenden und in unvorhersehbaren Situationen angemessen reagieren.
- **Sozialkompetenz:** Beim Erarbeiten der Leittexte in Gruppen wird die Teamfähigkeit der Lernenden gefördert. Sie tragen die Vantwortung für Ihr Lernen und erleben Fortschritte, aber auch Rückschläge und Probleme unmittelbar.

Makromethode

GRUPPENPUZZLE

Das Gruppenpuzzle ist eine Form von Gruppenunterricht. Sie erarbeiten einen Teil des Themas mit einem Selbststudienmaterial.

1. Stammgruppe – Informationsmaterial

Die Lerninhalte werden in mehrere Gebiete aufgeteilt. Jedes Gruppenmitglied bekommt ein Gebiet. Nach einiger Erfahrung können Sie die Themen auch wählen lassen. Danach gehen Sie in Ihre Expertengruppe.

2. Expertengruppe

Selbststudium

Sie bearbeiten nun in Einzelarbeit Ihren Teil des Themas. Sie strukturieren Ihre Informationen auf einem Spickzettel oder mit einer MindMap. Es ist wichtig, dass Sie Ihr Thema verstanden haben, um Ihre Informationen korrekt und vollständig an Ihre Mitschüler(innen) weitergeben zu können. Deshalb folgt nach dem Selbststudium die Expertenrunde.

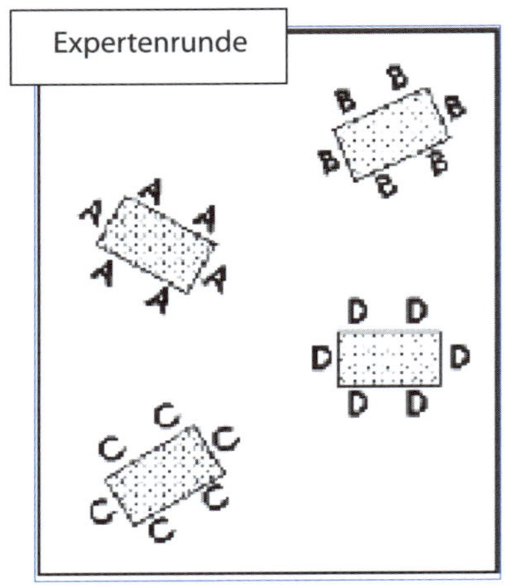

Kontrolle

Nun tauschen Sie sich mit Ihrer Expertengruppe (Mitschüler/-innen) mit demselben Thema) aus. Hier besprechen Sie das zuvor Gelernte. Sie beantworten sich gegenseitig offene Fragen. Sie helfen einander, sich zu Experten zu entwickeln.

Vorbereitung

Danach besprechen Sie, wie Sie Ihr Wissen am wirkungsvollsten vermitteln, welche Hilfsmittel Sie einsetzen und wie Sie die Zeit einteilen. Die Lerninhalte sind bekannt. Schließlich überlegen Sie gemeinsam einige Aufgaben, mit denen Sie Ihre Mitschüler(innen) überprüfen wollen.

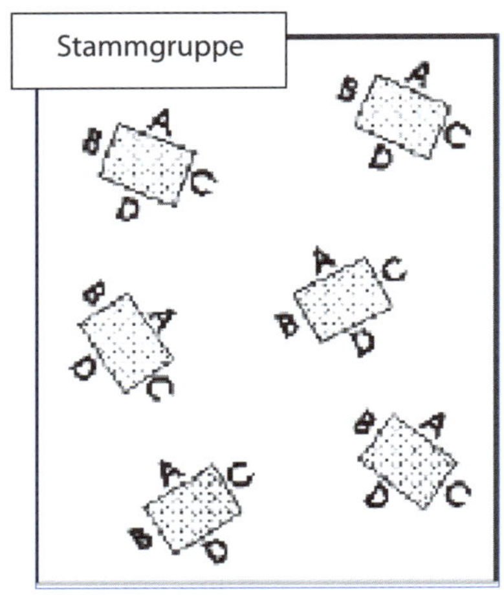

3. Stammgruppe

Sie gehen in Ihre Stammgruppe zurück. Reihum erläutern Sie Ihren Mitschülern(innen) Ihr vorbereitetes Thema und kontrollieren den Wissensstand. Nun sollten Sie optimal vorbereitet sein, um das in der Lernaufgabe gestellte Problem zu lösen.

Ideenfindung

BRAINSTORMING

Kurzbeschreibung

Diese Methode eignet sich zum Finden möglichst vieler Ideen – zu einem vorgegebenen Thema oder zur Lösung eines vorgegebenen Problems. Der(die) Moderator(in) überwacht die Einhaltung der Regeln und dokumentiert die Ideen. Er bzw. sie gibt Impulse und stellt Fragen. Es wird eine kreisförmige oder quadratische Sitzordnung als sinnvoll angesehen.

Durchführung/Ablauf

Formulierung des Problems

- Problemstellung visualisieren
- Problemstellung nicht zu komplex anlegen

Erläuterung der Grundregeln

- Jede auch noch so ausgefallene Idee ist willkommen („Je ausgefallener, desto besser“)
- Ideen werden knapp und kurz formuliert
- Ideen anderer können/sollten aufgegriffen und ausgebaut werden
- Keine Bewertung der Beiträge der anderen

Ideenfindung und -sammlung

- Äußerungen in beliebiger Reihenfolge
- Alle Ideen werden für alle sichtbar stichwortartig festgehalten (z. B. auf Karten an der Pinnwand oder auf dem Fußboden = Brainpool)
- Aufschreiben der Ideen darf Ideenfluss nicht hemmen
- Denkpausen sind notwendig und zulässig

Auswertung der Ideen

- Erläuterung der Ideen bei Bedarf
- Ordnung und Bewertung der Ideen

Ideenfindung

KARTENABFRAGE

Kurzbeschreibung

- Methode zur Sammlung von Ideen, Fragen, Themen, Lösungsansätzen ...
- geeignet für Gruppen bis zu 25 Personen (bei jeweils 2 – 3 Karten)
- ein oder zwei Moderatorinnen bzw. Moderatoren
- halbkreisförmige Sitzordnung um die Pinnwand ist sinnvoll

Durchführung/Ablauf

Visualisierung der Frage-/Problemstellung

- Problemstellung visualisieren
- Problemstellung nicht zu komplex anlegen

Erläuterung der Grundregeln für die Kartenbeschriftung

- mit Filzstift schreiben
- leserlich (Druckschrift), groß und unter Verwendung von Groß- und Kleinbuchstaben schreiben
- maximal dreizeilig schreiben
- nur einen Gedanken pro Karte notieren

Karten austeilen, beschriften lassen und einsammeln

- nur eine Kartenfarbe verwenden
- Karten verdeckt (Schrift nach unten) einsammeln

Karten vorlesen und anpinnen

- Moderatorin bzw. Moderator liest Karten vor
- Kommentare sind nur den Kartenverfassern gestattet
- Ordnung der Gedanken/Karten nach Sinneinheiten
- Gruppe entscheidet über die Zuordnung der Karten

Ideenfindung

BRAINWRITING

Das Brainwriting wird in einer Gruppe durchgeführt. Die Gruppenmitglieder sitzen im Kreis an einem Tisch und haben alle ein Blatt Papier vor sich. Nachdem das Problem genau definiert ist, schreiben Sie drei Ideen zur Lösung des Problems auf ein Blatt. Nach einer vorher festgelegten Zeitspanne schieben Sie Ihr Blatt zu Ihrem rechten Nachbarn. Der Nachbar schreibt dann, inspiriert von Ihren Ideen, drei weitere Ideen auf. Das Ganze wird so lange wiederholt, bis Sie Ihr Blatt wieder vor sich haben. Durch die Assoziationen mit dem, was jeweils die anderen geschrieben haben, führt diese Methode zu einer Fülle von Ideen.

Kurzbeschreibung

Methode für:

- kreatives Ideensammeln
- Probleme transparent machen und hierfür Lösungen finden
- Benennungen finden
- neue Anwendungsmöglichkeiten entdecken
- Organisationsprobleme lösen

Vorteil

- es entsteht eine große Menge neuer Ideen
- Einfälle anderer Gruppenmitglieder inspirieren zu weiteren Ideen
- starre Denkschablonen werden aufgebrochen

Vorbereitung

Sie erhalten ein Arbeitsblatt mit einer vorbereiteten Tabelle und der formulierten Problemstellung. Ist eine derartige Vorbereitung nicht möglich, sollten Sie einen Zettel dreimal quer falten, sodass sich drei Spalten ergeben.

Ablauf

1. Phase: **Konkretisierung des Problems**
   Ein Thema, Bilder oder eine Leitfrage werden auf einem Arbeitsblatt oder an der Tafel notiert
2. Phase: **Schreibphase**
   6 Mitschüler(innen) tragen je **3** Ideen/Lösungsvorschläge in die oberste Zeile ein;
   nach max. 5 Minuten: Arbeitsblatt weiterreichen an den/die Nachbarn/-in – nächste Zeile ausfüllen usw. bis zur 6. Zeile (**6** Teilnehmer schreiben in **3** Feldern je eine Idee und geben **5**-mal das Blatt weiter)
3. Phase: **Ideenauswahl und -weiterentwicklung**
   Die Begriffe bilden die Grundlage für das weitere Vorgehen. Die vielen Ideen werden zusammengetragen und einige davon visualisiert. Es folgt ein Clustern oder weitere Arbeitsaufträge.

Kommentar

Durch den Rotationsrhythmus erfolgt eine gegenseitige Assoziation. Die Zeilen 4 und 5 enthalten meist die interessantesten Gedanken.

Ideenfindung

BRAINWRITING

A! **Arbeitsauftrag**

1. Finden Sie drei Ideen zum gestellten Thema und schreiben Sie diese in die erste Reihe. Geben Sie dann dieses Blatt an Ihre(n) linke(n) Nachbar(in) weiter, der/die dann auf Ihrem Blatt die zweite Reihe mit seinen/ihren Ideen ausfüllt, …
2. Jedes Blatt wird also fünfmal weitergegeben.

Innerhalb von 20 Minuten soll Ihr Blatt wieder bei Ihnen sein.

Aufgabenstellung

Person	Idee 1	Idee 2	Idee 3
1			
2			
3			
4			
5			
6			

Ideenfindung

MINDMAPPING

Kurzbeschreibung

MindMapping ist eine gehirngerechte Kreativitätstechnik, die in den 70er-Jahren von Tony Buzan erfunden worden ist. Mit MindMaps kann man visuelle „Landkarten" der Gedanken erstellen. Beim Erstellen einer MindMap arbeitet das Gehirn anders als bei herkömmlichen Notizen, was dann auch zu anderen und kreativeren Einfällen führt.

Grundregeln

- Das Papier wird im Querformat genutzt! In die Mitte der Seite wird ein einprägsames Bild oder eine kleine Skizze gezeichnet, die das zu behandelnde Hauptthema darstellt. Falls eine Zeichnung nicht sinnvoll erscheint, sollte das Schlüsselwort zumindest mit 3-D-Effekt in die Blattmitte gesetzt werden. Doch nicht vergessen: Ein Bild sagt mehr als 1 000 Worte!
- Von dem zentralen Bild ausgehend wird für jeden tiefer gehenden Gedanken bzw. Unterpunkt eine Linie gezeichnet.
- Auf diese Linien werden die einzelnen Schüsselwörter zu den Unterpunkten geschrieben. Diese Wörter sollten in Druckbuchstaben eingetragen werden, um die Lesbarkeit und Einprägsamkeit der MindMap zu erhöhen (nur Wörter – keine ganzen Sätze).
- Von den eingezeichneten Linien können wiederum Linien ausgehen, auf denen die einzelnen Hauptgedanken weiter untergliedert werden. Von diesen weiterführenden Linien können wieder andere ausgehen usw.
- Benutzen Sie unterschiedliche Farben, um die Übersichtlichkeit zu erhöhen. Gleichzeitig können beispielsweise auch zusammengehörende Gedanken und Ideen leicht durch Verwendung der gleichen Farbe verdeutlicht werden.
- Symbole wie z. B. Pfeile, geometrische Figuren, kleine Bilder, gemalte Ausrufe- oder Fragezeichen und selbst definierte Sinnbilder sind sooft wie möglich zu nutzen; sie erleichtern die Erfassung des Inhalts und können helfen, einzelne Bereiche abzugrenzen oder hervorzuheben.
- Bei kreativen Überlegungen sollte man sich nicht allzu lange damit beschäftigen, an welcher Stelle die MindMap ergänzt wird. Das stört nur den freien Gedankenfluss, schließlich kann man schneller denken als schreiben. Umstellungen können später immer noch in einer Neuzeichnung vorgenommen werden. Dieses Vorgehen hat außerdem den Vorteil, sich ein weiteres Mal mit der „gemappten" Thematik zu befassen. So kann der Inhalt besser erinnert und verstanden werden, und es besteht die Chance, gerade bei dieser Neugestaltung den entscheidenden Einfall zu behaben.

Informieren

INTERNETRECHERCHE

Kurzbeschreibung

Wenn Sie bei der Internetrecherche einige Dinge beachten, fällt es Ihnen leichter, das zu finden, was Sei suchen. Sie müssen sich das Internet als riesige Bibliothek vorstellen, in der jedoch ein riesiges Chaos herrscht. Die Bücher der Bibliothek sind die verschiedenen Websites, die mehr oder weniger viele und gute Informationen bieten.

Methoden

1. Methode: Buchrücken ansehen (URL eingeben)

Die erste und einfachste, aber nicht immer die beste Methode ist es, einfach anhand von hervorstechenden Buchtiteln die Bücher herauszunehmen. Im Internet würde dies dem Eingeben einer URL (Internetadresse), die den gesuchten Begriff enthält, gleichen. Wie Sie wohl schnell merken werden, erhalten Sie zwar meist Ergebnisse, die jedoch nicht immer die besten sind. Kurz: Sie haben Glück, wenn Sie das Richtige auf Anhieb finden.

2. Methode: Bibliothekscomputer befragen (Suchmaschine)

Die zweite Möglichkeit ist, an den Bibliothekscomputer zu gehen, der einen Teil der Bücher überflogen hat und dort den Suchbegriff einzugeben. Im Internet würde dies der Benutzung einer Suchmaschine gleichen. Da aber die Seiten nur „überflogen" werden, kommt es vor, dass Sie bei ungenau spezifizierten Suchbegriffen viele Treffer erhalten, die Sie nicht alle durchklicken wollen oder können. Meist ist sogar noch ein Teil dabei, der eigentlich nicht zu dem Suchbegriff gehört.

Kombinierung von Suchbegriffen

In solchen Fällen ist es ratsam, eine Kombinierung von Suchbegriffen vorzunehmen. Wenn Sie den Überbegriff zu dem Thema mit dem eigentlichen Suchbegriff kombinieren und einen unwichtigen Aspekt ausschließen, können Sie die Zahl in die richtige Richtung erhöhen und falsche Ergebnisse verringern.

3. Methode: Spartenbibliothekar befragen (Spezialsuchmaschine)

Die dritte Methode bietet sich an, wenn der Begriff in eine Sparte einzuordnen ist. Sie können dann den Spartenbibliothekar befragen, der viele Bücher zu dem Thema gelesen und in dieser Sparte mehr Bücher im Kopf hat, als ein normaler Bibliothekar. Im Internet heißt diese Methode Spezialsuchmaschine. So gibt es Suchmaschinen, die sich auf das Thema E-Mail oder Autos spezialisiert haben. Diese Suchmaschinen gibt es jedoch nicht zu jedem Themengebiet.

Informieren

KUGELLAGER

Die Intention des Kugellagers ist, dass Sie Ihren Zufallspartnern gegenüber in freier Rede zu einem eng abgesteckten Thema berichten bzw. erzählen, und zwar so, dass jeweils die Hälfte der Klasse für kurze Zeit spricht. Sie sollen durch mehrfachen Partnerwechsel Gelegenheit erhalten, sich zum anstehenden Thema richtiggehend „warmzureden", sprachlich Sicherheit zu gewinnen und Selbstvertrauen zu tanken.

Zuvor bereiten Sie sich in einer kurzen Besinnungsphase auf Ihre themenzentrierten Ausführungen vor. Dann setzen (evtl. dazwischen ein Tisch) oder stellen Sie sich in Kreisform paarweise gegenüber, sodass ein Innenkreis und ein Außenkreis entsteht.

Nun erzählen zunächst alle im Außenkreis sitzenden Schüler(innen) ihr Thema. Ihre jeweiligen Gesprächspartner hören zu, machen sich Notizen und fragen eventuell nach. Anschließend rücken die im Innenkreis sitzenden Schülerinnen bzw. Schüler z. B. zwei Stühle nach rechts weiter, sodass neue Gesprächspaare entstehen. Nun werden die Schüler(innen) im Innenkreis aktiv und erzählen/berichten ihrerseits zum gleichen Thema.

Alsdann rücken die Innenkreis-Vertreter erneut zwei Stühle weiter usw. Diese gegenläufige Bewegung von Innen- und Außenkreis gleicht einer Kugellager-Bewegung – deshalb Kugellager-Methode

Präsentieren

VORBEREITUNG

Bei der Planung einer Präsentation lohnt es sich, mithilfe von zehn Fragen die Strategie zu überlegen. Diese Fragen sind allgemein formuliert und nicht nur auf die Schule oder evtl. das Studium bezogen:

- Habe ich alle wichtigen Punkte in der inhaltlichen Vorbereitung berücksichtigt?
- Habe ich die Zielgruppe klar erkannt?
- Sind meine Ziele deutlich formuliert?
- Habe ich alle wichtigen W-Fragen (wer, was, wann, wo wie, warum, womit) kreativ beantwortet?
- Ist die Einleitung kurz und wird sie Sympathie und/oder hohes Interesse wecken?
- Habe ich die Inhalte vollständig und knapp formuliert?
- Wirkt die Präsentation klar gegliedert und überschaubar?
- Welche Mimik und Gestik passt zu Form und Inhalt des Vortrages?
- Habe ich alle visuellen und technischen Mittel bedacht?
- Bin ich kompetent genug, auf Rück- oder Nachfragen zu antworten?

Das Manuskript

Ein gut gestaltetes Manuskript ist der Schlüssel für eine erfolgreiche Präsentation! Sie sollten keine Mühen scheuen, Ihr Manuskript sorgfältig und übersichtlich zu erstellen. Es enthält alles, was Sie vorbereitet haben. Gestalten Sie es so, dass Sie jederzeit auf die gerade benötigten Informationen Zugriff haben.

Mithilfe von Karten im DIN-A5-Querformat können Sie gut Ihre Nervosität verbergen. Hier gelten folgende Regeln:

- nur einseitig ausfüllen (bessere Orientierung)
- mit großer Schrift beschriften (Hand – Augenabstand)
- mit verschiedenen Farben arbeiten (bessere Übersichtlichkeit)
- viel Freifläche einbauen, damit Sie schnell Text und Stichwörter finden; auch hier nichts durchstreichen
- bei Korrekturen nichts durchstreichen, da das Auge immer das Durchgestrichene findet
- Karten durchnummerieren (könnten herunterfallen)
- den ersten Satz wörtlich ausformulieren, das bietet die nötige Sicherheit
- den letzten Satz immer wörtlich formulieren und ihn auch so vortragen (das ist wesentlich für den Erfolg Ihrer Präsentation)
- wichtige Schlussfolgerungen ausführlich formulieren (evtl. andere Farbe)
- Regiehilfen einbauen (Querverweise, Erinnerung zum langsamen Sprechen, Pausenzeichen, Verweis auf Schaubilder ...)

Präsentieren

ABLAUF

Sind die Vorbereitungen abgeschlossen, wird ein präziser Ablaufplan („Drehbuch") für die Präsentation erstellt. In diesem Ablaufplan sind die einzelnen Schritte bezüglich der Inhalte, des Medieneinsatzes und der Zeitvorgaben enthalten. Jeder Ablaufplan einer Präsentation besteht aus den drei Teilen: Einstieg, Hauptteil und Schluss.

Der Einstieg

In der Einstiegsphase nehmen Sie das erste Mal Kontakt zum Zuhörerkreis auf. Dies kann in einer sachlichen oder auch persönlichen Art und Weise geschehen. Im nächsten Schritt werden Ziel und konkretes Thema der Präsentation genannt. Schließlich erfolgt die Information der Teilnehmer über den geplanten Verlauf der Veranstaltung. Dazu gehören die Hauptgliederungspunkte des Vortrages, der zeitliche Ablauf und die Pausenregelungen. In der letzten Phase des Einstiegs werden Sie Ihre Mitschüler(innen) auf das Thema der Präsentation einstimmen. Diese Einstimmung soll Interesse und Betroffenheit für die folgende Präsentation wecken.

Der Hauptteil

Jetzt wird das Thema den Zuhörern systematisch vorgetragen. Dazu sollte ein Blickkontakt zu Ihren Mitschüler(innen) hergestellt werden. Außerdem ist es erforderlich, klar und verständlich zu sprechen. Die Präsentation sollte durch Teilzusammenfassungen gegliedert sein. Für Rückfragen und Wortmeldungen der Teilnehmer muss ausreichend Zeit vorhanden sein. Schließlich sollten Sie die Reaktionen der Zuhörer beachten, um zu überprüfen, ob Ihr Ablaufplan den tatsächlichen Erwartungen Ihrer Mitschüler(innen) entspricht oder verändert werden muss.

Der Abschluss

Der Abschluss ist ein wichtiger Bestandteil der Präsentation. Seine Durchführung ist abhängig von den angestrebten Zielen. Es ist üblich, zunächst eine Zusammenfassung der wichtigsten Aspekte der Präsentation durchzuführen. War es z. B. das Ziel der Veranstaltung, Ihre Mitschüler(innen) über ein Fachgebiet zu informieren, ist es an dieser Stelle angebracht, Verständnisfragen zu klären und eine Diskussion zu führen. Auf diese Diskussion müssen Sie vorbereitet sein.

Präsentieren

VERHALTEN UND SPRACHE

Halten Sie Blickkontakt zu den Zuhörenden

- Schauen Sie nicht aus dem Fenster, auf den Boden bzw. zur Decke, schauen Sie ins Publikum.
- Beziehen Sie alle ein.
- Variieren Sie den Blickkontakt.
- Wählen Sie einen offenen Winkel, d. h., treten Sie nicht zu dicht vor die Zuhörer.

Unterstreichen Sie Ihre Worte durch natürliche Gesten und eine freundliche offene Mimik

- Sprechen Sie in kurzen verständlichen Sätzen.
- Sprechen Sie deutlich.
- Sprechen Sie zum Publikum, nicht zur Pinnwand/Tafel ...
- Lassen Sie den Zuhörern Zeit zum gedanklichen „Luftholen". Machen Sie kurze Sprechpausen.
- Variieren Sie Ihre Stimme. Wechseln Sie die Lautstärke und das Sprechtempo.

Zeigen Sie eine natürliche, aufmerksame und dem Publikum zugewandte Körperhaltung

- Stehen Sie: Füße leicht geöffnet, Füße auf gleicher Höhe, Gewicht auf dem Mittelfuß – schaukeln, kippen, pendeln Sie nicht.
- Bleiben Sie nicht wie angewurzelt auf einer Stelle stehen, gehen Sie aber auch nicht auf und ab. Machen Sie gelegentlich einen Schritt zur Seite oder in Richtung Publikum.

Präsentieren

AUSWERTUNG

Die Auswertung einer Präsentation bietet die Chance, Stärken und Schwächen herauszustellen und das eigene Präsentationsverhalten zu verbessern. Einige Leitfragen für die Nachbereitung der Präsentation:

- Sind die Ziele der Präsentation erreicht worden?
- Waren die Teilnehmer mit der Präsentation zufrieden?
- War die inhaltliche Aufarbeitung des Themas korrekt?
- Hat sich der Ablaufplan der Präsentation bewährt?
- Wurde der Zeitrahmen eingehalten?
- Hat die Organisation funktioniert?
- War der Einsatz der Medien und Hilfsmittel angemessen?
- Gab es kritische Phasen während der Präsentation?
- Wie hat sich der Präsentierende gefühlt?
- Welche Konsequenzen sind aus der Präsentation für die Zukunft zu ziehen?

Medien

PLAKATE ODER FLIPCHARTS GESTALTEN

Flipcharts und Plakate stehen während der gesamten Stunde bzw. Unterrichtseinheit zur Verfügung. Sie sind ein Dauermedium – also als Ankerpunkt für das Auge anzusehen. Sie eignen sich für Regeln, Übersichten oder als Leitfaden. Sie können vorbereitet oder während des Vortrages entwickelt werden.

Regeln für die Flipchart- und Plakatgestaltung

- Flipcharts sind nur bis zu einem Abstand von sechs Metern lesbar.
- Die Schriftgröße muss mindestens 5 cm betragen.
- Verschiedene Farben (max. vier) verwenden (eine Grundfarbe und die restlichen Farben für Betonungen).
- Spezielle Flipchartstifte verwenden.
- Auf dem Flipchart wird immer mit dicken Stiften geschrieben.
- Druckschrift verwenden, da sie am besten lesbar ist.
- Das Flipchart darf nicht voll beschrieben sein. Es sollen unbeschriebene Flächen auf dem Plakat erhalten bleiben.
- Flipcharts sollen so knapp wie möglich gehalten werden. Sie sollen eine klar erkennbare Struktur aufweisen. Die Zusammenhänge sind durch Über- und Unterordnungen klar erkennbar zu machen.
- Besonders gut bleiben Flipcharts im Gedächtnis, wenn sie Merkanker und optische Auflockerungen enthalten:
  - Skalen (um die Einschätzungen sichtbar zu machen)
  - Koordinaten (Einschätzungen durch einen Punkt im Feld/eine Meinung als Punktewolke)
  - Listen (Ideen- und Problemsammlung gewichten)
  - Tabellen (Beziehungen und Verknüpfungen herstellen)
  - Bäume (Über- und Unterordnung)
  - Netze (komplexe Zusammenhänge überschaubar machen)

Einsatzmöglichkeiten

- zur Unterstützung eines Vortrages durch Notizen
- zur Präsentation von vorbereiteten Texten
- zur Dokumentation von Beiträgen und Fragen von Teilnehmenden
- zur Dokumentation von Arbeitsergebnissen von Kleingruppen
- zur Dokumentation der Flipcharts an der Wand (i. S. einer Wandzeitung), um den Seminarablauf für alle sichtbar zu dokumentieren

Medien

OVERHEADFOLIEN GESTALTEN

Beachtenswertes

Vor der Präsentation die Funktionstüchtigkeit des Overheadprojektors ausprobieren. Standort: Das Gerät nicht in der Mitte des Raumes platzieren, sondern in der fensterfernen Ecke des Raumes. Neben dem Projektor sollen Ablageflächen für die Unterlagen des Referenten vorgesehen sein. Eine Verdunkelung des Raumes ist nicht erforderlich.

Regeln für die Foliengestaltung

- Die Zuhörer benötigen einige Zeit (ca. zehn Sekunden), um die Folie zu betrachten. Während dieser Zeit hören sie nicht zu. Für die Erklärung benötigen Sie aber die Aufmerksamkeit der Zuhörer. Aus diesem Grund wird erst dann weitergesprochen, wenn sie die Folie gelesen haben. Der Text der Folie soll nicht wortwörtlich vorgelesen werden, da jeder Zuhörer selbst lesen kann.
- Die Zuhörer sollen die Folien nicht abschreiben. Nach dem Vortrag bekommen sie die zusammengefasste Präsentation als Unterlage.
- Ihre Mitschüler(innen) betrachten die Folie wesentlich länger, als sie über die gesprochenen Sätze nachdenken. Daher wiegen Fehler bei der Foliengestaltung wesentlich schwerer.
- **Weniger ist mehr!** Es sollen nur wenige Folien verwendet werden. Nur die wichtigsten Aussagen werden visualisiert.
- Auch für die Folie selbst gilt „Weniger ist mehr“. Die Folie enthält nur wenige Aussagen, diese müssen aber übersichtlich gestaltet und gut lesbar sein. Die Folie soll das Verstehen der Inhalte erleichtern und nicht selbst der Erklärung bedürfen.
- **Bild schlägt Text!** Wie schon erwähnt, sagt ein Bild mehr als tausend Worte. Die verwendeten Bilder müssen aber mit den Aussagen der Folie im Zusammenhang stehen.
- **Farben beleben!** Die Verwendung von Folien, die nur mit einer Farbe beschrieben sind, ist zu vermeiden. Für identische Aussagen sollen immer die gleichen Farben verwendet werden. Mehr als fünf Farben sollten aber nicht benutzt werden (schwarz und weiß zählen als Farben mit).
- **Schriftgröße:** Für gleiche Textarten immer die gleiche Textgröße verwenden (Überschrift, Zwischenüberschrift, Unterpunkte, Text …). Als Faustregel gilt, dass die Folie ohne Projektor aus zwei Metern Entfernung noch lesbar sein muss. Bei handschriftlichen Folien soll die Schrift mindestens 1 cm groß geschrieben werden. Bei computererstellten Folien mindestens Schriftgröße 18 pt, Fettdruck und eine serifenlose Schrift (z. B. Arial, Helvetica) verwenden (Überschriften = 24 pt, Zwischenüberschriften = 20 pt).

Index

F

G

H

I

J

K

V

W

Z